Hermann Dietzfelbinger

Veränderung und Beständigkeit
Erinnerungen

Hermann Dietzfelbinger

VERÄNDERUNG UND BESTÄNDIGKEIT

Erinnerungen

Claudius Verlag München

CIP-Kurztitelaufnahme der Deutschen Bibliothek

Dietzfelbinger, Hermann:
Veränderung und Beständigkeit: Erinnerungen/
Hermann Dietzfelbinger. – 1. Aufl. – München:
Claudius Verlag, 1984.
ISBN 3-532-62022-7

1. Auflage 1984

8000 München 19, Birkerstraße 22

Umschlaggestaltung: Werner Richter
Satz: Uhl + Massopust GmbH, 7080 Aalen
Druck: gwd Hans Venus GmbH, 8000 München
ISBN 3-532-62022-7

Inhaltsverzeichnis

Widmung

„Wem sonst als Dir?“

(Hölderlin)

Vorwort

„Schiffskapitäne, Lebemänner, Geistliche, die viel auf dem Kerbholz haben, Abenteurer, alte Kriegsgurgeln – die können sich am Ende ihrer Tage hinsetzen und völlig naiv wundervolle Bücher schreiben . . .“, so heißt es in einem Brief, den Theodor Fontane am 29. 11. 1893 an Georg Friedlaender schrieb. Und nun setzt sich der altgewordene „Geistliche“ H. D. auch hin, schreibt Erinnerungen und rechnet sogar damit, daß einige die folgenden Blätter lesen.

Des damit verbundenen Wagnisses bin ich mir bewußt. Erinnerung ist eine wunderbare Gabe des Lebens, vergleichbar dem Resonanzboden einer Geige. Leben ohne Erinnerung wäre dünn und ohne tiefen Klang. Aber Erinnerung ist zugleich eine Gestalt, die sich kaum fassen läßt. Je mehr man über die äußeren Umrisse hinweg in das Innere des Geschehens einzudringen sucht, um so größer kann die Verlegenheit werden: War es wirklich so? War ich wirklich so?

„Ein Mensch, vertrauend auf sein klares
Gedächtnis, sagt getrost: so war es!
Er ist ja selbst dabei gewesen.
Doch bald schon muß er's anders lesen.
So wandeln sich ihm untern Händen
Wahrheiten langsam zu Legenden.
Des eignen Glaubens nicht mehr froh
fragt er sich zweifelnd: war es so?
Bis schließlich überzeugt er spricht:
Ich war dabei – so war es nicht!“*

Unter solchen Vorbehalten stehen auch diese Erinnerungen. Um ihre Niederschrift bin ich von mehreren Seiten gebeten worden. Ich meine aber auch selbst, mich einer derartigen Prüfung stellen zu müssen. Auch wenn ich es nicht täte – „Gott holt wieder hervor, was vergangen ist“ (Pred 3,15). Und Gericht und Gnade können auch darin gleichzeitig sein.

* E. Roth. Mensch und Unmensch. 1948. S. 60.

Vielen habe ich zu danken. Meine Frau, der das Buch gewidmet ist, hat sein Entstehen durch die Jahre begleitet und mich ermutigt, wenn die Hände sinken wollten. Außer meinen Kindern, deren kritische Beiträge mit eingeflossen sind, danke ich besonders den Mitarbeitern und Mitarbeiterinnen aus früheren Jahren, Frau Elfriede Krick und Herrn Pfarrer Dr. Bernhard Brons. Meine jetzige Helferin, Frau Hannelore Thomann, hat in sorgfältiger Arbeit das Manuskript sowie die Register erstellt.

Als Leser denke ich mir nicht nur Fachleute, Theologen, sondern außer meinen Amtsbrüdern auch die Gemeindeglieder hier bei uns und überall in der Evangelischen Kirche in Deutschland. Ihnen fühle ich mich besonders verbunden.

„Er hat ein Gedächtnis gestiftet seiner Wunder, der gnädige und barmherzige Herr“ (Ps 111,4).

München, den 1. Mai 1984 — Hermann Dietzfelbinger

1. KAPITEL

Rückblick auf ein halbes Jahrhundert

München, den 1. Mai 1984

Heute vor 53 Jahren, am 1. Mai 1931, hat mein hauptamtlicher Dienst in der Evangelisch-Lutherischen Kirche in Bayern begonnen. Einige Wochen vorher hatte ich aus dem Sitz der Kirchenleitung, dem Evang.-Luth. Landeskirchenrat in München, eine Postkarte mit dem einzigen Satz erhalten: „Sie werden zum 1. Mai 1931 in das Predigerseminar München, Arcisstraße 13, einberufen. Burger, Oberkirchenrat." Nicht weniger, aber auch nicht mehr. Doch es genügte für den Anfang, und der handgeschriebene Satz blieb mir eine denkwürdige Urkunde. Gegenüber dem heutigen Verfahren stellte diese kurze Postkarte mit ihrer 5-Pfennig-Briefmarke jedenfalls ein Minimum an Bürokratie und Kostenaufwand dar und hat anscheinend auch ihren Zweck erfüllt. Das Problem der Gehaltsanweisung bzw. des Taschengeldes für Seminaristen wurde etwas später irgendwann auch geregelt; es spielte damals merkwürdigerweise eine verhältnismäßig geringere Rolle. Dazu galt die Einberufung in das kleine, nur für sechs Kandidaten eingerichtete Münchener Predigerseminar als eine Ehre. München war mir wenig bekannt. Viel besser war ich im nördlichen Teil des Landes, in Franken, zu Hause. Da kannte ich auch nicht wenige Gemeinden. Eine Autobahn von Nürnberg nach München gab es nicht. Autos waren noch Mangelware. Für die Fahrt nach München wählte unsereiner den „beschleunigten Personenzug". Ich kann verstehen, wenn ein Leser in der Mitte der achtziger Jahre es fast als eine Zumutung empfindet, sich mit dieser längst vergangenen Zeit befassen zu sollen. Sie liegt heute so weit zurück wie für uns damals die Zeit Bismarcks. Aber Erinnerung kann der Gegenwart Resonanz geben.

Die Landeskirche hatte in jener Zeit einen Kirchenpräsidenten an der Spitze, der zugleich Vorsitzender des Landeskirchenrats war. Im Raum südlich der Donau, außer in manchen Gebieten Schwabens, waren die Evangelischen noch recht dünn gesät. Neben dem Dekanat München I, zu dem die Stadt mit ihrer näheren Umgebung gehörte, gab es noch das Dekanat München II, das sich von Ingolstadt bis Garmisch-Partenkirchen und Berchtesgaden erstreckte. Das Wort „Ökumene“ war kaum bekannt. Dennoch war, wenigstens in Oberbayern, das Verhältnis zwischen den Konfessionen zwar nicht ein Miteinander, aber doch, abgesehen von dem heimlichen oder offenen Mischehenkrieg, ein freundliches Nebeneinander, auch wenn in den ländlichen Gebieten Ober- oder Niederbayerns die Katholiken sich nicht selten wunderten, daß es überhaupt Menschen mit einem anderen Glauben als dem ihren gab.

Das Deutsche Reich in Gestalt der Weimarer Republik schwankte und ächzte im Anfang der dreißiger Jahre wie ein vom Sturm geschütteltes Schiff und war von dem fast bürgerkriegsähnlichen Streit zwischen den extremen politischen Gruppen ebenso zerrissen, wie es unter den immer größer werdenden wirtschaftlichen Schwierigkeiten seufzte, die die ganze Welt in Unruhe gebracht hatten. Die „goldenen zwanziger Jahre“, falls es sie für die Masse überhaupt gegeben hatte, waren längst vorbei, Reichskanzler Brüning versuchte mit immer neuen Notverordnungen der wirtschaftlichen Schwierigkeiten Herr zu werden. Von seinem Sparprogramm sind mir noch die Vierpfennigstücke in Erinnerung, die den Fünfer ersetzen sollten, sowie das „rollende“ System der Gehaltsauszahlung: jeden Monat einige Tage später, so daß im Verlauf von einigen Monaten ein Monatsgehalt „eingespart“ war. Es war das Gegenteil des 13. Monatsgehalts, das heute bei uns üblich geworden ist.

Im März 1931 hatten wir, 42 Kandidaten der Theologie, in Ansbach zwar unsere erste dienstliche Vorstellung in schwarzem Anzug (Gehrock) und womöglich Zylinder absolviert, aber vor einer sonst gar nicht „amtskirchlichen“, sondern sehr menschlichen Prüfungskommission unter dem Vorsitz von Oberkirchenrat Ernst Burger die theologische Aufnahmeprüfung abgelegt. Wie sollten auch Männer wie Paul Schattenmann oder Friedrich Loy, zwei Pfarrer aus München, uns anders denn als künftige Kollegen ansehen? Bei dem Alttestamentler Professor Otto Proksch aus Erlangen muß ich besonders gut abgeschnitten haben; er bot mir an, zu ihm als Assistent zu kommen, was ich aber ablehnte. Bei meiner Rückkehr von Ansbach in das Elternhaus nach Ottensoos hatte meine Mutter zum Empfang auf den Tisch eine brennende Kerze gestellt und mich im Kreis der Familie mit dem liebevoll ironischen Vers begrüßt: „Wir wollen nun und nimmer nicht uns von der Kirche trennen! Seht an, ein neues Kirchenlicht fängt heute an zu brennen!“

Allerdings hatte das „Kirchenlicht", als es am 1. Mai pünktlich im Predigerseminar in München eintraf, zunächst schon äußerlich mit mancher Finsternis zu kämpfen. Zu dem Schabernack, mit dem nach altem Brauch die drei älteren Bewohner des Seminars, Klaus Heß, Fritz Kelber und Walter Seiler, den neuen, jüngeren Jahrgang – außer mir noch Wilhelm Geyer aus Schwabach und Christian Lechner aus Wettelsheim – begrüßten, gehörte auch dies, daß das elektrische Licht nur einen düsteren Schein verbreitete; es war ein Trick des Hausmeisters Benkert, der mit den Älteren unter einer Decke steckte. „So ist es bei uns oft, meine Herren; auch das gehört zu den Sparmaßnahmen", wurde uns vom Senior Klaus Heß mit gespielt ernster Miene erklärt. Und zu mir gewandt: „Es wird aber für Sie doch ausreichen, für morgen früh die Andacht vorzubereiten, an der wir alle teilnehmen. Sie soll gehalten werden über das Losungswort Jesaja 9,5: Uns ist ein Kind geboren, ein Sohn ist uns gegeben . . ., natürlich unter Zuhilfenahme und Verlesung des hebräischen Textes." Wie meine Andacht am nächsten Morgen ausfiel, weiß ich nicht mehr. Aber es dauerte nicht lange, da erwuchs zwischen uns, auch zwischen dem alten und dem neuen Jahrgang – die Seminarzeit dauerte zwei Jahre – eine brüderliche und fröhliche Gemeinschaft, deren nachhaltige Wirkung die noch Lebenden bis heute begleitet. Was alles konnte man doch von dem für alle geistlichen Bewegungen und Aufbrüche sensiblen Klaus Heß lernen und hören! Fritz Kelber wiederum gab ganz anderes zum besten: das schönste Geigenspiel ebenso wie Berichte über kühne Bergwanderungen – und dann Zitate von Wilhelm Busch! Wegen dieser seiner profunden Kenntnisse, aber auch wegen seiner Verwandtschaft mit mir, hieß er bei uns „Onkel Fritz". Auch mit dem wieder anders gearteten, kantigen Walter Seiler, einem leidenschaftlichen Schüler Adolf Schlatters, kamen wir drei Jüngeren in gute Verbindung, vielleicht gerade wegen unserer Verschiedenheit. Als im Jahr darauf ein neuer Jahrgang nachkam, lockerte sich freilich die Gemeinschaft, wohl weil die Interessen der einzelnen zu sehr auseinanderliefen.

Über das Münchener Predigerseminar, das leider nach dem Zweiten Weltkrieg nicht mehr weitergeführt wurde, ist schon viel geschrieben worden. Mit ihm ist ein nicht ganz unwichtiges Stück bayerischer Kirchengeschichte verbunden. 1834 war es gegründet worden, wie wir hörten, auch mit Unterstützung durch die protestantische Königin Karoline. Es sollte den jeweils drei ersten eines Kandidatenjahrgangs eine theologische Weiterarbeit, zugleich aber auch eine durch Teilnahme am kulturellen Leben Münchens vertiefte Allgemeinbildung ermöglichen. Dies war ja bei uns auch nötig; denn „weltläufig" waren wir, die wir allermeist vom fränkischen Land stammten, wahrhaftig nicht. Wenn z. B. bei dem noch ungewohnten Telefonieren am anderen Ende eine Respektsperson wie der etwas gefürchtete Vizepräsident des Landeskirchenrats D. Gebhard sich meldete, nahm man unwillkürlich eine ehrerbietige Haltung mit leichter Verbeugung vor dem Telefonapparat ein. Auch unser fränkischer Dialekt, dem die Unterscheidung zwischen „d" und „t" schwerfiel, bedurfte zwar nicht der Bajuwarisierung, aber der Veredelung hin zu einem passablen Hochdeutsch, das auch in der Landeshauptstadt bestehen konnte.

Die uns in München gegebenen Bildungsangebote nützten wir nach Kräften, von den Museen gleich neben uns am Königsplatz über die hervorragenden Theater, unter denen damals auch das Prinzregententheater eine gewisse Rolle spielte, bis hin zu den Kinos. Beinahe das erste, was wir auf diesem Gebiet erfuhren, war allerdings eine schreckliche Kulturkatastrophe. In unserer nächsten Nähe, im Alten Botanischen Garten, stand der Münchener Glaspalast, das große, 1854 eröffnete Ausstellungsgebäude, das gerade eine reiche Sammlung von Originalen der deutschen Romantiker-Maler beherbergte. In der Nacht zum 6. Juni wurden wir durch Feueralarm geweckt. Als wir auf die Straße stürzten, sahen wir zu unserem Schrecken, wie etwa hundert Meter vor uns das mächtige Gebäude in hellen Flammen stand. Es war seinerzeit aus Sicherheitsgründen hauptsächlich aus Glas und Eisen konstruiert worden. Gerade dies wurde ihm zum Verhängnis. Man hatte gemeint, für die wechselnden Ausstellungen immer neue Rupfen in die Holzrahmen spannen zu können, ohne die alten wegnehmen zu müssen. Nun aber wirkte gerade dies wie Zunder, die Eisenstäbe bogen sich, die Glasscheiben zersprangen in der Hitze und gaben dem Feuer, das an dem einen Ende des Bauwerkes entstanden war, die entsprechende Zugluft, so daß nach einer einzigen Stunde von dem ganzen, mehr als 230 m langen Gebäude nichts mehr übrig war als aufragende Eisenstangen und ein glühender Haufen Schutt. Als wir heimkamen, lagen im Hof einige verkohlte Holzstücke, die der Feuerwind herübergeweht hatte. Vielleicht, so dachten wir, stammten sie von den Rahmen der Bilder von Caspar David Friedrich, Philipp Otto Runge und Moritz von Schwind, die nun in Asche zerfallen waren. Wir ahnten nicht, daß wir ein Jahrzehnt später noch andere und furchtbarere Katastrophen erleben würden.

Aber wir sollten uns ja vornehmlich in das kirchliche und theologische Klima Münchens einleben. Unsere ersten katechetischen Schritte machten wir in Münchener Volksschulklassen, mehr oder minder hilfreich begleitet von Klassenlehrern und -lehrerinnen, die nach der damaligen Sitte meist hinten im Klassenzimmer an einer Arbeit saßen und dabei ihre oft ungebärdigen Schüler und Schülerinnen im Auge behielten; sie mögen sich wohl auch ihre Gedanken über die klägliche praktische Vorbildung dieser jungen Pfarrer gemacht haben. Für die Einübung in Gottesdienst und Predigt wurden wir in den damals zahlreichen Wochen- und Sonntags-Nebengottesdiensten in München eingesetzt; dazu kamen jede Woche drei Morgenandachten in der St.-Matthäus-Kirche, in die wir uns teilten. Gerne ließen wir uns auch zu Gottesdienstvertretungen in die große oberbayerische Diaspora bitten. Meine erste derartige Reise führte mich nach dem damals nur wenig bekannten Tutzing in die eben erbaute kleine Kirche. Bei solchen Gelegenheiten lernte man überdies auch die verantwortlichen Gemeindeglieder am Ort kennen, die oft mit rührender Treue die zerstreut lebenden Evangelischen sammelten und den Vikar aus München gerne zum Mittagessen einluden; am Nachmittag konnte man oft noch einen Ausflug in das oberbayerische Bergland machen, um am Abend mit vielen neuen Eindrücken wieder in die Seminargemeinschaft zurückzukehren.

Im Hause selber gab es nur drei regelmäßige zweistündige gemeinsame Übungen in der Woche, und zwar in den Fächern Homiletik, Katechetik und Systematische Theologie. Diese wurden von den drei Oberkirchenräten Maximilian von Ammon, Hans Meiser und Ernst Burger geleitet. Alle sind uns freundlich und brüderlich entgegengekommen und luden uns immer wieder auch in ihr Haus ein. Da sie freilich ihre Aufgabe im Seminar nur neben ihren eigentlichen Dienstgeschäften wahrnehmen konnten, blieb uns das Bruchstückhafte ihrer Unterweisung auch nicht verborgen. Aber sie gaben uns großzügig Gelegenheit zu Gesprächen und Auseinandersetzungen, in denen wir viel gelernt haben. Als Seminar-Übungsgottesdienste dienten abwechselnd die Wochengottesdienste in den Kirchen von St. Matthäus, St. Markus, St. Lukas und St. Johannes. Bei der Besprechung nach gehaltenem Gottesdienst stellte sich einmal heraus, daß der Kandidat ein formuliertes Gebet benutzt hatte, das dem Oberkirchenrat unbekannt war. „Woher haben Sie das Gebet?“ „Aus der Agende von Arper-Zillessen“. „Aber warum haben Sie denn kein Gebet aus der bayerischen Agende genommen?" „Ich dachte, wenn ich irgendwo ein besseres Gebet finde, dürfte ich es gebrauchen." „Aber glauben Sie, daß Sie bessere Gebete finden als die, die unser Herr Kirchenpräsident selber ausgesucht hat?" Das Argument wollte uns nicht ganz einleuchten. Trotzdem hatten wir gerade zu diesem ehrwürdigen Mann ein besonders gutes Verhältnis; wir lernten ihn immer besser schätzen und waren sehr betrübt, als er noch während unserer Seminarzeit starb. In einer systematischen Übung – es war in unserem zweiten Jahr, wo Helmut Gollwitzer, Karl Gerhard Steck und Hermann Kleinknecht hinzukamen – führten wir eine hitzige philosophisch-theologische Debatte, in der die Namen Karl Barth, Eberhard Grisebach und Friedrich Gogarten im Vordergrund standen. Der Herr Oberkirchenrat gab uns offen zu erkennen, daß hier nicht nur zwei Theologengenerationen, sondern überhaupt zwei sehr unterschiedliche Wellenlängen aufeinanderträfen, und meinte trocken: „Von Philosophie habe ich nie etwas verstanden und bin doch Oberkirchenrat geworden!" Dies war sachlich richtig; es zeigte aber auch etwas von der unbefangenen Menschlichkeit, in der wir miteinander verkehrten.

Diese Menschlichkeit wurde auch durch eine schöne Gewohnheit im Hause selber gefördert. Jeden Donnerstagmittag, unmittelbar nach der etwas gefürchteten katechetischen Übung bei den Mädchen im Luisengymnasium, in der uns Oberkirchenrat Hans Meiser, der frühere Direktor des Nürnberger Predigerseminars und spätere Landesbischof, vor allem nach der Methode von Emil Pfennigsdorf weiterzubilden suchte, waren wir bei dem ehrwürdigen, gütigen Kirchenpräsident D. Friedrich Veit und seiner liebenswürdigen Frau, die über uns im 2. Stock wohnten, zum Mittagessen eingeladen. Hier wurden wir nicht nur reichlich bewirtet, sondern konnten unbefangen Gespräche führen und Fragen nach Kirche und Welt stellen: wir erfuhren viel Internes über die Geschichte der Landeskirche und des 1929 erfolgten Neubaues des landeskirchlichen Dienstgebäudes, das vom Ehepaar Veit schon vor der Fertigstellung unter ergötzlichen Umständen bezogen worden war. Auch lernten wir mancherlei Gäste aus dem weiten kirchlichen Bereich kennen, so den eben nach Berlin berufenen Oberkonsistorialrat Theodor Heckel, den späteren Bischof im Außenamt der Deutschen Evangelischen Kirche. Er ist um 1950 nach etwas verschlungenen Wegen als Dekan nach München zurückgekehrt. Gerade in seinen späteren Jahren, die für ihn wegen seiner umstrittenen Haltung im Kirchlichen Außenamt während des Kirchenkampfes manche Belastung brachten, sind wir einander nähergekommen. Ich habe ihn, nachdem das Vergangene bereinigt war, wegen seiner Klarheit, seines theologischen Scharfsinns, vor allem aber in seiner Hinwendung zu den Kriegsgefangenen und Vertriebenen, als deren „Bischof" er galt, besonders schätzen gelernt.

Politischer Wellenschlag

Das politische Geschehen jener Jahre ließ uns je länger, desto weniger los. Dafür sorgte schon die Nähe des Braunen Hauses gleich um die Ecke an der Briennerstraße. Dort hatte, genau gegenüber dem Palais des päpstlichen Nuntius, seit einiger Zeit der immer mehr in den Vordergrund tretende Adolf Hitler sein Hauptquartier. Soweit ich mich erinnern kann, gehörte von unserem Kreis, so verschieden wir dachten, niemand als Mitglied zu seiner Bewegung. Aber jeder von uns hatte schon längst, spätestens in der Studentenzeit, von den politischen Ereignissen Beobachtungen und Erfahrungen gesammelt, von denen noch zu reden sein wird. Hier waren die Meinungen geteilt, und die Gespräche über das, was positiv oder negativ daraus werden könnte, erhitzten die Gemüter. Nicht selten sahen wir zu, wie das Braune Haus von Polizei durchsucht wurde und wie Berge von Schriften herausgeholt, auf Autos verladen und abtransportiert wurden. Der alte Kirchenpräsident Veit, der seit 1917 im Amt war und den Umsturz von 1918 mit der darauf folgenden Neuordnung der Landeskirche hatte bewältigen müssen, sah mit Besorgnis, wie immer mehr Pfarrer im Land sich den Ideen des Nationalsozialismus zuzuwenden schienen. Noch 1932 versuchte er mit einigen Appellen die Pfarrerschaft vor falscher Politisierung zu warnen – unpolitisch, wie man heute oft meint, waren die Pfarrer zum großen Teil auch damals nicht – und sie bei der Mitte ihres Auftrags festzuhalten. Bei der herrschenden allgemeinen politischen Erregung und angesichts der Meinung nicht weniger junger Pfarrer, die aus den neu erwachten „völkischen" Kräften auch eine Erneuerung des Christentums erhofften, hatten seine Mahnungen wenig Erfolg. Den kirchlichen Herausforderungen und Aufgaben, die nach der Machtübernahme durch Adolf Hitler am 30. 1. 1933 anstanden, war er alters- und kräftemäßig je länger, desto weniger gewachsen. Einmal, etwa im März 1933, stieß er in unserem Kreis hervor: „Ich kann kein Braunhemd mehr sehen!" Bald erklärte er, auch unter dem Drängen vieler „fortschrittlicher" Kräfte in der eigenen Kirche, kurzfristig seinen Rücktritt.

Über die Stellung des Pfarrers zu den politischen Fragen glaube ich schon damals einiges gelernt zu haben. Selbstverständlich hat die kirchliche Existenz und die kirchliche Verkündigung von vorneherein auch politische Relevanz. Auch die Gemeinde selbst mit all ihren Gliedern ist ja vielfach mit dem Politischen verflochten. „Die Kirche darf nicht schweigen" – selbstverständlich nicht. Es ist nur die Frage, was sie sagt und in wessen Namen sie spricht, und vor allem, ob sie über die Gabe der Prüfung und Unterscheidung der Geister verfügt. Ein Pfarrer tut gut, den Vorrang des ihm gegebenen Auftrags unter allen Umständen zu bewahren und nicht darüber eine wenn auch noch so notwendige oder lockende politische Betätigung zu setzen. Er wird gerade dann genug mit politischen Fragen und Auseinandersetzungen zu tun haben. Jedenfalls sollte er in der Gemeinde nicht den Anschein erwecken, als sei er ein verhinderter Politiker.

Am 1. Mai 1933 wurde ich als Stadtvikar an die Münchener Hauptkirche St. Matthäus versetzt, die unmittelbar am Stachus stand. Die offizielle Seminarzeit war damit zu Ende, nicht jedoch die Verbindung mit dem Seminar und seinen Bewohnern. Für mich war der Übergang ohnehin fließend; hatte ich doch schon einige Monate vorher die vakante Stelle bei St. Matthäus zu vertreten und zugleich noch das Amt des Seminarseniors zu versehen. So bilden in der Erinnerung die beiden Jahre im Seminar und die beiden Vikarsjahre in mancher Hinsicht eine Einheit.

Erfahrungen

Im Rückblick auf diese wichtigen Jahre stehen drei bleibende Lebenserfahrungen vor mir.

Als erstes sind die zahlreichen *Freundschaften* und Beziehungen zu nennen, die in jenen Seminarjahren begannen. Man kann die Bedeutung des Münchener Predigerseminars für den Geist des Zusammenhalts, der Kollegialität, ja der Bruderschaft unter den Münchener Pfarrern kaum hoch genug einschätzen. Die Mitglieder des Seminars blieben auch nach ihrem Ausscheiden häufig als Stadtvikare in den Münchener Gemeinden. Wie von selber bot sich damit das auch örtlich zentral gelegene Predigerseminar als Versammlungsort für den „clerus minor" an. Nicht selten kamen auch Ältere zu den Zusammenkünften, wie Dekan Friedrich Langenfaß oder die Pfarrer Friedrich Loy und Julius Sammetreuther; auch der frühere Münchener Studentenpfarrer Georg Merz, der zu unserer Zeit bereits in Bethel war, versäumte keine Gelegenheit, um nach München zu fahren und dabei auch das Predigerseminar zu besuchen. Mindestens

Alte St.-Matthäus-Kirche München

alle vier Wochen, später häufiger, wurden hier gesellige Abende gehalten mit Vorträgen von Gästen aus ganz Deutschland und mit Diskussionen über den Weg der Kirche in diesen Jahren. Auch Geselligkeit, Gesang und Spiel kamen nicht zu kurz. Und als mit dem Jahr 1933 auch für die Kirche ein Ernstfall kam wie seit langem nicht mehr, war es in dieser Gemeinschaft möglich, alle Fragen, auch die ständig wechselnden Situationen und nötigen Entscheidungen offen zu besprechen. Wir waren nicht immer einer Meinung, aber die Gemeinschaft blieb auch durch die schweren Jahre hindurch innerlich begründet.

Die zweite Gabe, die ich aus jener Zeit mitgenommen habe, waren die Anfänge der *gemeinsamen Bibelauslegung* unter uns Theologen wie zusammen mit anderen Gemeindegliedern. Zu den Aufgaben der Seminaristen gehörte die Mitarbeit in dem sehr eifrigen Münchener Blauen Kreuz. Da trafen sie Menschen, die sich mit rührender Treue um Alkoholgefährdete und ihre Familien annahmen. Am frühen Morgen begleiteten sie den einzelnen von der Wohnung zur Arbeitsstelle und holten ihn am Abend wieder ab, um ihn an allen versuchlichen Gaststätten vorbei wieder nach Hause zu bringen. In der Mitte dieser Bemühungen stand die Blaukreuz-Bibelstunde, die in kleinen, familiären Kreisen in den Häusern der Mitglieder gehalten wurde. Noch erinnere ich mich genau an die erste Bibelstunde meines Lebens über Psalm 50. Ich legte ihn aus, wie ich es während meines Studiums gelernt, besser: nicht gelernt hatte. In dem Gespräch rund um den Tisch darnach sagte ein Teilnehmer, der einst trunksüchtig gewesen war: „Wir danken dem Herrn Vikar für seine schöne Auslegung. Ich will bloß noch eines hinzufügen: Da steht in der Mitte des Psalms der Satz: ‚Rufe mich an in der Not, so will ich dich erretten, so sollst du mich preisen.‘ Ich glaube, von dem Wort aus kann man den ganzen Psalm nach rückwärts und vorwärts verstehen.“ Unter seinen einfachen Sätzen, in die er etwas von seiner eigenen Erfahrung einflocht, ging auch mir erst das Licht über den ganzen Psalm auf!

Vom Frühjahr 1933 ab, als die politischen und weltanschaulichen Umwälzungen immer stärker auch in die Gemeinden hineinwirkten, empfanden wir jungen Münchener Pfarrer es als klare Notwendigkeit, daß wir uns, soweit wir konnten, regelmäßig wenigstens einmal in der Woche morgens, oft um 6 Uhr, versammelten, um miteinander biblisch zu arbeiten, zu beten und zu einer gemeinsamen Meinung über den Weg der Gemeinde Christi zu kommen. Wilhelm Grießbach, Eduard Putz, Werner Pürckhauer, Georg Lanzenstiel, Leonhard Henninger, Hans Siebert und andere gehörten zu diesem

Kreis. Nach den Kirchenvorstandswahlen im Juli 1933, die fast überall den Anteil der Deutschen Christen verstärkt hatten, wurde uns auf der Pfarrkonferenz nahegelegt, jetzt sei der Augenblick gekommen, wo wir gemeinsam zu den Deutschen Christen gehen sollten, um ihre Richtung mitzubestimmen. Es gab eine erregte Aussprache, an der vor allem wir Jüngeren uns beteiligten; sie führte zur Ablehnung dieses vor allem kirchenpolitisch motivierten Vorschlags. Wir hatten gerade in diesen Tagen Stücke aus dem von Johannes Rupprecht herausgegebenen „Bezzel-Brevier" gelesen und glaubten besonders aus einer genau für diese Kalendertage (26. Juli) ausgewählten Lesung die Warnung vor solchem Opportunismus herauszuhören: „Es kommt die Zeit, daß man ein wahres, edles Christentum nur dadurch herzustellen meint, daß man die dumpfe alte Gläubigkeit aus den Domen, Schulen und Häusern verbannen wird in bester Meinung. Ich bin der Überzeugung, daß die beste Meinung vorherrscht. Das halte ich fest, nicht mir zum Trost, sondern zum Schreck. Ich glaube, daß die ganze moderne Bewegung von edelsten Motiven getragen wird, aber dadurch darf sie mir nun nicht sympathischer sein . . . Meine Christen, die Zeit ist da, wo sich von einer Schar edeldenkender, reichbegnadeter, hochbegabter Leute die andere scheidet, welche eintönig, einsilbig und arm ist, wegzieht mit dem einen Vers: Kyrie eleison! – Meine Sünde und deine Gnade!"

Aus diesen Zusammenkünften, in denen wir uns auch um gegenseitige Seelsorge bis hin zur Einzelbeichte mühten, erwuchsen später alljährliche Bibelrüstzeiten, zu denen wir ehemaligen Münchener mit unseren Frauen und auch mit neuen Freunden uns trafen, in Sulzbürg, auf dem Hohenstein bei Hersbruck, in Heidenheim am Hahnenkamm, in Lehengütingen, Lanzendorf, Scheuerfeld bei Coburg. Drei bis vier Tage lang lasen wir miteinander eine biblische Schrift, etwa den 1. Petrusbrief, den Kolosserbrief oder auch die sieben Sendschreiben der Offenbarung des Johannes. Ich selbst wurde auf diese Weise in die Mitarbeit an der Vorbereitung der seit 1935 eingeführten Bibelwoche hineingezogen, für die sich bald ein Arbeitskreis aus allen Teilen Deutschlands bildete. Diese Bibelwoche hat, je mehr die Verwirrung in den Gemeinden wuchs und je mehr auch im Krieg Wegweisung, Hilfe und Trost nötig wurden, desto mehr Bedeutung gewonnen. Bei einer dieser Vorbereitungstagungen im Mai 1941, die ausgewählte Psalmen zum Gegenstand hatte, kam ich zum ersten Mal in das berühmte evangelische Kloster Loccum in Hannover und lernte Landesbischof August Marahrens kennen. Auch einige Freundschaften, besonders mit dem späteren

Landessuperintendenten Johannes Schulze, haben damals begonnen. Die Tagung hat für uns auch deshalb historische Bedeutung gewonnen, weil mitten in sie hinein die Nachricht platzte: „Rudolf Heß, der Stellvertreter des Führers, ist nach England geflogen!“

Als dritte wichtige Erfahrung muß ich in diesem Zusammenhang meine Begegnung mit der sog. *Oxfordgruppe* des Deutschamerikaners Frank Buchman nennen. Im Jahre 1931 kam dieser charismatische Mann mit seinem Team nach München und besuchte auch uns im Predigerseminar. Er hielt keine Vorträge, sondern erzählte einfach und lebte uns mit seiner Gruppe ein aus der Bibel geschöpftes, unmittelbares und fröhliches Christentum in einer Weise vor, die einige von uns zutiefst traf. Wir nahmen das Neue, zumal das Amerikanische, dennoch nicht mit offener Begeisterung auf. „Das ist doch zu primitiv“, sagte ein Älterer beim Abschied. Aber zugleich war nicht zu leugnen, daß man bei Buchman auf eine höchst eindrückliche Weise erfuhr, wie man als Christ heute leben kann im Hören auf das Wort der Heiligen Schrift, in der Gemeinschaft des Heiligen Geistes, besonders auch unter der Botschaft der Bergpredigt mit den vier „Absoluten“: Wahrheit, Reinheit, Selbstlosigkeit, Liebe. Was wir heute unter dem Begriff „Gruppenarbeit und Gruppenerfahrung“ so hoch schätzen und uns zu lernen bemühen, das war in dieser Gruppe wie selbstverständlich da; es war, wie wir merkten, aus dem Neuen Testament unmittelbar zu schöpfen. Konnte man nicht in den urchristlichen Gemeinden, vor allem in den Hausgemeinden, das Urbild solcher Gruppen erkennen?

Einige Jahre nahm ich an den Zusammenkünften der Gruppenbewegung in München teil, deren Seele bald Amtsgerichtsrat Alo Münch und seine Frau Elisabeth, geb. Lembert, waren. Es war schon erstaunlich, wie viele Familien für diese „house parties“ spontan ihre Räume zur Verfügung stellten. Als meine Aufgabe empfand ich es dabei vor allem, darauf hinzuwirken, daß wir über allem Fragen nach der Führung des Heiligen Geistes die Bindung an die Heilige Schrift festhielten. Die spätere, etwa um 1938 erfolgte Wendung der Gruppenbewegung zur „Moralischen Aufrüstung“ konnte ich nicht mehr mitvollziehen. Jedoch arbeitete ich in der „Arbeitsgemeinschaft für Seelsorge“ mit, die die ursprüngliche Linie einhalten wollte, bis sie 1940 von der Gestapo verboten wurde, als wir gerade eine Zusammenkunft des Leitungsteams in Garmisch-Partenkirchen beginnen wollten.

Neben meinem allgemeinen Vertrautwerden mit der Seelsorge habe ich eines von Frank Buchman gelernt, was mir bis heute als unschätzbare Hilfe für die gesamte *praxis pietatis* erscheint: die stille

Zeit am Morgen. Einige von uns hatten sie auch im Seminar miteinander gehalten. Hatte nicht Martin Luther selbst sie schon empfohlen, als er 1534 an den Meister Peter Balbierer in seinem Büchlein „Eine einfältige Weise zu beten“ schrieb: „Es kommt wohl oft vor, daß ich in einem Stück oder Bitte (des Vaterunsers) in so reiche Gedanken komme, daß ich die anderen sechs alle beiseite lasse. Und wenn nun solche reiche, gute Gedanken kommen, dann soll man die anderen Gebete fahren lassen und solchen Gedanken Raum geben und in der Stille zuhören... Sei still und höre dem zu, der's besser kann als du. Und was er predigt, das merke und schreibe es auf, so wirst du Wunder erfahren...“

Als ich lange Zeit später, im Jahre 1958, meinen 50. Geburtstag beging, überreichten mir die bayerischen Pfarrer ein Geschenk, das mich bis heute wie kaum ein anderes freut. Es ist eine Holzplastik des Bildhauers Karl Hemmeter, die den „Hörenden“ zeigt, wie er dasitzt, die eine Hand ans Ohr gelegt. Die Widmung ist verbunden mit dem Hinweis auf das Bibelwort Jesaja 50,4 f., das seit vielen Jahren für mich fast jeden Tag einleitet: „GOTT DER HERR HAT MIR EINE ZUNGE GEGEBEN, WIE SIE JÜNGER HABEN, DASS ICH WISSE MIT DEN MÜDEN ZU RECHTER ZEIT ZU REDEN. ALLE MORGEN WECKT ER MIR DAS OHR, DASS ICH HÖRE, WIE JÜNGER HÖREN. GOTT DER HERR HAT MIR DAS OHR GEÖFFNET. UND ICH BIN NICHT UNGEHORSAM UND WEICHE NICHT ZURÜCK.“ Gibt es eine bessere Quelle, aus der ein Pfarrer für seinen Dienst in Verkündigung, Seelsorge und Unterricht und für sich selber schöpfen kann? In noch späteren Jahren, als in der Seelsorge die Psychologie mehr und mehr eine Rolle spielte und sich auch als Pastoralpsychologie darstellte, dachte ich nicht selten, was für eine unübertroffene biblische „Psychologie“, d. h. „Seelen-Erkenntnis“ doch aus diesem einen Satz spricht. Er erschien mir als ein Kompendium seelsorglicher Weisheit.

Leitdatum 1. Mai

Das „Kirchenlicht“ von 1931 ist inzwischen tief heruntergebrannt, und oft hat es seinen Standort wechseln müssen. Von München aus kam ich am 1. Januar 1935 als Pfarrer in das unterfränkische Rüdenhausen. Dorthin haben wir am 2. März 1935 geheiratet. Von da an läßt sich der 1. Mai als eine Art Wegmarke oder Leitdatum für unsern Lebensgang feststellen. Am 1. Mai 1939 wurde ich als theologischer Hilfsarbeiter in den Landeskirchenrat nach München einberufen und fand damit meine Arbeitsstelle wieder in dem mir so wohlbekannten Gebäude Arcisstraße 13; ich habe während des Krieges auch seine teilweise Zerstörung miterlebt. Von 1945 bis 1953 war das Landeskirchliche Predigerseminar, zuerst in Erlangen, dann in Nürnberg unsere Heimat. Auf den 1. Mai 1953 wurde ich zum Rektor der Diakonissenanstalt Neuendettelsau berufen. An diesem Tag zogen wir mit der inzwischen auf sieben Kinder angewachsenen und damit „komplett" gewordenen Familie von Nürnberg nach Neuendettelsau und wurden in einem denkwürdigen Empfang vor dem Hospiz von der gesamten Anstaltsfamilie warm und herzlich aufgenommen. Es war nicht leicht, schon zwei Jahre darnach wieder Abschied zu nehmen. Das Amt des Landesbischofs trat ich am 1. Mai 1955 an. So kamen wir wieder nach München und fanden nicht nur die Arbeitsstätte, sondern auch die Wohnung in der Arcisstraße 13, die bald darauf, nach dem Tode meines Vorgängers D. Meiser, in Meiserstraße umbenannt wurde. Auch das Datum, mit dem ich den Ruhestand begann, war der 1. Mai – 1975.

Umstellung

Ein Pfarrer, der in den Ruhestand tritt, scheint mir einen Vorzug vor vielen anderen Berufsständen zu haben. Auch bei ihm endet die dienstliche Verpflichtung mit dem Überschreiten der Ruhestandsgrenze. Aber der mit der Ordination übertragene Auftrag, der Gemeinde mit Wortverkündigung und Sakramentsverwaltung zu dienen, bleibt auf ihm bis zu seinem Tode. So sind auch bei mir im Laufe der Ruhestandsjahre die meisten dienstlichen Verpflichtungen weggefallen, wenn auch manche, vor allem ökumenische Aufgaben noch einige Jahre weiter mich beansprucht haben und einige neu hinzugekommen sind. Die vielen tagelangen Sitzungen, die Teilnahme an zahlreichen Empfängen und Veranstaltungen sowie die kleinen und großen Flugreisen haben aufgehört. Die „Konferenzkirche", die jetzt bereits den Christen in Neu-Guinea als eigene Institution auffällt und kritisch von ihnen unter die Lupe genommen wird, tritt zurück. Aber wenn ich zu Predigten, Vorträgen oder biblischen Arbeiten und Aufsätzen gebeten werde, bin ich frei zuzusagen, und die Vorbereitung kann gründlicher geschehen als in früheren Zeiten.

Der entscheidende Schritt freilich, den der Eintritt in den Ruhestand fordert, darf nicht verschwiegen oder irgendwie übergangen, sondern will bewußt vollzogen werden. Es gilt klar ja zu sagen zu dem neuen, letzten Abschnitt des Lebens. Aber wenn Gott körperliche und geistige Kräfte noch einigermaßen erhält, kann dieser Lebensabschnitt seinen eigenen Inhalt, ja seine Schönheit und seinen Auftrag haben. Alle unsere sieben Kinder sind inzwischen ausgeflogen und selbständig geworden, aber sie kommen häufig zu Besuch. Gespräche mit ihnen, denen der Vater während seiner Amtszeit, wie er bis heute immer wieder merkt, vieles schuldig geblieben ist, können zwar Versäumnisse nicht wiedergutmachen, aber hie und da entstandene Verhärtungen auflösen und die Gemeinschaft erneuern. Vielleicht können auch die Kinder dabei den Vater und die Mutter, die an ihrem Weg teilnehmen, ohne in ihre Freiheit einzugreifen, nochmals von einer anderen Seite kennenlernen. Und die wachsende Zahl der Enkelkinder kann das Leben der Großeltern in besonderer Weise bewegen und erhellen.

Der äußere und innere Abstand zum aktiven Dienst vergrößert sich merkwürdig rasch, und was vor wenigen Jahren noch wichtig erschien, bleibt zurück und wird kleiner und kleiner, wie wenn man aus einem wegfahrenden Zug durchs Fenster auf den verlassenen Bahnhof zurückblickt. Die Perspektiven und Maßstäbe für das, worauf es in der Kirche ankommt, was man zurückstellen oder unterlassen könnte, was leben, auch was sterben darf, verschieben sich. In der unruhigen Zeit um den Wormser Reichstag 1521 hat Luther einmal gemeint: „Ich bin still gesessen und habe das Wort lassen wirken." Natürlich hatte er dabei nicht den Ruhestand im Auge, sondern den Tumult des Kampfes, und ich habe mir dieses sein Wort in schwierigen Augenblicken des Kampfes oder der übergroßen Anforderungen oft genug vorgesagt. Jetzt aber gewinnt es noch einen anderen Sinn. Jetzt darf ich wirklich still sitzen, und darf mich doch zugleich noch um das Wort bemühen, das Gott spricht und das er weitergegeben haben will. Erst jetzt erfasse ich ganz, was die Augsburgische Konfession meint, wenn sie den Dienst der Bischöfe „non vi sed verbo" – nicht mit Macht, sondern mit dem Wort geschehen lassen will. Auch bei einem evangelischen Bischof, solange er im Amt ist, kann dieser Grundsatz, ohne daß er es will, durch andere oft gar nicht erkannte Imponderabilien in Frage gestellt werden. Im Ruhestand, solange Gott noch Zeit gibt, gilt er unbeschränkt.

2. KAPITEL

Wo kommst du her?

„Was für einen schönen alten Familiennamen haben Sie doch: Dietrich, der an der Felbe, am Weidenbaum wohnt!" So sprach mich eines Tages in München der bekannte Germanist Professor Dr. Brecht an, als ich seinen kranken Sohn besuchte, der ein Mitglied der Studentengemeinde war. Das war ein seltenes und wohltuendes Urteil über unseren Familiennamen, für dessen Schwierigkeit und Länge wir von Jugend auf manch gutmütigen Spott einzustecken und die unmöglichsten Verballhornungen entgegenzunehmen hatten. Unsere Familienforschung, die von einigen interessierten Familienmitgliedern betrieben wurde, ist nicht gerade weit gediehen. Aber sie hat herausgebracht, daß es sich um einen Doppelnamen handelt, der seit dem 17. Jahrhundert in dem oberfränkischen Marktflecken Thurnau und in den umliegenden Dörfern auftaucht. Um 1662 erscheint ein Hans Dietz als Gastwirt in Peesten. Mit ihm hängt wohl ein Trauzeugnis vom 16. November 1675 zusammen: „Sohn des Hans Dietzens, Felbingers genannt." Vielleicht lag dessen Hof an einem mit Weiden bestandenen Bach, so daß er im Unterschied zu anderen „Dietz" eben mit dem Hausnamen „Felbinger" genannt wurde. Seit dem 18. Jahrhundert sind die beiden Teile des Namens auch in der Schreibweise zu einem einzigen Namen zusammengeflossen.

Ermershausen

Mein Vater, Wilhelm Dietzfelbinger, Sohn eines Notars, der zuletzt in Erlangen wirkte, war der erste Theologe in seiner Familie. Unsere Mutter, Magdalene geb. Nicol, war schon in der Tradition des fränkischen Pfarrhauses zu Hause. In ärmlichsten Verhältnissen, in Willmars in der Rhön hatten die Großeltern Nicol ihre Ehe und ihren Dienst begonnen, aber wenn die Mutter von dem Leben in der großen Familie mit den zehn Kindern erzählte, so waren das für uns Schilderungen eines unvergleichlichen, unerschöpflichen Reichtums.

In Ermershausen, einem Dorf, das heute im Zonenrandgebiet nahe der DDR-Grenze liegt, bin ich am 14. Juli 1908 als drittes Kind meiner Eltern geboren. Erst viel später sollte ich mit dieser Gemeinde, der ersten Pfarrstelle meines Vaters, genauer bekannt werden. Im Jahre 1958 hielt ich bei einem Gemeindebesuch in der dortigen Kirche, in der ich am 29. Juli 1908 getauft worden war, den festlichen Gottesdienst. „Ihren Vater habe ich noch gut gekannt", sagten mir darnach einige alte Leute, und einer konnte noch Sätze aus Predigten zitieren, die der Vater während seiner Amtszeit, also zwischen 1904 und 1908, gehalten hat. Mir wurde das ein beispielhafter Hinweis darauf, welch nachhaltige Wirkung gerade in ländlichen Gemeinden die oft gering geachtete und so rasch verurteilte Predigt haben kann. Über viele Jahrzehnte hinweg kann ein Wort wirken, das aus dem Nachdenken über die Heilige Schrift erwachsen ist, und so lange können Menschen davon leben. Die große Verantwortung des Predigers freilich hat auch ihre andere Seite: „Mit einer einzigen Predigt kann man Seelen verwirren, ist ein Gewissen verstrickt, so daß man es in zehn Jahren nicht frei machen kann" (Luther). Auch die m. E. zu weit geführte kommunale Gebietsreform von 1978, die den Ermershäusern gegen ihren bundesweit bekanntgewordenen Widerstand die jahrhundertelange Selbständigkeit als Gemeinde nahm, hat mich mit dem Ort an der Grenze weiter verbunden.

Innenraum der Kirche in Ermershausen

Schon drei Monate nach meiner Geburt zogen die Eltern nach Kirchfarrnbach, einem Pfarrort in der Nähe von Fürth i. B., im Kerngebiet Mittelfrankens, zwischen den Flüssen Zenn und Bibert, am Westhang des sich von Cadolzburg herüberziehenden, reich bewaldeten Dillenbergs gelegen. Die Kirchengemeinde besteht aus einer Reihe von kleineren Orten. Neben der Hauptkirche gibt es auch eine Filialkirche in dem etwa 4 km entfernten Hirschneuses. Dort hatte der Vater alle vier Wochen Gottesdienst zu halten. Weil er nach Hirschneuses mit einer Pferdekutsche gefahren wurde, war es für uns Kinder oft ein besonderes Vergnügen, ihm am Nachmittag auf seiner Rückfahrt entgegenzugehen und in der Kutsche mit nach Hause fahren zu dürfen. In dem schönen Pfarrhaus, einem fränkischen Fachwerkbau, verlebten wir in dem wachsenden Geschwisterkreis – vor mir ein älterer Bruder, der bald starb, und eine ältere Schwester, nach mir sechs jüngere Geschwister – eine nicht unbeschwerte, aber reiche und frohe Jugendzeit. Der einfache, sparsame Lebensstil erschien uns wie selbstverständlich und wurde auch von uns übernommen. Es war schon eine ganz besondere Zugabe, wenn die Eltern – ein- oder zweimal im Jahr – nach Fürth bzw. Nürnberg zum Einkaufen fuhren und einige von uns Kindern mitnahmen. Da mußte man schon früh um ½ 4 Uhr aufstehen, um rechtzeitig nach einer Stunde Fußmarsch zur Lokalbahnstation Wilhermsdorf zu kommen. In Fürth fuhr der Vater regelmäßig mit der etwas altersschwach gewordenen „Ludwigs-Eisenbahn“, der ältesten Eisenbahn Deutschlands, nach Nürnberg; dort wurden wir Kinder meist im „Panorama“, einer Guckkasten-Einrichtung mit schönen Landschaftsbildern abgesetzt, und die Eltern konnten ihre Besorgungen machen. Ob wir, außer gelegentlichen Besuchen des Tiergartens, noch viele tiefere Eindrücke mitbekamen, weiß ich nicht: einmal hatte mich, meinen Erzählungen zufolge, anscheinend vor allem ein Schaufenster gefesselt mit „Zöpfen, an denen keine Frauen dran waren“.

Das Leben in der Familie war durch eine einfache christliche Hausordnung mit Morgen-, Tisch- und Abendgebet geordnet. Von sonstigen Erziehungsgrundsätzen der Eltern weiß ich wenig zu sagen. Wir wußten, daß sie uns liebhatten, auch wenn sie einmal streng gegen eines der Kinder sein mußten. Im übrigen war ihnen anzumerken, wie sie jedem einzelnen der Heranwachsenden gerecht werden wollten. Kam es von da her, daß wir natürlich oft Auseinandersetzungen miteinander hatten, aber verhältnismäßig wenig ernst-

Hermann Dietzfelbinger (mitte) im Kreis der Familie, 1913

Pfarrhaus Kirchfarrnbach

haft miteinander stritten? Zu den Mahlzeiten mußten wir pünktlich da sein, vor allem wenn der Vater rief. Und wenn es abends dunkel wurde, brachen wir auch die schönsten Spiele mit den Kameraden auf der Dorfstraße ab; wir durften das abendliche Gebetläuten doch nicht versäumen, bei dem die Mutter betete: „Lieber Mensch, was soll's bedeuten, dieses späte Glockenläuten? Es bedeutet abermal deines Lebens Ziel und Zahl." Die Mutter konnte ja, wenn das Abendessen vorüber war, auch so wunderbar erzählen, daß auch die Größeren sich keine ihrer Geschichten entgehen ließen. Auch wußte sie jede kleine Gelegenheit wie etwa einen Geburtstag zu einem Familienfest auszugestalten und mit ihrer großen dichterischen Gabe unvergeßlich zu beleben. Und das Weihnachtsfest wurde nicht nur für die Gemeinde, sondern auch für uns Kinder liebevoll und fröhlich mit Singen von Weihnachtsliedern, mit Gaben und Geschenken ausgestaltet.

Unsere Jugendjahre wurden besonders durch die Nachbarschaft mit den Großeltern bereichert, die nur eine gute Stunde entfernt in Dietenhofen lebten. Dort wirkte der ehrwürdige Großvater Christian Nicol als Pfarrer, und seine Frau Bertha, geb. Kelber, hielt ein für die Enkelkinder sowie für zahlreiche Verwandte und Bekannte allezeit offenes Haus. In den Jahren von 1908 bis 1925 ist wohl selten eine Woche vergangen, in der nicht irgendein Besuch zwischen den beiden Familien hin- und herwechselte, in freudevollen und in leidbeschwerten Tagen. Wenn der Großvater mit dem Fahrrad von Dietenhofen herüberkam, war es für uns Enkel eine Ehre, ihm von der nahe gelegenen Farrnbach-Quelle am Waldesrand frisches Trinkwasser zu holen. Dies sei das beste Wasser in der ganzen Gegend, meinte er. Besser war es jedenfalls als das Wasser aus unserem Pumpbrunnen unterhalb des Pfarrhauses, das man mit Eimern und Bütten in die Küche schleppen mußte und in dem nicht selten Schnecken und andere kleine Tiere zu finden waren. Vor allem wurde jedes Fest in der ausgedehnten Familie als Gelegenheit zu größeren Treffen benutzt, und die schönen gemeinsamen Stunden, in denen der Vater mit seiner guten Singstimme Balladen von Carl Loewe wie den „Erlkönig" oder „Archibald Douglas" sang und die verschiedenen Onkel Klavier und Violine spielten, bildeten Höhepunkte auch im Leben von uns Kindern.

Der inzwischen längst zugewachsene Fußweg von Kirchfarrnbach nach Dietenhofen, der wahrscheinlich nur von uns benützt wurde, die vier Wäldchen, durch die er führte, samt dem Weg zwischen den Weihern mit ihren Seerosen stehen ganz deutlich noch vor mir. Vor allem war es die Wegstrecke über die Heide mit den vielen Wacholderbüschen; am Tag sahen sie gar nicht gefährlich aus und konnten nur ein wenig stechen, aber wenn es dämmrig und dunkel wurde, erschienen die Büsche den Kindern wie gespenstische, räuberische Gestalten, und wir schlossen uns enger an die Mutter an, die mit ihrem tapferen Gesang uns und vielleicht auch sich selbst Mut zusprach. An die Heide mit den Wacholderbüschen habe ich später oft gedacht, wenn es um die Erklärung der großen Christusbotschaft ging: „Gott hat die Gewalten und Herrschaften ihrer Macht entkleidet und sie öffentlich zur Schau gestellt und einen Triumph aus ihnen gemacht in Christus" (Kol 2,15). Auch wir Kinder erfuhren im Krieg und in der vielfachen Begegnung mit dem Sterben: Diese Welt ist voll von Mächten und Gewalten, die uns Furcht einflößen können. Aber wenn Jesus Christus unsern Tag erhellt, dann ist das Unheimliche weggenommen. Unheil und Tod, Schmerzen und Krankheit sind nicht verschwunden, aber sie sind ihres unheimlichen Machtcharakters entkleidet und sind auch nur Kreaturen Gottes, wie diese stacheligen Wacholderbüsche.

Pfarrhaus und Kirche, zwischen denen der schöne Pfarrgarten mit der Holzlege und dem alten Pferdestall lag, bildeten den natürlichen Mittelpunkt des Dorfes. Dazu kam das auf der anderen Straßenseite gegenüber der Kirche liegende Schulhaus. Für uns war dies alles eine selbstverständliche, überschaubare Lebenseinheit, in der wir uns zu Hause fühlten. Auch der alte Friedhof gehörte dazu, auf dem das Grab unseres ältesten, 1910 im Alter von sechs Jahren verstorbenen Bruders Ludwig lag. In der Kirche wurden wir heimisch, längst ehe wir verstehen konnten, was unser Vater, der Pfarrer, am Sonntag in der Predigt sagte. Die Lieder, die Gebete, die Verbundenheit mit den Menschen, die da kamen, all dies war doch auch Kirche! Das Läuten der Glocken, an dem ich, sobald ich nur ein Glockenseil halten konnte, mich beteiligte, das Anstecken der Lieder für den Gottesdienst, und das Blasbalgtreten an der Orgel waren ebenso ein Teil unseres Lebens wie unsere Teilnahme an Trauungen, bei denen der Bräutigam Kleingeld unter die Jugend werfen mußte, und an Beerdigungen, wo wir die damals üblichen gefühlvollen „Arien" sangen wie: „Wo findet die Seele die Heimat, die Ruh?" oder: „Laßt mich gehn, daß ich Jesum möge sehn!" Zugegeben, wir benutzten Friedhof und Kirche an Werktagen und am Sonntag vor dem Gottesdienst auch zum Versteckspielen; aber es gehörte eben alles zusammen, das Spiel und der Ernst, der Gottesdienst in der Kirche und das Leben um die Kirche herum.

In dieses gemeinsame Leben war auch das Schulhaus einbezogen. Der Vater, in den Jahren bis 1918 noch königlich-bayerischer

Lokalschulinspektor, bemühte sich ebenso wie die Mutter um ein freundschaftlich-nachbarliches Verhältnis zu den Lehrern. In der Zeit des Krieges war der Lehrer eingezogen. Seine Frau, die allein im Schulhaus saß, erhielt die Nachricht vom Tod ihres Mannes. Unsere Mutter war Tag für Tag bei ihr, um ihr beizustehen.

Auch mit der Schule selbst verbinden mich die schönsten Jugenderinnerungen. Es war eine einklassige Schule, wo die Jahrgänge von eins bis sieben in einem Raum unterrichtet wurden, eine Zwergschule also, wie man heute sagt. Natürlich genügte sie heutigen Ansprüchen kaum. Aber was hatte sie doch auch für Vorzüge! Gewiß, das „Realienbuch" enthielt nur die wichtigsten Wissensstoffe für Geschichte, Geographie und Naturkunde. Aber wir eigneten uns dies Wesentliche auch an. Und Schönschreiben, Rechtschreiben und Lesen lernten wir bestimmt ebenso gut wie die Jugend heute in den vollausgebauten Schulen. Wie von selbst erwacht in solch einer Gemeinschaft der Sinn für gegenseitige Verantwortung, für Teamarbeit, wie man heute sagt. Da sieht die ältere Schwester ihren jüngeren Bruder in der ersten oder zweiten Klasse vor sich sitzen; im Notfall darf sie ihm bei den ersten Buchstabierübungen helfen, und wenn er eine Hausaufgabe aufbekommt, notiert sie es und trägt die Verantwortung mit dafür, daß die Aufgabe zu Hause auch recht erledigt wird. Wenn der Lehrer es einigermaßen verstand und sich dieser besonderen Unterrichtsweise mit Liebe hingab – dies war allerdings die Voraussetzung –, so hatte die einklassige Schule in solchen Verhältnissen durchaus ihre Berechtigung, ja ihre Vorzüge. Vieles von dem, was heute als pädagogisch erstrebenswert propagiert wird an Zusammenarbeit und Sozialisation, und nicht wenig von dem, was in der Theorie dargeboten wird, lernte man in der ungeteilten Schule wie von selbst. Als ich später während des Krieges für die bayerischen Pfarrer eine Arbeitshilfe für den Religionsunterricht an der ungeteilten Schule zu fertigen hatte, stand als Vorbild die ungeteilte Schule vor mir, die ich selbst besucht hatte.

Von dieser Schule, in der man sich täglich traf, nahm die Kameradschaft unter der Jugend ihren Ausgang. Was für Möglichkeiten bot dafür solch ein überschaubares Dorf, in dem einem Pfarrerbuben fast jedes Haus offensteht! Es gab Tage, wo wir Kinder in einem Nachbarhaus beinahe mehr Zeit verbrachten als zu Hause, einschließlich der Mahlzeiten. Die heißen Sommer-Nachmittage verlebten wir mit Baden, Gänsehüten und Kaulquappenfangen an den großen Fischweihern bei Kreben. Wir hatten viel mit Tieren zu tun; die einen hatten wir lieb, während wir andere gedankenlos und grausam quälen konnten. Wir kannten uns aus mit den Haustieren, den Pferden, Kühen und Schweinen, und empfanden es nicht als überflüssig, sondern als wichtige Regel, wenn wir im Religionsunterricht den Spruch lernten: „Der Gerechte erbarmt sich seines Viehs“ (Spr 12,10). Und „wie man sich freut in der Ernte“ (Jes 9,2) erlebten wir mit, wenn wir in dem geschäftigen, staubigen Treiben um die Dampfdreschmaschine mithelfen durften. Auch gab es Werkstätten und Scheunen, wo wir uns zum oft nicht ungefährlichen Spiel herumtrieben. Man durfte auch an Schlachtfesten teilnehmen, und im Kaufladen der Frau Nachbarin Dietrich kannte ich mich ebenso aus wie ihr Sohn, mein Freund Georg. Als dieser in der bösen Grippe-Epidemie am Kriegsende 1918 im Alter von zehn Jahren starb und ich hinüberkam, um ihn noch einmal auf dem Totenbett zu sehen, ging es mir durch und durch, als seine Mutter zu mir sagte: „Das Letzte, was er gerufen hat, war dein Name!“

Es gab noch viele andere Freunde, mit denen ich auf der Straße spielte oder durch die nahegelegenen Wälder streifte, wie den Metzgerssohn Georg Däumler. Wir lernten miteinander das Fahrradfahren – was für eine Freude, als ich mit 14 Jahren das erste Fahrrad bekam! –, wir liefen im Winter auf dem Dorfweiher Schlittschuh: da hörte freilich einmal die Kameradschaft plötzlich auf, als ich auf dem noch nicht festgefrorenen Eis einbrach und um Hilfe rief. Da ließen sie mich alle im Stich und ich konnte nur mit Mühe und Not selber wieder aus dem kalten Wasser herauskriechen auf ein festeres Stück Eis. Unsere Streiche waren gewiß auch nicht immer gut, und die dunklen Seiten des dörflichen Lebens, auch der Jugend, habe ich ebenso kennengelernt wie die hellen.

So wurde uns Leben und Sterben, Licht und Schatten, Höhen und Tiefen gerade in dieser überschaubaren Gemeinschaft wohlvertraut. Und als ich im Jahre 1972 die Goldene Konfirmation mit meinen Mitkonfirmanden von 1922 feierte und im Gottesdienst die Predigt über 2.Tim 3,15 hielt: „Weil du von Kind auf die Heilige Schrift weißt, kann dich dieselbe unterweisen zur Seligkeit durch den Glauben an Christum Jesum“, da stand die Konfirmandenprüfung von 1922 vor mir, die der Vater damals ausgehend von diesem Bibelspruch gehalten hatte, und die ganzen Kirchfarrnbacher Jahre wurden gegenwärtig, als wären sie erst gestern gewesen.

In diese Zeit war ja auch der Erste Weltkrieg gefallen. Noch erinnere ich mich gut an die Tage des Kriegsausbruchs 1914 mit ihren Gerüchten über angebliche russische Spione mit großen Goldtransporten, die ausgerechnet durch das abgelegene Kirchfarrnbach kommen würden. So waren auch bei uns die Leiterwagen mit dem eben eingefahrenen Klee quer über die Straße gestellt, und der Vater hatte die Gartentür ausgehängt und auf die Straße gelegt, damit das Spionauto ja aufgehalten würde. Aber die schweren Zeiten kamen ja dann erst allmählich, wo der Vater in der Kirche auf einer Tafel immer mehr Namen von Gefallenen anbringen mußte. Und eines Tages kam von Dietenhofen einer der Brüder unserer Mutter mit der erschütternden Nachricht, daß gleich zwei ihrer acht Brüder, Hans und Julius, nicht mehr wiederkommen würden. Sie mußte etwas später auch noch einen dritten Bruder, unseren Onkel Dietrich, hergeben.

Die Jugendjahre in Kirchfarrnbach wie das Elternhaus überhaupt stehen für mich wohl auch deshalb in einem besonders hellen Licht, weil ich schon im Alter von elf Jahren vom Elternhaus Abschied nehmen mußte. Nachdem der Vater mich zwei Jahre lang privat unterrichtet hatte, machte ich im Herbst 1919 in Windsbach die Aufnahmeprüfung in die zweite Klasse des dortigen Progymnasiums und wurde Zögling im Pfarrwaisenhaus Windsbach. Anders als auf dem Weg über ein Internat konnten viele Pfarrerkinder vom Lande damals nicht zu einer höheren Schulbildung kommen. Meine ältere Schwester Elsbeth ging einen ähnlichen Weg und kam zugleich mit mir nach Neuendettelsau in die Rote Schule. Im Rückblick muß ich sagen: Eines hatte diese frühe, schmerzhafte Ablösung vom Elternhaus vor heutigen Verhältnissen auf jeden Fall voraus: Für den heranwachsenden Sohn in der Ferne, der wie ich nur drei- oder viermal im Jahre zur ersehnten Familie nach Hause kam, gab es gewiß auch den Eltern und den Geschwistern gegenüber Probleme, aber sie lagen von vorneherein auf einer anderen Ebene und hatten schon deshalb ein viel geringeres Gewicht, weil das geliebte Elternhaus im Abstand ganz besonders hell leuchtete. Hier war der nährende Boden, dem ich mich verbunden fühlte, und ich wußte nichts von der muffigen Enge mit den verzopften Eltern und der unfreien Atmosphäre, der man als Jugendlicher nicht rasch genug den Rücken kehren kann!

Windsbach

Das Pfarrwaisenhaus auf dem Hügel vor den Toren der kleinen Stadt und das ihm benachbarte Progymnasium ist fünf Jahre, von 1919 bis 1924, etwas wie ein Pflichtaufenthaltsort für mich gewesen. Ich hatte es sehr schwer mit dem Eingewöhnen fern von der Familie und von der Heimat; die straffe, harte Ordnung des Internatslebens fiel dem an Freiheit gewöhnten Jungen nicht leicht. Das Heimweh plagte mich im Unterschied zu meinen mir später folgenden Brüdern Ernst und Willy heftig, und als Individualist, der ich anscheinend war, sah ich zunächst vorwiegend die negativen Seiten dieses Aufenthalts und wehrte mich innerlich so sehr dagegen, daß ich fast krank werden wollte. So hatten die Eltern anfangs Sorge, ob sie mich überhaupt in Windsbach lassen könnten. Aber so nüchtern muß ich dann auch gewesen sein, um mir klarzumachen, daß Windsbach eben doch die beste Chance war, um überhaupt zu einer höheren Schulbildung zu kommen. So fügte ich mich, wenn auch widerstrebend, in das Leben im „Kasten" ein, wie wir das Internat nannten. Einige der Präfekten, d. h. der Erzieher, halfen mir mit Verständnis und Geduld: Karl Alt, Helmut Kern, Heinrich Weber, zuletzt der Onkel Christian Nicol, der jüngste Bruder meiner Mutter, der schon einer der besten Freunde unserer Kindheit gewesen war. Und wenn man sich nur ein wenig öffnete, war man doch auch von guten Kameraden umgeben wie Karl Steinbauer, Willi Drechsel, Hermann Teicher, Siegfried Büttner, Karl Gerhard Steck. Man konnte Freundschaften schließen fürs Leben – wenn sie nicht, wie das für unsere Klasse geschah, durch den Zweiten Weltkrieg großenteils bald zerbrochen wurden. Im übrigen beschränkten sich unsere Interessen ohnehin nicht auf die Schule, und die lateinische Grammatik wurde oft genug durch Karl May geschlagen, dessen „Winnetou" wir sogar in den Pflicht-Arbeitsstunden verbotenerweise lasen. Dazu konnte man in den Freistunden auf dem kleinen Sportplatz am Wege nach Moosbach Jägerball spielen, und in der Kunst des Hausfriseurs, der wöchentlich einmal seinen „Laden" aufmachte und seinen Kameraden die Haare je nach Wunsch schnitt, habe ich es ziemlich weit gebracht; es wurde mir sogar die Ehre zuteil, daß ich unseren Anstaltsleiter, den gestrengen Herrn Inspektor Heinrich Stahl, selber unters Schermesser bekam. Aber trotz allem Schönen und Freundlichen, was keineswegs fehlte, wich das Fremdsein selten, und erst vierzehn Tage vor dem Ende der Windsbacher Zeit schrieb ich zur Erheiterung der Familie zum ersten Mal nach Hause: „Jetzt gefiele es mir hier ganz gut...".

Heute, nach vielen Jahrzehnten, erinnere ich mich an die Windsbacher Jahre mit großer Dankbarkeit. Sie haben uns gewiß in eine harte Schule genommen. Es war die Zeit unmittelbar nach dem Ersten Weltkrieg, erfüllt von stärkster politischer Unruhe und von äußerer Not. Einige Male wurden wir im Winter in Kohleferien geschickt, und trotz aller Liebesgaben und Quäkerspeisungen haben wir nicht selten gehungert, so daß die Rübenäcker der Bauern, an denen wir beim täglichen Spaziergang, dem „Trieb", vorbeikamen, vor unserem Zugriff nicht sicher waren. Aber es war doch eine gute Lebensschule, und im Progymnasium haben wir etwas gelernt, gerade auch aufgrund des Zusammenwirkens von Schule und Pfarrwaisenhaus mit seiner geregelten täglichen Arbeitszeit, wenn es auch sicher nicht für alle Fächer gleichmäßig galt.

Im Progymnasium ist mir der Unterricht bei Rektor Johann Steinbauer in den beiden oberen Klassen (Religion, Latein, Griechisch, zuletzt auch Hebräisch) noch in bester Erinnerung. In der sechsten Klasse wurden wir nach Möglichkeit auch bis in die Methode des Unterrichts hinein als junge Erwachsene angesehen. Bei schriftlichen Probearbeiten verzichtete der Rektor auf Überwachung; er traute uns zu, daß wir nicht abschrieben, und wir unterließen es auch. Er lehrte uns beim Umgang mit der Fremdsprache nicht nur das wörtliche Übersetzen, sondern die sinnentsprechende Übertragung und ließ uns mehrere Hefte mit „Gedankensplittern“ anlegen, die ich bis heute aufbewahre. In der Rückschau erscheint mir die Weise, wie er mit uns, d. h. mit denen, die auf das Theologiestudium zugingen, Hebräisch trieb, als die bis heute modernste Methode. Kaum hatten wir die hebräischen Buchstaben uns angeeignet, so begannen wir mit der Lektüre von 1. Mose 1 und wurden mit der Grammatik zugleich in den Geist der Sprache und in den Inhalt eingeführt. Die Strenge anderer Lehrer in den unteren Klassen, bei denen auch die Ohrfeige und andere Züchtigungen nicht selten waren, hat manche unter uns bitter leiden lassen, ja einige bis nahe an die Verzweiflung gebracht. Nicht jeder konnte praktisch sechs bis zehn lateinische oder griechische Übungsstücke über das Wochenende auswendig lernen, um dann am Montagmorgen das „Extemporale“, in dem Sätze und Verbalformen in eiligem Tempo hingeschrieben werden mußten, einigermaßen zu bestehen. Andererseits nutzten wir auch die Schwachheit und Hilflosigkeit einiger Lehrer in einem Maße aus, daß ich mich dessen bis heute schäme. So hielten sich Licht- und Schattenseiten im Internat wie in der Schule die Waage, wie es in modernen Verhältnissen wohl ähnlich sein wird. Einmal hörte ich einem Gespräch zu, das der Vater eines Mitschülers mit dem Inspektor Heinrich Stahl, dem Leiter des Pfarrwaisenhauses, führte: „Wir wollen Gott danken, wenn aus unserer Erziehung trotz allem immer noch etwas Gutes herauskommt.“ Es war die Anwendung des reformatorischen Rechtfertigungsglaubens auf den Bereich der Erziehung, und für mich wurde dies eine hilfreiche Richtschnur für spätere Jahre, wo ich dann selber kräftig in die Aufgaben der Erziehung und der Bildung eingespannt wurde.

6. Klasse des Progymnasiums Windsbach mit Rektor Steinbauer, 1924. (H. Dietzfelbinger obere Reihe, vierter von rechts)

Im übrigen ließen die aufgewühlten Zeiten nach dem verlorenen Ersten Weltkrieg ihre Wellen auch stark in unseren Schulalltag und in unsere Gespräche hereinschlagen. Obwohl wir wenig oder kaum Zeitung lasen, erfuhren wir die Vorgänge im öffentlichen Leben schon auf anderen Wegen. Der schwere Umbruch in der deutschen Geschichte nach 1918 wurde, wie mir scheint, von der damals älteren Generation, damit aber indirekt auch von uns, mindestens eben so tief, wenn nicht noch stärker empfunden als der nach dem totalen Zusammenbruch von 1945. Eine Zeitlang habe ich in Windsbach ein Tagebuch geführt, das freilich wenig heute noch Erwähnenswertes bietet. Am 18. Januar 1921 heißt es: „Anläßlich des fünfzigjährigen Jubiläums der Reichsgründung wurde heute eine Fahne aufgezogen. Durch den starken Wind wurde sie ganz zerfetzt (wie das Deutsche Reich)". Der Versailler Vertrag mit seinen unsinnigen Reparationsverpflichtungen für Deutschland, die auf Jahrzehnte hinaus dauern sollten, wurde uns auch von einsichtigen, keinesweg reaktionären Leuten als eine unerträgliche Last dargestellt, was er tatsächlich auch war. Es war sehr begreiflich, daß wir uns nach neuen Ideen umsahen, auch nach Führern, die sie verwirklichen konnten. Ein Lied ging um, das auch in den Liederbüchern der christlichen Jugendbünde Aufnahme gefunden hatte: „Wir heben unsre Hände aus tiefster, bittrer

Not. / Herr Gott, den Führer sende / der unsern Kummer wende / mit mächtigem Gebot..." Vor allem durch einige Präfekten, die Verbindung zu den nach dem Krieg entstandenen Freikorps und zu den neuen „Bünden" hatten, z. B. durch Siegfried Leffler, kamen wir in Beziehung zu dem „Bund Oberland"; wir sangen mit Begeisterung die vielen, heute fast vergessenen Volkslieder sowie die alten und neuen Landsknechts- und Soldatenlieder und hielten am Sonntagnachmittag auf den Dörfern der Umgebung vaterländische Zusammenkünfte, die im übrigen auch noch den sehr wichtigen Nebenzweck der Gewinnung von Lebensmitteln für unseren knurrenden Magen hatten. Wir begrüßten den passiven Widerstand im Ruhrgebiet 1923 und verfolgten Adolf Hitlers Weg, waren uns aber über die Bedeutung des Putsches vom 9. November 1923 kaum klar, zumal da wir auch bei unseren Lehrern und Erziehern sehr unterschiedliche Auffassungen zu erkennen glaubten.

Was mich seit den Windsbacher Zeiten nicht losgelassen, sondern immer stärker bedrängt hat, waren Erscheinungen des Antisemitismus, die wir besonders 1923 kennenlernten. Wie an vielen fränkischen Orten, so war auch in Windsbach eine kleine jüdische Gemeinde ansässig, die meist aus Kaufleuten und Viehhändlern bestand. In fast jeder Klasse hatten wir auch einen oder zwei jüdische Mitschüler. Meist gab es einen leichten Abstand zu ihnen, schon weil sie zu den „Städtlesschülern" gehörten, die nicht im Internat wohnten und noch dazu am Samstag, ihrem Sabbat, vom Schreiben von Schulaufgaben befreit waren. Aber sie waren wie selbstverständlich unsere Mitschüler, und von einigen ihrer Familien haben wir auch manche Freundlichkeit erfahren. Den bis ins Untergründige reichenden unheimlichen Eindruck aber vergesse ich nicht, als wir 1923 eines Sonntagmorgens vom Pfarrwaisenhaus herunter durch die Hauptstraße zum Gottesdienst in der Stadtkirche zogen und an jedem Judenhaus einschließlich der Synagoge große Hakenkreuze mit schwarzer Teerfarbe gemalt sahen, während die unglücklichen Bewohner mit Wassereimern davorstanden und sich vergeblich mühten, die Zeichen der Brandmarkung abzuwischen. Wer die Täter waren, wurde jedenfalls mir nie bekannt. Es wurde nur von einem Nürnberger Lehrer Julius Streicher gemunkelt, der auch nach Windsbach Beziehungen hatte. Aber waren wir nicht doch selber wenigstens in jener Zeit dem Antisemitismus sehr nahe, der nachher zu noch schrecklicheren Taten führte?

Wie stark das gemeinsame Leben in einem evangelischen Internat bei mir den Glauben förderte oder hinderte, vermag ich schwer zu sagen. Wir waren, zumeist aus Pfarrhäusern stammend, in der damaligen volkskirchlichen, vielfach national gefärbten Glaubens- und Frömmigkeitshaltung aufgewachsen, die uns, wenn auch in etwas anderer Gestalt, auch im Pfarrwaisenhaus begegnete. Die gemeinsamen Andachten am Morgen und am Abend wurden von uns allen besucht, und der sonntägliche Kirchgang war selbstverständlich, wenngleich man sich, vor allem an strengen Wintertagen, davon auch nach Möglichkeit durch „Krankwerden" zu dispensieren suchte. Ich muß auch gestehen, daß die Aufmerksamkeit bei den Predigten auf unsern Kirchenbänken ohne Lehne nicht allzu groß gewesen ist. Wir notierten uns, wie lange eine Predigt dauerte und wie oft der Prediger die Anrede „meine Lieben" gebrauchte – einmal zählte ich 42mal und schrieb dieses am Nachmittag in dem fälligen Nachhausebrief als Ergebnis meines Predigthörens nieder. Andererseits habe ich mir bei einem der anderen Pfarrer jeweils die Predigtdispositionen säuberlich aufgeschrieben und sie gesammelt meinem Vater als Geburtstagsgeschenk übersandt, damit er auch in Kirchfarrnbach etwas von der Windsbacher Predigtkunst kennen und üben könne.

Ein Eindruck ist mir als einer der stärksten aus jener Zeit geblieben. Es war der gemeinsame Gesang in den Andachten und das Bekanntwerden mit dem Kirchenlied. Bis zum heutigen Tag klingt mir der durch den hohen Andachtsraum hallende Gesang aus neunzig Jungenkehlen im Ohr: „Mein Auge wacht jetzt in der stillen Nacht... Beim Sturm der Welt sei Anker, der mich hält..." Außerdem lebten wir zwar noch nicht in der Zeit des berühmten Windsbacher Knabenchors, durften aber an einer Art Vorstufe teilnehmen. Unter dem 28. Januar 1921 steht in meinem Tagebuch: „Heute fingen wir an, eine neue Kantate einzuüben: Gottes Zeit ist die allerbeste Zeit." Es war der damalige Präfekt Karl Schneidt, der uns mit seiner Musikalität anzustecken und zu hohen Leistungen zu begeistern vermochte. Er schreckte vor keinem Hindernis zurück, um unsere ungeschulten Stimmen zu bilden und uns zu einem guten Klangkörper zusammenzubringen. Einige Male hat er mit uns öffentlich Bachkantaten aufgeführt, in Windsbach, in Neuendettelsau (wo das Erscheinen oder Nichterscheinen der uns bekannten Schülerinnen genau registriert wurde), meiner Erinnerung nach auch einmal im Münster zu Heilsbronn, das damals freilich noch nicht in solchem Glanze wie heute erstrahlte. „Der Actus tragicus" ist mir seitdem zu einem Lebensbegleiter geworden: „Gottes Zeit, Gottes Zeit ist die allerbeste Zeit."

Mit dem Schuljahr 1924/25 wechselte ich vom Progymnasium Windsbach in das Alte Gymnasium nach Nürnberg über, das heute den Namen Melanchthon-Gymnasium trägt. Die Einarbeit in die neue Schule brachte nicht viele Schwierigkeiten. Die strenge Gewöhnung an intensive und stetige Arbeit in Windsbach hatte sich gelohnt. So fühlte ich mich doch ein wenig überlegen, als am ersten Tage einer der neuen Mitschüler mich mit der Frage begrüßte: „Quo vadis?", was heißen sollte: Woher kommst Du? *Diese* Unterscheidung zwischen „Wohin?" und „Woher?" hatte ich in Windsbach gelernt! Nicht selten machte Oberstudienrat Ludwig Heinlein, unser Klaßleiter in der siebten und achten Klasse, an meiner bereits vorhandenen Vertrautheit mit Homers Odyssee die Vorzüge eines kleinen Gymnasiums vor den durch außerschulische Einflüsse und Ablenkungen stärker bestimmten großstädtischen Gymnasien deutlich.

Das straffe, geordnete Internatsleben im Windsbacher Pfarrwaisenhaus war nun abgelöst durch die freundliche Unterkunft in der Familie des witzigen, humorvollen Onkels Heinrich, eines Bruders meines Vaters, der mit seiner Frau Mia und der netten kleinen Tochter Luise im 3. Stock der Koberger Straße 77 wohnte. Eineinhalb Jahre lebte ich dort und wurde wie der Sohn im Hause gehalten. Dabei benützte ich jedes freie Wochenende, um unmittelbar nach Schulschluß wie ein Rennfahrer mit dem Fahrrad nach Hause in das nicht ganz 30 km entfernte Kirchfarrnbach zu fahren – bis zum Sonntagabend, der mich nach Nürnberg zurückholte.

Das Landkind, das ich auch in Windsbach noch weithin geblieben war, erlebte die Großstadt aufgeschlossen, aber auch mit innerer Distanz. Natürlich machte das schöne, alte Nürnberg mit der damals noch unversehrten Innenstadt einen großen Eindruck auf mich. Wie oft habe ich den Onkel Heinrich, der als Facharzt für Lungenkrankheiten tätig war, auf seinem nachmittäglichen Weg zur Praxis in der Innenstadt begleitet, die Bucherstraße entlang durch das Tiergärtner Tor am Albrecht-Dürer-Haus vorbei, wo man unten die St.-Sebaldus-Kirche und die Moritzkapelle sah, durch die alten Gassen über die Karlsbrücke, und dann über die Kaiserstraße hinauf in die Karolinenstraße, von wo aus man links die St.-Lorenz-Kirche vor sich hatte. Überall zog mich die große Geschichte der alten protestantischen freien Reichsstadt an, über der wuchtig die alte Kaiserburg thronte. Aber ebenso interessierte mich das moderne Nürnberg mit dem Hauptbahnhof und dem Planetarium unterhalb des Rathenauplatzes, und bald kannte ich alle Linien der schönen Nürnberger Straßenbahn von einer Endstation zur andern auswendig! Zum ersten Mal in meinem Leben durfte ich in ein Auto steigen, ausgerechnet als ich mir beim Turnen die Sehne verzerrt hatte, und mein erster Filmbesuch („Nanuk der Eskimo"!) fällt in jene Zeit. Und als die neue Erfindung des Radios bekannt wurde, saßen und drehten wir stundenlang am Detektorapparat, um wenigstens einige Töne vom Kammerquartett Anni Rosenberger zu erhaschen. So stark war ich von dieser neuen technischen Möglichkeit der Information fasziniert, daß ich sie auch bald in das ländliche Kirchfarrnbach brachte; freilich war das erst möglich, als die ersten Einröhrenapparate aufkamen, die mit einer großen Batterie und einem schweren Akkumulator betrieben werden mußten. Vom Pfarrhaus zur Pfarrscheune spannte ich die Radioantenne, die erste weit und breit in der Umgebung. Auch sonst wurde der Gesichtskreis erweitert. Einmal gastierte für einige Wochen eine Volksgruppe aus dem schwarzen Afrika in Nürnberg; sie führte ihre heimatlichen Tänze in ihren bunten Trachten und mit lautem Gesang vor; allerdings geschah dies, was mich heute noch mit nachdenklicher Beschämung erfüllt, im – Tiergarten!

Auch das Alte Gymnasium in der Sulzbacher Straße hat eine lange Tradition, bis in die Blütezeit der freien Reichsstadt und in die Anfänge der Reformation zurück. Damals wußte ich noch nicht, daß ich in eine Klasse eingetreten war, die 1926 als „Jubiläums-Abituria" die 400-Jahrfeier der einst von Philipp Melanchthon gegründeten Schule mitmachen durfte. Und noch weniger ahnte ich, daß ich im Jahre 1976, als das Gymnasium weitere fünzig Jahre älter geworden war, gebeten werden sollte, in einem ökumenischen Gottesdienst in der St.-Sebaldus-Kirche zusammen mit Generalvikar Dr. Straub von Bamberg die Festpredigt zu halten. Das Gymnasium hatte auch zu unserer Zeit einen guten Ruf und ich begann mich nicht nur in den Schulbetrieb, sondern auch in die Klassengemeinschaft einzuleben, an deren Zusammenkünften ich gelegentlich heute noch teilnehme. In etwas zweifelhafter Erinnerung habe ich das auf einer Tafel schriftlich fixierte Schulgebet, das so abgefaßt war, daß es am Morgen zu Beginn des Unterrichts gleichermaßen von einem evangelischen, katholischen und auch von unserem jüdischen Mitschüler vor der Klasse gebetet werden konnte. Da mein „Lebens"-Schwerpunkt vor allem an den Wochenenden außerhalb der Stadt in der Familiengemeinschaft in Kirchfarrnbach und später in Ottensoos lag, bin ich freilich in die Familien meiner Mitschüler selten gekommen, ausgenommen die meines Freundes Gottlieb Merkel in Erlenstegen, wo ich regelmäßig am Donnerstag zum Mittagessen eingeladen war.

Nach den beiden Jahren mit Oberstudienrat Heinlein lernten wir in der Oberklasse den Oberstudiendirektor Hugo Steiger als glänzenden Humanisten schätzen. Es war köstlich anzusehen, wie er in die Griechisch- oder in die Deutschstunde hereinkam, sämtliche Taschen seiner Jacke und seiner Hose mit Büchern vollgestopft, die dann auf den Kathedertisch flogen. Er suchte uns nicht nur die fremde Sprache, sondern auch die Philosophie der Antike wie die klassische deutsche Literatur aus den Quellen selber beizubringen.

Aber das Alte Gymnasium wurde für mich noch nach einer anderen Seite hin von Bedeutung. Neben Hugo Steiger wirkte Oberstudienrat Friedrich Stählin auch in unserer Klasse als Lehrer für Latein, Griechisch und Geschichte; er wurde später als Nachfolger Steigers Direktor der Schule. Stählin war zugleich ein hervorragender, leidenschaftlicher Archäologe. Schon lange vor dem Ersten Weltkrieg hatte er als Assistent von bedeutenden Forschern wie Dörpfeld an Ausgrabungen auf griechischen Inseln, vor allem auf Kos mitgewirkt und einen guterhaltenen Alexanderkopf gefunden, dessen Gipsabguß bei uns in der Familie noch heute in Ehren gehalten wird. Jetzt war er selber mit Vermessungsarbeiten in Thessalien befaßt. Liebevoll zeigte er den Interessenten unter uns das Relief der alten Stadt Volos, das er in einem Raum aufgebaut hatte. Auch erinnere ich mich noch sehr deutlich daran, daß er einer der wenigen Lehrer war, die sich auch im Unterricht offen als Christen bekannten und uns die Spannung zwischen Humanismus und Christentum fruchtbar zu machen suchten. Er stellte den Unterschied zwischen der antiken Ethik und dem biblischen Gottesgebot deutlich heraus und scheute sich nicht, gegen den Eudämonismus der horazischen Lebensauffassung das Verantwortungsbewußtsein des Christen vor Gott zu stellen. Dies war wohl um so wichtiger, als der Religionsunterricht in den wenigen Nürnberger Jahren nicht allzu viele Anregungen brachte. Unser bereits in höheren Jahren stehender Religionslehrer vermochte dem Unterricht nur eine geringe Ausstrahlung zu geben. Um so mehr danke ich ihm, daß er mich – ab und zu hatte ich noch einen Mitschüler – unverdrossen im hebräischen Wahlunterricht weiter förderte, den ich bereits in Windsbach begonnen hatte. So konnte ich später gleich mit Beginn des Theologiestudiums das Hebraicum absolvieren und mich von Anfang an dem wirklichen Studium des Alten Testaments intensiv widmen. Eine Zeitlang nahm an diesem Hebräisch-Unterricht ein Kandidat der Theologie namens Wolfgang Trillhaas teil. Das war der

Beginn der Bekanntschaft mit dem späteren Erlanger Pfarrer, Privatdozenten und Göttinger Professor Dr. Wolfgang Trillhaas, diesem bedeutenden Lehrer der praktischen und systematischen Theologie, dem ich aus persönlichen Gesprächen sowie aus seinen Büchern viele wesentliche Erkenntnisse verdanke.

Friedrich Stählin aber, der mit seiner Familie im obersten Stock des Gymnasialgebäudes wohnte, trat dann noch in eine ganz andere Beziehung zu mir. Unter seinen fünf Kindern war eine Tochter namens Hedwig. Sie besuchte unsere Jungenschule als eines der wenigen Mädchen, und ich sah sie, die fünf Klassen unter mir war, nicht selten beim Spiel im Schulhof während der Pause mit ihren langen blonden Zöpfen und in einem Matrosenanzug zwischen den Schülern hindurchrasen. Einige Jahre später, als sich in der Schule eine begeisterte Laienspielgruppe bildete und antike Schauspiele aufführte, spielte sie mit großer Kunst und Hingabe die Hauptrolle der Iphigenie in dem gleichnamigen Drama des Euripides. Ich sah und hörte ihr leicht verzaubert zu, aber ich ahnte noch nicht, daß wir wieder einige Jahre später in eben diesem Gymnasium in der Wohnung der Familie Stählin unsere Verlobung und dann unsere Hochzeit feiern sollten.

Ottensoos

Während meiner Nürnberger Schulzeit, im Herbst 1925, übernahm der Vater im Alter von 54 Jahren nochmals eine neue Pfarrstelle, und die Familie zog nach Ottensoos bei Hersbruck, östlich von Nürnberg. Für mich bedeutete dieser Umzug nun die Möglichkeit, zu Hause zu wohnen und täglich mit der Eisenbahn die 21 km nach Nürnberg in die Schule zu fahren. Ich wurde ein begeisterter Fahrschüler, dem es wenig ausmachte, wenn der Zug nach Nürnberg früh morgens bereits um 6.18 Uhr ging; ich lernte Fahrpläne lesen und wenigstens im Geist lange Eisenbahnreisen machen.

Wieder war es ein Pfarrhaus auf dem Land, in das wir zogen, älter als das in Kirchfarrnbach, aber fast heimeliger, mit einem weiten Flur und vielen Räumen für eine große Familie. Dazu lag hinter dem Haus ein großer Garten, durch den man auf kürzestem Weg zum Bahnhof kommen konnte. Ottensoos wurde vor allem die Heimat der jüngeren Geschwister Berta und Karl, Irene und Christian. Ich selber war vom Abitur im Jahr 1927 an nur mehr in den Ferien zu Hause. Trotzdem bekam ich auch in dieser Gemeinde Verbindung mit vielen Häusern, und einige dieser Beziehungen bestehen bis heute.

Die Gemeinde war anders als in Kirchfarrnbach; sie lag bereits im Umfeld der Großstadt, die sich nachhaltig bemerkbar machte, mit einer Bauern- und Arbeiterbevölkerung, mit vielen Hopfenbauern und nicht wenigen jüdischen Einwohnern, die meist als Vieh- und Hopfenhändler tätig waren. Zu ihnen gehörten auch unsere unmittelbaren Nachbarn über die Straße. Der Vater bemühte sich sehr, auch der neuen Gemeinde Ottensoos gerecht zu werden, zu der noch einige Dörfer, Rüblanden, Weigenhofen und Speikern gehörten. Als guter Sänger wurde er Mitglied des Männergesangvereins und sang bei vielen Konzerten mit. Außer durch die Gottesdienste in der schönen alten St.-Veits-Kirche, durch einen Kindergottesdienst, den er selbst noch einrichtete, und durch fleißige Haus- und Krankenbesuche fand er einen guten Zugang über den Posaunenchor mit seinen zahlreichen, wackeren und frommen Mitgliedern. Er wurde ein bekannter Posaunenchor-Dirigent im ganzen Pegnitztal. Auch ich trat dem Chor bei und lernte mit Begeisterung Flügelhorn blasen. Dabei machte ich die eindrückliche Beobachtung, wie eine Schar junger Männer, die sich zusammenschließen, um durch ihren Dienst einer Gemeinde zum Lobe Gottes zu helfen, den Geist eines Dorfes nachhaltig bestimmen können. Zu dem Chor gehörten Arbeiter wie Bauern, aber die Chorgemeinschaft band sie so eng zusammen, daß Klassen- oder Standesunterschiede kaum eine Rolle spielten. Für mich selber war es eine nicht unwichtige Erfahrung, daß ich mich als Fahrschüler mit den Arbeitern, die nach Lauf, Röthenbach oder Nürnberg fuhren, solidarisch wissen konnte, wenn ich mich jeden Morgen kurz nach 6 Uhr am Bahnhof mit ihnen traf. Obwohl ich nur wenige Jahre Mitglied des Posaunenchors sein konnte, ist die Gemeinschaft bis heute geblieben. Beim 50. wie beim 75. Jubiläum des Chores war ich nach Ottensoos zum Festgottesdienst und zur Festpredigt eingeladen.

Eine mindestens ebenso sehr sammelnde Wirkung hatte in der Gemeinde auf der Seite der Mädchen der „Jungfrauenverein“, wie man ihn damals nannte. Unsere Mutter, nicht nur die Mutter der Familie, sondern der ganzen Gemeinde, widmete diesem Verein alle Liebe, ihre kluge Geduld und auch ihre dichterische Gabe. Die Weihnachtsfeiern des Mädchenvereins waren ein Ereignis für die ganze Dorfgemeinde. Und da ich für die von der Mutter gedichteten kleinen Theaterstücke nicht selten die technischen Vorbereitungen wie das Aufgehenlassen eines Mondes oder einen Zeppelinflug von einem Zimmer zum andern durchzuführen hatte, wurde ich sozusagen zum „Ehrenmitglied“ des Mädchenvereins ernannt.

Vom Jahr 1933 an wurden die Schwierigkeiten von der politischen

Ottensoos, Kirche und Pfarrhaus

Seite her auch für den Pfarrer von Ottensoos immer größer. Die Eltern hatten von Anfang an auch zu den jüdischen Familien, ohne in besonders enger Verbindung zu ihnen zu stehen, eine bewußt gute Nachbarschaft gehalten. Zu Ostern brachten uns die jüdischen Nachbarn eine Kostprobe von ihrem besonderen Gebäck, den Mazzen, und bei familiären Anlässen machte man sich gegenseitig Besuche. Auch als mit der Machtübernahme durch Adolf Hitler gerade in der Umgebung von Nürnberg die Feindschaft gegen die Juden propagiert wurde, fühlten sich die Eltern verpflichtet, diese Nachbarschaft gleichmäßig weiterzupflegen. Die Folge war, daß der „Judenpfarrer von Ottensoos" einige Male im „Stürmer" durch den Schmutz gezogen wurde und daß man seine Abberufung forderte. Es ehrt den Kirchenvorstand von Ottensoos, daß er seinen Pfarrer in einer öffentlichen Erklärung in Schutz nahm. Mit Bewegung lese ich auch, daß der Vater sich noch im Oktober 1937 zu der ganzen Lage mit einer deutlichen Kanzelerklärung vor der Gemeinde geäußert hat. Er bezog sich zunächst auf den Satz, der 1933 durch den damaligen Kultusminister Schemm ausgesprochen war: „Unsere Politik ist Deutschland, unsere Religion ist Christus." Und dann stellte er mit tiefer Trauer fest, „daß der zweite Satz: unsere Religion ist Christus, der Vergangenheit angehört. Die Wahrheit zwingt mich, es offen auszusprechen, daß innerhalb unseres deutschen Volkes... die Gegensätze unüberbrückbar geworden sind. Zwischen diesen Gegensätzen habt Ihr, die Glieder unserer Gemeinde, Väter und Mütter, Söhne und Töchter, ein jeder für seine Person zu wählen."[1] Im Jahre 1938 ging Vater mit 67 Jahren in den Ruhestand. „Weißt Du", sagte er mir ein Jahr vorher, „ich kenne meine bescheidenen Kräfte. Ich möchte daher etwas vor der Altersgrenze aufhören." Ich habe mir diesen Satz gemerkt. Die Eltern zogen nach Erlangen. Der Vater starb 1957, die Mutter 1972. Beide Male hat gerade die Gemeinde Ottensoos ihre Verbundenheit mit den Eltern in bewegender Weise zu erkennen gegeben.

Blicke ich heute auf die schweren, oft zutiefst erschütternden Konflikte, die sich in Familien und zwischen den Generationen auftun und häufig nicht bewältigt werden können, so muß ich voll Dank sagen: Natürlich gab es auch Spannungen und Meinungsverschiedenheiten zwischen den Eltern und dem Sohn, z. B. über die Zugehörigkeit zu einer Studentenverbindung, und natürlich wuchs der Sohn aus dem Denk- und Lebensbereich der Eltern hinaus, aber weder Vater noch Mutter haben es mir jemals schwergemacht, das 4. Gebot zu halten.

3. KAPITEL

Berufung und Beruf

Die Gewißheit, daß ich einmal Pfarrer werden wollte, ist in mir, wenn ich mich recht erinnere, schon in frühen Jahren gewachsen. Es waren keine herausragenden Erlebnisse, die mich auf diesen Weg brachten. Bei der Berufung zum Pfarrer kann es heftige und jahrelange innere Kämpfe geben; es kann turbulent zugehen wie etwa bei dem jungen Augustinus, von dem erzählt wird: „Plötzlich ergriff ihn die Vorsehung bei den Haaren, mitten im kühlen Feld seines Sinnes, wie Habakuk."[2]

Bei mir fehlten innere Auseinandersetzungen durch die Jahre hindurch nicht. Es war aber wohl vor allem das unaufdringliche Vorbild von Vater und Mutter, das mich leise auf diesen Weg geführt hat. Ein Erlebnis gab einen besonderen Anstoß. Ich mag vier oder fünf Jahre alt gewesen sein. Es war an einem Karfreitag im Elternhaus in Kirchfarrnbach. Ich war schon zu Bett gebracht, lag aber noch wach. Da setzte sich im Wohnzimmer nebenan die Mutter an das Klavier und sang Paul Gerhardts Lied „O Haupt voll Blut und Wunden". Alle Strophen sang sie: „Ich will hier bei dir stehen, verachte mich doch nicht... Wenn ich einmal soll scheiden, so scheide nicht von mir." So klein ich noch war, meinte ich doch schon an der Bewegtheit ihrer Stimme zu spüren, wo das Herz der Mutter schlug. Vielleicht sang sie sich auch den immer noch großen Schmerz um den ältesten Sohn von der Seele, der zwei oder drei Jahre zuvor im Alter von sechs Jahren an einer schweren Krankheit verstorben war und auf dem Friedhof neben unserem Haus lag; auf seinen Grabstein, der mit einem Kreuz versehen war, konnte man beinahe vom Haus hinüberblicken. Ein einziges Mal, viele Jahre später, hat mir die Mutter auf einem langen Nachtmarsch von Großhabersdorf nach Hause diese Geschichte von Krankheit und Sterben ihres Ältesten erzählt.

Ich jedenfalls habe nie, auch wenn wir später kaum darüber sprachen, den bindenden Anruf vergessen, der mit dem damals von der Mutter gesungenen Lied mich traf. Den Herrn Jesus konnte man also anreden, auch wenn man ihn nicht sah; man konnte ihm

Traurigkeit und Schmerzen anvertrauen, weil er sie selber bis zuletzt durchgemacht hatte, und er war nahe, auch wenn die menschlichen Sinne ihn nicht wahrnahmen; auch das Kind konnte verstehen, daß er anscheinend für Lebende und Gestorbene etwas bedeutete. Wahrscheinlich war schon dieser Augenblick bestimmend für die Wahl meines Berufs.

Auch der Vater, der Pfarrer, erzählte von diesem Jesus Christus im sonntäglichen Gottesdienst, an dem ich schon als Kind wie selbstverständlich teilnahm, auch wenn ich nicht viel von der Predigt verstand; hören und verstehen ist ja längst nicht nur ein rationaler Prozeß. Und dann las er jeden Morgen vor dem Frühstück in der Hausandacht aus dem Buch „Kraft und Licht" eine Betrachtung vor, in der meist auch dieser Jesus vorkam. Und später im Religionsunterricht in der Schule ließ er uns neben dem Lehrer, der die biblischen Geschichten erzählte, Sprüche und Lieder lernen, gar nicht wenig. Noch erinnere ich mich, wie er uns neue Choräle beibrachte, die dann, gewissermaßen von uns Kindern als Vorsängern angeführt, auch im Gemeindegottesdienst gesungen werden konnten. So geschah es z. B. mit dem Lied: „Erneure mich, o ewigs Licht." Oder er ließ uns, dem Lehrplan entsprechend, den langen, im Katechismus auf zwei Abschnitte verteilten Spruch lernen von Jesus, „welcher, ob er wohl in göttlicher Gestalt war, hielt er's nicht für einen Raub, Gott gleich zu sein, sondern entäußerte sich selbst... Darum hat ihn auch Gott erhöht und hat ihm einen Namen gegeben, der über alle Namen ist... daß in dem Namen Jesu sich beugen sollen aller derer Knie, die im Himmel und auf Erden und unter der Erde sind, und alle Zungen bekennen sollen, daß Jesus Christus der Herr sei, zur Ehre Gottes, des Vaters" (Phil 2,5–11). Und auch die Bauernjungen und -mädchen lernten diese Sätze mit großer Hingabe und eisernem Fleiß. Gewiß verstanden wir längst nicht alles, aber wir konnten ja hineinwachsen, wie wir in unsere auch etwas zu großen Kleider und Hosen hineinwuchsen. Verstanden übrigens die Erwachsenen schon alles? Jedenfalls muß ich von mir bekennen: Für das gesamte spätere Studium der Christologie der alten Kirche und für das Hindurchfinden durch die christologischen Entwürfe der neueren Theologie ist mir dieses christologische Lied bei Paulus, das ich in der Volksschule kennengelernt habe, ein unschätzbarer Leitfaden gewesen.

Mehr und mehr reizte mich die Existenz und Arbeit eines Pfarrers in der Volkskirche auf dem Lande, wie sie mir in dem Vater begegnete. Gar nichts Besonderes war daran. Alles ging sehr menschlich zu. Aber zugleich lag da eine ganzheitliche Aufgabe, die in alle Bereiche des menschlichen Lebens hineinführte. Es gab ja keine Frage, mit der man nicht zum Pfarrer kommen konnte. Es waren nicht nur Tauf-, Trauungs- und Beerdigungsanmeldungen, sondern auch Streitigkeiten, mit denen man nicht fertig wurde, Hauskräche und Krankheitsnöte. Im Krieg war er der Seelsorger nicht nur für die Zuhausegebliebenen, sondern – durch einen sorgfältigen Briefwechsel – auch für viele, die als Soldaten im Felde standen. Noch sehe ich den Vater, wie er gewissenhaft Besuche machte aus verschiedenen Anlässen, und kein Haus war ihm verschlossen. Und da waren kleine Verletzungen oder Geschwüre am Fuß, die der Vater recht behandeln konnte – der nächste Arzt war eben nicht so nahe. Und in jedem Jahr war die Sammelbestellung von schönen Blumen und guten Gemüsepflanzen aus Deuben-Wurzen bei Leipzig zu organisieren, die wir dann im Dorf austrugen. Kein Wunder, wenn ich noch in der letzten Gymnasialklasse in Nürnberg, als wir einen Aufsatz über unsere Berufspläne schreiben mußten, mich für den Beruf eines Pfarrers auf dem Lande entschied und ihn etwa so schilderte, wie ich ihn am Vater beobachtete.

Dieses Ziel durchzuhalten war freilich nicht immer leicht. In Windsbach, unter den vielen Pfarrerssöhnen, war man damit unangefochten. Aber in den Nürnberger Jahren gab es Konflikte. Pfarrer, Theologe? Das wollte in der damaligen freigeistigen, aufgeklärten Zeit kaum jemandem unter meinen Klaßkameraden einleuchten, zumal da der andere, der eine ähnliche Absicht hatte, sich stark von unserer Klassengemeinschaft absonderte. Sie wollten meist Ärzte oder Juristen werden. Warum du nicht auch mit deinen guten Noten? Sehr massiv wurde ich nochmals vor die Entscheidung gestellt, als ich mich im letzten Schuljahr auf Wunsch des Direktors bereit erklärte, die Prüfung für die Aufnahme in das Münchner Maximilianeum abzulegen, obwohl für einen evangelischen Theologen von vornherein keine Aussicht bestand, in den Genuß dieser Stiftung zu kommen. Zu der Prüfung erschien vom Kultusministerium in München der Herr Ministerialdirektor Melber, der nach den Erzählungen mancher Lehrer das Wissen in Person war, besonders in Geschichte, und da wieder in der Geschichte des Hauses Wittelsbach. Die Prüfung verlief anscheinend zu seiner und des fast vollzählig anwesenden Lehrerkollegiums Zufriedenheit. Aber nun wurde ich erst recht von nicht wenigen Seiten – nicht von den Eltern – bestürmt: „Du hast doch jetzt ganz andere Aussichten, wenn Du etwa Rechtswissenschaft studierst! Die höchsten Stellen im Staatsdienst stehen Dir offen!“ Aber was für Stellen wären das etwa nach dem Jahre 1933 gewesen? Auch im Rückblick darauf danke ich Gott, daß ich bei meinem Entschluß geblieben bin.

Im Sommersemester 1927 begann ich das Studium der Theologie in Erlangen – wo anders hätte ein fränkischer Pfarrerssohn auch anfangen können? Es gab ja dort nicht nur tüchtige Professoren, sondern neben vielen anderen Anziehungspunkten die berühmten Studentenverbindungen der Uttenreuther und der Bubenreuther. Viele Ältere, auch die Brüder meiner Mutter, wußten nicht genug davon zu erzählen, was die Zugehörigkeit zu solch einer Studentenverbindung für das Studium wie für das ganze Leben bedeuten könne. Und ich hatte ja durch meine Teilnahme an den Sommerfesten der Bubenreuther selber schon einen Eindruck von den wertvollen Lebensbeziehungen und Freundschaften bekommen, die sich da gewinnen ließen. Den Wunsch des Vaters, der ein begeisterter Bubenreuther war, diese Familientradition fortzusetzen, konnte ich allerdings nach einem Versuch, der das erste Semester hindurch dauerte, zum großen Leidwesen der Eltern nicht erfüllen. Trotz vieler freundschaftlicher Beziehungen mit trefflichen Altersgenossen kam ich von dem Gefühl nicht los, daß die Zeit der Studentenverbindungen in dieser Form – mit Kneipbetrieb und Fechtzwang – vorüber sei, und löste mich nach harten, ehrlichen Auseinandersetzungen, vor allem auch über den von mir nicht nachzuvollziehenden studentischen Ehrbegriff wieder aus dem Kreis. Die persönliche Freundschaft mit vielen Gliedern der Burschenschaft Bubenruthia wie Heinz Seifert, Willy Unger, Wolfgang Rüdel sowie die Achtung vor der prägenden und bewahrenden Kraft dieses Männerbundes ist geblieben; auch die Beobachtung glaube ich aussprechen zu müssen, daß trotz allem, was man gegen ein überzogenes, erstarrtes, kastenartiges Verbindungswesen einwenden kann, der Ersatz durch andere Gemeinschaftsformen für Studierende bis heute unzureichend geblieben ist.

Mit um so größerer Leidenschaft versuchte ich mich in die neue Aufgabe einzuleben, die das Studium der Theologie stellte. Freilich trieb ich es wohl zunächst mehr als ein Lernstudium, und da ich wußte, daß den Eltern der Unterhalt der großen Familie nicht leicht fiel, suchte ich mir einen großen Teil der Geldmittel durch Stundengeben zu verdienen, soweit ich nicht irgendwelche Stipendienvergaben erhalten konnte, für die man vorher eine Prüfung machen mußte. An allgemeine öffentliche Förderung der Studenten wie heute dachte niemand. Jedenfalls kam das Ergriffensein von der Sache des Studiums selbst erst später. Bei dem hochangesehenen Professor Otto Procksch, dessen eigenartige Handbewegungen ebenso berühmt waren wie seine einem alten Rabbiner oder Propheten ähnliche Gestalt, hörte ich ausgiebig Vorlesungen über Altes Testament. Mit ihm, der mich im Examen prüfte und gerne nach Erlangen geholt hätte, kam ich später in eine gute Verbindung; im Krieg, als er längst emeritiert in Alterschrofen bei Füssen lebte, half er mir 1944 voll Freundlichkeit und Hingabe mit seiner Auslegungskunst bei der Vorbereitung der landeskirchlichen Bibelwoche über Deutero-Jesaja. Was die anderen theologischen Lehrer betraf, so wagte ich mich an Althaus zunächst gar nicht recht heran, geschweige denn, daß ich bei ihm oder einem anderen Professor Besuch gemacht hätte. Doch bald saß ich in seiner stark besuchten Dogmatikvorlesung und ließ mich von ihm auch in Luthers Theologie einführen. Am stärksten hat es mir damals Werner Elert angetan. Bei ihm hörte ich vier Semester hindurch alle kirchengeschichtlichen Vorlesungen vom Urchristentum bis zur Neuzeit. Seine Bücher, besonders die „Morphologie des Luthertums", las ich mit großem Gewinn. Zu Werner Elert ergaben sich später auch persönliche Beziehungen, ohne daß ich alle seine einzelnen Schritte und Überlegungen für richtig ansehen konnte. Nach dem Krieg, als ich Vorsitzender der Deutschen Evangelischen Studentenpfarrerkonferenz war, half er uns auf unseren Zusammenkünften mit wertvollen, auch eigenwilligen Vorträgen. Und bei der Generalsynode der Vereinigten Evangelisch-Lutherischen Kirche Deutschlands in Braunschweig 1954, als schon die Zeichen der tödlichen Krankheit an ihm erkennbar waren, saßen wir als Abgeordnete nebeneinander zu vielen theologischen und auch zu ernsthaften persönlichen Gesprächen, die für mich den Abschied von dem verehrten Lehrer bedeuteten.

Tübingen

Zu tieferer Erfassung dessen, was Theologie ist und worauf sie hinaus will, haben mich vor allem die beiden Tübinger Semester 1929/30 geführt, die sich an die vier Erlanger anschlossen. Dazwischen hatte ich an der Realschule in Uffenheim auf Bitten ihres Direktors, meines Onkels Christian Nicol, ein kurzes Gastspiel als Aushilfslehrer für Mathematik gegeben, das mir die erste Gehaltszahlung als „Studienassessor" brachte, aber anscheinend auch in der Uffenheimer Stadtgeschichte bis heute Spuren hinterlassen hat.

In Tübingen, der Stadt am Neckar, wohnte ich, auch aus Sparsamkeitsgründen, mit einem Erlanger Bubenreuther-Freund, dem

Pfälzer Hermann Böbinger, auf einer Bude zusammen. Daraus erwuchs, auch noch für ein Semester über Tübingen hinaus, eine gute Gemeinsamkeit, immer neu belebt durch den gemeinsamen Besuch vieler Vorlesungen. Wir lernten Adolf Schlatter, den bekannten Neutestamentler, zwar nur noch als den großen alten Mann kennen, zu dessen offenen Abenden man gerne kam, und an dem letzten Gottesdienst, den er in der Stiftskirche hielt, habe ich teilgenommen. Freilich konnte ich von seiner Predigt, nicht nur wegen seines schweizerischen Akzents, akustisch nicht mehr viel verstehen. Aber seine Bücher, die man bei ihm billig kaufen konnte, haben mich von damals bis heute begleitet. Und zwar sind es nicht nur seine wissenschaftlichen Kommentare wie der zum Matthäusevangelium, sondern auch seine gesammelten Predigten, deren erster Satz schon die Absicht zeigt, die Verbindung vom Ich zum Text zu schaffen. Dazu kamen seine stilistisch schweren, aber biblisch begründeten Andachtsbücher, deren eines uns im Münchner Predigerseminar bei unsern gemeinsamen Andachten den Blick in die Tiefen vor allem des Neuen Testaments öffnete.

Und dann war in Tübingen Karl Heim, der damals auf der Höhe seiner Schaffenskraft und seines Einflusses auf die Studenten stand. Im Auditorium Maximum der Universität entwickelte er zum ersten Mal seine Kategorienlehre, in die er seine Dogmatik einbaute. Da merkte man doch, daß der Theologe sich des Gesprächs mit der Philosophie und der Naturwissenschaft nicht zu schämen braucht. Noch zahlreicher besucht war Heims Vorlesung über den Römerbrief. Hier versuchte er, auch in Auseinandersetzung mit Luther und mit der Deutung Schlatters, einfach den Apostel Paulus selber sprechen zu lassen. Diese Vorlesung hat mein Verständnis des Römerbriefes bis heute nachhaltig geprägt. Daß er in seiner theologischen Arbeit so sachverständig und sorgfältig das Gespräch besonders mit der modernen Naturwissenschaft suchte, erschien mir schon damals als einzigartig und bahnbrechend; wo fand man Derartiges sonst bei einem Theologen? Da war einer, der die Rede von den Theologen als der ständigen „Nachhut der Menschheit" durch sein Wirken selbst widerlegte.

Karl Heim war auch Universitätsprediger. Ich habe wohl keine seiner Predigten in der jedesmal überfüllten Stiftskirche versäumt. Da konnte dieser gelehrte Professor der Theologie so schriftgemäß, aber zugleich so anschaulich und einfach predigen, daß jedes Ladenmädchen es verstand – eben darum aber war diese Predigt ganz sicher auch für Theologiestudenten und Universitätsprofessoren nicht zu hoch. Ich habe diese großartig einfache, anschauliche Weise des Predigens kaum je wiedergefunden. Auf eine Anregung hin, die Professor Heim in seinem Seminar gegeben hatte, kamen wir auf unsern Buden zu kleineren Arbeitskreisen zusammen, um einzelne Themen weiterzubesprechen, die im Seminar selber nur kurz hatten angerührt werden können. Heim hielt sich nicht für zu hoch, seine Teilnahme an diesen Kreisen anzubieten. Für einen von ihnen, der meist aus bayerischen Theologiestudierenden bestand, hatte ich die Initiative übernommen. So geschah es, daß ich Heim einmal zu einem theologischen Gespräch über Paul Tillichs Aufsatzsammlung „Religiöse Verwirklichung" auf unsere Bude in der Ulrichstraße 11 von seiner Wohnung in der Neckarhalde aus abholen und dann wieder zurückbegleiten durfte, zu Fuß natürlich; wer hätte damals an ein Auto gedacht? Auch zu offenen Abenden in seinem Haus lud er ein. Es machte uns großen Eindruck, als er einen solchen Abend mit der betenden Verlesung von Johannes 1,1–14 schloß. So war er, neben anderen Professoren, Seelsorger an Studenten, und wir vermißten kaum die damals an den Universitäten noch sehr vereinzelt vorhandenen kirchlichen Seelsorgeeinrichtungen.

Der andere theologische Lehrer, der auf uns einen starken Einfluß übte, war Karl Fezer, der Professor für praktische Theologie. Er suchte die Erkenntnisse Karl Barths von der einzigartigen Gewalt des Wortes Gottes für die Homiletik fruchtbar zu machen. Über seinem homiletischen Seminar, in dem ich eine Predigt über Matthäus 9,9–13 zu halten hatte, lag ein tiefer Ernst, der uns die hohe Verantwortung eines künftigen Predigers eindrücklich machte. Wenn man dann über die Berufung zum Theologen unsicher geworden, ihn in der Sprechstunde aufsuchte, konnte er, nach langem Zuhören, sagen: „Gehen Sie – wenn Sie können!" – und man blieb bei der Theologie! Fezer hat später im Kirchenkampf 1933/34 eine nicht rühmliche Rolle gespielt. Eine Zeitlang war er der theologische und kirchenpolitische Wortführer der „Deutschen Christen". Er hat einem meiner Freunde gestanden, daß er gemeint habe, aus Liebe zu den Draußenstehenden, also aus volksmissionarischen Gründen, diese Gruppe unterstützen zu müssen. Das entschuldigt ihn nicht, macht aber vieles in seinem Handeln verständlich, was uns später an ihm, unserm verehrten Lehrer, verwundert hat. Er selbst hat damit wohl auch in seiner theologischen Lehrarbeit einen harten Bruch und einen bitteren Vertrauensschwund bei vielen Pfarrern, besonders in Württemberg, erlitten, von dem er sich nicht mehr erholt hat. Jedenfalls machte mir eine spätere Begegnung mit ihm auf einer württembergischen Pfarrerversammlung diese Entfremdung schmerzhaft deutlich.

In Tübingen habe ich nicht nur Vorlesungen gehört und Bücher studiert. Ob ich der Erscheinung eines Theologiestudenten mit den typischen „allzu kurzen langen Hosen" entsprach, wie sie Theodor Häring in seinem berühmten Buch „Der Mond braust durch das Neckartal" gibt, weiß ich nicht. Aber zu Ausflügen und Wanderungen in die Umgebung Tübingens bis in das romantische Donautal und in den Hochschwarzwald wurde das Jahr intensiv genützt. Ferner hatten wir bayerischen „Tübinger" eine Faustballmannschaft aufgestellt, die sich bei den studentischen Meisterschaftsspielen großen Respekt erwarb, ohne freilich einen Preis gewinnen zu dürfen, weil sie an der Hochschule nicht registriert war. Auch die stürmische politische Entwicklung spielte stark in unser studentisches Leben herein. Die Lage des Volkes schien immer trostloser zu werden, vor allem bei den unerhört steigenden Arbeitslosenzahlen. Unter den Bayern waren einige stark vom Nationalsozialismus bestimmte Theologen, mit denen es heftige Diskussionen über das nationalsozialistische Parteiprogramm, besondern über „Positives Christentum" und „Brechung der Zinsknechtschaft" gab. Ich kann nicht leugnen, daß auch mir angesichts der politischen Ratlosigkeit, die sonst herrschte, manche Pläne der neuen Bewegung Eindruck machten. Und ich erinnere mich, daß ich in einigen Briefen an meinen damals in den USA studierenden Freund Karl Gerhard Steck von solch positiven Eindrücken sprach. Einmal jedoch besuchte ich eine Studentenversammlung mit dem jungen Reichsstudentenführer Baldur von Schirach als Redner. Sie hinterließ bei mir einen zwiespältigen Eindruck. Es wurden Eintrittsformulare in die NSDAP verteilt. Ich füllte eines aus, aber ich war innerlich gehemmt, es zu unterschreiben und abzugeben...

Greifswald

Jeder bayerische Theologiestudent – so war eine allgemeine, gut begründete Übung – sollte einmal auch im deutschen Norden studiert haben. Manche wählten Berlin oder Kiel, eine größere Anzahl Rostock oder Königsberg, einige, die den deutschen Norden noch weiter ausdehnten, gingen in das baltische Dorpat. Ich wählte, zusammen mit meinem Freund Hermann Böbinger und einigen anderen, Greifswald an der Ostsee mit der nahen, schönen Insel Rügen. In diesem wunderbaren Sommer des Jahres 1930 nahm das Studium nicht ganz die erste Stelle ein, außer bei dem jungen Joachim Jeremias, der mir als einer der großen neutestamentlichen

Wissenschaftler erschien. Seine im Seminar gegebene Einführung in den Hebräerbrief und seine Vorlesung über „Jerusalem zur Zeit Jesu" waren Glanzstücke konzentrierter Darstellung und Lehre. Auch später habe ich mich gerne in seine Veröffentlichungen vertieft. Und als es in den sechziger Jahren um die Errichtung einer evangelisch-theologischen Fakultät an der Universität München ging, freute ich mich, ihm als einem der Vertrauensmänner bei der Gründung dieser Fakultät wieder zu begegnen. Der Alttestamentler Friedrich Baumgärtel war in Greifswald derjenige unter den Professoren, der mit besonderer Liebe sich neben dem Vorlesungsbetrieb um die persönliche Verbindung mit uns Studenten bemühte. Er sammelte uns zu einer unvergeßlichen Sommerfreizeit in Putbus auf Rügen, von der wir noch in späteren Jahren sprachen, als ich Baumgärtel nach dem Krieg in Erlangen oft traf. In guter Erinnerung sind mir auch die Vorlesungen bei dem Systematiker und Lutherkenner Rudolf Hermann und bei dem Kirchenhistoriker Hermann W. Beyer. Im Katechetischen Seminar hielt ich meine Probekatechese über das dritte Gebot bei Eduard von der Goltz; die dazu benötigten Kinder holten wir uns einfach von der Straße in den Seminarraum herein.

Über dem hellen Greifswalder Semester leuchten noch andere freundliche Erinnerungen. Die Ostsee mit der vielbuchtigen Insel Rügen und der kleineren, zauberhaften Insel Hiddensee lockte uns beinahe an jedem Wochenende zu Ausflügen mit den einfachen Küstenschiffen. Nach Kopenhagen wurden billige Schiffsfahrten angeboten, und die Pfingstferien nützten wir zu einer großen Fahrradtour durch das nördliche Mecklenburg mit Rostock, Bad

Student in Greifswald, 1930. Ausflug nach Stubbenkammer auf Rügen

Doberan und Wismar bis nach Lübeck und Kiel; von da ging es nach Hamburg und über Bismarcks Wohnsitz und Grab im Sachsenwald wieder zurück, wobei wir bei Schwerin, Güstrow und Teterow die einzigartige, unberührte Seelandschaft in vollen Zügen genossen. Die grandiose Backsteingotik der alten großen und kleinen Kirchen in Mecklenburg, vor allem in Bad Doberan und Wismar, hat es uns damals ebenso angetan. Oft habe ich einige Jahre darauf meiner Frau von diesen wunderbaren Eindrücken vorgeschwärmt und eine gemeinsame Reise dorthin in Aussicht gestellt. Aber erst viele Jahrzehnte später, im Jahre 1976, konnten wir diese Absicht verwirklichen und noch einmal das wunderschöne Land von Schwerin bis zur Nordspitze Rügens besuchen. Und das Innere des herrlichen Doms von Bad Doberan, durch dessen Fenster das Sonnenlicht hereinkam, erstrahlte in fast überirdischem Glanz. Wir konnten als Gäste der Bischöfe Heinrich Rathke in Schwerin und Horst Gienke in Greifswald durchs Land fahren. Die schmerzhaften politischen, gesellschaftlichen und kirchlichen Veränderungen, die sich seit meiner Studienzeit vollzogen hatten, wurden mir geradezu körperlich fühlbar. Als ich in Greifswald meine alte Studentenwohnung aufsuchte, fand ich sie in einer Straße wieder, deren Häuser zum großen Teil wegen Einsturzgefahr gesperrt waren. Der Kern der alten, von Universität und Bürgertum geprägten Stadt schien bis auf wenige Reste um die Kirchen herum zu verfallen, während draußen, einige Kilometer von der alten Stadt entfernt, eine neue, sozialistisch geprägte Siedlung für die Werktätigen in einem großen Industriegebiet entstanden war.

Von dem, was mich als Studenten in Greifswald bewegte, muß eines noch eigens erwähnt werden. Es war die intensive Beschäftigung mit dem Philosophen Friedrich Nietzsche. Ich weiß nicht mehr, wie es dazu kam, daß ich gerade in Greifswald seine Schriften studierte: „Die Geburt der Tragödie aus dem Geist der Musik" – „Jenseits von Gut und Böse", vor allem aber „Also sprach Zarathustra". Vielleicht hatte schon Professor Fezer in Tübingen den Anstoß dazu gegeben, als er einmal meinte, daß dieser Mann „um ein Haar am christlichen Glauben vorbeigegangen sei", oder Eberhard Arnold, der „Urchristliches und Antichristliches im Werdegang von Friedrich Nietzsche" entdeckt hatte. Jedenfalls nahm mich dieser aufregende, zuletzt so unglückliche Grenzgänger eine Zeitlang ebenso durch seine Sprache wie durch seine „unzeitgemäßen Betrachtungen" gefangen und stellten dem Glauben und dem Denken des werdenden Theologen harte Fragen. Daß er mich in der Berufung zum Theologen ernstlich erschüttert hätte, kann ich nicht sagen. Aber er hat mich für mein Leben kritisch gemacht gegenüber einem allzu selbstverständlichen, bürgerlichen Christentum. Daß ein Theologe ständig der Anfechtung, d. i. dem letzten Angriff auf den Glauben ausgesetzt ist und sich diesem Angriff zu stellen hat, wurde mir damals klar.

Ordination

Zu Berufung und Beruf gehörten dann als nächste Schritte nach einem Abschlußsemester in Erlangen 1930/31 das 1. Theologische Examen in Ansbach im Frühjahr 1931 und ein halbes Jahr später die Ordination in der St.-Matthäus-Kirche in München am 1. November. Wir waren zu dritt, außer mir noch die Freunde Wilhelm Geyer und Christian Lechner, also der ganze Jahrgang des Predigerseminars, der sich im Laufe des halben Jahres gut zusammengefunden hatte. Ich kann nicht sagen, daß wir vom Studium her auf die Bedeutung der Ordination sorgfältig vorbereitet waren. Vom geistlichen Amt hatten wir in jener Zeit nicht viel gehört. Bin ich doch auch Universitätsprofessoren begegnet, die mit Stolz erzählten, daß sie nicht ordiniert seien! Aber einige andere wie Fezer in Tübingen oder Althaus in Erlangen hatten uns doch durch die ganze Art ihres Lehrens auf die Verantwortung und die Freude dieses Amtes vorbereitet. Dazu hatten wir im Gespräch mit jüngeren und älteren Amtsbrüdern, vor allem aber aus der gewissenhaften Amtsführung einiger älterer und jüngerer Pfarrer in unserer Nähe, wie etwa Ernst Rohmer oder Wolfgang Rüdel, etwas gemerkt von der Bindung und von der Freiheit, die mit der Ordination gegeben sein kann: Ich binde mich in meinem Amt an die Heilige Schrift und an die lutherischen Bekenntnisschriften; gerade das macht mich auch frei von subjektiven Schwankungen und Ängsten, aber auch frei gegenüber den Ansprüchen des Zeitgeistes, die im übrigen auch aus mir selbst wie aus der Gemeinde kommen können. Als Ordinationsspruch gab mir der Ordinator, Oberkirchenrat und Kreisdekan Karl Baum, Josua 1,9 mit: „Siehe, Ich habe dir geboten, daß du getrost und freudig seist. Laß dir nicht grauen und entsetze dich nicht." Ich bin später in nicht wenige Situationen gekommen, wo dieser Spruch aus seiner Verborgenheit heraustrat und zu reden anfing. Darüber hinaus muß ich gestehen, daß ich erst allmählich begriffen habe, was die Ordination für den einzelnen Pfarrer und was das Ordiniertsein für die Gemeinschaft von Pfarrern bedeuten kann!

Das Wort Berufung spielt in der Gemeinde des Neuen Testaments eine wichtige Rolle. Die Kirche Christi erscheint als die Schar der „berufenen Heiligen in Christus" (1 Kor 1,2). Paulus weiß sich als einen von Christus berufenen Apostel (Röm 1,1). Viel habe ich über die Frage der Berufung in meinem Leben nachgedacht. Nein, ich war nicht Paulus und durfte mich nicht mit ihm vergleichen, aber als Diener des Wortes Gottes hatte ich teil an der Berufung, mit der Jesus seine Jünger aussendet. So ging ich nach den beiden Predigerseminarjahren als Stadtvikar von St. Matthäus etwas mit Zittern, aber doch auch dessen gewiß, daß dieser Auftrag auch für den modernen Menschen, der über den Stachus hastete, auszurichten war, auf die Kanzel dieser ältesten evangelischen Kirche in München. Es waren im übrigen „nur" die Gottesdienste am frühen Vormittag des Sonntags und am Nachmittag, zu denen wir Vikare eingeteilt waren, dazu die Wochengottesdienste am Freitagabend. Als Seelsorgebezirk bekam ich ausgerechnet das verrufene Bahnhofsviertel zugewiesen, und meine Wohnung in der Schillerstraße 19 lag mitten drin. Zu diesen Menschen in den engen Straßen mit ihren Kneipen und Bordells, zu den Familien in den dunklen Hinterhöfen, deren es damals, vor dem Bombenkrieg, noch viel mehr gab als heute, bist du gerufen! dachte ich mir. Und mit Leidenschaft besuchte ich Haus für Haus und treppauf, treppab die Menschen dort. Dabei kam ich mit nicht wenigen treuen Gemeindegliedern, aber auch mit Schiebern, Rauschgifthändlern und Dirnen zusammen. Ob ich in den Gesprächen gerade mit ihnen etwas erreicht habe und ein Wort sagen konnte, das aus dem Evangelium kam, weiß ich nicht. Aber ich fühlte mich oft wie im Neuen Testament, wo ich Jesus doch gerade im Umgang mit solchen Menschen sah. Die Lektüre des damals bekannten Buches „Leben Jesu in Palästina, Schlesien und anderswo" von Josef Wittig half mir dabei. Später, im Bischofsamt, besuchte ich einmal zusammen mit der Mitternachtsmission unter meinem Freund Leonhard Henninger, dem Pfarrer der Inneren Mission, an einem Heiligen Abend die „Dolly-Bar" in der Goethestraße, ein Lokal für Dirnen und Zuhälter, und wir hielten ihnen eine Weihnachtsfeier mit Liedern und einer Ansprache. Das erschien mir wie eine Fortsetzung der Arbeit des jungen Vikars. Auch die Goethestraße hatte zu seinem Sprengel gehört.

Neben der Gemeindearbeit in St. Matthäus, wo ich als „Chef" den verehrten Pfarrer Julius Sammetreuther hatte, war ich mit der Hälfte meiner Arbeitszeit und -kraft dem Krankenhauspfarrer Ernst Rohmer beigegeben. Vor allem die Medizinische Universitätsklinik in der Ziemssenstraße sowie die Chirurgische Klinik in der Nußbaumstraße waren das Aufgabengebiet, in das mich der liebenswürdige Freund Rohmer mit seiner brennenden Liebe zu den Kranken und Bedrängten einführte. Als Fünfundzwanzigjähriger tat ich mir in dieser Arbeit nicht leicht. Oft getraute ich mich kaum in die großen Säle mit den zwanzig oder dreißig Betten hineinzugehen, die es damals in diesen Kliniken noch gab – was würde mich heute wieder erwarten? Aber „ihr Menschen seid Gottes!" hatte doch Christoph Blumhardt gerufen, den ich damals neu entdeckte. „Ob ihr noch gottlos seid oder schon fromm, in Gericht oder in Gnade, Gottes seid ihr und Gott will euer Bestes!" Also doch gerade diese kranken und sterbenden Menschen auch, die hier im Krankenhaus nicht nach Glauben oder Unglauben ausgesucht waren, auch nicht darnach, ob sie etwas mehr gerecht oder ungerecht waren! Diesen Satz Blumhardts lernte ich aus- und inwendig, bis er mir wie in Fleisch und Blut überging. Und dann fand ich in Friedrich Rittelmeyers „Meditationen" einen weiteren guten Rat. Er hatte als Würzburger Stadtvikar in seinen Nöten mit dem Religionsunterricht in manchen Klassen das Jesuswort „Sie sind dein!" als eine meditative Hilfe entdeckt und gebraucht. So drückte auch ich mit diesem Wort auf den Lippen die Türklinken zu den Krankensälen hinunter und fürchtete mich nicht, auch wenn einer abweisend sagte: „Wenn Sie ein Steinklopfer wären, hätten Sie einen nützlicheren Beruf!" Oder wenn ein Schauspieler, der einen Selbstmordversuch gemacht hatte, mich spöttisch anredete: „Pfarrer sind Sie? Dann sind wir ja Kollegen!" Berufen bist du, wußte ich, auch mit deinen Mißerfolgen und deinem kümmerlichen Stottern, wenn es darum geht, etwas von Gott zu sagen.

Vom Frühjahr 1933 an war etwa ein Jahr lang in der Chirurgischen Klinik eine Krankenabteilung des Konzentrationslagers Dachau eingerichtet, solange sie draußen noch kein Revier hatten. Ich konnte die Schwerkranken, die da hereingebracht wurden, auch besuchen, allerdings unter strenger SS-Aufsicht. In jedem Zimmer mit drei oder vier Patienten saßen ebensoviele SS-Männer als Wache. Die ersten Besuche waren zum Verzweifeln. Nach ihrem Heimatort durfte ich die Patienten fragen, auch wie es ihnen gehe. Wann ich aber anbot, ihren Angehörigen von ihrem Ergehen zu schreiben, so fuhr die Wache scharf dazwischen: Das dürfen Sie nicht! Und dann, nach einem so plötzlich abgebrochenen Gespräch, nur das Sonntagsblatt oder den „Krankentrost" aufs Bett zu legen, das genügte doch nicht. Nach vielen inneren Kämpfen versuchte ich einen anderen

Weg: ich bat eines Tages den Wächter wie den einen Gefangenen, der gerade im Zimmer lag, eine Geschichte mit anzuhören, die ich ihnen vorlesen wollte, von einer Bibel auf dem Müllkasten. „Wenn sie nur wahr wäre!" sagte darnach der Patient, ein kommunistischer Landtagsabgeordneter. Da mischte sich plötzlich der SS-Mann ein: „Doch, sie ist wahr. Ich habe sie ähnlich erlebt und mir gedacht: Da gehört die Bibel nicht hin!" Und auf einmal war es, wie wenn die Schranken gefallen wären; wir kamen in ein Glaubens-, ja in ein Beichtgespräch. Es war eine meiner großen Erfahrungen der Nähe Gottes, daß dies „sie sind dein" für die Bewacher wie für die Bewachten galt und auch von beiden gehört wurde. Auf einmal hatte ich nicht mehr die Gefangenen vor mir und die Bewacher hinter mir, sondern beide waren vor mir, und nicht selten ließen mich dann die Bewacher auch einige Zeit mit den Gefangenen allein.

Auch einige Jahre später, als ich im Krieg als Lazarettpfarrer in einer großen Abteilung für haut- und geschlechtskranke Soldaten zu arbeiten hatte, ging es um die Gewißheit der Berufung in einer scheinbar aussichtslosen Umgebung. Mit Angst und Zittern kam ich oft in die Aufenthaltsräume, wo sie herumsaßen, tranken und Karten spielten, und mit ihrer Ansteckung eben „Pech" gehabt hatten, wie sie sagten. Aber ab und zu war es in einer Gruppe doch gegeben, auch mit dem Bekenntnis eigener Erfahrung darüber zu sprechen, wie eine gute Ehe die beste Hilfe gegen solche Versuchungen ist, und wie man durch die Liebe der Ehefrau auch auf einem Weg voller Gefahren bewahrt sein kann. Gar nicht selten war es zu meinem eigenen Erstaunen auch möglich, Geschichten des Neuen Testaments wie die Begegnung Jesu mit der Ehebrecherin (Joh 8,1–11) in dieses Milieu zu übersetzen. Wenn so etwas geschah und die Leute zuhörten, dann konnte die Freude – besser: die Freudigkeit (parrhesia) der Berufung geradezu bis in die Fingerspitzen hinein fühlbar werden: „Ich, meines Herrn Christus unwürdiger Evangelist!" (Luther).

Ein größerer Raum des Lazarettes war für SS-Männer reserviert. Da sie im allgemeinen aus der Kirche ausgetreten waren, ging ich einige Male an ihrer Tür vorüber. Bald aber erwartete mich, als ich wieder ins Lazarett kam, einer der Männer und sagte: „Sie sind doch der Pfarrer. Warum kommen Sie eigentlich nicht zu uns?" Ich bin nie mehr an ihrer Tür vorübergegangen.

Später, als Rektor des Predigerseminars und dann im Amt des Landesbischofs, hatte ich selber viel mit jungen Theologen über Berufung und Beruf zu reden. Ich bin zu der immer gewisseren Überzeugung gekommen, daß in einer Kirche die Frage der Berufung ihrer Diener, so schwierig sie im einzelnen liegen mag, nicht ernst genug genommen werden kann. Von vornherein ist dabei klar, daß der Mensch nur sehen kann, was vor Augen ist, und nicht die Vollmacht des „Herzenskündigers" besitzt. Dennoch tragen neben den Lehrern der Theologie die Rektoren der Predigerseminare sowie die Männer in der Kirchenleitung, die für Prüfungen und Ordinationen verantwortlich sind, und zuletzt der Bischof eine Verantwortung, die nicht hoch genug angesetzt werden kann.

Zunächst habe ich dies als Rektor des Predigerseminars Erlangen-Nürnberg zu spüren bekommen. Da galt es, die Amtsbrüder, die ihr Theologiestudium abgeschlossen hatten, für ihren gemeindlichen Dienst vorzubereiten und dabei über ihre Bindung an die Heilige Schrift und an das Bekenntnis der evangelisch-lutherischen Kirche mit ihnen zu sprechen. Man durfte dabei auch vor Gesprächen über christliches Leben, über die „praxis pietatis" und über die Stellung zum anderen Geschlecht nicht zurückschrecken. Vielleicht habe ich mir dabei etwas leichter getan als andere, spätere Rektoren; denn die Brüder, mit denen ich zu tun hatte, waren meist auch Kriegsteilnehmer mit z. T. schwersten Lebenserfahrungen gewesen und ahnten paradoxerweise auch etwas von der „militia Christi" dem „Soldatischen" in der Nachfolge Christi. Ihnen versuchte ich zu zeigen, daß eine Verpflichtung wie die Ordination nicht einer mißtrauischen Kirchenleitung ein Instrument in die Hand gibt, um die Freiheit zu beschneiden, sondern ein wesentliches Geschehen in der großen Berufung zum geistlichen Amt ist, neben dem es kaum etwas Vergleichbares gibt. Ein unvermuteter Helfer wurde mir dabei der ursprünglich katholische, später evangelisch gewordene Professor für praktische Theologie, Leonhard Fendt. Mit ihm habe ich 1946/47 in Erlangen an der Theologischen Fakultät der Universität, wo ich einen Lehrauftrag für Homiletik und Katechetik innehatte, viel zusammengearbeitet. Einmal sagte er mir: „Sie ahnen gar nicht, was für eine Befreiung es für einen aus der römisch-katholischen Kirche kommenden Theologen sein kann, wenn er aus den lutherischen Bekenntnisschriften entdeckt und erfährt: Nicht der Mensch ist es, der das Heil schafft, sondern die Gnade Gottes allein! Die dürfen wir doch verkündigen!" Ja, dazu sind wir berufen! So versuchte ich den jungen Amtsbrüdern auch das Verständnis der Bekenntnisschriften nahezubringen.

In späteren Jahren wurden dem Bischof schwere Erlebnisse auch in diesem Bereich nicht erspart. Mit den Studentenunruhen seit 1968 drangen auch in die Kirche Parolen ein, die den künftigen Pfarrer in einen politischen oder sozialrevolutionären Propagandisten umfunktionieren wollten. Man kann aus damaligen Dokumenten nachlesen, daß es nun Pfarrer geben werde, „bei denen keinerlei persönliche Glaubenshaltung die Ursache für die Wahl dieses Studiums (der Theologie) sei, sondern allein das Bestreben, . . . das, was ohnehin dem Untergang geweiht sei, um so schneller verschwinden zu lassen".[3] Ich hielt es für meine Pflicht, etwa im Jahre 1969 auf der Generalsynode der Vereinigten Evangelisch-Lutherischen Kirche Deutschlands in Augsburg, wo ich in Stellvertretung des Leitenden Bischofs D. Lilje den Gesamtbericht zu geben hatte, die Gemeinden auf solche Möglichkeiten und Entwicklungen aufmerksam zu machen, nämlich daß Theologiestudenten mit dem Programm auftreten: „Wir werden die Kirchenleitungen betrügen, wie sie die Gemeinden betrügen. Künftig wird niemand mehr wissen, ob nicht unter einem schwarzen Rock ein roter Wolf verborgen ist." Gewiß waren dies Extremfälle, aber derartige Meinungen konnten eine Zeitlang auch in Predigerseminaren Fuß fassen und laut vertreten werden. Wenn dann in den Ordinationsgesprächen die zunächst Beauftragten mit einigen Kandidaten nicht zurechtkamen, sah ich es selber als meine Pflicht an, über die Frage der Berufung mit den Betroffenen zu sprechen. Hier gab es oft heftige, stundenlange bittere Gespräche. Es gehört zu meinen schmerzlichsten Erfahrungen, daß ich in einigen Fällen gewissensmäßig nicht im Stande war, der Ordination eines Kandidaten zuzustimmen. Ich war aber ebenso erleichtert, wenn im Lauf der Jahre Wandlungen eintraten, die es erlaubten, die Zustimmung doch noch auszusprechen.

Im übrigen möchte ich es als eine große Bereicherung ansehen, wenn in einer Kirche für eine gewisse Vielfalt der Berufung Raum gegeben ist. Sie wird für jeden Abiturienten eines Gymnasiums dankbar sein, der sich zum Theologiestudium meldet, und was auf diesem Gebiet die Bitte einer Gemeinde Christi um rechte Pfarrer bedeutet, weiß ich buchstäblich aus Erfahrung. Aber eben deshalb, meine ich, sollte diese Kirche auch für die Möglichkeit offen sein, daß es in geringerer Zahl auch „Spätberufene" gibt, die auf einem anderen Weg und aus einem bereits ausgeübten Beruf, auch aus etwas anderer Ausbildung in den Pfarrerdienst kommen, wie sie z. B. das Pfarrverwalterseminar in Neuendettelsau vermittelt hat.

Die inneren Glaubensimpulse in den betreffenden Gemeinden, die solche „Berufungsgeschichten“ oft sehr intensiv miterlebten, sollten gerade in einer Volkskirche, die sich auch mit ihrer Ordnung der Pfarrerausbildung so stark an den Staat gebunden hat wie bei uns, nicht übersehen werden. Aus den Jahren des Pfarrermangels erinnere ich mich noch sehr lebhaft, welch dankbares Aufatmen es während der Vollsitzungen des Landeskirchenrats gab, wenn bei Pfarrstellenbesetzungen der Referent seine Pfarrerliste erschöpft hatte, aber dann mitteilen konnte: „Jetzt sind noch vier bis fünf eben geprüfte Pfarrverwalter da, die eingesetzt werden können.“ Das waren etwas andere, aber deshalb nicht schlechtere Pfarrer, denen die Erfahrung eines bereits ausgeübten Berufs eine größere Nähe zu manchen Gemeindegliedern geben konnte.

Welch innere Bereicherung für die Landeskirche in dieser Beziehung auch das Missions- und Diasporaseminar in Neuendettelsau mit seiner wieder anders gestalteten Ausbildung durch 125 Jahre bedeutet hat, ist nur zum Teil an der Zahl der Missionare abzulesen, die aus ihm hervorgegangen sind. Die innere, unmittelbare Aufgeschlossenheit der Gemeinden für die Mission wird am ehesten geweckt durch Menschen, die solch einer Berufung gefolgt sind. Der damit gegebene ständige missionarische Anstoß für eine Volkskirche läßt sich in seiner Bedeutung kaum ermessen. Namen wie Johann Flierl, Christian Keyßer, Georg Vicedom, aber auch viele andere zeugen davon. Ich gestehe, daß ich die inzwischen erfolgte Auflösung der beiden Bildungsrichtungen des Missions- und Diasporaseminars wie des Pfarrverwalterseminars, für die man gewiß auch Gründe anführen kann, als eine große Verarmung ansehe, die durch Ersatzlösungen mit Sicherheit nur zum Teil wettgemacht werden kann.

Verlobung

Ich kann den Rückblick auf die Münchner Zeit, die vom Gedanken der Berufung besonders erfüllt war, nicht abschließen ohne noch eines wichtigen Ereignisses in meinem persönlichen Leben zu gedenken, nämlich meiner Verlobung mit Hedwig Stählin in Nürnberg am 28. Januar 1934.

Es war wohl noch in Windsbach in der 5. oder 6. Klasse, als wir, 15- bis 16jährig, ein Gespräch über das Verhältnis zwischen Mädchen und Jungen mit einem verehrten Lehrer hatten. Er hatte selber eine große Familie und sagte mit großem Nachdruck, daß bei jeder

Geburt, auch bei der unsrigen, die Mutter ihr Leben um dieses Kindes willen aufs Spiel habe setzen müssen. Dann zitierte er einen Satz aus einem Brief des Dichters Matthias Claudius an seinen Sohn Johannes: „Tue keinem Mädchen Leides und denke, daß deine Mutter auch ein Mädchen gewesen ist." Dieser einfache Satz hat bei mir viel bewirkt. Er ging mit mir hinein auch in die verantwortliche oder unverantwortliche sexuelle „Aufklärung", die wir erhielten oder suchten. Ich liebte meine Mutter sehr, und die Art und Weise des Umgangs mit Mädchen bekam auch dadurch ihr Maß, daß ich drei Schwestern hatte, die ich ebenso liebte, auch wenn wir uns manchmal stritten. Wenn sie ihre Freundinnen mitbrachten, gab es Scherz und Spiel, Singen und auch Verliebtheit. Dabei hatte ich in Jahren vorher auch andere Erfahrungen gemacht. Ich wuchs in einer Volksschule auf, wo Jungen und Mädchen ständig beieinander waren. Auf dem Dorf gab es zwischen Jungen und Mädchen schon im frühen Alter auch sexuelle Spiele. Ich kann auch nicht sagen, daß ich mich nicht selber mancher Dinge schämen müßte, an denen ich in jungen Jahren beteiligt war. Aber der Satz des Matthias Claudius ging mit mir als ein guter Begleiter.

Man sollte sich davor hüten, wie es leicht geschieht, aus irgendeinem Motiv heraus auf die sexuellen Anschauungen in der damaligen Zeit herunterzublicken oder gewisse Klischeevorstellungen dieser oder jener Art in die damalige Zeit zurückzutragen. Gewiß war schon von der Erziehung her, auch von der gesamten gesellschaftlichen Ordnung aus, die Distanz zwischen den Geschlechtern größer als heute und man hat wohl da und dort in christlichen Kreisen das Wort „Sünde" allzusehr mit dem sexuellen Bereich zusammengebracht. Aber ich weiß auch noch sehr wohl, wie im Münchner Predigerseminar einer der Freunde, der aus einer kirchlichen Gemeinde vom Lande stammte, aus seiner Kenntnis sagte, es sei auch bei ihnen eine Seltenheit, wenn ein Mädchen unberührt in die Ehe trete. Für uns bedeutete das freilich im allgemeinen nicht die Konsequenz, daß wir nun auch unsererseits solche Ordnungen als alten Plunder abtun sollten. Vielmehr ahnten wir, daß es im Verhältnis der Geschlechter etwas Kostbares gibt, das man nicht um eines voreiligen Genusses willen preisgeben soll, sondern das sorgsam aufbewahrt werden will bis zur Schließung einer Ehe mit dem geliebten anderen Menschen. Im Zeitalter der „Pille" hat sich das Verhältnis der Geschlechter sehr gewandelt, und besonders die Freiheit der Frau hat zugenommen. Es bleibt jedoch die Tatsache bestehen, daß Mann und Frau jeder für sich, aber besonders miteinander, eine leiblich-seelisch-geistige Ganzheit bilden. Die Erkenntnis dieser Zusammenhänge warnt uns davor, etwa das Wachstum der seelischen Kräfte zu vergessen und die leibliche Vereinigung unbekümmert vorwegzunehmen.

Für einen jungen Pfarrer – für andere Berufe übrigens auch – war es eine anerkannte Regel, daß er nicht heiratete, bevor er nicht die Anwartschaft auf eine feste Stelle und die Aussicht hatte, eine Familie ernähren zu können. Naturgemäß waren gerade die Jahre zwischen den beiden theologischen Prüfungen auch der Zeitraum, wo man sich, falls sich nicht schon während der Studentenzeit derartige Möglichkeiten bzw. Bindungen ergeben hatten, nach einer künftigen Ehegefährtin umsah. Studenten-Ehen kannten wir kaum, und daß ein Vikar zwischen dem ersten und zweiten Examen noch unverheiratet sein sollte, leuchtete uns im allgemeinen ein. Gewiß gab es dabei auch Probleme und „Härtefälle". Aber gerade durch den Kirchenkampf wurde die Erkenntnis bestärkt, daß eine Kirche junge Theologen braucht, die in ihrem ganzen Bereich einfach verfügbar sind und jederzeit versetzt werden können. Das alles ist durch die Kriegsereignisse anders geworden. Wenn ein Theologiestudent vier bis acht Jahre Soldat war und eine Braut hatte, dann war es unrecht, ihnen eine Heirat zu verbieten. Und als später aus dem Krieg viele schon alt gewordene verheiratete Soldaten heimkehrten, die erst unter dem Eindruck der Kriegsereignisse sich zum Theologiestudium entschlossen hatten, wurden sie selbstverständlich aufgenommen und ihren Familien Wohnmöglichkeiten zugewiesen.

Im Sommer 1932 leitete ich im Auftrag der Inneren Mission auf dem alten Hohenzollernschloß Cadolzburg bei Nürnberg ein Jugendferienlager mit etwa 300 Kindern aus verschiedenen bayerischen Städten. Es galt den Jugendlichen neben der Erholung etwas von der Schönheit einer Lebensgestaltung aus dem Evangelium ihrem Alter gemäß zu vermitteln. So blies der „Schloßvikar" jeden Morgen vom alten Turm herab einen Choral, die Morgenandachten wurden in dem wunderschönen Schloßhof, die Abendandachten in der stimmungsvollen Schloßkapelle gehalten, und dann gab es Spiele und Ausflüge und Fackelzüge in der Nacht. In der Erinnerung leuchtet dieser wunderbare Sommer, der freilich auch eine Scharlachepidemie brachte, bis heute. Ein Sonderauftrag, den ich auch noch hatte, war der, für die netten Helfer und Helferinnen, die „Onkel" und „Tanten" zu sorgen, die die einzelnen Kindergruppen führten. Sie konnten sich natürlich miteinander befreunden und sich ein wenig verlieben, aber sie sollten auch die gegebenen Grenzen einhalten. Ich muß diese Aufgabe zur Zufriedenheit der Inneren Mission, besonders von Elisabeth Nägelsbach, der Leiterin des

Jugendreferats, ausgeführt haben; sonst wäre ich wahrscheinlich nicht für das Jahr darauf noch einmal um die Leitung des Cadolzburger Jugendlagers gebeten worden. Aber es kam anders, schon abgesehen davon, daß ich inzwischen als Stadtvikar von München-St. Matthäus für solche Aufgaben nicht mehr freigestellt werden konnte.

Von Freunden erhielt ich im Frühjahr 1933 die Einladung, an einer gemeinsamen Ferienwanderung von etwa sechs bis acht jungen Leuten durch den Bayerischen Wald teilzunehmen. Unter den bereits vorgesehenen Teilnehmern fand ich den Namen Hedwig Stählin. Die kannte ich doch vom Alten Gymnasium in Nürnberg her! Damit war die Frage meiner Teilnahme positiv entschieden. Zum vereinbarten Zeitpunkt im August 1933 trafen wir uns auf dem Bahnhof in Schwandorf in dem Zug, der nach Furth im Wald fuhr. Da sah ich sie wieder, die junge Lehrerin Hedwig Stählin, und sie blickte uns, meiner Schwester Berta und mir, ein wenig gelangweilt, wie mir schien, entgegen, zumal da sie sich anscheinend von diesen Theologen, die da zumeist zusammenkamen, nicht viel erwartete. Aber die zehntägige Wanderung über Berg und Tal, mit Kaitersberg und Osser, Arber und Falkenstein als Höhepunkten, gab reichlich Gelegenheit zum Kennenlernen. Wir waren, wie damals üblich, eine außerordentlich singfreudige Gesellschaft – was für einen Reichtum boten schon die Volkslieder, die wir in großer Zahl kannten! Und für den Sonntagsgottesdienst in der kleinen evangelischen Kirche in

Stadtvikar in München, 1934

Bayrisch Eisenstein übten wir dreistimmig das schöne, damals wenig bekannte Morgenlied von Johannes Zwick: „All Morgen ist ganz frisch und neu des Herren Gnad und große Treu!“ Das erste Gespräch, das ich mit der jungen Lehrerin hatte, drehte sich ausgerechnet um das Problem der Ehescheidung, die sie leidenschaftlich verteidigte, aus mancherlei Erfahrungen, die sie gerade in ihrem Bekanntenkreis gemacht hatte. Sie erzählte später von ihrer Verwunderung darüber, daß der junge Vikar nicht, wie sie erwartet hatte, aus allen Rohren des biblischen und kirchlichen Gesetzes gegen sie schoß, sondern von ganz anderswo her, nämlich aus dem Evangelium die gute Gabe einer für das Leben geschlossenen Ehe zu begründen suchte, wobei er alle Problematik offen zugab.

Am Ende der Reise war es mir klar, daß ich um Hedwig Stählin ernsthaft werben durfte. Dabei spornte mich ihre abwartende Zurückhaltung erst recht an. Den Herbst benützten wir zu eifrigem Briefeschreiben und auch zu einigen Begegnungen. Als ich mich meinem Vater gegenüber einmal in dieser Sache äußerte, wußte ich, daß ich auch der Zustimmung der Eltern, an der mir sehr lag, gewiß sein konnte. Am 28. Januar 1934 fuhr ich nach Nürnberg in das mir bereits wohlbekannte Elternhaus, das sich ja im oberen Stockwerk des Alten Gymnasiums befand. Hedwig gab mir ihr Ja-Wort und wir empfingen von der Mutter und vom Vater den Segen. „In einer Ehe“, sagte der Vater, den wir – er war ja Direktor des Alten Gymnasiums – in seinem Dienstzimmer aufsuchten, „geht es natürlich um die zwei, die sich da verbinden. Aber im Grunde steht ein dritter zwischen Euch, der Euch zusammenführt und zusammenhält, Gott der Schöpfer selbst; er ist der dritte, der über Euch steht.“ Die Verlobungszeit dauerte etwas mehr als ein Jahr. Sie brachte für uns beide nicht ganz leichte Proben durch Krankheiten, die uns überfielen, aber auch infolge der Zwischenfälle, die es im Kirchenkampf gab. Gleich am Tage nach der Verlobung wurde ich in München in die neue kirchliche Verwirrung mit hineingezogen, die durch die groß aufgemachte Zeitungsnachricht entstanden war: „Kirchenführer geschlossen hinter dem Reichsbischof!“ Dabei waren sie doch, wie wir wußten, zusammengekommen um seine Absetzung zu erreichen!

Das Jahr Verlobungszeit versuchten wir zu verstehen nicht als eine Zeit der Vorwegnahme der Ehe, sondern der Vorbereitung auf eine Ehe, die wir in Gottes Namen schließen wollten. Die vielen Brautbriefe, der Austausch von Büchern, das Kennenlernen der Familien und gegenseitige Besuche füllten diese Zeit aus. So mußte die junge Braut doch auch erst diesen Pfarrer kennenlernen – war ihr Bräutigam derselbe Mensch, wenn er einen Gottesdienst hielt, oder ein ganz anderer? Am Pfingstsonntag 1934 nachmittags nahm sie zum ersten Mal an solch einem Gottesdienst teil – erleichtert! Als Predigttext hatte ich ihren Konfirmationsspruch gewählt: „Die den Herrn lieb haben, müssen sein, wie die Sonne aufgeht in ihrer Macht" (Richt 5,31). Das Wachsen der leiblich-seelischen Nähe und Gemeinschaft empfanden wir als eine beglückende, aber auch verpflichtende Erfahrung, die das behutsame, geduldige Warten aufeinander einschloß.

4. KAPITEL

Gemeindepfarrer

„Arbeiten Sie gerne in der Gemeinde?“ fragte ich einen jüngeren Pfarrer. Seine Antwort blieb mir in Erinnerung: „Ich bin mit Leidenschaft Gemeindepfarrer!“ Gemeindepfarrer sein ist die Krone des geistlichen Amtes. In der gottgewirkten Berufung durch Wort und Sakrament liegt nach biblischem Verständnis die Würde der Gemeinde Jesu Christi. Darum werden die Glieder dieser Gemeinde angeredet als „die berufenen Heiligen“ in Korinth (1 Kor 1,1) oder in Philippi (Phil 1,1). Immer wieder greifen die neutestamentlichen Briefschreiber darauf zurück, daß „ihr berufen seid aus der Finsternis zu seinem wunderbaren Licht“ (1 Petr 2,9 f), damit aber das „auserwählte Geschlecht, das königliche Priestertum, das heilige Volk Gottes“, mit dem er seine Heilsgedanken in der Welt durchführen will. Es gibt kein stärkeres Motiv, um eine Gemeinde zu einem erneuerten Leben zu ermahnen, als die Erinnerung daran, daß sie die „Auserwählten, Heiligen und Geliebten Gottes“ (Kol 3,12) sind.

Nicht „meine Gemeinde“

Immer habe ich mich darüber verwundert und meinen Amtsbrüdern das Staunen darüber nahezubringen versucht, mit welcher Achtung und Ehrerbietung die Apostel des Neuen Testaments von dieser Gemeinde Gottes sprechen, deren Fehler und Gebrechen sie doch genau kennen. Niemals gebraucht Paulus das besitzanzeigende Fürwort, wenn er von einer Gemeinde spricht, die er doch selber gegründet hat. „Meine Kinder“ kann er sagen, aber nie: „Meine Gemeinde“. Es ist vielmehr die „Gemeinde Gottes, welche er durch sein eigen Blut erworben hat“ (Apg 20,28). Und wenn einer zum Pfarrer, zum Pastor, d.h. zum Hirten in solch einer Gemeinde berufen ist, dann soll er nach dem Wort des anderen Apostels vor allem auf eines bedacht sein: „Weidet – nicht eure Herde, sondern die Herde Gottes, die euch befohlen ist...“ (1 Petr 5,2 ff). Dieser Gemeinde Gottes sollte ich nach der Stadtvikarszeit in München verantwortlich dienen als Pfarrer im unterfränkischen Rüdenhausen.

Im Herbst 1934 hatte ich in Ansbach die zweite theologische Prüfung, die Anstellungsprüfung abgelegt. Es war die Zeit, wo sich der Kirchenkampf besonders auf Württemberg und Bayern verlagert hatte. Die Woge der öffentlichen Angriffe auf Landesbischof Meiser erreichte gerade in den Tagen der Prüfung einen Höhepunkt. Auf der Eisenbahnfahrt nach Ansbach hatte ich in Nürnberg einen kurzen Aufenthalt und las an den Anschlagsäulen die roten Plakate: „Fort mit Landesbischof Meiser!", unterzeichnet vom stellvertretenden Gauleiter Holz. Auch die Prüfungsverhandlungen selbst, die unter dem Vorsitz von Oberkirchenrat Oskar Daumiller standen, verliefen nicht ohne heftigen Streit, da einige der zu Prüfenden sich bewußt zu den „Deutschen Christen" rechneten und ihre Einstellung schroff zu erkennen gaben. In den Auseinandersetzungen machte auf uns der für die Prüfung mitverantwortliche Oberkirchenrat Georg Kern, der Kreisdekan von Ansbach, mit seiner wohl gegründeten Entschiedenheit einen nachhaltigen Eindruck. So trat die theologisch-wissenschaftliche Seite der Prüfung etwas hinter dem Nachdenken über Weg und Auftrag der Kirche in der Gegenwart überhaupt zurück. Geradezu eine Freude war es, von Eduard Ellwein, mit dem mich schon eine brüderliche Freundschaft verband, nach Inhalt und Geschichte neutestamentlicher Begriffe gefragt zu werden, und in der Pastoraltheologie bestand für mich die Prüfung vor allem darin, daß Oberkirchenrat Daumiller ein Gespräch über Krankenhausseelsorge mit mir führte, die mich damals sowohl nach der praktischen wie nach der theologischen Seite sehr stark beschäftigte, und mich von meinen Erfahrungen erzählen ließ.

Rüdenhausen

Nach Erhalt des Prüfungszeugnisses bewarb ich mich bei dem Fürsten Rupert zu Castell-Rüdenhausen, dem damaligen Patron, um die durch den Wegzug von Pfarrer Arold freigewordene Pfarrstelle in Rüdenhausen. Dort wollte ich meinen Vorsatz, Pfarrer auf dem Lande zu werden, verwirklichen. Es war genau in den Tagen, wo in München Landesbischof Meiser durch den „Rechtswalter" Jäger, den Beauftragten des deutsch-christlichen Reichsbischofs Ludwig Müller, mit der ganzen Kirchenleitung abgesetzt und in seiner Wohnung in Schutzhaft genommen worden war. Meine Braut und ich fuhren zur Vorstellung nach Rüdenhausen. Von der Bahnhaltestelle Rüdenhausen-Feuerbach wanderten wir erwartungsvoll durch den flachen Wiesengrund an einigen Mühlen und Höfen vorbei zu dem vor den Höhen des Steigerwalds in einer leichten Mulde gelegenen Marktflecken, der nun vielleicht unsere erste Heimat werden sollte. Wir wurden von dem Fürsten und der gesamten Familie, unter der besonders die Fürstinmutter Mechthild bemerkenswert war, freundlich aufgenommen. Meine Erklärung, daß ich mich einem deutsch-christlichen Kirchenregiment, falls es in Bayern entstehen sollte, nicht unterordnen könne, sondern allein dem rechtmäßigen Landesbischof Meiser, wurde sehr bald mit der Präsentation auf die Pfarrstelle beantwortet. Zum 1. Dezember sollte ich aufziehen. Weil wir beide, meine Braut und ich, inzwischen aber schwer krank geworden waren, wurde der Termin verschoben. Am 1. Januar 1935 wurde ich am Bahnhof in Markt Bibart vom fürstlichen Chauffeur in einem feinen, dunkelroten Auto abgeholt und fuhr unter dem Geläut der Glocken und dem Gesang des Kirchenchors feierlich in die Gemeinde Rüdenhausen ein. Auf dem Platz zwischen Kirche und Pfarrhaus begrüßten mich Bürgermeister und Kirchenvorstand sowie eine große Zahl von Gemeindegliedern auf das herzlichste. Zunächst zog ich allein in das neuerbaute, geräumige, trotzdem nicht in jeder Weise zweckmäßige Pfarrhaus ein, und meine Schwester Berta hielt mir das Haus. Am 28. Januar wurde ich von Dekan Mebs aus Castell feierlich installiert. Noch heute ist mir der Spruch in Erinnerung, dem er die Teile seiner Ansprache entnahm. Es war die Inschrift auf einer Glocke: „Am Himmel hang' ich, den Menschen dien' ich."

Gemeinde Gottes in Rüdenhausen – das waren etwa 800 Menschen, die Diasporagemeinde in dem drei Kilometer entfernten Wiesentheid mitgerechnet, in der alle vierzehn Tage Gottesdienst zu halten war. Es waren Menschen wie anderswo auch, Landwirte, Handwerker und Arbeiter, Geschäftsleute und Bedienstete im Schloß, was besonders den gepflegten Umgangsformen der Frauen anzumerken war, die großenteils einmal im Schloß in der Küche oder sonst in dem dazugehörigen Betrieb gearbeitet hatten. Aber die Leute von Rüdenhausen konnten auch streiten und intrigieren, was ich gleich am ersten Tag sehr anschaulich erfuhr. Und der Gottesdienstbesuch in der schönen, aus dem Jahre 1709 stammenden Kirche war nicht so gut wie in einigen benachbarten kirchlicheren Orten. Luthers Satz: „Abscondita est ecclesia, latent sancti" – die Kirche ist verborgen, die Heiligen sind versteckt, galt auch für die Gemeinde Rüdenhausen. Aber: liebe Gemeinde, Gemeinde Gottes in Rüdenhausen! durfte ich sie nun an jedem Sonntag mit Gewißheit und Freudigkeit ansprechen. Und ich sah bald einige Gesichter vor mir, in denen ich dieser Gemeinde besonders zu begegnen glaubte: die Geschäftsfrau, die in keinem Gottesdienst fehlte und gespannt zuhörte – wie hat sie dem Prediger einfach mit ihrem Hören geholfen! Und auf der Empore saß der Ortsbauernführer, der mit seiner schönen Baßstimme den ganzen Gemeindegesang trug. Vorne aber, im Angesicht der Gemeinde, waren die Schulkinder, die jüngere Generation, die Nachkommenden. Da hatte ich die jungen Gemeindeglieder vor mir, denen ich im Religionsunterricht die biblische Geschichte erzählte und den Katechismus nahezubringen suchte – ich tat mir darin nicht immer ganz leicht – und die dann nach dem Konfirmandenunterricht zu konfirmieren waren. Gegenüber der Kanzel in der Loge aber saßen die Glieder des fürstlichen Hauses – liebe Gemeinde Gottes!

Gewiß war dies auch eine Anrede „auf Hoffnung". Aber wenn ich sie alle grüßen durfte im Namen des dreieinigen Gottes, dann hatte diese Hoffnung einen Grund, auch im Blick auf die jungen Burschen, die in der Hitlerjugend und in der SA mitmarschierten und wenig im Gottesdienst zu sehen waren. Und dann gab es viele alte, alleinstehende Leute, die ich zu dieser Gemeinde rechnen durfte, auch wenn sie wegen ihrer Gebrechen nicht immer zum Gottesdienst kamen. Den alten Herrn Ackermann im Armenhaus z. B. habe ich oft besucht, wenn ich bei der Vorbereitung der Predigt nicht mehr weiter wußte. Er mußte mir den Predigttext langsam vorlesen und seine Meinung dazu sagen, und der Fluß der Gedanken begann auch bei mir neu sich zu bewegen. Bei vielen Besuchen, besonders wenn ich zu einem Sterbenden gerufen wurde und die ganze Nacht bleiben konnte, habe ich dann auch gedacht, daß der Graf Zinzendorf doch nicht übertreibt, wenn er die Lebensmacht einer Gemeinde mit den Sätzen beschreibt: „Wer in einer Gemeinde wohnt, der glaubt leicht, daß die alten Wundergeschichten wahr sind, weil sie heute noch immer geschehen, daß Heilige gewesen sind, weil ihrer noch sind; daß Leute den Heiland zärtlich geliebt haben, weil es noch welche gibt, die es tun. Die Gemeinde ist der einzige Beweis gegen den Unglauben."

In dem größeren, überwiegend katholischen Markt Wiesentheid sahen meine Aufgaben vielfach anders aus. Die kleine Diasporagemeinde von etwa 150 Gliedern wurde durch einige ganz treue Mitarbeiter zusammengehalten. Ein Auto-Beförderungsdienst holte alle vierzehn Tage den Rüdenhäuser Pfarrer, der ohne Auto war, zum Gottesdienst um 8.30 Uhr ab und brachte ihn darnach wieder nach Rüdenhausen zurück, wo der Gottesdienst um 10 Uhr begann. Während der Woche fuhr ich wenigstens einmal zu Besuchen und

Innenansicht der Kirche in Rüdenhausen

zum Religionsunterricht, in dem die Kinder aus allen Klassen zusammengefaßt waren, mit dem Fahrrad hinüber. Da der Betsaal in Wiesentheid außerordentlich bescheiden, ja baufällig war, faßten wir schon damals den Plan für den Bau einer eigenen Kirche. Der Sägewerksbesitzer Dern, der sich sehr zur Gemeinde hielt, stellte freundlicherweise einen Bauplatz zur Verfügung, der uns wegen seiner zentralen Lage als sehr geeignet erschien. Allerdings befand dann der Vertreter des Bauamtes im Landeskirchenrat bei seinem Besuch, daß die Kirche doch einen schöneren, etwas erhöhten, am Rande des Ortes liegenden Platz bekommen müsse. Über den

Auseinandersetzungen verging die Zeit und es kam der Krieg. Heute steht die Kirche, unter meinem tatkräftigen Nachfolger Wilhelm Schmerl gebaut, genau an der Stelle, die wir damals in Aussicht genommen hatten.

Die Pfarrfrau

Zwei Monate nach meinem Einzug in Rüdenhausen, am 2. März 1935, als wir beide wenigstens einigermaßen wiederhergestellt waren, konnten wir in Nürnberg heiraten. In der St.-Lorenz-Kirche, in der meine Frau von ihrem geliebten Pfarrer Willi Geyer konfirmiert worden war und ihre kirchliche Heimat gehabt und im Bachchor mitgesungen hatte, wurden wir von meinem Vater getraut. Eine schöne Familienfeier in der Wohnung der Schwiegereltern im Alten Gymnasium, über unseren gemeinsamen Schulräumen, schloß sich an. Aus den vielen ernsten und heiteren Darbietungen ragte ein künstlerisch wohlgelungenes Schauspiel hervor, in dem meine dichterisch begabte Mutter – wie modern! – unter dem scherzhaft-ironischen Titel „Die Los-vom-Mann-und-Weib-Bewegung" das junge Paar nach mancherlei Umwegen sich endlich doch finden ließ. Und dann konnte ich meine liebe Frau in das von ihrer Mutter wohl eingerichtete Heim in Rüdenhausen führen. Am Abend des 4. März wurden wir von der ganzen Gemeinde herzlich und fröhlich, auch mit Brot und Salz und allen möglichen Gaben begrüßt, und der Kirchenchor, den ich von nun an selber dirigieren mußte, sang mit Hingabe das gefühlvolle Lied: „Willkommen, o seliger Abend, dem Herzen, das froh dich begrüßt!"

Ich habe es von Anfang unserer Ehe an als eine große Gnade Gottes empfunden, daß meine Frau, die angehende Lehrerin, so entschieden zu dem Beruf ihres Mannes ja gesagt hatte. Man muß sich dabei die geistige und politische Situation vorstellen, in der die Lehrer an den Volksschulen als die wichtigsten Propagandisten des Nationalsozialismus gebraucht wurden. Sie hatte auf ihren Beruf verzichtet – „Wie können Sie das nur tun? Die allerunsicherste Partie ist heute, einen Pfarrer zu heiraten!" war ihr von den Kollegen gesagt worden. Nun saß sie im Gottesdienst in der Kirche an ihrem Platz gegenüber der Kanzel, sang mit und hörte zu. Da ich eine Frau geheiratet hatte, die eine humanistische Bildung besaß, konnten wir uns auch miteinander über die Predigt intensiv besprechen. Wir lasen vorher miteinander den griechischen Text, und hintennach war sie die erste Kritikerin, die mir offen ihre Meinung sagen mußte.

Sehr bald gingen wir daran, in jedem Haus der Gemeinde einen Besuch zu machen. Gibt es eine bessere Weise, die Menschen kennenzulernen, als wenn man sieht und „weiß, wo du wohnst"? So kam die junge Pfarrfrau aus der Stadt rasch in vielfältige Beziehungen zu der Gemeinde, besonders nachdem sie auch hinter die Geheimnisse des unterfränkischen Dialekts gekommen war, der ihr zunächst sehr fremd erschien. Sie besuchte die Kranken, besonders die Wöchnerinnen, machte zum Gaudium des ganzen Dorfes Ordnung in einem ziemlich verschlampten Haushalt und übernahm den Mädchenverein. Es gibt bis heute nicht viele Berufe für eine Ehefrau, in denen eine derartige Gemeinsamkeit des Zusammenwirkens und Einanderergänzens möglich ist, wie in dem des Pfarrers, wenn sie nur beide dazu bereit sind. Ist nicht Teamarbeit eine der modernsten psychologischen und pädagogischen Erkenntnisse, wenn das Leben gelingen soll? Nun, der Dienst des Pfarrers gewährt der Ehefrau die besten Möglichkeiten für solche Teamarbeit, ohne daß sie ihre Freiheit und ihren Hauptberuf als Ehefrau verlieren muß.

Man kann in der bayerischen Landeskirche auch heute einem jungen Pfarrer keinen besseren Rat geben als den: Sieh zu, daß du mit deiner Frau einige Jahre deines Dienstes auf dem Lande verbringst! Alle Höhen und Tiefen des menschlichen Lebens können dir in solch einer überschaubaren Gemeinde deutlicher und näher begegnen als in der Großstadt, wo gerade wegen der oft übergroßen Zahl der Gemeindeglieder vieles an dir vorübergeht. Und die Maßstäbe, die Kraft und den inneren Schritt des geistlichen Lebens könnt ihr lernen für euren gesamten Dienst. Man kann darum auch eine Kirchenleitung nur bitten, daß sie auch im heutigen Zeitalter der „Planwirtschaft" Gemeindekörper bestehen läßt, in denen solche Möglichkeiten weiter gegeben sind, um der Gemeinden wie um der Pfarrer willen.

Das Pfarrhaus

Das evangelische Pfarrhaus steht heute nicht mehr im alten Schein der friedlichen Idylle, wie man sie sich im Rückblick – meist zu Unrecht – gerne vorstellt, sondern ist den härtesten Anfechtungen ausgesetzt. In Wirklichkeit war es immer ein „Haus in der Zeit". Daß es auch in solch einer Zeit wie heute, ja gerade so für eine Gemeinde ein Lebenszentrum sein kann, möchte ich mit großer Gewißheit behaupten. Hat man früher von dem Vorbild der Pfarrersehe und der Familiengemeinschaft in hohen Worten reden können, wobei genau besehen auch in der früheren, weithin nur scheinbaren Idylle alle Anfechtungen der Zeit zu finden waren, so scheinen heute die Familienkonflikte, die Eheprobleme, die Auseinandersetzungen zwischen den Generationen, ja auch die Glaubensfragen ihren Schauplatz vornehmlich und fast konzentriert in den Pfarrhäusern zu haben. Man kann viele Gründe dafür anführen. In der Tiefe besehen muß es uns nicht verwundern, daß alle Anläufe des Zweifels und des Irrewerdens sich auch, ja sogar vornehmlich auf das Pfarrhaus richten. Aber „schämen Sie sich nicht, Schuttabladeplatz der Gesellschaft zu sein!“ hat ein Chefredakteur einer Zeitung auf einer Pfarrerversammlung den anwesenden Pfarrern und Pfarrfrauen zugerufen, und er befand sich damit doch wohl auch in der Nähe des Apostels Paulus, der sich als „Kehricht aller Welt“ bezeichnen konnte (1 Kor 4,13). Es ist nicht das Entscheidende, ob Konflikte im Pfarrhaus vorhanden sind oder nicht; sie waren und sind immer möglich. Vielmehr geht es darum, daß sie im Pfarrhaus redlich durchgestanden werden. Auf diese Weise kann auch das angefochtene Pfarrhaus einen grundlegenden Dienst in der Gemeinde tun, vor allem wenn es sich als ein Schauplatz für das erweist, was die Heilige Schrift Vergebung der Sünden nennt.

Mitten in den schweren Anfechtungen der damaligen Zeit, von denen noch zu reden sein wird, durften wir fröhliche und reiche erste Ehejahre im Rüdenhäuser Pfarrhaus verbringen. Die beiden ersten unserer Kinder, Wolfgang und Erika, wurden in jenen Jahren geboren. Zu Wolfgangs Geburt mußte meine Frau in die Klinik nach Würzburg, weil sie wegen der noch nicht allzu lange zurückliegenden Diphtherie-Erkrankung ärztliche Hilfe brauchte. Erika kam im Rüdenhäuser Pfarrhaus zur Welt, unter sachverständiger Assistenz der Ortshebamme – daß wir es so geordnet hatten, erwies sich geradezu als ein Gemeindeereignis, das die Pfarrfamilie recht in der Gemeinde heimisch werden ließ. Beide Male hielt der Urgroßvater Christian Nicol die Taufe in der Kirche und die Gemeinde nahm großen Anteil an der Feier, ebenso wie unsere zahlreichen jüngeren Geschwister. Es war aber auch nicht ein gewöhnlicher Taufstein, an dem die Taufe gehalten wurde, sondern ein Taufengel, der, wenn er nicht gebraucht wurde, in der Höhe an einer Kette über dem Altarraum schwebte, aber zur Taufe heruntergelassen wurde. In seinen beiden Händen hielt er das Taufbecken, über dem das Kind getauft wurde; übrigens war es dann bei der Konfirmation Sitte, daß die Konfirmanden an das Taufbecken traten, auf dem eine Bibel lag, und unter Aufsagen einer Liedstrophe den Taufbund erneuerten: „Bei dir, Jesu, will ich bleiben, stets in deinem Dienste stehn.“

Unsere Gemeinschaft im Pfarrhaus wurde durch zahlreiche Besuche von überall her stark bereichert. So durften wir einige Tage den Afrikaforscher und Professor für afrikanische Sprachen Carl Meinhof von Hamburg beherbergen, den ich bei einem Gottesdienst in München kennengelernt hatte. Er hat mit einigen Mitarbeitern den Grund dafür gelegt, daß das Kisuaheli, eine afrikanische Mischsprache, zur übergreifenden Sprache für mehrere Länder des afrikanischen Kontinents geworden ist. Schmerzlich war es für uns, daß mein Schwiegervater Friedrich Stählin nur ein einziges Mal zu Besuch kommen konnte. Von einem Autounfall im Sommer 1934, bei dem er schwer verletzt wurde, hatte er sich nicht mehr erholen können. Er starb im Sommer 1936. Auch der liebe Schwager Helmut, der gerne nach Rüdenhausen kam, wurde in jener Zeit – es war 1938 – im Alter von einundzwanzig Jahren durch eine Lungenentzündung hinweggerafft. So blieben uns auch die Schmerzen des Abschiednehmens schon in jungen Jahren nicht erspart; später sollten sie uns noch viel härter erschüttern.

Zu den Pfarrhäusern in der näheren Umgebung hatten wir eine sehr gute Verbindung, vor allem zur Familie Luther in Abtswind, nach Castell, wo uns die Dekansleute Mebs zu besonderen Freunden geworden sind, und zum „Onkel" Rohrbacher, dem Junggesellen in Wiesenbronn. Wir Pfarrer, die zum Dekanat Rüdenhausen in Castell gehörten, waren von sehr unterschiedlicher Prägung. Es ging von Möttlingen bis zu Karl Barth, von Berneuchen bis zur Oxford-Gruppe. Dennoch waren wir fast alle eng verbunden und vertraten einander wenn nötig bei Gottesdiensten. Wir kamen gerne zu den Pfarrkonferenzen, die Dekan Mebs in einem sehr wenig anheimelnden Nebenzimmer einer Gastwirtschaft in Prichsenstadt hielt, und hatten auch untereinander eine geistliche Gemeinschaft, bis hin zu Versuchen mit der gegenseitigen Einzelbeichte.

Der politisch-kirchliche Konflikt

Die schwersten Fragen, die in unsere gesamte Existenz hineinwirkten, wurden durch die damalige politische Situation gestellt. Man hatte mir vor der Bewerbung um Rüdenhausen gesagt: „Wenn Sie dorthin gehen, müssen Sie Mitglied der NSDAP sein; sonst kommen Sie bei den Leuten nicht an." Tatsächlich gab es gerade im Kirchenvorstand eine Anzahl von Männern mit dem „Goldenen Parteiabzeichen", d. h. solche, die der Partei vor dem Jahre 1933, also noch zu einer Zeit beigetreten waren, wo die großen nationalen und sozialen Parolen in vielen Herzen zündeten. Diese Männer hatten darin für das Volk einen Ausweg aus der Erniedrigung gesehen, ja vielleicht hatten ihnen Pfarrer, die ähnlich dachten, zum Eintritt in die Partei geraten. Aber zugleich – und das mag dem heutigen Leser hintennach kaum glaublich erscheinen – konnten es Leute sein, die fest im christlichen Glauben gegründet waren und treue Glieder der Kirche sein wollten. Für sie war es auch nicht notwendig, daß der neue Pfarrer Mitglied ihrer Partei war; er war und wurde es nicht. Aber wenn es in den bald unvermeidlichen Auseinandersetzungen mit dem Ortsgruppenleiter und dem Kreisleiter, mit dem Gendarm und mit der Gestapo um die Wahrheit des Evangeliums und um Gehorsam gegen das Gebot Gottes ging, nahmen diese Kirchenvorsteher ihre Verantwortung als Christen auch unter Einsatz der eigenen Person wahr. So erhielt der Bürgermeister Heinrich Paul eines Tages vom Kreisleiter in Kitzingen die Aufforderung, mit Rücksicht auf die „Entkonfessionalisierung des öffentlichen Lebens", wie man es nannte, aus dem Kirchenvorstand auszuscheiden. Er teilte mir diese Aufforderung in großer Betrübnis mit und meinte, daß er dieser Weisung wohl Folge leisten müsse. Ich entschloß mich, ihn einfach nicht aus dem Kirchenvorstand zu entlassen. So nahm er weiter an den Sitzungen teil, in denen wir jeweils ausführlich auch auf die gesamtkirchlichen Vorgänge zu sprechen kamen. Als der Kreisleiter ein halbes Jahr später ihn noch einmal anschrieb, antwortete er: Ja, da das Pfarramt ihn nicht entlassen habe, sei er weiter Mitglied des Kirchenvorstandes; im übrigen sei er bereit, seinen Posten als Bürgermeister niederzulegen. Er behielt ihn, jedenfalls bis zum nächsten größeren Zwischenfall. Solche Männer, die zugleich kirchliche wie kommunale bzw. politische Verantwortung trugen, hatten es viel schwerer als ich, der Pfarrer, bei dem die Situation klar war. Sie sind standhaft geblieben. Ebenso hatte ich einen festen Rückhalt im Fürstenhaus; vor allem die Fürstinmutter Mechthild, eine gebürtige Holländerin, hatte eine klare biblische Erkenntnis. Die Verbindung mit der fürstlichen Familie Castell-Rüdenhausen ist bis heute geblieben.

Nicht selten wird die Meinung vertreten, die Kirche habe während des „Dritten Reiches" erst und nur da widerstanden, wo es um ihre eigenen Belange ging und wo etwa die Irrlehre der „Deutschen Christen" abzuwehren war. Diese Betrachtungsweise mag sich aus dem Rückblick nahelegen und läßt sich in vielen Fällen auch begründen; gerade wir jüngeren Pfarrer haben unseren Kirchenleitungen damals ähnliche Fragen gestellt. Dennoch muß diese Sicht differenziert werden. Es gab in vielen Fällen auch eine legitime

Notwendigkeit für kirchliche Positionen einzutreten, wodurch indirekt auch Recht und Gerechtigkeit geschützt wurden. Darüber hinaus aber konnte der Widerstand aus Bekenntnisgründen gar nicht anders, er mußte etwa in Rüdenhausen, wo es beispielsweise keine „Deutschen Christen" gab, wie von selber in das weltanschauliche und politische Gebiet hineinwirken. Dabei ist offen zuzugeben, daß wir uns vielfach der weitreichenden Konsequenzen zu wenig bewußt waren, die bereits in Hitlers „Mein Kampf" oder im Parteiprogramm der NSDAP angelegt waren, auch nicht der harten Notwendigkeit den Anfängen zu widerstehen. So hat auch die Barmer „Theologische Erklärung" von 1934 trotz aller Klarheit den Blick für die fundamentale Bedeutung der Judenfrage nicht gehabt.

Es konnte wohl nicht anders sein wie heute auch: wir waren auch Kinder unserer Zeit. War es denn etwas Schlechtes, ein deutsches Nationalgefühl zu haben wie andere Völker das Ihre? Es gab ja damals noch keine Bundesrepublik, keine DDR und keinen „Westen", sondern eben diese Völker, und es gab das Vaterland, in dessen Geschichte mit ihren Höhen und Tiefen wir zu Hause waren. Daß wir uns des Bodens freuten, auf dem wir wuchsen, konnte ich nicht als falsch ansehen; ich sah es an der Mutter, die uns dies alles auch lehrte, aber die nationalsozialistische Verführung von Anfang an erkannte. Erst dies, daß die Liebe zum Vaterland, der Patriotismus zur religiösen Weltanschauung und zur alleinigen Maxime des Denkens und Handelns hochgetrieben wurde, das war das Verderben. Hier aber entzündete sich auch der härteste Zusammenstoß, weil es eindeutig um das 1. Gebot ging. Da konnte dann auch jedes Wort, das ein Pfarrer sagte, zum Politikum werden, schon wenn wir von Jesus Christus, dem Herrn, sprachen oder von dem „Reich" als dem Reich Gottes, nicht der Menschen!

Unsere Predigten wurden vielfach, besonders seit 1935, durch Polizeibeamte oder durch andere Beauftragte überwacht, die bei „besonderen Vorkommnissen" die Pflicht zur Weitermeldung hatten. Am Reformationstag 1935 hatte ich in Auslegung des Textes 1Joh4,1–6 eine Predigt über das Thema „Verwirrung der Geister" gehalten, in der ich versuchte, der Gemeinde zur Prüfung der Geister Hilfe zu geben. Die Beispiele waren aus dem Bereich des öffentlichen Lebens genommen. „Von der Auferstehung der Toten" sagte ich, „hören wir in diesen Tagen um den 9. November: Deutschland lebt ewig, und die Toten vom 9. November 1923, die damals in München an der Feldherrnhalle gefallen sind, werden am 9. 11. wieder aufstehen in den Herzen des Deutschen Volkes und die ewige Wache beziehen in den Ehrentempeln der Nation ... Aber Entscheidungen des Gewissens werden dadurch gefordert, bei denen nichts weniger als der Glaube an Christus auf dem Spiel steht... Ihr Eltern, ist es euch gleichgültig, wie eure Kinder erzogen werden, christlich oder antichristlich? Das öffentliche Leben, heißt es, soll entkonfessionalisiert werden... In der Schule aber tritt immer unverhüllter heraus, daß es in Wahrheit nicht um eine christliche Schule, sondern um eine deutschgläubige Schule geht. Lehrer, die dieser Richtung angehören, entfernen das Kreuz aus den Räumen der Schule und reden verächtlich vom gekreuzigten Juden... Es geht gar nicht um Recht der Kirche oder darum, daß die Kirche da und dort Einfluß behalten möchte, sondern wir müssen tiefer schauen: Wir sehen, wie ein heißer Kampf der Geister entbrannt ist, ein Kampf zwischen Christus und dem Antichrist...".

War das bloß ein Kampf um die Rechte der Kirche? Das aus der Bibel geschöpfte Bekenntnis konnte nicht anders, es mußte die ideologischen Grundlagen des Dritten Reiches in Frage stellen. Ich kann auch nicht sehen, daß mein damaliger entschiedener Einsatz dafür, daß die Schule Bekenntnisschule bleibe und nicht zur Gemeinschaftsschule umgewandelt würde, bloß ein Kampf um die Rechte der Kirche gewesen wäre. Von meiner Münchner Arbeit her, wo ich meist in Simultanschulen Religionsunterricht gehalten hatte, war ich für die letztere Schulform offen. Nun aber wurde gerade dieser Punkt für mich zu einem Entscheidungsfall. Ich sah deutlich, wie hinter der Propaganda für die Gemeinschaftsschule ein Kampf um die Seelen der Kinder entbrannt war. In der Schulform der damaligen „Gemeinschaftsschule" war der Religionsunterricht faktisch nur geduldet, und der Lehrer konnte im Schaukasten den „Stürmer" Julius Streichers aushängen und dessen Inhalt den Kindern nahebringen. Es war mir eine große Erleichterung, daß in dieser Auseinandersetzung, bei der es hart herging, die Eltern einschließlich des Bürgermeisters mit Mehrheit sich für die Ablehnung der Gemeinschaftsschule aussprachen.

Nachdem ich in einer anderen Predigt die Tatsache scharf verurteilt hatte, daß man in einem Nachbardorf, wo es eine jüdische Gemeinde gab, eine Puppe, die einen Juden darstellte, an einem Galgen aufgehängt hatte, wurde ich wegen Kanzelmißbrauchs angezeigt. Die Vernehmung und Verhandlung wurde unter Ladung mehrerer Zeugen aus der Gemeinde im Amtsgericht Kitzingen durchgeführt. Als der Richter den Verhandlungsraum betrat, war er zu meiner Überraschung ein Schulkamerad aus der alten Windsbacher Zeit! Er führte die Verhandlung sachlich und ordnungsgemäß durch. Aber schon dadurch wurde eine Reihe von Punkten der

Anklageschrift in ihrer Verdrehtheit aufgezeigt. Von der „Verewigung der Geister“ habe der Rüdenhäuser Pfarrer in seiner Predigt am Reformationsfest gesprochen, hieß es in der Anklageschrift. Aber das gebe doch keinen Sinn, konnte der Richter nun selbst argumentieren. Auf diese nun andersartige „Verwirrung der Geister“ und auf die Klarheit des Amtsgerichtsrats Jakob Streicher ist es wohl zurückzuführen, daß ich nach einiger Zeit vom Oberstaatsanwalt in Würzburg die Mitteilung erhielt, das Verfahren gegen mich sei eingestellt. Ein Freund, der davon erfuhr, schrieb mir, daß Gott seine rettenden Engel wohl auch in die Gestalt von Amtsgerichtsräten kleiden könne.

Im Jahre 1937 geschah etwas Ähnliches. Eines Tages besuchte uns ein bekanntes Ehepaar aus Nürnberg. Auf dem Spaziergang sagte die Frau zu mir: „Nehmen Sie sich in acht vor meinem Mann; er hat in der Gestapo die kirchlichen Angelegenheiten unter sich.“ „Ja“, sagte der Mann, „ich kenne Ihren Personalakt sehr genau.“ Aber auch eben dies war doch eine Weise der Bewahrung; der Gestapo-Beauftragte, der seine kirchliche Bindung nicht gelöst hatte, ließ das, was in Anzeigen und Berichten über mich zu ihm kam, im Personalakt liegen und verschwinden.

Oft gab es in diesen Zeiten auch Szenen, die der Komik nicht entbehrten. Der für uns zuständige Polizeiposten, der sich in Castell befand, war mit zwei Gendarmen besetzt. Der Leiter war evangelisch, sein nachgeordneter Kollege katholisch. Dieser, vielleicht auch weil er mit seinem Vorgesetzten Schwierigkeiten hatte, ließ mir jeweils auf geeignete Weise mitteilen, wenn irgendwo eine polizeiliche Maßnahme gegen die Kirche angeordnet war; eine Hausdurchsuchung oder etwa die Beschlagnahme der Schrift von Walther Künneth „Antwort auf den Mythos Alfred Rosenbergs“. Kam dann der (evangelische) Kommandant, um seinen Auftrag auszuführen, war das Corpus delicti längst an treue Gemeindeglieder weitergegeben, und er mußte mit leeren Händen abziehen.

Übergemeindliche Verbindungen

Über den Dienst in der Gemeinde hinaus kamen schon damals, auch meist im Zusammenhang mit der gesamtkirchlichen Entwicklung, übergemeindliche Aufgaben auf mich zu. Das Amt des Bezirksjugendpfarrers war mir gleich zu Beginn meiner Arbeit übertragen worden – insofern erwähnenswert, als wir wesentlich anders als heute Jugendarbeit treiben mußten – oder konnten. Ich sammelte die

Jugend zu Rüstzeiten; eine in dem Jugend-Erziehungsheim Trautberg bei Castell dauerte von Montag abend bis Sonntag mittag. Bibelarbeit, Singen, Geschichte der Kirche, Gottesdienst und Gebet waren die wichtigsten Themen. Anderes, was darum herum lag, wie Spiel und Sport, „durften" wir nicht treiben. Schließlich war es uns nur noch erlaubt, in der Kirche zusammenzukommen. Aber was als Behinderung gedacht war, erwies sich oft als Segen. Wir wurden auch im Gespräch mit der Jugend darauf gestoßen, zu fragen, wo die Quellen des Glaubens liegen, und kein „Allotria" zu treiben.

Im Sommer 1935 konnten wir als junges Ehepaar mit Hilfe des W. Biarovsky'schen Reisestipendiums, das mir 1931 nach dem ersten theologischen Examen verliehen worden war, eine vierwöchige Studienreise nach Genf machen, um dort eines der ersten internationalen ökumenischen Seminare zu besuchen, die vom Ökumenischen Rat der Kirchen veranstaltet wurden. Dies war für mich das Eingangstor in die Welt der Ökumene, die mich nachher so sehr beschäftigen sollte. Der damalige Generalsekretär des Ökumenischen Rates, Professor Adolf Keller, hatte das Seminar sehr gut vorbereitet. Im Zusammenhang mit dem Eröffnungsgottesdienst in der Kirche von St. Pierre wurden wir mit der Reformationsgeschichte Genfs vertraut gemacht. Die Veranstaltungen des Seminars mit seinen etwa fünfzig Teilnehmern fanden in den Räumen der Universität von Genf statt, im Angesicht des berühmten Denkmals der Reformation. Adolf Keller hatte für die Vorträge und Seminare bedeutende Referenten gewonnen. So hielt Karl Barth seine berühmt gewordene Vorlesung über „Die Kirche und die Kirchen". Er stellte sich uns auch als aufmerksamer Hörer in sehr persönlichen Gesprächen, etwa über seine Stellung zur Oxford-Gruppen-Bewegung und zu seinem Kollegen Emil Brunner zur Verfügung. Der spätere Generalsekretär W. Visser't Hooft arbeitete mit uns ebenso wie der damalige Generalsekretär des christlichen Studentenweltbundes, Pastor Hanns Lilje. Orthodoxe Theologen, wie der im Exil befindliche Professor Vyscheslavzeff aus Paris erschienen uns als besonders interessant, und ebensowenig fehlten die Vertreter der anglikanischen Kirchengemeinschaft. Einen starken Eindruck machte uns Fritz Lieb aus Basel, der uns faszinierend in die „Kurze Erzählung vom Antichrist" des russischen Philosophen Wladimir Solowjew und in dessen Gedankenwelt einführte.

Man konnte in diesen Wochen auch über den engeren Bereich des Seminars hinaus in sehr zwiespältige Gedanken geraten. Einerseits reizte uns die damalige etwas sicherere, bürgerliche Welt, der wir in der Schweiz begegneten, zum Widerspruch, andererseits mußte man als Deutscher des Jahres 1935 erschrecken, wenn man Solowjews Vision vom Antichrist studierte und auf die unglaublichen Parallelen zwischen dem „neuen Menschen" und Adolf Hitler stieß, der noch im Aufstieg begriffen war und auch außerhalb Deutschlands viele Menschen, unter ihnen nicht wenige Politiker, in seinen Bann geschlagen hatte. Dieser „neue Mensch der Zukunft" ist mit reichen Gaben ausgestattet, ist „Vegetarier und Hundeliebhaber, aber er liebte nur sich allein". Er schreibt ein geniales Werk: „Der offene Weg zu Frieden und Wohlfahrt der Welt", bringt es fertig, die „Vereinigten Staaten von Europa" zu schaffen und ihr Präsident zu werden, schafft Frieden und macht alle satt; er vermag alle gesellschaftlichen Kräfte und Gruppen auf seine Seite zu bringen bis auf die christlichen Kirchen. Diese sollen in einem Konzil in Jerusalem gewonnen werden und geraten darüber in große Anfechtung, bis schließlich der „neue Mensch" als der Antichrist hervortritt und bei einem Vulkanausbruch umkommt.

Mit dem Jahr 1935 begann in der gesamten evangelischen Christenheit in Deutschland die Übung der alljährlichen Bibelwoche, die der Sammlung und Stärkung der Gemeinden dienen sollte. Fast von Anfang an und dann noch die Kriegszeit hindurch war ich an der zentralen Vorbereitung der jeweiligen Texte beteiligt und gewann über der gemeinsamen Freude an dieser wichtigen Arbeit auch viele Freunde weit über die bayerische Landeskirche hinaus. Als im Herbst 1935 der Kirchenkampf in Sachsen, wo die „Deutschen Christen" die Macht übernommen hatten, einem Höhepunkt zutrieb, gehörte ich zu einer Gruppe von jüngeren bayerischen Pfarrern, die nach einem vorher aufgestellten Plan in den besonders gefährdeten Regionen der sächsischen Kirche Bekenntnisgottesdienste zu halten hatten. Von Brand-Erbisdorf im Erzgebirge über Königsfeld bei Rochlitz führte mich der Weg bis nach Tragnitz bei Leisnig. Überall versuchte ich zu zeigen, daß, wenn es mit einer Kirche „Matthäi am Letzten" zu sein scheint, für sie gerade die Zusage ihres Herrn gilt, mit der der Evangelist Matthäus sein Evangelium schließt: „Siehe, Ich bin bei euch alle Tage bis an der Welt Ende."

Etwas später, als der Befriedungsversuch des „Reichskirchenausschusses" lief, wurde ich vom Landeskirchenrat in München zum Besuch eines „Wittenberger Kurses" nach der Lutherstadt abgeordnet, um die Situation zu erkunden. Die Erinnerung an den Kurs selbst ist verblaßt, außer einem Vortrag des damaligen Hamburger Landesbischofs Dr. Schöffel über die Augsburgische Konfession, der mich stark fesselte. Stärker noch ist die Erinnerung an das Wort

„Vivit“ (Er lebt), das ich an der Pforte von Luthers Wohnhaus las. Es war übrigens das einzige Mal, daß ich die Lutherstätten in Wittenberg besuchen konnte; nach der Teilung Deutschlands war mir jahrzehntelang der Zugang über die deutsch-deutsche Grenze verwehrt.

Nach etwas mehr als vier Jahren ging die reiche, lebensvolle Zeit in Rüdenhausen abrupt zu Ende. Anfang April 1939 wurde ich von Landesbischof Meiser als theologischer Hilfsarbeiter in den Landeskirchenrat nach München einberufen. Es war ein schmerzlicher Abschied von der Gemeinde. Aber wenn ich später über Gemeindefragen, Religionsunterricht, Predigt und Seelsorge nachzudenken oder zu reden hatte, dann bildete außer den Gemeinden, in denen ich selbst aufgewachsen war, ein sehr wichtiges Reservoir der Erfahrungen und das heimliche Modell der Orientierung eben – Rüdenhausen! Als es z. B. im Jahre 1967 bei der Erarbeitung einer neuen Kirchengemeindeordnung galt, die stärkere Verantwortung der Gemeinde neben dem Pfarrer auch institutionell zu verankern, kamen wir darauf, das Amt des Vertrauensmannes im Kirchenvorstand zu schaffen, der das echte Miteinander mit dem Pfarrer zugleich in einem gewissen Gegenüber darstellen kann. Soweit ich sehe, hat dieses Amt sich im allgemeinen gut bewährt. Ich selber hatte solch einen Vertrauensmann in Rüdenhausen schon längst kennen- und schätzen gelernt: den Kirchenpfleger Hans Full, mit dem mich bis zu seinem Tode eine Freundschaft verbunden hat. Wenn sich nur in hundert Gemeinden der Landeskirche ebenso verantwortliche Männer und Frauen finden wie er, dachte ich mir, dann ist das ein kaum zu ermessender Reichtum für die ganze Kirche!

5. KAPITEL

Theologischer Hilfsarbeiter

Dies war die Dienstbezeichnung, unter der ich sechs Jahre lang, von 1939 bis 1945 in München im Landeskirchenrat der Evangelisch-Lutherischen Kirche in Bayern gearbeitet habe. Mir schien sie auch im nachhinein gar nicht so schlecht gewählt zu sein. Später habe ich oft bei mir gedacht, sie könnte sich in nicht wenigen Fällen auch noch für einen Landesbischof eignen. Jedenfalls bezeichnete sie im Jahre 1939 genau, was mir aufgetragen war bzw. wie ich selber die Arbeit, die ich fand, zu bewältigen suchte.

Mit der Versetzung von Rüdenhausen nach München kam für die Familie zunächst eine Zeit der Trennung, deren Dauer nicht abzusehen war. Meine Frau hielt sich mit den Kindern meist in Erlangen bei ihrer Mutter auf, wenn sie nicht in München allein oder mit mir zusammen auf Wohnungssuche ging. Eine Wohnungsfürsorge von seiten der Landeskirche kannte man damals nicht. „Sie müssen eben suchen!“ sagte mir Vizepräsident Hans Meinzolt. „Wie lange?“ „Vielleicht ein halbes Jahr, vielleicht auch länger.“ Es war gerade die Zeit, in der München, „die Hauptstadt der Bewegung“, nach den gigantischen Plänen Hitlers umgestaltet werden sollte. Zunächst einmal hatten 10 000 Münchner ihre Wohnungen räumen müssen. „Abrißmieter“ nannte man sie; mit einer grünen Karte versehen hatten sie bei der Wohnungssuche auf allen Ämtern den Vorrang. So schien die Lage für uns völlig hoffnungslos zu sein. Einmal, als ich wieder bei einer Vermittlungsstelle abgeblitzt war, nahm mich der Angestellte auf die Seite und sagte: „Sie können sich doch auch eine grüne Karte verschaffen. Gehen Sie zum SA-Standartenführer X und zahlen Sie ihm 150,– Mark, dann bekommen Sie auch eine!“ Diesen krummen Weg aber konnten und wollten wir nun doch nicht gehen. Es war, wie wenn uns Gott eine unverhoffte Gabe in den Schoß legte, als wir einige Wochen später nach einem wieder hoffnungslos scheinenden Besuch fast ohne unser Zutun doch eine geeignete, wenn auch gegenüber dem geräumigen Pfarrhaus in Rüdenhausen enge Wohnung fanden, die eben fertiggestellt war. Schon um den 1. Juli zogen wir, wieder vereint, fröhlich in die

Bierbaumstraße 8/I in München-Pasing ein. Nachdem Helmut, unser drittes Kind, im Dezember 1939 geboren war, wurde es noch enger, aber es dauerte fast zwei weitere Jahre, bis wir durch Tausch eine größere Wohnung, nämlich ein älteres, aber gemütliches Einfamilienhaus in der Windischstraße 2, ebenfalls in Pasing, nahe am Bahnhof, erhielten.

Der Büroangestellte

Ich aber fuhr nun täglich mit dem Zug von Pasing nach München in den Landeskirchenrat und abends nach den Bürostunden wieder zurück; einen freien Samstag gab es nicht. Das war freilich eine andere Existenz als die eines Pfarrers auf dem Dorf, eben die eines Büroangestellten, wie es Millionen gibt. Eine wichtige existentielle Erfahrung habe ich dabei gemacht, die mich durch die Jahre hindurch bis heute nicht losgelassen hat: Ich bin barmherzig geworden bzw. habe Verständnis gewonnen für viele Menschen, die sich in unserer heutigen Arbeits- und Bürowelt schwertun am Sonntagmorgen regelmäßig in die Kirche zu gehen. Welche äußeren Hindernisse und inneren Hemmungen dabei, vornehmlich in der Großstadt, zu überwinden sind, davon macht sich ein Pfarrer, zu dessen Pflichten der regelmäßige Gottesdienst gehört, kaum eine Vorstellung. Wenn man im Winter Tag für Tag des Morgens vor Tagesanbruch von daheim weg muß und abends erst in der Dunkelheit wieder nach Hause kommt, dann erwacht bei dem Familienvater ein vitales Verlangen, die Wohnung und die Familie wenigstens einmal in der Woche im natürlichen Tageslicht zu sehen und mit der Familie, mit der Ehefrau und mit den Kindern nicht nur am flüchtigen Abend, sondern längere Zeit beisammen zu sein. So erfordert die regelmäßige Teilnahme am Gottesdienst am Sonntagmorgen eine große innere Zucht. Wenn aber dann dieser Gottesdienst nicht wirklich eine geistliche Erquickung ist, sondern eine langweilige Stunde, wenn er einen schlecht vorbereiteten, nicht gesammelten Pfarrer verrät oder wenn dieser Gottesdienst eben nicht die Stunde der vom Wort Gottes lebenden und zum Lobe Gottes versammelten Gemeinde ist, sondern einer bestimmten politischen oder sozialen Tendenz dienen soll, einer „Zielgruppe“ mit besonderen Zielvorstellungen, dann – ach, ich verteidige die Menschen nicht, die dann zu Hause bleiben, aber ich habe Verständnis für sie gewonnen. Und ich weiß, wie rasch unter solchen Umständen die Schwelle sich erhöht, die vielen den Weg in die Kirche schwer und am Ende unmöglich macht.

Der theologische Hilfsarbeiter Hermann Dietzfelbinger fand unter den Mitarbeitern im Landeskirchenrat einen älteren, hilfsbereiten Spezialkollegen vor, den späteren Oberkirchenrat Lic. Wilhelm Ferdinand Schmidt. Bald verband mich mit ihm eine sachliche, aber enge Freundschaft. Hätte ich mir einen besseren Mentor wünschen können als ihn, der mich in alle Geheimnisse der kirchlichen Verwaltung, der Aktenbehandlung, des dienstlichen Schriftverkehrs mit Einlauf und Auslauf sowie in die Kunst der Protokollführung bei Vollsitzungen einwies?

Theologischer Hilfsarbeiter im Landeskirchenrat

In meiner Arbeit war ich zunächst dem Oberkirchenrat Hans Greifenstein zugeteilt, dem ich vor allem in Schul- und Jugendfragen helfen sollte. Meine Spezialaufgabe bestand anfangs darin, Hilfen für den Religionsunterricht auszuarbeiten, der nun ganz in den Händen der Pfarrer lag; die Volksschullehrer hatten ihn kurz vorher unter massivem Zwang „spontan" niedergelegt, so daß es große Verlegenheiten gab. Ich erstellte eine Handreichung für den Religionsunterricht an der ungeteilten Schule und in zusammengelegten Klassen sowie eine Hilfe für den Konfirmandenunterricht, der in dieser Lage an Bedeutung wesentlich zugenommen hatte. Eine „Wegweisung für den Konfirmandenunterricht" entstand daraus, die später im Druck erschien. Es dauerte nicht lange, da bat mich Oberkirchenrat Friedrich Hanemann, der für die jungen Theologen zuständig war, um Mitarbeit in seinem Bereich. So kam ich in Berührung mit zahlreichen Studenten der Theologie und wurde für viele Jahre Mitglied der beiden theologischen Prüfungskommissionen.

Dann aber rückte der Krieg drohend näher. Den Sommer über hatte ich eine seelsorgerliche Handreichung für Wehrmachtspfarrer zu erarbeiten, die einer Agende für den Dienst dieser Pfarrer vorangestellt wurde. Es war gerade Ende August 1939, als ich in Rummelsberg zusammen mit meinem Freund Ernst Rauh eine Rüstzeit für Theologiestudenten hielt. Die völlig überraschende Nachricht, daß Hitler und Stalin, die bisher als Todfeinde galten, einen Pakt miteinander geschlossen hätten, hatte uns schon aufs äußerste verwundert und beunruhigt. Und dann traf für einen Teilnehmer der Rüstzeit nach dem andern der Gestellungsbefehl ein. In einer bewegenden Abendmahlsfeier schlossen wir unsere Tagung vorzeitig ab und nahmen Abschied voneinander; viele der Teilnehmer habe ich nie mehr gesehen. Mit einem zutiefst beschwerten Herzen fuhr ich nach Hause. Der Angriff auf Polen hatte den unseligen Zweiten Weltkrieg eingeleitet. Als ich daheim meine Frau antraf, konnten wir zunächst nichts anderes tun: in tiefster Erschütterung brachen wir beide in Tränen aus.

Der Ausbruch des Krieges brachte für mich neue Veränderungen. Ich selber war wegen der Nachwirkungen einer Diphtherie nur beschränkt wehrdiensttauglich. In Nürnberg aber war Gerhard Schmidt, der Rektor des dortigen Predigerseminars, in dem noch ein Ausbildungskurs lief, als Leutnant einberufen worden. Zu seiner Vertretung wurde ich im September 1939 kommissarisch mit der Leitung des Predigerseminars Nürnberg beauftragt, mit dem mich von da an eine lange Geschichte verbinden sollte. Mit Inspektor Bernhard Bammessel verstand ich mich ausgezeichnet; wir konnten uns in der Arbeit – der eine übernahm mehr die homiletische, der andere mehr die katechetische Seite der Ausbildung – gut ergänzen. Durch die tüchtige, berühmte Hausmutter Schwester Margarete Gugel wurde ich in alle Geheimnisse des Hauses und der Wirtschaftsführung eingeweiht. Sie hatte schon seit der Gründung des Seminars im Jahre 1922 diese Seite der Leitung inne und wußte auch, wie man es machen mußte, um im gegebenen Fall beim Landeskirchenrat eine Erhöhung des Haushaltsansatzes um 5 Pfennig pro Tag für jeden Kandidaten zu erreichen. Sie hatte sich auch nicht gescheut, dafür alle weiblichen Waffen bis hin zu Tränenausbrüchen einzusetzen, um den sparsamen Vizepräsidenten Gebhard zur Erfüllung ihrer sicher berechtigten Wünsche zu bringen. Etwa alle vierzehn Tage konnte ich über ein Wochenende nach Hause fahren; meine Frau meinte später halb scherzend, diese Zeit, wo der Dienstort ferne in Nürnberg lag und ich in München für die Familie frei war, lebe in ihrer Erinnerung trotz aller bedrückenden Last des Krieges als eine besonders reiche Zeit.

Als der Seminarkurs, dessen Mitglieder sich ebenfalls durch Einberufungen immer mehr verminderten, gegen Weihnachten zu Ende war, erhielt ich den Auftrag, für verschiedene Gruppen von Mitarbeitern, für Pfarrer, Katechetinnen, Gemeindehelferinnen, Taubstummenseelsorger usw. Kurse zu halten, die ihnen vor allem auch für die speziellen Seelsorgeaufgaben in der derzeitigen Lage Hilfe geben sollten. Diese Arbeit endete plötzlich, als ich selber im Mai 1940 zum Militär, und zwar zum Sanitätsdienst nach Bad Kissingen eingezogen wurde. Aus meinen damaligen Aufzeichnungen geht hervor, daß ich mich dort gar nicht so unglücklich gefühlt habe, wie ich gefürchtet hatte. Die Härte des Lebens hatte gewisse Parallelen zur Windsbacher Zeit; mit Menschen aus dem Volk hatte ich meist guten Kontakt, und gegen zotige Reden der Männer, auch der Vorgesetzten, habe ich mich anscheinend nicht ohne Erfolg gewehrt. Nach der Grundausbildung tat ich Dienst im Lazarett in Nürnberg und in Erlangen. Es war die Zeit der langen Pause nach dem Frankreichfeldzug, und das Maß unserer Arbeit hielt sich in Grenzen. In Erlangen bestand mein Dienst vornehmlich darin, die Verdunkelungsvorschriften am Morgen und am Abend durchzuführen sowie das Krankenbuch auf dem laufenden zu halten, wobei es Neuzugänge kaum gab. Trotzdem hatte ein Gesuch des Landeskirchenrats um meine Entlassung erst nach mehreren Anläufen Erfolg. Der stellvertretende kommandierende General des Wehrkreises 13, General Voit, entschied gegenüber dem Oberstabsarzt unseres Lazaretts persönlich, daß ein Pfarrer, der Seelsorgekurse halten sollte, in diesem Bereich nötiger sei, als wenn er als Sanitäter die Krankheitsnamen im Krankenbuch richtig schreiben könne. So konnte ich ab Herbst die Seelsorgekurse wiederaufnehmen, bis Ende des Jahres die immer schwieriger werdenden Verhältnisse auch solchen Möglichkeiten ein Ende setzten. Ich kehrte wieder nach München zurück. Von da ab war ich „unabkömmlich gestellt“ bzw. – in den beiden letzten Kriegsjahren – nebenamtlich als Lazarettpfarrer eingeteilt.

„Mädchen für alles“

Im Landeskirchenrat, wo ich inzwischen durch meinen Freund Vikar Hugo Maser vertreten worden war, hatte sich die Arbeitslage so entwickelt, daß der Hilfsarbeiter nun zum „Mädchen für alles“ wurde. Wie das im engeren und weiteren Familienkreis aussah, hat mein Vetter Hans Nicol, der auch aus dem Krieg nicht mehr heimgekehrt ist, in einem Reim festgehalten:

„Landeskirchen-Hilfsarbeiter,
Bibelwochen-Vorbereiter,
Donnerwolken-Blitzableiter
und so weiter."

Oberkirchenrat Thomas Breit, der Leiter der geistlichen Abteilung, den ich sehr verehrte, bezog mich in viele seiner Erwägungen über die Situation der Pfarrer ein, die ihm manche Sorge machte. Auch bei ihm selber glaubte ich zu bemerken, daß er, der fähige und willensstarke Mann, sich in seiner Position im Landeskirchenrat sehr eingeengt fühlte. Er sah, wie viele dringend notwendige pastoraltheologische Aufgaben und Fragestellungen unter den Pfarrern ihrer Bearbeitung warteten, und konnte sie doch nur zum Teil erfüllen. Ich selber merkte, daß ein theologischer Hilfsarbeiter, der leichter als ein Oberkirchenrat durch alle Netze und Hemmnisse einer behördlichen Geschäftsordnung hindurchschlüpft, beinahe mehr Möglichkeiten haben könne als ein Referatsleiter.

Der Landesbischof seinerseits schien mir unter den Oberkirchenratskollegen doch auch etwas einsam zu leben. Vielleicht hat dazu auch das Ermächtigungsgesetz der Landessynode von 1933 beigetragen, das ihm viele Vollmachten gab, von ihm nie mißbraucht worden ist, aber doch eine isolierende Wirkung gehabt haben mag. Er sprach viel mit mir, übertrug mir die Vorarbeiten für einen großen Teil seines Schriftwechsels und zog mich als Kurier etwa für Fahrten nach Stuttgart zu Landesbischof Wurm heran.

So erlebte ich mit, wie die Möglichkeiten des kirchlichen Lebens durch die staatliche Ordnung und die Parteistellen immer mehr eingeschränkt wurden, wobei der Bezug auf die Kriegsbedürfnisse oft eine willkommene Begründung bot. Ich sah die Verlegenheit der Kirchenführer in dieser Situation, die kaum noch vertretbaren Kompromisse, die sie meinten schließen zu müssen, und mußte kirchliche Verlautbarungen anhören, deren Sprache ich nicht immer billigen konnte. Ich merkte, wie der Spielraum der Kirchenleitung um so enger wurde, je weniger man sich zu einem befreienden Wort durchrang. Ich sah zu, wie Oberkirchenrat Greifenstein, der „Landesführer der Inneren Mission", sich verzweifelt bemühte, den Bestand der Werke und Einrichtungen der Inneren Mission zu halten, und wie doch ein Kindergarten und ein Heim nach dem anderen in die Hände der nationalsozialistischen Volkswohlfahrt oder einer ähnlichen Gruppierung überging. Ich erlebte, wie die

Kürzung und schließlich das Aufhören der Papierzuteilung die kirchliche Presse abwürgte. Zuletzt, als ich von 1942 an selber Geschäftsführer des Evangelischen Presseverbandes wurde, hatte ich nur noch eine einzige Zeitschrift, nämlich das Kirchenvorsteherblatt „Treu im Dienste des Herrn" zu gestalten und zu betreuen. Es zu verbieten hatte man anscheinend längere Zeit vergessen, bis es schließlich doch auch sein Erscheinen einstellen mußte. Aber gleichzeitig war geradezu eine andere Bewegung wie mit Händen zu greifen: Mitten in dieser gewollten Beschneidung kirchlicher Arbeitsmöglichkeiten wuchs spürbar die Kraft des Gottesdienstes und die Bedeutung der kirchlichen Verkündigung, wenn sie nur recht geschah, wie ein Zeichen der Hoffnung mitten in einem scheinbar aussichtslosen Kampf. In nicht wenigen Vorträgen und Referaten, die ich in den Vollsitzungen des Landeskirchenrats und auf Pfarrkonferenzen zu halten hatte, versuchte ich diese Sicht der Dinge zu veranschaulichen und zu begründen. Mit meinem Freund Heinrich Riedel in Nürnberg, dem damaligen Landesjugendpfarrer, hatte ich eine neue Ordnung der evangelischen Jugendarbeit aufzubauen, half ihm auch gerne bei seinen Mitarbeitertagungen und freute mich mit, daß es immer noch und weiter gelang, die Kreise der Jugend um die Bibel zu sammeln. Eugen Giegler, der Leiter des Amtes für Gemeindedienst in Nürnberg, und ich schlossen eine ähnlich enge Freundschaft. Mit ihm zusammen galt es die alljährliche Bibelwoche für die Pfarrer vorzubereiten und die regelmäßige schriftliche Handreichung dafür zu erstellen. Immer wichtiger wurde auch die Betreuung und Schulung der Lektoren, die für die zum Kriegsdienst eingezogenen Pfarrer Lesegottesdienste hielten. Die erste Ordnung für den Lektorendienst entstand in diesen Jahren. Zuletzt waren es etwa 700 solch treuer, unerschrockener Männer, die sich für Lesegottesdienste in den Gemeinden zur Verfügung stellten, etwa ebenso viele wie die Zahl der eingezogenen Pfarrer. Es ist nicht bedeutungslos zu bemerken, daß diese Leute zum weitaus größten Teil aus der landeskirchlichen Gemeinschaftsbewegung kamen oder ihr nahestanden.

Daß ich in der Büroarbeit am Schreibtisch nicht aufging, dafür sorgten zusätzlich weitere Aufgaben.

Ettal

Wenn ich mich recht erinnere, war es Anfang 1941, als der Berliner Pfarrer Dietrich Bonhoeffer, den wir vor allem von seinem Buch „Nachfolge" her kannten und schätzten, zu Gesprächen mit dem

Landesbischof ins Haus kam. Zu unserer Überraschung teilte er mit, daß er sich z. Zt. im Benediktinerkloster Ettal aufhalte, wo eine Reihe von Berliner Familien, die Bonhoeffers, von Dohnanyis und die des Reichsjustizministers Gürtner, Aufnahme gefunden hatten. Zugleich war dort ein Lager von ausgesiedelten Bessarabiendeutschen eingerichtet und im Hotel „Ludwig der Bayer" die Elise-Averdick-Schule von Hamburg untergebracht worden. Es wurde ein Pfarrer gesucht, der für die zahlreichen Evangelischen in der Schulkirche von Ettal alle vierzehn Tage Gottesdienst und Konfirmandenunterricht halten sollte. Ich erklärte mich dazu bereit, zumal da mir inzwischen auch die Fürsorge dafür übertragen war, daß die wegen der wachsenden Fliegerangriffe immer größer werdende Zahl von Schulkindern, die aus besonders gefährdeten norddeutschen Städten in die noch sicher scheinenden, vorwiegend katholischen Gebiete Bayerns strömten, wenigstens notdürftig auch Religionsunterricht erhielten. Bis in den Herbst des Jahres hinein, wo die zuständigen Pfarrer dann eine andere Lösung fanden, fuhr ich also regelmäßig in das schöne Ettal, um in der Schulkirche Gottesdienst und Konfirmandenunterricht zu halten.

Die Begegnung mit den ehrwürdigen Mönchen des Klosters Ettal gehört nach dem ökumenischen Seminar in Genf zu meinen ersten großen ökumenischen Erfahrungen, diesmal mit der römisch-katholischen Kirche. Die Mönche beherbergten mich über jedes zweite Wochenende und handelten an mir nach dem Satz aus der Regel ihres Ordensgründers, der über dem Gästetrakt steht: „Hospites tamquam Christus suscipiantur" – Gäste sollen wie Christus aufgenommen werden. Für lange ökumenische Gespräche, wie wir sie heute führen, war damals weder Zeit noch Gelegenheit, und wenn mich der liebenswürdige Gastpater Richard an einem Marienfeiertag die feierliche Einkleidung des Abtes in der Sakristei der großen Kirche miterleben ließ, um mir die Herrlichkeit katholischen liturgischen Lebens nahezubringen, so ging der Eindruck nicht tief. Aber am Sonntagmittag, wenn ich Gottesdienst und Unterricht hinter mir hatte, war ich regelmäßig Gast der Mönche beim gemeinsamen Mahl im Refektorium und saß an der Seite des Abtes Angelus Kupfer oder seines ehrwürdigen emeritierten Vorgängers. Nicht selten traf ich dabei auch den bekannten Pater Rupert Mayer SJ. Er war wegen seines offenen Widerstandes gegen die nationalsozialistische Weltanschauung ins Konzentrationslager gebracht worden, durfte aber auf Betreiben von Kardinal Faulhaber das KZ mit der „Klosterhaft" in Ettal vertauschen. Das bedeutete, daß er kaum Kontakt mit der Außenwelt haben durfte, auch kaum einen Briefwechsel. „Hier fühle ich mich fast noch mehr gefangen als im KZ“, sagte er mir etwas bitter.

Auch Dietrich Bonhoeffer traf ich in jenen Monaten einige Male, auch im Gottesdienst. Er hatte Redeverbot für das ganze Reich und mußte sich, wenn er unterwegs war, jeweils binnen 24 Stunden beim zuständigen Landratsamt melden. Gleichzeitig aber reiste er, wohl unter dem Schutz des militärischen Abwehrdienstes von Admiral Canaris, ins Ausland, nach Rom oder in die Schweiz; einmal überbrachte er mir Grüße von Karl Barth, den er in Basel besucht hatte. Er sprach mit mir, den er wohl auch zu wenig kannte, nicht viel über diese seine Reisetätigkeit, die wohl politischen Hintergrund hatte. Aber er verbarg sie auch nicht. Ich selber fühlte mich zu solch einer Art von Widerstand nicht berufen, was er auch durchaus anerkannte; er glaubte seinerseits dazu verpflichtet zu sein. In der damaligen Bekennenden Kirche war man sich über die Notwendigkeit, dem Nationalsozialismus zu widerstehen, einig. Aber man gab einander frei, wenn es um die Art ging, wie jeder sein Zeugnis ablegen zu müssen glaubte, und man forderte nicht von jedem das gleiche. Später, lange nach dem Krieg, hat die Bayerische Pfarrerbruderschaft, deren Obmann ich seit 1950 war, ihrer Verbundenheit mit Bonhoeffer auch Ausdruck gegeben. In Flossenbürg, wo Dietrich Bonhoeffer noch am 9. April 1945 umgebracht worden ist, habe ich am Ostermontag 1954, dem Jahrestag seines Todes, in der Kirche eine Gedenktafel enthüllt mit der Inschrift: „Dietrich Bonhoeffer, ein Zeuge Jesu Christi unter seinen Brüdern“. So habe ich ihn auch von Ettal her in der Erinnerung.

Studentengemeinde

Etwa in derselben Zeit, um die Jahreswende 1940/41, übernahm ich eine weitere Arbeit außerhalb des Landeskirchenrats. Ich wurde im Nebenamt Studentenpfarrer in München. Mit der militärischen Einberufung des für diesen Dienst besonders begabten Studentenpfarrers Peter Brodersen, der dann auch im Krieg geblieben ist, war dieser wichtige Arbeitsbereich verwaist. Nachdem mein Freund Hugo Maser ihn eine Zeitlang getan hatte, kam ich in der Nachfolge der beiden in eine Gemeinschaft junger Menschen, die mir auf Jahre hinaus selber zur geistlichen Heimat wurde. Es waren nicht nur Studenten, die sich in diesem Kreis von etwa achtzig bis hundert je Semester sammelten, sondern auch Menschen, die ihnen nahestanden. Der Situation gemäß überwog die Zahl der Studentinnen, da die jungen Männer zumeist an der Front standen. Dennoch hielten sich nicht wenige Studenten, die als Soldaten zum Medizinstudium abkommandiert und in Studentenkompanien in München gesammelt waren, zu dem Kreis; zu ihnen kamen auch andere, auch Physikstudenten, auch Vikare und junge Pfarrer, die gerade zu einem militärischen Dienst in München oder in der Umgebung kommandiert waren. Mit jedem Semester konnte sich das Bild der Gemeinde wesentlich ändern; zugleich aber wurde sie durch einen Kreis beständiger, treuer Mitarbeiter zusammengehalten. Sie hatten keine Werbezettel und Plakate, aber der lebendige Kreis strahlte weiter aus und zog wie von selber an. Die Mitarbeiter waren um die behutsame Eingliederung der Neuen in die Gemeinschaft in einer Weise bemüht, wie sie keine moderne Gruppenpädagogik besser lehren könnte. Die Bilder von der Gemeinde Christi als einem Schwarm am offenen Bienenkorb oder von der Herde unterwegs, die durch den Ruf des guten Hirten gesammelt wird, sind mir damals lebendig geworden. Dabei waren die jungen Menschen von den härtesten Konflikten hin und her gerissen. Der bittere Zwiespalt zwischen Volk und Partei, die Frage nach der christlichen Haltung zu Krieg und Kriegsdienst quälte viele, und es gab schwere Kämpfe mit dem Elternhaus, das „um des lieben Friedens willen“ den Anschluß der Tochter oder des Sohnes an eine christliche Gruppe nicht gerne sah.

Der Kern unserer Arbeit war die wöchentliche Bibelstunde, meist am Mittwochabend im Gemeindehaus in der Arcisstraße 35. Ein großer, aufmerksamer Kreis von Menschen kam hier zusammen. Kaum je habe ich wieder eine derartige Intensität gemeinsamer biblischer Arbeit erlebt, die z. T. auch in Gesprächsform geschah. Dabei waren es keinesfalls nur Menschen, die bereits im christlichen Glauben heimisch waren. Nicht selten kam einer zu mir und sagte leicht herausfordernd: „Herr Pfarrer, ich habe noch nie eine Bibel in der Hand gehabt.“ Was war die Antwort? „Dann steht Ihnen ja die größte Entdeckung Ihres Lebens noch bevor.“ Und dann lasen wir die wichtigsten Abschnitte des Johannesevangeliums, des Römerbriefs, des Kolosserbriefs oder ausgewählte Stücke aus der Offenbarung des Johannes; auch unter thematischen Gesichtspunkten wie „Christ und Leiden“, „Christ und Sterben“ konnten diese Stunden gestaltet werden. Gerne erinnere ich mich auch an Vortragabende, zu denen wir Dichter wie Rudolf Alexander Schröder und Rüdiger Syberberg oder den damaligen Professor für praktische Theologie an die Universität Münster, Wilhelm Stählin, gewinnen konnten. Dazu hatten wir regelmäßige Abendmahlsfeiern, oft morgens früh um

6 Uhr im „Weißen Saal" in der Neuhauser Straße, dem gottesdienstlichen Ersatzraum für die 1938 von dem damaligen Gauleiter Wagner abgebrochene St.-Matthäus-Kirche. Der Organist dieser Kirche, Landeskirchenmusikdirektor Professor Friedrich Högner, ließ es sich nie nehmen, auch zu dieser nicht alltäglichen Zeit dabei die Orgel zu spielen. Mir selber erschien es oft wie ein Wunder, was für ein lebendiger Geist der Gemeinschaft sich in dem allen entwickelte: innerste Solidarität mit denen, die auf besondere Weise, etwa wegen ihrer Herkunft und Abstammung, gefährdet waren, und gegenseitige Hilfeleistung in seelsorgerlichen Fragen, ohne daß wir psychotherapeutische Clubs hatten. Als im Lauf des zunehmenden Bombenkriegs auch immer mehr Glieder der Studentengemeinde obdachlos wurden, richteten wir einen regelmäßigen Hilfsdienst über die ganze Stadt hin ein, der nach jedem Fliegerangriff sich nach Betroffenen umsah und ihnen dann zu neuer Wohnmöglichkeit zu helfen suchte.

Eines unserer größten Erlebnisse war die Teilnahme an dem Schicksal unseres Mitgliedes H. L., eines deutsch-schweizerischen Architekturstudenten. Als Inhaber einer doppelten Staatsbürgerschaft hatte er bereits in der schweizerischen Armee gedient und war deshalb, aufgrund eines entsprechenden Abkommens zwischen beiden Ländern, vom Heeresdienst in Deutschland befreit. Als jedoch das Deutsche Reich dieses Abkommen brach und ihm einen Einberufungsbefehl zusandte, versuchte er sich in die Schweiz abzusetzen, um als schweizerischer Soldat nicht in Deutschland Kriegsdienst tun zu müssen. Bei dem Versuch, über die Grenze zu entkommen, wurde er in der Nähe von Donaueschingen geschnappt. Kurze Zeit später erhielt ich aus dem Wehrmachtsgefängnis in Ingolstadt folgenden Brief: „Lieber Herr Pfarrer! Da ich wegen Fahnenflucht zum Tode verurteilt bin, bitte ich Sie, mir möglichst bald noch das Heilige Abendmahl zu reichen." Ich besuchte ihn sofort. Wir hielten die Feier in einem von den Gefängniswärtern sorgsam ausgestalteten Raum und nahmen Abschied fürs Leben. In unseren Zusammenkünften lasen wir Apostelgeschichte 12,5: „Petrus war zwar im Gefängnis gehalten, aber die Gemeinde betete ohne Aufhören für ihn zu Gott." Und wir handelten buchstäblich in diesem Sinne. Es war uns wie eine Antwort Gottes auf dieses Gebet, als ich einige Wochen später von H. L. einen Brief aus dem Konzentrationslager Papenburg erhielt mit der Mitteilung, die Todesstrafe sei in eine lebenslängliche Zuchthausstrafe umgewandelt worden. Und ein halbes Jahr später schrieb er aus der Schweiz, er sei gegen einen anderen Gefangenen ausgetauscht worden und befinde sich in Freiheit! Einige Jahre nach dem Krieg konnten wir uns in der Schweiz wiedersehen. Das Leben am Rande des Todes war in diesen Jahren uns besonders stark bewußt. Manchen Studenten, die vom Fronturlaub kamen und an den Bibelstunden und Abendmahlsfeiern teilnahmen, konnte man es beinahe an den ernsten Gesichtern ablesen, daß sie vom nächsten Fronteinsatz nicht wiederkehren würden. Einer der Soldaten hat seinen Glauben so ausgedrückt: „Ich habe viele wunderbare Bewahrungen erlebt. Nun weiß ich: ich bin bewahrt, auch wenn ich falle."

Obwohl die kirchliche Studentenarbeit an den Universitäten illegal war – es gab einige Universitäten in Deutschland, wo das Verbot offiziell ausgesprochen worden war –, konnte sie bis zum Kriegsende in erstaunlichem Maße durchgehalten werden. Über das ganze Reich hin gab es eine lebendige Verbundenheit zwischen den einzelnen Gemeinden, um die sich besonders Martin Fischer, Studentenpfarrer in Berlin, annahm. Er war zwar auch als Soldat eingezogen, hatte aber in einer Potsdamer Kaserne einen Vorgesetzten, der ihm für die Studentenarbeit viel Freiheit gab. Unvergeßlich ist mir unser erstes Zusammentreffen am Kasernentor, und bald verband uns eine brüderliche Freundschaft. Es waren auch zum Teil noch Bindungen aus der Zeit der alten, inzwischen längst verbotenen Deutschen Christlichen Studentenvereinigung, die sich in diesem Zusammenhalt der Studentengemeinden und -pfarrer auswirkten. Wir hatten sogar einen hauptamtlichen Reisedienst mit Sekretären wie Horst Bannach, Carl Malsch, Erich Meder und Marianne Timm. 1943 wurde ich Vorsitzender der Deutschen Studentenpfarrerkonferenz und versuchte selber möglichst viele Studentengemeinden z. B. in Stuttgart, Tübingen, Göttingen, Innsbruck zu besuchen. Dabei war es eine große Hilfe, daß eine Reihe von Theologieprofessoren, die wegen der zusammengeschmolzenen Zahl von Theologiestudenten weniger Universitätsverpflichtungen hatten, sich mit besonderer Hingabe für Vorträge und Gespräche auf Zusammenkünften der Vertrauensstudenten zur Verfügung stellten, allen voran Gerhard von Rad in Jena. Und als ich die Studentengemeinde in Halle an der Saale einige Tage lang besuchte, erlebte ich mit, wie Professor Julius Schniewind, dem ich selber auch viel verdankte, der Gemeinde dort als ein Vater und Seelsorger diente und beistand.

Nach dem Krieg ging es darum, der Studentengemeinde eine neue Ordnung zu geben. Sollte die alte Deutsche Christliche Studentenvereinigung wiederaufleben oder sollten wir die offenere Form der Studentengemeinde behalten, die meist einen Pfarrer hatte und sich als Gemeinde Christi am Hochschulort, also für alle evangelischen Studenten verstand? Das Verhältnis zwischen Studentenpfarrer und Studentengemeinde mußte neu geordnet werden, auch die Position der Gemeinde im Verhältnis zu der Landeskirche, in deren Bereich der Hochschulort lag. Bei den schwierigen, zeitraubenden Verhandlungen, in denen mein Freund Eberhard Müller, inzwischen Leiter der Evangelischen Akademie Bad Boll, eine wichtige Rolle spielte, vertrat ich gegenüber Freunden aus der DCSV die offenere Studentengemeinde, wie sie sich inzwischen bewährt hatte. Ihrer Verselbständigung zu einer auch juristischen Körperschaft konnte ich allerdings angesichts des ständigen Wandels dieser Gemeinde nicht das Wort reden; damit, so mußte ich vermuten, wäre sie auch wieder mehr ein Verein geworden. Vornehmlich auf einer großen Versammlung in Bad Boll im Februar 1947 hatte ich in einem ausführlichen Referat meine Gedanken vertreten. Ich sah die wachsenden Zahlen der Studenten vor mir, ebenso aber auch die Dozenten – für sie sollte, wenn sie nicht Anschluß an die örtliche Gemeinde hatten, die Studentengemeinde der Ort der Sammlung und Begegnung sein. Im Jahre 1949 gab ich den Vorsitz in der Studentenpfarrerkonferenz ab. Bis dahin habe ich in einer Reihe von Studentenpfarrer- und Vertrauensstudentenkonferenzen dieses Selbstverständnis der Studentengemeinde zu festigen versucht. Ich hatte den Eindruck, daß die so verstandene Studentengemeinde einige Jahre lang auch für das Selbstverständnis der Evangelischen Kirche in Deutschland fast modellhaft von Bedeutung war. Freilich kann ich zu meinem Leidwesen nicht sagen, daß die evangelische Studentengemeinde in der Folgezeit dieses Selbstverständnis beibehalten hat. Sie ist weithin zu einer Gruppe neben anderen oder gar zur Partei geworden und ich sehe noch nicht, daß sie sich zu einem anderen Weg durchringen kann, auf dem das neutestamentliche Verständnis von Gemeinde im Bereich der Studenten wieder zur Geltung kommen kann. Es ist nicht verwunderlich, daß an vielen Hochschulorten inzwischen andere, stark missionarisch und evangelistisch ausgerichtete Gruppierungen wie der Studentenbund für Mission entstanden sind.

Auf das Kriegsende zu

Von den Kriegsereignissen, die seit 1942 mit den zunehmenden Fliegerangriffen auch die Zivilbevölkerung in der Heimat immer mehr in Mitleidenschaft zogen, wurde auch unsere Familie hart betroffen. Einer meiner Brüder, Wilhelm, kam am 10. November 1941 im Meer vor Griechenland auf der Fahrt von Piräus nach Kreta mit einem Transportschiff um, das außer mit 600 Soldaten auch mit Benzin und Munition voll geladen war. Einige wenige Überlebende berichteten, das Schiff sei von Torpedos getroffen worden und in weniger als einer Minute gesunken. Willy hatte kurz vorher noch geschrieben; sein Brief ließ erkennen, daß er mit seinem baldigen Tod rechnete. Er wußte, von Kreta werde er nicht mehr zurückkommen. Ein dreiviertel Jahr später, am 20. August 1942, verlor meine Frau ihren letzten, heißgeliebten Bruder Leonhard, der auf dem Vormarsch nach Stalingrad in der russischen Steppe von einem gegnerischen Scharfschützen ins Herz getroffen wurde.

Im Februar 1943 wurde unser viertes Kind Hermann in Pasing geboren. Bald darauf wurden wir selber von einem Fliegerangriff betroffen. Unser Haus in der Windischstraße erlitt starke Beschädigungen. Türen und Fenster wurden aus ihren Befestigungen gerissen, das Dach abgedeckt, und in der Nähe lag noch ein Blindgänger, der erst nach einiger Zeit entschärft werden konnte. Wir mußten für ein paar Wochen ausziehen, bis die ärgsten Schäden behoben waren. Die Kinder, die sich bis dahin bei Fliegeralarm sehr tapfer verhalten hatten, waren durch dieses schwere Erlebnis stark verschreckt. Als die Fliegerangriffe auf die deutschen Städte immer häufiger und vernichtender wurden, mußten auch wir eine Evakuierung der Familie überlegen. Nach einem noch friedlichen, schönen Erholungsurlaub in Erbendorf (Oberpfalz), der Heimat der Familie Nicol, und nach der furchtbaren Zerstörung Hamburgs im Sommer 1943 nahmen wir das Angebot der mit uns verwandten Familie Barthmann von der Bruckmühle in Erbendorf an, und von einem Tag zum andern verließ die Mutter mit den vier Kindern das gefährdete Haus in Pasing und zog nach Erbendorf. Es waren äußerst bedrängte Verhältnisse, in die sie kam; sie mußte sich mit zwei, später drei Dachkammern begnügen, da inzwischen Flüchtlinge aus Hamburg bereits in die größeren Räume eingewiesen worden waren. Aber es war wenigstens eine friedliche Unterkunft; sie war durch nächtliche Alarme kaum gestört und gab den Kindern für zwei Jahre eine neue, schöne Heimat, in ländlicher Umgebung, mit anderen Kameraden in der Schule; und auch mit den französischen Kriegsgefangenen und ukrainischen Zwangsarbeitern bahnten sich menschliche, fast freundschaftliche Beziehungen an. Meine Frau nahm die Last der Enge tapfer auf sich und glich sie durch zahlreiche Besuche und durch Übernahme von Religionsunterricht so weitgehend aus, daß die Kinder eine durchaus positive Erinnerung an ihren Evakuierungsort behalten haben. Ich selber versuchte, so oft es ging, an freien Wochenenden die Familie aufzusuchen. Da der Pfarrer von Erbendorf auch zum Heer eingezogen war, übernahm ich in der Weihnachts- und Osterzeit, wo ich in München abkömmlich war, seine Vertretung. In Erbendorf, aber auch in Krummennaab, Thumsenreuth, Wildenreuth und Kirchendemenreuth hielt ich Gottesdienste, Konfirmandenunterricht und Konfirmationen sowie noch im letzten Kriegswinter eine Bibelwoche und lernte auf den damit verbundenen ausgedehnten Fuß- und Radwanderungen die ganze nördliche Oberpfalz in ihrer herben Schönheit kennen.

In die leergewordenen Räume unserer Wohnung in München hatte ich ausgebombte Studenten und Studentinnen aufgenommen. Wir waren eine christliche Wohngemeinschaft, die sich gut verstand, und hatten eine gemeinsame Kasse, aus der jeder nehmen durfte, was er brauchte, und in die er hineingab, was er konnte. Die Kasse war nie leer...

Aus dem Hilfsarbeiter, der im Landeskirchenrat am Schreibtisch zu sitzen hatte, war, wie zu ersehen, inzwischen mehr ein Hilfsarbeiter im Reisedienst geworden. Da die älteren Mitglieder des Landeskirchenrats den immer größeren Schwierigkeiten des Reisens sich nicht mehr aussetzen konnten, fielen mir, dem Jüngeren, immer häufiger Fahrten durch die Landeskirche und darüber hinaus zu. Auch der Eisenbahnverkehr wurde mehr und mehr eingeschränkt. Schließlich durfte man die Eisenbahn nur noch mit einem polizeilichen Ausweis benützen, der bestätigte, daß diese Fahrt kriegswichtig sei. Ich ging auf die Polizei in der Münchner Ettstraße, um einen derartigen Ausweis zu erhalten, und zwar gleich einen Dauerausweis. „Unmöglich!" sagte der Beamte. „Ein Pfarrer tut keine kriegswichtige Arbeit." Ich blieb dabei: Der Dienst eines Pfarrers ist gerade jetzt unbedingt notwendig. Dem Beamten machte diese beharrliche Feststellung anscheinend doch Eindruck. Er verschwand durch eine Tapetentür, die wohl zu seinem Vorgesetzten führte, kam aber bald wieder zurück: „Es geht nicht." Und auf einmal brach es aus ihm heraus: „Ich bin doch gar nicht so ablehnend! Der Kirchenrat Loy von St. Matthäus hat uns getraut und unser Kind getauft. Ich gäbe Ihnen ja gern von mir aus einen Ausweis, aber ich darf nicht." Und nach einigem Besinnen: „Ich weiß jetzt einen Weg. Einen Dauerausweis darf ich Ihnen nicht geben. Aber hier" – er wies auf einen Stapel von Formularen – „habe ich ein Päckchen mit Ausweisen für einzelne Fahrten. Die unterschreibe ich Ihnen blanko, und Sie können dann jedesmal den Ort einsetzen, wohin Sie fahren müssen." Auf diese Weise, die wohl nicht ganz im Sinne der damaligen Machthaber lag, war mir eine Reisemöglichkeit gegeben bis zum

Ende des Krieges. Ich besuchte die Pfarrkonferenzen im Lande, um Vorträge über Fragen der Seelsorge, über die möglichen Veränderungen im Gefüge der Volkskirche, von der „Volkskirche" hin zur „Gemeindekirche" zu sprechen. Einzelfragen der Seelsorge, etwa wie man der um sich greifenden Versuchung zum Selbstmord begegnen könne und wie trotz allem Jammer das Lob Gottes in der Gemeinde nicht verstummen dürfe, sondern neue Tiefendimensionen gewinnen könne, bewegten die Amtsbrüder. Besonders versuchte ich Hilfen zur Durchführung der Bibelwochen zu geben, indem ich die jeweiligen Texte auf den Pfarrkonferenzen auslegte, um den Amtsbrüdern dazu Mut zu machen. So kam ich u. a. einige Male nach Kempten, Memmingen, Neu-Ulm, Traunstein; besonders oft holte mich der neue Dekan Georg Merz nach Würzburg; mit ihm habe ich damals eine Freundschaft geschlossen, die bis zu seinem Tode dauerte.

Rogasen

Im Juni 1944 kam ein dringender Hilferuf aus der Altlutherischen Kirche in Schlesien und Westpreußen mit der Bitte um Entsendung eines Pfarrers. Diese Kirche, die im vergangenen Jahrhundert im Widerstand gegen die Einführung der Union durch den preußischen König entstanden war, hatte mit der bayerischen Landeskirche seit den Tagen Wilhelm Löhes gute innere Beziehungen. Nun aber waren die Pfarrer der Gemeinden im „Warthegau", wie man die spätere Provinz Westpreußens damals nannte, zum größten Teil eingezogen und das gottesdienstliche Leben sowie vor allem der Konfirmandenunterricht, zu dem die Kinder einige Wochen an zentralen Orten zusammengeholt wurden, drohte zu erliegen. Nach Rücksprache mit Landesbischof Meiser entschloß ich mich, im Juli/August 1944 für einige Wochen diesen Dienst zu übernehmen. An dem Tag, an dem ich fahren wollte, wurde in München wieder Fliegeralarm gegeben. In der Stephanusgemeinde war das Pfarrhaus getroffen. Wir arbeiteten fieberhaft in den Trümmern, um den verschütteten Pfarrer Dr. Knappe, dem ich erst einige Tage zuvor noch begegnet war, mit seiner Frau und einigen Gliedern der Gemeinde noch lebend zu bergen. Es war vergebens. Während dieser Arbeiten kam das Gerücht, daß auf Hitler ein Attentat verübt worden sei; die Lage sei völlig verworren. Es war der 20. Juli 1944. Der Landesbischof legte mir nahe, unter diesen Umständen auf die Reise nach dem Osten überhaupt zu verzichten. Aber um die bedrängten wartenden Gemeinden nicht zu enttäuschen, fuhr ich trotzdem los und kam nach langer Fahrt über Dresden nach Rogasen, einer nördlich von Posen gelegenen kleineren Stadt, in der ein Zentrum der evangelisch-lutherischen Kirche lag. Ich wurde von der Pfarrfrau Marianne Hermann, deren Mann auch im Felde stand, freundlich aufgenommen. Gleich am nächsten Tag begann ich mit dem Konfirmandenunterricht für etwa fünfzig Kinder, die aus der Umgegend zusammengekommen waren und darauf warteten, jeden Vormittag einige Stunden unterrichtet zu werden. Das war eine anstrengende, aber schöne Arbeit, bei der ich meine eigene „Wegweisung für den Konfirmandenunterricht" erproben konnte. Der Nachmittag galt meist seelsorgerlichen Besuchen, die ich mit einem geliehenen Fahrrad oder in einer zur Verfügung gestellten Pferdekutsche in der weit ausgedehnten, verstreuten Gemeinde machte. Sie bestand neben einigen wenigen eingesessenen Deutschen, die die Todesmärsche von 1939 überstanden hatten, zumeist aus Umgesiedelten aus den Ländern des Ostens. Da waren Wolhyniendeutsche, die zu Beginn des Ersten Weltkriegs aus ihren Siedlungen in Rußland hinter den Ural verbannt waren, dann aber wieder hatten zurückkehren dürfen und nun mitten im Zweiten Weltkrieg hier im Warthegau eingewiesen waren. Es gab Deutsche aus Bessarabien, aus den baltischen Ländern, die hier vielfach in Höfen von vertriebenen Polen untergebracht waren. Zu den sonntäglichen Gottesdiensten in Rogasen und Obornik, später auch in Fritzenstadt und

Ev. luth. Kirche in Rogasen

Margonin kamen die Menschen von weit her. Solch ein Gottesdienst war ein großes Erlebnis. Er konnte von 9 Uhr bis 13 Uhr dauern und wurde nicht langweilig. Es war eben alles „drin“: Lob Gottes mit Gesang und Gebet, Beichte, Predigt, Abendmahlsfeier, Konfirmation, Taufen, Trauungen – einmal kam mitten in den Gottesdienst eine Taufgesellschaft herein; sie hatten gehört, daß jetzt Gottesdienst sei, und wollten ihr Kind taufen lassen. Diese Gottesdienste, das merkte ich, waren nicht eine Feierstunde am Rande, sondern in ihnen liefen alle Linien des gemeindlichen Lebens zusammen. Etwa Mitte August 1944, als die sowjetische Armee auf Warschau vordrang, wurden alle männlichen Bewohner zum Bau von Abwehrgräben kommandiert. Als ich den letzten Gottesdienst hielt und den Segen sprach, ertönte – zum ersten Mal dort – die Alarmsirene. Mit dem letzten Zug, der nach dem Westen ging, fuhr ich über Schneidemühl und Berlin nach München zurück. Einige Monate später, als die Sowjetarmee durchbrach, mußten alle diese Fremdlinge, die vielfach schon einige Male ihre Heimat verloren hatten, auch den Warthegau in wilder Flucht verlassen und wußten nicht wohin. Etwa zwei Jahre darauf schrieb mir eine Rogasener Konfirmandin, nachdem sie irgendwo in Württemberg gelandet war, einen Brief; so lange war sie mit ihrer Mutter auf der Flucht gewesen. „Es war alles sehr beschwerlich, aber das Wort Gottes hat uns genährt“, schrieb sie, und man wußte nicht, ob das Genährtwerden bloß „geistlich“ oder ganz buchstäblich auch das leibliche Leben umfassend gemeint war.

Ansbach – Bayreuth

Inzwischen hatten sich auch im Landeskirchenrat größere Veränderungen ergeben. Das Gebäude in der Arcisstraße in München war 1943 durch einige Fliegerangriffe schwer beschädigt worden, so daß es nicht mehr benützbar war. Der Landesbischof hatte seine Wohnung aus dem Haus nach Solln verlegen müssen. Der bereits vor dem Krieg erwogene Gedanke, in einem derartigen Fall in das vorsorglich erworbene Gebäude Himmelreichstraße 3 auszuweichen, wurde freilich nicht verwirklicht. Statt dessen faßte der Landeskirchenrat den Beschluß, seinen Sitz in das weniger gefährdete, dem fränkischen Kerngebiet zugehörige Ansbach zu verlegen, wo das Gebäude der Landeskirchenstelle eine Unterkunft ermöglichte. Ich war ein leidenschaftlicher Gegner dieses Beschlusses. Von jedem Pfarrer, so argumentierte ich, verlangten wir in dieser gefahrvollen Zeit, daß er bei der Gemeinde aushalte. Deshalb dürften wir nicht ein entgegengesetztes Beispiel geben. Wir sollten, wie viele andere zentrale Stellen, vielleicht die wichtigsten Akten verlagern, aber als Dienststelle in München aushalten. Für mich selber als Lazarettpfarrer und als Studentenpfarrer sei ein Weggehen überhaupt unmöglich. Ich fand im Kollegium wenig Gehör. Meine Bitte, diese meine abweichende Meinung wenigstens als Anmerkung in den Vollsitzungsbeschluß aufzunehmen, wurde abgelehnt. Ich war nur Hilfsarbeiter. Ich stritt mit dem Landesbischof über die ganze Frage noch einige Male bis zum äußersten; einmal brachen wir beide in Tränen aus. Was endlich erreicht wurde, war wenigstens dies, daß eine Art Nebenstelle des Landeskirchenrats in der Himmelreichstraße 3 eingerichtet wurde, mit einem Juristen und mit dem Kreisdekan von München, Oberkirchenrat Daumiller, sowie mit dem theologischen Hilfsarbeiter und einem Stab von Helfern, die das Büro führen konnten.

Der Landesbischof kam etwa alle vierzehn Tage von Ansbach nach München zu einer Art Sprechtag. Ich selber mußte alle vier Wochen zu den Vollsitzungen nach Ansbach fahren. An den Abenden dort war ich fast regelmäßig bei den Ehepaaren Breit und Greifenstein eingeladen. Die Gespräche über die kirchliche und politische Lage sowie der Austausch über die wenige Literatur, die noch erscheinen konnte, sind mir von diesen Abenden fest im Gedächtnis geblieben. Von meinen Erfahrungen mit Studenten und Soldaten konnten die Älteren nicht genug hören. Reinhold Schneiders Sonette gingen damals unter den Christen in Abschriften von Hand zu Hand, besonders das bekannte: „Allein den Betern kann es noch gelingen, das Schwert ob unsern Häuptern aufzuhalten und diese Welt den richtenden Gewalten durch ein geheiligt Leben abzuringen." Dazu gab ich nicht wenige Gedichte von Studenten aus dem Felde weiter, die bei uns in der Studentengemeinde umliefen und uns in ihrer oft hilflosen und doch glaubenden Unmittelbarkeit ergriffen. So gab es eines von dem jungen Theologen Erich Klapproth, der mit dem Widerspruch zwischen seinem Pfarrerberuf und dem Kämpfenmüssen nicht fertig wurde:

> „Wir predigten das Leben – und schicken in den Tod,
> das mag uns Gott vergeben; uns macht es große Not.
> Einst segneten die Hände, jetzt senden sie das Blei.
> Ist erst der Krieg zu Ende, dann sind sie wieder frei.
> Doch dürfen sie sich falten inmitten mancher Nacht:
> Du König der Gewalten, gib Licht in unsre Nacht."

Klapproth ist am 18. Juli 1943 in Rußland gefallen. –

Im Februar 1945 wurde das Ausweichgebäude des Landeskirchenrats in Ansbach durch einen Fliegerangriff total zerstört. Oberkirchenrat Greifenstein wurde bei diesem Fliegerangriff verletzt und Oberkirchenrat Breit meldete zum 1. März seinen Ruhestand an. Daraufhin wurde ich vom Landesbischof nun doch nach Ansbach zitiert, um die beiden mit zu vertreten. Die letzten Kriegswochen verbrachte ich im fränkischen Land und hielt, da man jetzt auch mit der Eisenbahn nicht mehr fahren konnte, mit dem Fahrrad die Verbindung zwischen Ansbach, Nürnberg und Bayreuth notdürftig aufrecht. Als die amerikanischen Truppen kurz vor Ansbach standen, wurden die Befugnisse des Landeskirchenrats auf die einzelnen Kreisdekane übertragen. Ich wurde dem Kreisdekan von Bayreuth, Oberkirchenrat Otto Bezzel, als Adjutant beigegeben. Dafür war ich wegen der größeren Nähe zur Familie in Erbendorf dankbar.

Am 14. April erlebte ich das Ende des Krieges in dem Dorf Rödensdorf am Fuß des Sophienbergs bei Bayreuth. Am Tage vorher war ein Bombardement der Stadt Bayreuth durch die amerikanische Artillerie angekündigt, die von Kulmbach her vorrückte. Ich half der Familie Bezzel, in deren Haus ich wohnte, mit dem Nötigsten nach Rödensdorf zu flüchten, wo wir bei einem Bauern in der Scheune notdürftig Unterkunft fanden. Nach durchwachter Nacht ging ich am Morgen in den nahegelegenen Wald, um meine „Stille Zeit" zu halten. Da überfiel mich die Ahnung: Jetzt ist die Familie in Erbendorf in höchster Gefahr! Ich betete um ihre Bewahrung. Wie sich später herausstellte, war es genau die Stunde, wo amerikanische Tiefflieger unsere Zuflucht, die Bruckmühle in Erbendorf, in Brand schossen. Die Familie blieb unversehrt; meine Frau, die kurz vor der Geburt ihres fünften Kindes stand, konnte dank der Hilfe von Freunden und Verwandten in ein bereits vorher notdürftig eingerichtetes Quartier bei der Familie Häupl in Thann ausweichen.

Zwischen Bayreuth und Erbendorf

Von alledem wußte ich noch nichts, als wir in Bayreuth die ersten Tage der Besetzung durch die amerikanischen Streitkräfte erlebten. Sie waren nicht als Befreier, sondern als „Eroberer" gekommen, wie die unmittelbar nach dem Einmarsch angeschlagene Proklamation des Generals Eisenhower verkündete. Und sie ließen das auch merken. Sie waren nicht unmenschlich, aber sie sparten nicht mit harten Schikanen. Einmal erlebte ich, wie sie eine Jagd auf Fahrräder machten, die der Bevölkerung als einziges mechanisches Fortbewegungsmittel geblieben waren, und über den angesammelten Haufen mit Panzern hinwegfuhren. Ich mußte bei Plünderungen zusehen und half einigen bedrängten Familien, ihre eingeschlagenen Fenster notdürftig mit Brettern zu vernageln. Oberkirchenrat Bezzel begleitete ich zu den ersten Kontakten mit den neuen Machthabern ins Rathaus. Auf Pfarrkonferenzen berieten wir mit den Pfarrern die neue Lage und die ersten wichtigsten Aufgaben. Täglich aber ging die Frage nach dem Ergehen der Familie in Erbendorf mit mir; denn der Krieg war noch nicht zu Ende.

Etwa zehn Tage nach dem Einmarsch der Amerikaner gelang es mir, einen Passierschein zu ergattern, mit dem man wenigstens bis zu einem Umkreis von 15 Kilometern über Bayreuth hinaus gehen durfte. Am nächsten Tag machte ich mich nach der nächtlichen Sperrzeit morgens um 6 Uhr zu Fuß auf den 45 km langen Weg nach Erbendorf. Was ich dabei erlebte, mag dem Leser unwahrscheinlich und wegen des langen zeitlichen Abstandes vielleicht auch geringfügig erscheinen. Für mich war es mitten im Dunkel dieser Tage wie ein Widerschein des biblischen Regenbogens, der nach der verheerenden Sintflut über der Erde aufging.

Da auf der Straße selber pausenlos der militärische Nachschub der Amerikaner nach Südosten rollte, ging ich in gewissem Abstand von ihr über Wiesen und Felder. Unterhalb der Straßenböschung nach dem Ort Seybothenreuth machte ich die erste Rast, ausgehungert und müde, während oben auf der Straße die amerikanischen LKWs in Richtung Weiden fuhren. Plötzlich wurde einer von ihnen auf der ausgefahrenen holperigen Straße über eine Erhöhung etwas in die Höhe geschleudert; es polterte, zwei Pakete aus seiner Ladung rollten die Böschung herab und blieben nicht weit entfernt von mir liegen. Vorsichtig schob ich mich an eines der Pakete heran und öffnete es. Es war keine Munition, sondern ein Paket mit den besten amerikanischen Keksen, wie ich sie noch nie gesehen hatte. Ich sah das Paket, um das sich kein Amerikaner mehr kümmerte, als eine Gabe Gottes an. Das andere ließ ich unberührt, auch in Erinnerung an 2. Mose 16, wo das Volk Gottes in der Wüste sich keine Vorräte sammeln soll; vielleicht konnte ein weiterer hungriger Wanderer, deren ich nicht wenige traf, seinen Inhalt brauchen. Mit dem Reichtum des Pakets stopfte ich alle Taschen voll; damit ließ sich ein langer Weg zurücklegen, und ich konnte vielleicht noch einen Vorrat für die Familie in Erbendorf mitbringen. Kurz vor Kirchenlaibach, etwa eine Stunde später, wollte das alte verschlissene Schuhwerk nicht mehr mitmachen. Ich ging einen Wegrain etwa 100 Meter von der Straße weg in die Felder hinein, um den Schuh zu besehen. Es ist mir bis heute nicht faßbar, aber genau an der Stelle, wo ich mich hinsetzen wollte, stand ein Paar Schuhe. Sie waren nicht neu; vielleicht hatte ein anderer Landstreicher beim Plündern eines Schuhgeschäfts etwas Besseres gefunden und die alten Sachen hier abgestellt. Mir aber paßten sie bei der Anprobe genau. Mit diesen Schuhen setzte ich meinen Weg fort; sie waren mein bestes Schuhwerk bis zur Währungsreform.

Wenn mir jemand auf dem weiteren Weg von Kirchenlaibach an begegnet wäre, so hätte er mich mit einem aufgeschlagenen Gesangbuch dahinwandern sehen, aus dem ich laut das Lied lernte und betete: „So führst du doch recht selig, Herr, die Deinen . . . Die Wege sind oft krumm und doch gerad." Die amerikanischen Truppen fuhren weiter neben mir; aber die ganze Welt ringsum schien wie in ein anderes Licht getaucht, und wenn auch von der Bergkuppe des „Rauhen Kulm" noch Maschinengewehrfeuer herüber knatterte, in dem vielleicht auch Menschen umkamen, so war doch über den Untaten der Menschen und über der schrecklich mißhandelten Erde auch die unfaßbare Treue Gottes nicht zu Ende.

Als ich am Abend unmittelbar vor dem Wiederbeginn der Sperrstunde nach Erbendorf kam, erfuhr ich durch Bekannte, die mir entgegenkamen, daß die Bruckmühle abgebrannt sei und daß die Familie eine neue Zuflucht in Thann gefunden habe – „und das wissen Sie wohl auch noch nicht, daß Ihre Frau im Krankenhaus liegt und ein Kind geboren hat?" Im kleinen Erbendorfer Krankenhaus fand ich meine Frau wohlbehalten und neben ihr unser fünftes Kind Marianne. Es hatte sich unmittelbar nach dem Einmarsch der Amerikaner gemeldet, meine Frau hatte als letztes ein weißes Bettuch außen an der Hauswand angebracht. Die amerikanischen Truppenärzte, die dann gerufen worden waren, hatten wohl mit Geburtshilfe noch wenig Erfahrung, so daß Mutter und Kind in größte Lebensgefahr gerieten. Auch über diesen schweren Erlebnissen aber war eine wunderbar schützende Hand gewesen.

Die Straße von Bayreuth nach Erbendorf sieht nicht anders aus als Hunderte von anderen Straßen. Für mich leuchten seit der Erfahrung auf dieser Straße die Geschichten der Bibel, die von wunderbarer Speisung und Bewahrung berichten, in anderem Licht. Der Christenglaube garantiert keinen sorglosen Höhenflug und ist keine Lebensversicherung für Notfälle, und Jesus geht den Weg des Leidens und Sterbens immer wieder mit uns. Aber der Glaube darf mit der Gegenwart Gottes auch in den alltäglichen Dingen rechnen und Jesus Christus als den Herrn auch in den kleinen Geschehnissen des Lebens wissen.

6. KAPITEL

Die Kirche im Dritten Reich

Ich gehöre zu der Generation, die durch die Jahre des Dritten Reiches, des Kirchenkampfes und des Krieges geprägt, sensibilisiert und belastet ist. Unzählige Gespräche zwischen der jüngeren und der älteren Generation, Mißverständnisse, Vorwürfe und Fragen gehen uns durch all diese Jahre bis heute nach: „Wie konntet ihr nur . . .?" Auch wenn ich bisher schon nicht wenige Einzelerfahrungen aus dieser Zeit gebracht habe, meine ich doch, mein äußeres und inneres Beteiligtsein an jenem Geschehen zwischen den Jahren 1933 und 1945 noch in größerem Zusammenhang darstellen zu müssen. Vielleicht ist es ein Stück Selbstbesinnung, vielleicht dient es manchem zur Klärung. Eine Heldengeschichte ist dabei auf keinen Fall zu berichten, eher eine Kette von Fall und Auferstehung, von Auferstehung und Fall. In dieser Hinsicht, so scheint mir, waren diese Jahre exemplarisch für die Gemeinde Christi und ihren Auftrag in der Welt sowie ein nicht so rasch zu vergessender Ernstfall für die Versuchungen und Irrwege, denen die Gemeinde ausgesetzt sein kann. Für den Pfarrer waren sie darüber hinaus eine harte Schule für die Unterscheidung des Wesentlichen und Unwesentlichen in seinem Dienst.

Mein persönlicher Anteil am Kirchenkampf und an den mit ihm verbundenen Auseinandersetzungen weist wenig besondere Erfahrungen gegenüber dem auf, was viele jüngere Pfarrer damals ebenso durchzustehen hatten. Ich hatte nur den Vorzug, daß ich einen großen Teil dieser Jahre in München und damit an einem Brennpunkt des Geschehens verbracht habe. Dabei war ich gerade im Jahr 1934 durch meinen Dienst als Stadtvikar so sehr beansprucht, daß ich nur selten zu einer Pfarrerversammlung außerhalb Münchens reisen konnte, und im Herbst fiel ich wegen einer schweren Erkrankung längere Zeit aus. So habe ich den Überfall des „Rechtswalters" Jäger auf den Landeskirchenrat am 11. Oktober 1934 nur vom Krankenbett aus erlebt. Unmittelbar vorher, gleich nach meinem 2. theologischen Examen in Ansbach, hatten wir, eine Gruppe jüngerer Pfarrer, eine Predigtreise durch größere Gebiete der bayerischen Landeskirche gemacht. In den Bekenntnisgottesdiensten, die wir von einem

Ort zum andern nachmittags und abends hielten, ging es innerhalb der Gesamtverkündigung auch darum, die sich an Heftigkeit steigernden Angriffe auf den Landesbischof, vor allem aber die unglaublichen Beschimpfungen des Heiligen Abendmahls, die sich gerade um diese Zeit in der nationalsozialistischen Presse fanden, abzuwehren. Der mir zugewiesene Reiseplan führte ins Ries, in die Gegend von Memmingen und in das Dekanat Pappenheim. Die letzten Tage dieser Reise konnte ich, schwer erkrankt, nur mit Mühe durchstehen. Es war wohl eine nicht erkannte Diphtherie, die meine Arbeitskraft für längere Zeit einschränkte. Und dann kamen die Jahre in Rüdenhausen, in denen ich wie Hunderte meiner Amtsbrüder den Kampf vornehmlich in der Gemeinde zu bestehen hatte.

„Deutsche Christen"

Die Glaubensbewegung „Deutsche Christen" war bereits vor 1933 entstanden. Sie war in sich keineswegs einheitlich; vor allem in Bayern gab es längere Zeit eine gemäßigte Richtung. Diese wollte „das Deutschtum verchristlichen und das Christentum verdeutschen", wie ich es auf einer Tagung der Bayerischen Landessynode von einem bekannten Theologen wohlwollend formuliert hörte. War das etwas Unrechtes? Heute wird es doch als ganz natürlich empfunden, wenn die afrikanischen Christen das Christentum afrikanisieren, die asiatischen Christen, etwa auch die im heutigen China, sich um die Einbindung des christlichen Glaubens in ihre jeweilige Kultur bemühen. Hat nicht Luther selber mit der Übersetzung der Bibel ins Deutsche einen von uns kaum abzuschätzenden Beitrag zur „Eindeutschung" des Christentums geleistet? So ähnlich konnten viele Gutwillige gerade in Bayern auch in den Jahren seit 1932 denken und reden. Hatten sie nicht gerade als Lutheraner noch einige Jahrzehnte vorher in einem bekannten Buch gelesen: „Luther ist in so besonderem Maße Deutscher gewesen, daß beinahe nur die deutsche evangelische Kirche ihn innerlich aufnehmen und an ihm emporwachsen konnte."[4] Aber auf einmal war da doch etwas ganz anderes aus diesem Versuch der Verbindung von Deutschtum und Christentum geworden. Da wurde das Deutschtum, besser: ein übersteigerter deutscher Nationalismus, zu der Macht, die das Christentum überwältigte und geradezu verschlang. Es dauerte nicht lange, bis unter den „Deutschen Christen", auch unter den ihnen zugehörigen Bischöfen, radikale Strömungen die Oberhand gewannen. Da wurde behauptet, im Nationalsozialismus sei bereits „der wahre Christusleib" (J. Leutheuser), und ein württembergischer Pfarrer rief: „Wenn es darum geht, zwischen Christentum und Deutschtum zu wählen, dann ist die Entscheidung eindeutig für das Deutschtum." Damit aber hatte sich die Auseinandersetzung mit den „Deutschen Christen" von der innerkirchlichen Ebene längst auf die weltanschauliche, parteipolitische Ebene verlagert; da aber konnte es nicht ausbleiben, daß sie – je länger, desto mehr – eine untergeordnete Rolle spielten.

Das „ganz andere"

Auf die Machtübernahme Hitlers am 30. Januar 1933 waren im März die Wahlen zum bayerischen Landtag gefolgt. Sie wurden von den nationalsozialistischen Gruppierungen dazu benutzt, um auch in München die Schaltstellen der politischen Macht zu erobern. An einem der Tage, wo solche Aktionen stattfanden, begegneten wir, einige Kandidaten des Predigerseminars, auf der Straße unserm Freund, dem Pfarrer Friedrich Loy, damals noch an der St.-Markus-Kirche. Während wir zusahen, wie die Hakenkreuzfahne auf einem Gebäude – es war wohl der Justizpalast – hochgezogen wurde, sagte er zu uns: „Warum können wir uns eigentlich über das Neue nicht so freuen? Das muß doch mit dem Christentum zusammenhängen." Er meinte die Distanz, die aus der Zugehörigkeit zu Jesus Christus gegenüber anderen Herren folgt; es müsse doch ein Unterschied sein zwischen dem „Bürgerrecht im Himmel" (Phil 3,20) und dem Bürgerrecht allein im politischen Bereich. Aber die Kraft dieser Distanz war dann doch bei uns vielfach nicht in erforderlichem Maße vorhanden, jedenfalls war sie zu wenig zu spüren. Hatte der deutsche Protestantismus mit seiner Aufgeschlossenheit gegenüber den verschiedenen Zeitströmungen, auch den nationalen bzw. nationalistischen, diese Kraft der Distanz – oder soll ich sagen: eines kirchlichen Selbstbewußtseins, ja eines Christusbewußtseins zu wenig entwikkelt? Natürlich war dagegen zu fragen, ob wir denn, wenn es um das Verhältnis zwischen Kirche und Volk ging, nicht ebenso vom Vaterland sprechen durften wie die andern, die Franzosen, Engländer oder die Amerikaner, die in jeder Kirche wie selbstverständlich ihre Nationalflagge neben dem Altar stehen haben? Doch, wir durften es. Aber dann schlug in dieser Bewegung immer stärker ein ganz anderer, arroganter Ton durch, und Farben und Zeichen tauchten auf, die diese guten Gaben Gottes mit dem Nimbus des Göttlichen selber umkleideten, so daß man von Volk, Blut und Boden fast wie von anderen Göttern sprach.

Wenn es aber um solch lebenswichtige Unterscheidungen ging,

war die Wegweisung, die uns Jungen von vielen Theologieprofessoren und auch von vielen lutherischen Bischöfen gegeben wurde, meist nicht klar genug. Es ist noch im nachhinein unfaßlich, was alles an falschen Meinungen, die sich der neuen Situation anpaßten, unter theologischem Anspruch gesagt und gedruckt worden ist. So konnte der von mir sonst hochverehrte hamburgische Bischof Simon Schöffel vom „Volkstum selbst in seinem unbegreiflichen, unfaßbaren, unsagbaren und doch deutlich wirksamen Schöpfungsgeheimnis" sprechen, das „unser Ja verlangt. Wir geben es freudig, wie über einen Irrtum von Jahrhunderten hinweg in dankbarer Erinnerung an Luther."[5] Und der unglückselige „Ansbacher Ratschlag" von 1934, hinter dem u. a. die Erlanger Professoren Althaus und Elert standen, brachte uns wahrhaftig auch keine Klarheit, sondern eben Verwirrung; übrigens hat er in unserem Münchner Bereich eine verhältnismäßig geringe Rolle gespielt. So griffen wir auf der Suche nach Orientierung mit Vorliebe zu den Heften der Schriftenreihe „Theologische Existenz heute" von Karl Barth, in denen die Kraft der eben beschriebenen Distanz deutlich spürbar wurde, wenn er seine Losung „für die Freiheit des Evangeliums" ausgab und vom 1. Gebot als dem Maßstab unseres Denkens, Verkündigens und Handelns sprach. Erst viel später erfuhr ich, daß schon 1932 der Berliner Pfarrer Hermann Sasse, bald darauf zum Professor für Theologie nach Erlangen berufen, auch aus lutherischer Sicht eine ebenso eindringliche Analyse des Verhältnisses von Kirche und Nationalsozialismus gegeben hatte, die an kritischer Distanz nichts zu wünschen übrig ließ. In einem Aufsatz „Die Kirche und die Mächte der Zeit"[6] hatte er sich mit dem vieldiskutierten, übrigens als „unabänderlich" (weil unfehlbar) bezeichneten Artikel 24 des nationalsozialistischen Parteiprogramms befaßt, der u. a. besagte: „Wir fordern die Freiheit aller religiösen Bekenntnisse im Staat, soweit sie nicht dessen Bestand gefährden oder gegen das Sittlichkeits- und Moralgefühl der germanischen Rasse verstoßen. Die Partei als solche vertritt den Standpunkt eines positiven Christentums, ohne sich konfessionell an ein bestimmtes Bekenntnis zu binden." Sasse hatte dazu u. a. geschrieben: „Dieser Artikel macht jede Diskussion mit einer Kirche unmöglich ..., denn die evangelische Kirche müßte ein Gespräch darüber mit dem offenen Geständnis beginnen, daß ihre Lehre eine vorsätzliche und permanente Beleidigung des ‚Sittlichkeits- und Moralgefühls der germanischen Rasse' ist ...". Ich kann mich nicht erinnern, daß wir in dem damaligen Augenblick der Verwirrung je auf diese Diagnose Sasses aufmerksam gemacht worden wären.

Mit dieser unzureichenden, unscharfen Erkenntnis einerseits und gewiß auch mit der geschickten Tarnung von seiten der nationalsozialistischen Partei andererseits hing es wohl auch zusammen, daß sich viele Christen, auch junge Theologen, und selbst solche, die nicht den „Deutschen Christen" angehörten, von der neuen politischen Bewegung zunächst auch eine religiöse Erweckung erhofften, zumal da sie viele Ideale der Jugendbewegung zu verwirklichen versprach, die seit 20 Jahren die besten Köpfe in der deutschen Jugend erfüllten. Es war zunächst wahrhaftig nicht leicht, die Geister zu unterscheiden. Als im März 1933 der Deutsche Reichstag eröffnet wurde, hatte doch auch der Berliner Generalsuperintendent D. Otto Dibelius im vorausgehenden Gottesdienst gepredigt über Röm 8,31: „Ist Gott für uns, wer mag wider uns sein?" Und begonnen wurde die erste Sitzung mit dem vom Berliner Domchor gesungenen Choral: „Nun lob, mein Seel, den Herren ...!" So schwankten wir zwischen lockenden Anrufen und vielen verdächtigen Stimmen hin und her.

Am 1. Mai 1933 wurden alle Kreise der Bevölkerung in München aufgefordert, zur Massenkundgebung auf die Theresienwiese zu kommen, wohin die Rede des Führers vom Tempelhofer Feld in Berlin übertragen werden sollte. Unter den Pfarrern war die Parole ausgegeben worden, im großen Zug des erwachten Volkes mitzumarschieren und dafür Hakenkreuzarmbinden anzulegen. Ich weigerte mich. In heftigen Gesprächen mit meinem damaligen Chef an der St.-Matthäus-Kirche, dem von mir verehrten Pfarrer Julius Sammetreuther, der mich zur Teilnahme überreden, selbst aber auch nicht teilnehmen wollte, meinte ich, dies erschiene mir wie eine Selbstprostituierung der Kirche, die vom Kreuz Christi lebt. Als wir am Abend dieses Tages zur Pfarrkonferenz zusammenkamen, hatte ich es vielen Kollegen gegenüber nicht leicht, meine Weigerung zu begründen. Hatte denn nicht der Führer seine Rede geschlossen mit dem aus der Bibel entnommenen Gebet: „Herr, wir lassen dich nicht, du segnest uns denn!"? Es war ja auch nicht nur der nationale Gedanke, der viele Menschen anzog, sondern ebenso der Sozialismus, zu dem sich die neue Bewegung mit ihrem Namen bekannte. Von Anfang an hatte Hitler seine politische Doktrin als Synthese von Nationalismus und Sozialismus bezeichnet, und der Name seiner Partei, der nicht von ihm geprägt war, stammte aus den Auseinandersetzungen in der Sozialdemokratie der alten Donaumonarchie.[7]

Sicher war auch ich nicht immer so „konsequent"; manche meiner

Predigten aus dem Frühjahr 1933 hätten dies wohl zeigen können. Aber dieses Kirchesein der Kirche Jesu Christi galt es, wie ich immer deutlicher merkte, um ihres Auftrags willen klar zu bewahren – besser: das Christuszeugnis dieser Kirche. Anders ausgedrückt: ihr Unterworfensein unter das erste Gebot mußte deutlich werden. Als Senior meines Predigerseminar-Jahrgangs fing ich an, die Münchner Vikare zu Zusammenkünften zu sammeln, entweder im Seminar selbst oder später in unsern Vikarswohnungen. Hier versuchten wir uns an Hand der Bibel und der uns zugänglichen Informationen Sendung und Auftrag der Kirche zu verdeutlichen und miteinander im Gespräch und im Gebet Klarheit zu gewinnen. Nicht selten wurde ich im Auftrag dieses Kreises oder auch des ganzen Clerus minor zu Besprechungen mit Dekan Langenfaß oder mit dem Landesbischof abgeordnet; wenn etwa das Münchener Gemeindeblatt allzu beschönigende und optimistische Berichte über kirchliche Auseinandersetzungen brachte, glaubten wir, dies vor dem Dekan, dem Herausgeber des Gemeindeblattes, offen aussprechen zu müssen. Als nach den Kirchenvorsteherwahlen 1933 der Dekan auf der Pfarrkonferenz die Frage aufwarf, ob es jetzt nicht an der Zeit sei, geschlossen zu den „Deutschen Christen" zu gehen, war es uns klar, daß wir widerstehen mußten.

Seit dem Frühjahr 1933 wurde immer stärker der Ruf nach einer Neuordnung der Evangelischen Kirche in Deutschland erhoben. Die Stunde sei gekommen für einen Zusammenschluß der verschiedenen Landeskirchen zu einer kraftvollen Reichskirche, hieß es; andere sprachen von einer lutherischen Kirche deutscher Nation und ähnlichen Parolen. Mit einer ungeahnten, beängstigenden Schnelligkeit hatte man die Verfassung einer Deutschen Evangelischen Kirche geschaffen, die auch von unserem neuen, am 4. Mai gewählten Landesbischof D. Meiser unterzeichnet wurde. Sie sah einen Reichsbischof vor. Der dazu von den meisten ausersehene Wehrkreispfarrer Ludwig Müller, der Vertrauensmann Hitlers, hielt am 18. Juni im Münchner Bürgerbräu eine Rede, um für diese Reichskirche und für seine Ziele zu werben. Jeder Vikar, der seine oberflächlichen Ausführungen auch nur von ferne mit dem Neuen Testament verglich, konnte an dieser einen Rede erkennen, daß dieser Mann zum Reichsbischof nicht geeignet war. War nicht der andere Kandidat, Pastor Friedrich von Bodelschwingh in Bethel, ihm weit vorzuziehen wegen seiner Integrität und seiner geistlichen Kraft? In jenen Wochen traf ich bei meinen Besuchen in den Krankenhäusern einige Male Patienten, die zu den „Brüdern von der Landstraße" gehörten. Sie riefen mir zu: „Herr Pfarrer, Bodelschwingh soll Reichsbischof werden! Den kennen wir. Das wäre gut!" Diese Leute hatten ein klareres Urteil als viele unserer Kirchenführer. Wir jungen Pfarrer machten aus unseren Einwänden gegen Müller auch öffentlich kein Hehl. Trotzdem, vielleicht auch weil ihn damals allzu kluge Berater umgaben, hat Landesbischof Meiser dann doch im September Ludwig Müller gewählt. Bestimmend war die Tatsache, daß Müller sich als Lutheraner bezeichnete und Hitlers Vertrauensmann war. Bei einigen Bischöfen lief auch wenigstens einige Zeit die Hoffnung um, daß dieser Vertrauensmann des Führers einen ähnlich günstigen Staatsvertrag mit der evangelischen Kirche erwirken könnte wie das kurz vorher mit der römisch-katholischen Kirche geschlossene Reichskonkordat.

Die immer radikaler werdende Entwicklung der „Deutschen Christen", besonders in Norddeutschland, der Ludwig Müller nicht widersprach, hat sehr bald bei Meiser eine Klärung erzwungen, an der besonders auch jüngere Amtsbrüder wie Walter Künneth, damals in Berlin, und Eduard Putz, theologischer Hilfsreferent in München, beteiligt waren. Am 14. November, unmittelbar nach dem bekannten Eklat auf der Berliner Sportpalastkundgebung der „Deutschen Christen", fand die große Reformationsfeier der Münchner evangelischen Gesamtgemeinde im Odeon statt, an der ich als Berichterstatter für das Münchener Gemeindeblatt teilnahm. Den Festvortrag hielt das damalige lutherische Mitglied der „Reichskirchenregierung", der hamburgische Landesbischof Simon Schöffel, über „Luther vor Gott und in der Welt". Dann gab Meiser eine Erklärung ab, in der er sich entschieden gegen die Zerstörung des Bekenntnisses durch die „Deutschen Christen" wandte und zu „flammendem Protest" aufrief. Da auch dieser Protest keine volle Klärung bewirkte, mußte Meiser selber die Abberufung des kurz vorher von ihm mitgewählten Reichsbischofs fordern. Er hat später seine Zustimmung zur Wahl Ludwig Müllers als eine seiner größten Fehlentscheidungen bezeichnet.

Als am 29. Januar 1934 – wiederum im Gegensatz zu dem, was wir erhofften – die Presse die überraschende Mitteilung brachte: „Die Kirchenführer geschlossen hinter dem Reichsbischof (Müller)", mußte ich im Auftrag des Clerus minor wieder den Landesbischof um ein Gespräch bitten. Mit anderen Kirchenführern hatte er sich tatsächlich am 25. Januar zu einer nochmaligen Vertrauenserklärung für Ludwig Müller überrumpeln lassen. Er litt schwer darunter. Mein Freund Karl Steinbauer, exponierter Vikar von Penzberg, hatte auf einer Pfarrerversammlung in Nürnberg eine entschuldigende Darstellung dieser Vorgänge in Berlin schärfstens kritisiert.

Ich konnte Steinbauers Sprache nicht mitsprechen, war aber in seinem Anliegen ganz mit ihm einig. Wir brachten gemeinsam unsere Sicht der Dinge bei Meiser vor und baten ihn dringend, den Schritt vom 25. Januar zurückzunehmen. Es war übrigens oft überraschend, wie aufmerksam er jeweils auch die Meinung der Jüngeren anhören konnte, selbst wenn er sich anders entschied. Diesmal hatte er selber schon das Falsche seines Schrittes eingesehen und vor dem Landeskirchenrat und dem Synodalausschuß offen ausgesprochen. Bald darauf hat er sich auch öffentlich von der Unterstellung unter den Reichsbischof losgesagt. Gerade dieser Schritt hat wohl ihn selber zuerst und am meisten befreit, so daß er im Laufe des Jahres 1934, von der ganzen Kirche getragen, zu einem der bedeutendsten Vertreter der Bekennenden Kirche in Deutschland wurde. Als er im Herbst dieses Jahres gewaltsam von dem „Rechtswalter Jäger" abgesetzt und in Schutzhaft genommen wurde, erhob sich eine mächtige Welle des Eintretens für ihn, und Vertreter der Gemeinden aus allen Schichten gingen bis an die höchsten politischen Stellen in Berlin und München, forderten von Staat und Partei energisch seine Freilassung sowie die Freiheit der Kirche überhaupt. Die Gemeinden erwachten und standen mit ihren Pfarrern zusammen, die Gottesdienste waren übervoll, die alten reformatorischen Choräle brausten durch die Kirchen und nicht selten über die öffentlichen Plätze vor ihnen. Professor Emil Sörensen von Augsburg, später Vorsitzender des Landessynodalausschusses, hat sich damals als entscheidendes Erlebnis das Gebet eines Pfarrers in einem Bekenntnisgottesdienst notiert, „in dem nichts von Nöten zu hören war, sondern nur Dank dafür, daß der lebendige Gott angefangen hatte in seiner Kirche zu handeln". Hitler rief die Bischöfe Meiser und Wurm unmittelbar aus ihrer „Schutzhaft" nach Berlin und gab ihnen zu verstehen, daß von seiten des Staates nichts unternommen würde, wenn sie ihr Amt wieder übernähmen. Von Hitlers einziger innenpolitischer Niederlage hat man in diesem Zusammenhang später gesprochen.

Pfarrerbruderschaft

Sehr bald nach ihrer Gründung war ich 1934 der Bayerischen Pfarrerbruderschaft beigetreten. Sie war ein Zusammenschluß von Hunderten von meist jüngeren Pfarrern, die mit der Bindung an die Heilige Schrift und an das evangelisch-lutherische Bekenntnis angesichts der neuen Versuchungen und Herausforderungen ernst machen wollten. Zu ihren führenden Leuten gehörte von Anfang an der Nürnberger Predigerseminar-Direktor Julius Schieder. Die alljährlichen Pfingsttagungen in Rummelsberg, von zahlreichen Pfarrern besucht, wurden mit ihren Bibelarbeiten, Vorträgen und Abendmahlfeiern bis zum Ausbruch des Krieges sammelnd und wegweisend weit über den Kreis der Bruderschaft hinaus. Sie hielt Verbindung zu ähnlichen Zusammenschlüssen in anderen Landeskirchen, besonders auch in denen, deren Struktur durch ein deutschchristliches Kirchenregiment „zerstört" war. Sie brachte auch der Kirchenleitung gegenüber ihre Meinung zu den jeweiligen Ereignissen und notwendigen Schritten deutlich zur Geltung, wenn nötig auch in „allergetreuester Opposition". Noch mehr als in diesen großen Veranstaltungen aber lebte die Bruderschaft in den regelmäßigen theologischen und familiären Zusammenkünften, die über das ganze Land hin in den einzelnen Pfarrkapiteln mit großer Treue gehalten wurden und selbstverständlich auch für Nichtmitglieder offen waren.

Auch nach dem Krieg haben wir in dieser Bruderschaft besonders über den Auftrag der Kirche gegenüber den wechselnden politischen Mächten, auch einem totalitären Regime gegenüber, nachgedacht und uns durch Bibelarbeiten etwa über Röm 13. 1 Petr 2,13–17. Offb 13 die Richtung zeigen lassen; dabei wurden bewußt auch die entsprechenden Abschnitte aus den Lutherischen Bekenntnisschriften sowie Dokumente aus dem Kirchenkampf beigezogen, besonders die Bekenntnissynode von Barmen 1934 mit ihren theologischen Sätzen über das Verhältnis von Kirche und Staat. Julius Schieder selbst, seit 1935 Kreisdekan des neugebildeten Kirchenkreises Nürnberg, hat diese Jahre des Kirchenkampfes als den Höhepunkt in seinem Amtsleben angesehen. Im Jahre 1964, als er sein Amt abgegeben hatte, hat er in einem Interview im Rückblick darauf das entscheidende Problem herausgestellt: „Die schwerste Frage war wohl damals: Soll die Kirche auch politisch kämpfen? . . . Wir waren uns klar, daß die Kirche als solche nicht eine politische Untergrundbewegung werden dürfe." Sie sollte Kirche Jesu Christi bleiben. Er selber war ein lebendiger Zeuge dafür, daß diese Kirche eben damit sehr stark in das politische Geschehen hineinwirkte.

Daß dies in der Praxis nicht einfach nachzuvollziehen war, ist deutlich. Man tat sich in der verwirrten Situation nicht leicht. Wir hatten oft auch mit der eigenen Angst zu kämpfen – wie, wenn du wegen einer allzudeutlichen Predigt abgeholt wirst? Vielfach quälte uns auch das Unbehagen über die kirchlichen Verlautbarungen zu den politischen Ereignissen, wie sie in den kirchlichen Amtsblättern erschienen. Meist begannen sie mit einer volltönenden Akklamation auf die neue Zeit und ihre Errungenschaften, um dann mit kritischen Bemerkungen, mit Forderungen und Ermahnungen fortzufahren. Aber diese Weise kirchlicher Rede kam uns je länger, desto unehrlicher vor.

Auch der Eid auf den Führer, der 1938 von den Pfarrern verlangt wurde, wäre in diesem Zusammenhang zu nennen. Im Verlauf der Aussprachen darüber kamen viele von uns, auch ich selber, in schwere äußere und innere Konflikte mit der Kirchenleitung. Es war mir eine Hilfe, daß ich besonders mit meinem Freund Kurt Horn, damals Pfarrer in Filke, darüber in ständigem Austausch sein konnte. Einen Augenblick lang stand ich vor der Frage, ob ich nicht in einer Kirche, die dem Staat so sehr zu Willen war, mein Amt niederlegen sollte. Die Gemeinde Rüdenhausen war es, die mich damals gehalten hat. Ich hatte die Eidesleistung zunächst verweigert, da besuchte mich Oberkirchenrat Kern, der Kreisdekan von Ansbach, zu dem ich großes Vertrauen hatte. Er berichtete mir, die zunächst vorhandene Nötigung durch den Staat sei nun weggefallen, so daß man jetzt nach seiner Meinung den Eid frei leisten könne. Ich schäme mich bis heute, daß ich diesem Rat dann gefolgt bin.

War nicht an vielen Stellen Widerstand zu leisten, auch politischer Widerstand geboten? Diese Frage dringt heute besonders auch von seiten kritischer Beobachter wieder in den Vordergrund: Hat die Kirche überhaupt diesen Widerstand geleistet? Ich möchte darauf erwidern: Gewiß haben wir auch in Sachen Widerstand vielfach versagt. Aber derjenige Begriff, der Auftrag und Sendung der Kirche primär bestimmt, scheint mir nicht Widerstand, sondern Zeugnis oder Bekenntnis zu sein. Dies ist wohl auch schon vom Neuen Testament her klar. Darnach ist sie zu messen. Dies impliziert gewiß auch häufig den Widerstand, der bis ins Politische hineinwirkt. Der Widerstand der fränkischen Bauern gegen die Verhaftung Meisers im Herbst 1934 war rein kirchlich motiviert, aber er hatte stärkste innerpolitische Auswirkungen. Wie spürbar sie waren, zeigt eine Äußerung des späteren sozialdemokratischen bayerischen Ministerpräsidenten W. Högner aus dem Jahre 1966. Er, der keiner Kirche angehörte, ist verwundert darüber, daß 1933 das deutsche Volk es fast ohne Widerspruch hingenommen habe, als die sozialistischen Parteien zerschlagen wurden, daß aber bald darauf in den Kirchen sich Widerstand gegen Hitler erhob: „Da scharten sich in verschiedenen Städten Süddeutschlands die Anhänger der Landesbischöfe zusammen und zogen, Lutherlieder singend, durch die Straßen. Vielfach suchte die Polizei die Züge mit Knüppeln ausein-

Gruppe der Pfarrerbruderschaft im Dekanat Castell, 1936

anderzuschlagen, aber gegen den Bekenntnismut der religiös aufgerüttelten Menge kamen sie nicht auf... Luthers Lehre von der Freiheit eines Christenmenschen hat sich wider Erwarten als ernsthafter Widerspruch gegenüber dem NS-Totalitätsanspruch erwiesen."[8]

Dieses Verständnis von Sendung der Kirche meinte ich schon damals vertreten zu müssen. In den Konsequenzen, die daraus zu ziehen waren, kam ich wie andere jüngere Amtsbrüder immer wieder auch in Spannungen zu Landesbischof Meiser. Auch wenn eine prinzipielle Einigkeit vorhanden zu sein schien, so wünschten wir uns bei vielen Entscheidungen statt der Anpassung an die Situation eine größere Klarheit des Zeugnisses gerade bei dem, der so stark von der Bindung an das lutherische Bekenntnis sprechen konnte. Dabei gestand ich dem Bischof zu, daß ein Hirtendienst oft wesentlich entsagungsvoller sein muß und nicht so entschieden aussehen kann wie das Zeugnis eines Märtyrers. „Ein Märtyrer stirbt einmal, ein Hirte muß hundertmal sterben." Und wenn die Brüder in den „zerstörten" Kirchengebieten oft eine deutlichere Sprache führten als die Bischöfe in den „intakten" Kirchen, so muß dies wohl auch einmal unter solchen Gesichtspunkten bedacht werden. Diese Brüder waren sich wohl nicht sehr oft dessen bewußt, daß die ihnen als nötig erscheinende deutlichere Rede gegenüber den Machthabenden für sie auch deshalb möglich war, weil sie indirekt einen Rückhalt in eben diesen „intakten" Kirchen hatten; hätte es sie nicht gegeben, dann erst wäre die Situation ganz schwer geworden.

Aber immer wieder gab es doch auch Gelegenheiten, wo das klare Bekenntnis oder die bewußte Entscheidung geschehen mußte. Im Frühjahr 1939 versuchte eine „Godesberger Erklärung" nochmals einen kirchenpolitischen und theologischen Brückenschlag zwischen Nationalsozialismus und Christentum. Allerdings war leicht zu erkennen, daß auch mit dieser Erklärung der Christenglaube in die nationalsozialistische Weltanschauung eingebaut werden sollte. Meiser rang mit sich, ob er nicht doch um des Friedens willen in diesem kritischen politischen Augenblick seine Unterschrift geben könnte. Ich riet ganz entschieden davon ab. „Sie tun sich leicht", sagte er zu mir. „Sie haben nicht die Verantwortung." So war es auch – kirchenrechtlich wenigstens; als ordinierter Pfarrer aber meinte ich doch auch gesamtkirchliche Verantwortung zu haben. Schließlich verweigerte Meiser zusammen mit Landesbischof Wurm im Unterschied zu anderen befreundeten Bischöfen die Unterschrift. Nach dem Krieg erwies sich gerade dieser Vorgang als ein entscheidender Prüfstein für die Beurteilung des Handelns der lutherischen Bischöfe während der Zeit des Dritten Reiches.

Fürbitte für die Obrigkeit

Alle derartigen Fragen sammelten sich an jedem Sonntag für jeden Pfarrer und für jede Gemeinde kritisch in der Frage nach Auftrag, Recht und Grenze der Fürbitte der Christen für die Obrigkeit im Allgemeinen Kirchengebet, für die politischen Machthaber, ja für Adolf Hitler selbst. „Wir bitten dich für den Führer und Kanzler unseres Reiches, daß du sein Werk segnest..." – so oder ähnlich hieß es damals in den neuen kirchlichen Gebetbüchern, auch in kirchlichen Kundgebungen. War das so möglich? Es wurde immer unmöglicher. Aber wie dann? Bei der Reise durch die sächsischen Gemeinden im Herbst 1935 hatte ich einen Gottesdienst im Keller eines Schlosses gehalten, das dem Grafen Münster in Königsfeld bei Rochlitz gehörte. In die Kirche konnten wir zu diesem Gottesdienst nicht gehen, weil sie von den „Deutschen Christen" besetzt war. Der Gottesdienst an diesem Ort erinnerte unwillkürlich an die Katakombengottesdienste der Urchristenheit. Ich hatte im Allgemeinen Kirchengebet auch für die Obrigkeit gebetet; die Formulierung im einzelnen, die sich wohl an die 3. Bitte des Hl. Vaterunsers anschloß, ist mir nicht mehr erinnerlich. Im Gespräch darnach kam auch die Frage, ob die Christen heute noch für eine solche Obrigkeit beten könnten. Müßte man nicht eher gegen sie beten? Auf der anderen Seite war uns vom Neuen Testament her klar, daß man „vor allen Dingen zuerst tue Bitte, Gebet, Fürbitte und Danksagung für alle Menschen, für die Könige und für alle Obrigkeit..." (1 Tim 2, 1ff). Die Fürbitte für die politisch Verantwortlichen, die, ob sie es wissen oder nicht, ein Mandat Gottes gegen das Chaos haben, ist ein wichtiger Akt, mit dem die Christenheit teil hat am Weltregiment Gottes. Läßt sie diesen Akt weg oder versäumt sie ihn, so verlieren auch ihre anderen politischen Aktivitäten das letzte innere Angebundensein und die Orientierung. Auch von den Hugenotten in Frankreich, die gegen ihren katholischen König Krieg führten, wird berichtet, daß sie trotzdem Fürbitte für die Obrigkeit und für den König weiter übten. Und als die belagerten Hugenotten in La Rochelle in besondere Not gerieten, da „verstärkten sie die Fürbitte für den König, der sie verfolgte und die Stadt durch Artillerie beschießen ließ, aus treuem Herzen"[9]. Nein, nicht um das Unterlassen der Fürbitte ging es, sondern um die rechte neutestamentliche Weise. Zugegeben: diese Fürbitte für die Obrigkeit wurde im Lauf des Krieges immer schwerer. Viele gestanden, daß sie nicht um einen deutschen Sieg zu beten vermöchten. Die Fürbitte verstummte deshalb auch in den Kirchen mehr und mehr. Schließlich war es nach der 3. Vaterunserbitte vielleicht nur noch dies: „Führe uns nicht in Versuchung, sondern erlöse uns von dem Bösen...".

Die Kirche und die Juden

In einem wichtigen Bereich ist uns in den Jahren des Dritten Reiches, während des Krieges und noch mehr darnach Herz und Gewissen immer schwerer geworden. Was die Verfolgung der Juden in diesem ganzen Geschehen bedeutete, ist auch denen, die sich vom Antisemitismus Julius Streichers nicht anstecken lassen wollten, doch erst allmählich zum vollen Bewußtsein gekommen. Eine latente und auch offene Reserve den Juden gegenüber hatte es ja immer gegeben, und sie war zwischen den beiden Weltkriegen auch infolge des Zuzugs von Juden aus dem Osten gewachsen. Das hinderte aber z. B. die Bauern in den fränkischen Dörfern nicht, mit den Juden Handel zu treiben und dabei, wie ich selbst erlebt habe, das jüdische Zahlensystem, sogar in hebräischer Sprache, zu gebrauchen. Natürlich kannte auch ich diese Reserve. Andererseits war mir schon von den Erzählungen der Mutter her, in denen ihre Bekanntschaft und Freundschaft mit jüdischen Familien eine nicht geringe Rolle spielte, und auch aus eigener Erfahrung nicht fremd, daß es mit diesem Volk ein besonderes Geheimnis Gottes geben müsse. Auf einer Eisenbahnfahrt 1937 oder 1938 kam ich ins Gespräch mit meinem Gegenüber, von dem ich sah, daß er ein Werk des jüdischen Philosophen Moses Maimonides († 1204) las. Er stellte sich als einen orthodoxen Juden aus einer Frankfurter Synagoge vor. Wir führten unser Gespräch, in dem er um ein Neues Testament bat, in einem Briefwechsel fort. „Können zwei zusammen gehen, ohne sich kennenzulernen? Besonders da sie erfüllt sind, demjenigen nachzueifern, von dem es heißt: ‚Dazu habe ich ihn (Abraham) auserkoren, daß er seinen Kindern befehle und seinem Hause nach ihm, daß sie des Herrn Wege halten und tun, was recht und gut ist' (Gen 18,19). Haben Sie Dank für die Freundlichkeit und prompte Übersendung des Neuen Testaments. Es wird mir helfen, in den Geist des Evangeliums einzudringen, um festzustellen, wieviel noch fehlt bis zu dem Punkt, wo der Geist Israels sich mit dem der Kirche und der Völker trifft." So schrieb dieser Reisegefährte mir einige Zeit später. Aber dann verlor ich ihn aus den Augen, und die Lage der Juden wurde schwerer und schwerer. Es war wohl im Jahre 1941, da kam in München eine jüdische Frau hilfesuchend zu mir; sie sei aus der Wohnung vertrieben – ob ich ihr nicht helfen könne? Wir hatten wohl eine Hilfsstelle für solche Menschen in München, auf die ich sie verwies, aber ob diese ihr helfen konnte, wußte ich nicht.

Was wir in den Anfangsjahren des Dritten Reiches an dem Auftun des Mundes und am Schreien für die Stummen versäumt haben, war 1943 nicht mehr nachzuholen. Und das, was wir etwa auch in der Münchner Studentengemeinde an Solidarität mit unseren in dieser Hinsicht gefährdeten Mitgliedern übten, reichte auch nicht aus. Im Blick auf die Juden im Dritten Reich ist mir klar: hier hätte auch der kirchliche Widerstand früher, bewußter und in der Erkenntnis beginnen müssen, wie sie Dietrich Bonhoeffer formuliert hat: „Wer nicht für die Juden schreit, kann auch nicht gregorianisch singen." Mich begleitet bis heute das lastende Wort von E. Rosenstock-Huessy aus den fünfziger Jahren: „Vielleicht wird es in Deutschland keine lebendige Kirche mehr geben, weil es hier keine Juden mehr gibt."

Nach dem Krieg hat das Thema der Schuld der Deutschen und die Schuld der Kirche uns in vielen Zusammenkünften und auf den verschiedenen Ebenen beschäftigt, veranlaßt auch durch das Stuttgarter Schuldbekenntnis des Rates der Evangelischen Kirche in Deutschland vom Herbst 1945. Die bayerische Pfarrerbruderschaft, unter deren Mitgliedern die Stimme von Männern wie Wilhelm Grießbach, Eduard Putz, Karl Steinbauer und – nach seiner Rückkehr aus langer Kriegsgefangenschaft – Georg Lanzenstiel weit über den engeren Bereich hinaus Geltung hatte, rang auf ihren alljährlichen Pfingsttagungen in Rummelsberg lange Zeit hindurch im Kreise ihrer Glieder und besonders auch mit Landesbischof Meiser um die rechte Bewältigung der Vergangenheit. Es machte uns Eindruck, daß er diesen Gesprächen nicht ausgewichen ist, sondern fast regelmäßig zu diesen Tagungen kam. Wir erlebten auch mit, wie einige Amtsbrüder, die nach 1933 zu den „Deutschen Christen" gegangen waren, auf dem Weg redlicher Umkehr wieder in die bayerische Pfarrerschaft zurückfanden. Der Bruderrat der Evangelischen Kirche in Deutschland, dem ich in diesen Jahren angehörte, hat sich in einigen auch von mir mitverantworteten ausführlichen Erklärungen zu dem bisherigen und zu einem neuen Weg der evangelischen Christenheit in Deutschland geäußert. Aber all dies zeigte mindestens ebensosehr unsere Versäumnisse und unsere Schuld wie die Erfüllung des Auftrags zum Bekennen.

Mein Amt als Vorsitzender der Deutschen Studentenpfarrerkonferenz machte mir auch meinen ersten Auslandsaufenthalt nach dem Krieg im Sommer 1948 möglich. In dem schweizerischen Alpenort Les Marécottes, nördlich des Montblanc-Massivs gelegen, hatte der Christliche Studentenweltbund zu einer vierwöchigen Erholungs- und Versöhnungsfreizeit eingeladen. Holländer, Amerikaner, Franzosen, schweizerische, auch deutsche Studenten und Studentinnen kamen zusammen. Geleitet wurde das Haus von dem sympathischen amerikanischen Ehepaar Keith und Elisabeth Bridston. Er war Studentenpfarrer und sie, die junge Hausmutter, konnte mich nicht oft genug fragen: „Do you feel comfortable?" Ich fühlte mich wohl. Besonders auf ausgedehnten Wanderungen gab es Gelegenheit zu guten Gesprächen, und wie von selbst spielte auch die schreckliche Vergangenheit, die zwischen uns lag, und der deutsche Anteil daran, der uns so sehr belastete, eine wichtige Rolle. Ich bin dankbar für die Feinfühligkeit, mit der wir deutschen Teilnehmer, Horst Bannach, Joachim Weigelt, Alex Funke, Johannes Hanselmann und andere aufgenommen wurden. Vor allem erinnere ich mich an eine ausführliche Diskussion an einem Abend, in deren Mitte die Rolle stand, die der Versailler Vertrag als Veranlassung zu einem zweiten Weltkrieg gespielt hatte. Ein Holländer, der offenbar die Materie sehr genau studiert hatte, wies darauf hin, daß dieser Vertrag fertiggestellt worden sei, ohne daß einer der verantwortlichen Vertreter der damaligen Siegermächte ihn vollständig zur Kenntnis genommen hatte. „Wir werden den Deutschen Bedingungen stellen, die wir selbst noch nicht gelesen haben. Ich glaube nicht, daß in der ganzen Weltgeschichte sich ein ähnliches Beispiel ereignet hat", schrieb damals der amerikanische Präsident W. Wilson in sein Tagebuch.[10] Indirekt wollte dieser Student damit auf die Gemeinsamkeit der Schuldzusammenhänge hinweisen, aus denen wir alle kamen.

Versöhnung

Zu der überwältigendsten Weise, das Trennende zwischen den ehemaligen Feinden zu überwinden und Schuld ohne viele Worte zu vergeben, rechne ich all das, was ich in meiner mehr als zwanzigjährigen Zugehörigkeit zum Nordisch-Deutschen Kirchenkonvent erfahren habe. Dieser lose Zusammenschluß von Christen, meist Theologen aus den nordischen Ländern und aus der DDR wie der Bundesrepublik, war nach dem Krieg vor allem aus der Initiative des norwegischen Gehörlosenpfarrers Dr. Bonnevie-Svendsen entstanden. Er hat es sich zur Aufgabe gemacht, in Rüstzeiten, die bis heute abwechselnd in den nordischen Ländern und in den beiden deutschen Staaten stattfinden, die durch den Krieg und die politische Entwicklung Getrennten unter dem Wort des Evangeliums zusammenzuführen. Die unaufdringliche Macht dieses Wortes und der hilfreichen Tat habe ich in diesem Kreis zum ersten Mal im Frühjahr 1951 bei einer theologischen Tagung im norwegischen Lifjell erfahren, zu der außer aus den nordischen Kirchen Theologen aus der sowjetisch besetzten Zone wie aus dem westlichen Deutschland eingeladen wurden. Die Professoren Ernst Sommerlath – Leipzig, Heinrich Vogel – Berlin, Ernst Wolf – Göttingen, konnten sich hier ebenso brüderlich aufgenommen fühlen wie kirchenleitende Persönlichkeiten, etwa Hanns Lilje – Hannover, oder Friedrich W. Krummacher, damals in Ost-Berlin. Hier begann auch meine Lebensfreundschaft mit dem dänischen Theologen Kristen Einar Skydsgaard – Kopenhagen. Der Primas der norwegischen Kirche, Bischof Smemo von Oslo, begrüßte uns im Gottesdienst in der alten Kirche von Nes und gebrauchte dabei zum ersten Mal wieder in der Öffentlichkeit die seit dem Kriege verfemte deutsche Sprache. Im Nordisch-Deutschen Kirchenkonvent, zu dessen Leitungsgremium ich bis vor wenigen Jahren gehörte, habe ich Jahr für Jahr erleben können, was in der Erneuerung des Verhältnisses zwischen den zerstrittenen Völkern die „Staatskunst des demütigen Herzens“ vermag.

Vergebung

Wie aber Schuld, Bekenntnis der Sünde und Vergebung der Sünden unmittelbar zueinander gehören und aufeinander warten, ist mir viel später noch einmal unmittelbar und unvergeßlich nahegekommen. Im Sommer des Jahres 1961 nahm ich an der Sitzung des Exekutivkomitees des Lutherischen Weltbundes in Warschau in Polen teil. Ausgerechnet der Vertreter der Lutherischen Kirchen Deutschlands wurde aufgefordert, in der Dreieinigkeitskirche in Warschau beim Eröffnungsgottesdienst die Predigt zu halten. „Sie können ruhig deutsch sprechen“, sagte mir mein Freund Wantula, der Bischof der evangelisch-lutherischen Kirche in Polen, der selber während des Krieges als Gefangener im Konzentrationslager Dachau gewesen war. Der Text der Predigt ist mir in Erinnerung geblieben: „Wir sind sein Werk, geschaffen in Christus Jesus zu guten Werken, welche Gott zuvor bereitet hat, daß wir darin wandeln sollen“ (Eph 2,10). Einige Tage darauf besuchte das ganze Exekutivkomitee mit allen Mitarbeitern das ehemalige Konzentrationslager Auschwitz. Natürlich redet man überall in Polen polnisch. Aber wenn man an ein Konzentrationslager kommt, erscheinen alle Inschriften in deutscher Sprache. So steht gleich über dem Eingangstor: „Arbeit macht frei“. Und dann wurden wir hindurchgeführt, zusammen mit christlichen Brüdern aus Frankreich, den USA, aus Holland, Norwegen, Schweden, aus Südamerika, und als Deutscher wußte man, was sie beim Anblick der Gefangenenzellen, der Gaskammern und der menschlichen Überreste aus der Lagerzeit dachten. Am Ende warf es mich in einer Ecke buchstäblich zu Boden. Ich betete den 130. Psalm: „Aus der Tiefe rufe ich, Herr, zu dir... So du willst, Herr, Sünden zurechnen, Herr, wer wird bestehen?“ Aber da war auch ein polnischer Pfarrer, der uns führte. Er war selber im KZ gewesen. Da es sehr heiß war, trug er über der Hose nur ein Sommerhemd mit kurzen Ärmeln, und man sah auf dem bloßen Arm noch die Gefangenennummer eintätowiert. An der Hand führte er sein vierzehn- bis fünfzehnjähriges Töchterlein. Ich fragte ihn: „Können

Sie eigentlich hier durch dieses Lager einen Deutschen führen?" Er antwortete mir mit einem warmen Lächeln: „Wir Christen können das doch aufgrund der Vergebung." So hat er, was ich nicht konnte, den 130. Psalm weitergeführt: „Bei dir ist die Vergebung, daß man dich fürchte."

Mit der Bewältigung der Vergangenheit sind wir Deutsche immer noch Tag für Tag beschäftigt. Historiker, Politiker, Journalisten, Fernsehleute arbeiten daran, in Filmen wie „Holocaust" und Ausstellungen wie „Europa unterm Hakenkreuz". Immer noch tauchen neue belastende Tatsachen und Ereignisse aus dieser Zeit auf, und Menschen in anderen Völkern blicken fragend auf uns: Was war nur über das deutsche Volk gekommen, daß es solche Wege gehen konnte? Auch wir selbst decken das ganze Geschehen auf und pflügen es immer von neuem um – ja, man kann auch darin herumwühlen, so daß viele unwillig werden und sagen: Laßt doch endlich die Vergangenheit ruhen und Gras darüber wachsen! Wie die Vergangenheit bis in die Wurzeln bewältigt werden kann? „Wir Christen können es aufgrund der Vergebung!"

In einem anderen KZ, in Dachau, habe ich im Jahre 1964 in Gegenwart von Vertretern aus der ganzen europäischen Christenheit und von Teilnehmern der Verfolgtenorganisationen, die meist selber als Häftlinge in Dachau gewesen waren, die Versöhnungskirche eingeweiht, die von der Evangelischen Kirche in Deutschland erbaut worden ist, und sie mit ihrem Dienst in die Obhut der Evangelisch-Lutherischen Kirche in Bayern übernommen. Tag für Tag wird auch dieses Lager von Menschen aus aller Welt aufgesucht. Ein Pfarrer ist da und Mitarbeiter, die die Gruppen nach Möglichkeit begleiten und in die Versöhnungskirche zu einer Andacht oder einem Gespräch einladen. Der Dienst der Versöhnung im Namen Jesu Christi, den Christen tun, kann in seiner Bedeutung nicht ernst genug genommen werden.

7. KAPITEL

Predigerseminar Erlangen/Nürnberg

Die Monate April und Mai 1945 verbrachte ich zum großen Teil noch in Bayreuth. Während die Reste des geschlagenen Heeres in die Gefangenschaft geführt wurden, die für nicht wenige noch viele Jahre dauern sollte, und während die Flüchtlingsströme durch die Lande zogen, stand mitten in der Umwälzung vieles still. Man konnte zerschossene Eisenbahnzüge auf freier Strecke noch Monate lang liegen sehen. Schulen und Universitäten waren geschlossen, Industriebetriebe arbeiteten kaum, soweit sie überhaupt noch existierten; später wurden ihre Maschinenanlagen zum großen Teil demontiert und in die Siegerländer weggebracht. Eine Zeitlang hatte auf seiten der Sieger sogar der Plan bestanden, Deutschland zu einem reinen Agrarland zu machen. Auch die Verkaufsläden waren längere Zeit vielfach meist geschlossen; soweit sie am Kriegsende noch Bestände hatten, waren sie von den freigekommenen Ausländern und Kriegsgefangenen, aber auch von Einheimischen ausgeplündert und demoliert worden. In Bayreuth habe ich nicht wenige derartige Szenen sehr unmittelbar miterlebt. Der Inhaberin eines angesehenen Wäsche- und Stoffgeschäftes, die so den Rest ihrer Waren verloren hatte, nagelte ich die eingeschlagenen Fenster und Türen mühsam und notdürftig zu.

Während Landesbischof Meiser schon bald nach der Kapitulation sich wieder mehr in München aufhielt, wo die Verhandlungen mit der Besatzungsmacht und den von ihr eingesetzten Dienststellen zu führen waren, behielt der Landeskirchenrat seinen Dienstsitz noch einige Wochen in Ansbach. In einer der ersten Sitzungen, zu denen ich von Bayreuth aus mit dem Fahrrad nach Ansbach fuhr, wurde ich zum Rektor des Landeskirchlichen Predigerseminars ernannt. Dieses Seminar, das jungen Theologen nach Abschluß ihres Universitätsstudiums beim Übergang in den praktischen Dienst des Pfarrers helfen soll, hatte ich schon zu Beginn des Krieges kommissarisch geleitet. Nun sollte es baldmöglichst seine Arbeit wiederaufnehmen und die jungen Pfarrer sammeln, die aus Krieg und Gefangenschaft heimkehrten. Das Gebäude in Nürnberg war freilich zerstört. Wo und wie ich das Seminar einrichten und durchführen sollte, blieb mir überlassen. Ich freute mich auf die neue Arbeit.

Zwischenzeit

In der Zwischenzeit von April bis Juni unterstützte ich zunächst noch den Kreisdekan von Bayreuth. Da waren besonders viele Gespräche mit Pfarrern zu führen, die als entlassene Soldaten oder als Flüchtlinge aus den Ostgebieten kamen und um Verwendung und Aufnahme für sich und ihre Familien baten. Wir gingen auf solche Bitten ein, so gut es möglich war, und nicht wenige vakante Pfarrstellen konnten auf diese Weise wenigstens vorläufig mit „Amtsaushilfen" besetzt werden. Man mußte freilich nicht selten auch die Angaben und Personalverhältnisse der Bittsteller sehr genau prüfen. Immer wieder gab es unter den Bewerbern, deren Papiere oft sehr lückenhaft waren, auch einen, der gemerkt hatte, daß nun die Kirche wieder etwas galt – war es nicht vorteilhaft, sich jetzt an sie zu halten? So gelang es gewiegten Hochstaplern nicht selten einen Pfarrer zu spielen, und durch Wochen und Monate hörte die Gemeinde auch nichtsahnend solche Predigten, bis früher oder später dann doch der Betrug offenbar wurde. Um den Kontakt mit den Pfarrern und Gemeinden im Kirchenkreis Bayreuth wiederaufzunehmen, machte ich weite Märsche nach Warmensteinach, Bischofsgrün und Bad Berneck, nach Mistelgau und Mengersdorf – zu Fuß; denn es war noch nicht ratsam, das Fahrrad zu benützen. In Mengersdorf hatten wir noch kurz vor dem Einmarsch der Amerikaner das junge Pfarrersehepaar Behringer „installiert". Als meine Frau und ich viele Jahre später öfter in ihrem Hause einkehrten, haben wir uns oft an diese schwierige Anfangszeit erinnert.

Es war eine eigenartige Zwischensituation, in der wir uns damals befanden. Man hatte gedacht, das ungeheure Maß der Leiden und ständig wachsenden Beschwerden sei nun zu Ende. Aber es kamen neue Plagen: Beschlagnahmen von Wohnungen durch die US-Besatzungsmacht, Verhaftungen, Berufsverbote – vieles als Folge des verlorenen Krieges und als Antwort auf das eben gestürzte Regime bei uns. Die von der Besatzungsmacht angeordnete „Entnazifizierung" mit ihren überdimensionalen Fragebogen erreichte nur wenig von ihren groß angelegten Zielen; sie schuf zugleich neue Ungerechtigkeiten und enthüllte die Unvollkommenheit der menschlichen Natur in peinlichster Weise. Es wäre freilich ungerecht, wollte ich nicht sofort hinzufügen, daß wir bald auch die große Hilfe der Christen Amerikas erfuhren, als der Hunger in Deutschland noch größer wurde als während des Krieges. Die sorgfältig und sinnvoll zusammengestellten CARE-Pakete, die wir vom Jahre 1946 an in bemessenen Abständen erhielten, haben nach menschlichem Ermessen auch einigen unserer Kinder das Leben gerettet. Und der Name von Mr. Schindeldecker aus Farmington/ Minnesota, der bis in das Jahr 1948 hinein uns abgelegte Kleider schickte, sei auch hier dankbar erwähnt.

In dieser Zeit lernte ich auch den späteren Politiker und Bundestagspräsidenten Eugen Gerstenmaier kennen. Er war als Gefangener und Verurteilter des 20. Juli 1944 in das Zuchthaus Bayreuth gebracht und dort von den Amerikanern befreit worden. Zusammen mit dem ebenfalls freigekommenen Fürsten Fugger von Glött suchte er uns im Amtszimmer des Kreisdekans auf, geladen mit Aktivität und mit zahlreichen Gedanken für einen neuen Anfang. Vor allem den Plan eines großen sozialen Hilfswerkes, den er später so wirkungsvoll durchführte, hat er schon damals in großen Zügen entwickelt.

Große Pause

Für mich freilich kam zunächst, als ich nach dieser Zwischenzeit das neue Amt antreten wollte, eine unerwartete, lange Pause. Da an Nürnberg als Sitz des Predigerseminars nicht zu denken war, wollte ich es vorläufig in Erlangen eröffnen; ich erhoffte für die Kandidaten, die oft bis zu acht Jahren Arbeits- und Soldatendienst hinter sich hatten, auch von der Nähe der Theologischen Fakultät manche Hilfe. Das leerstehende Uttenreuther-Haus in der Friedrichstraße wurde mir von der vorläufigen Stadtverwaltung zugesprochen. Ich fuhr, wieder mit dem Fahrrad, von Erlangen nach Erbendorf um die „Heimholung" der Familie nach Erlangen in die Wege zu leiten. Nach mehreren Tagen kehrte ich, mit dem ältesten Sohn Wolfgang auf dem Rücksitz des Fahrrads, nach Erlangen zurück. Wer beschreibt meine Enttäuschung, als das Uttenreuther-Haus anderweitig besetzt war! Die Universitätshautklinik, die ihrerseits aus ihrem Gebäude durch die Amerikaner vertrieben war, hatte ebenfalls einen Schlüssel für das Haus und hatte durch Verhandlungen erreicht, daß es ihr als Ausweichquartier zugesprochen wurde! Und eine Hautklinik mit einer Geschlechtskrankenabteilung war in diesen Zeiten natürlich nötiger als ein kirchliches Predigerseminar. So saß ich mit der bald aus Erbendorf nachkommenden Familie zwar nicht auf der Straße – sie fand in den nicht weit voneinander liegenden Wohnungen der Eltern und der Schwiegermutter rührende Aufnahme, wenn auch unter sehr beengten Verhältnissen. Aber den Betrieb eines Seminars aufzunehmen war vorerst nicht möglich, trotz aller Verhandlungen, die ich mit der Stadtverwaltung, mit dem von den Amerikanern vorläufig ernannten Universitätspräsidenten Prof. Paul Althaus und besonders mit der amerikanischen Militärregierung führte. Dabei waren einige der jungen Amtsbrüder bereits nach Erlangen gekommen und warteten mit mir auf die gemeinsame Arbeit. Die unwillkommene Wartezeit nützten wir u. a. auch damit aus, daß wir im Reichswald Holz sammelten und Wurzelstöcke ausgruben, um Heizmaterial für den Winter zu haben.

Dies war also die Pause. Nicht einfach ein „Nullpunkt", aber eben die unerwartete Pause. Während im kirchlichen Leben alle, oft mit erhobenem Haupte, neu ans Werk gingen, während mit fieberhaftem Eifer schon im Sommer 1945 neue Konzeptionen für kirchliche Zusammenschlüsse in der evangelischen Christenheit in Deutschland erarbeitet wurden, während die Dienstreisen und Konferenzen trotz aller Erschwerungen überall wieder anliefen, während die Entwürfe für neue politische Parteien, vor allem für eine Partei, die aus gesamtchristlicher Verantwortung von Katholiken und Protestanten eine Neugestaltung der politisch-gesellschaftlichen Verhältnisse versuchen wollte, diskutiert wurden, während viele andere ihre Stunde gekommen wähnten oder wußten, saß ich da, nicht ohne Arbeit – die kam schon –, aber ohne die Möglichkeit, meinen konkreten Auftrag zu erfüllen. Woche um Woche verging – ich wurde nicht gebraucht. In solcher Lage dauert es nicht lange, und man wird unsicher und fragt: braucht Gott mich nicht? Wir hatten überlebt, allein aus Gottes Gnade. Und ich machte mir viele Gedanken über den Weg, den wir Christen in dieser Situation suchen mußten. In mein Tagebuch schrieb ich am 31. Mai: „Wir dürfen nicht vergessen, daß wir nur eine schmale Basis haben, . . . daß der Boden der Kirche in der Welt sehr gering ist. Was wir jetzt vor uns haben, ist eine sehr begreifliche Erscheinung: weil die Kirche die Größe geblieben ist, die allein den Umsturz überdauert hat, weil sie von den Amerikanern gestützt wird, darum flieht alles zu ihr. Aber das Lebensgefühl unserer Zeit ist ein anderes . . .".

Immer mehr wurde mir bewußt: Vor uns lag fast greifbar deutlich, was herauskommt, wenn der Mensch das Maß verliert: lauter Trümmer! „Was Menschenkraft und -witz anfäht, soll uns billig nicht schrecken. Es sitzet an der höchsten Stätt, der wird ihr'n

Rat aufdecken!" hatten wir in der Kirchenkampfzeit gesungen. Nun hatten wir es am eigenen Leib erfahren. Auch für die Kirche selbst mußte das doch nun am Tage liegen. Und sie tat nicht gut daran, zu glauben oder den Glauben zu nähren, daß sie selbst die harte Probe des Kirchenkampfes rühmlich bestanden habe. Eher war sie „wie ein Brandscheit, das aus dem Feuer gerissen wird" (Am 4,11). Und das Stuttgarter Schuldbekenntnis, das der vorläufige Rat der Evangelischen Kirche in Deutschland im Oktober 1945 ablegte, hatte wahrhaftig seinen Grund: „Wir klagen uns an, daß wir nicht mutiger bekannt, nicht treuer gebetet, nicht fröhlicher geglaubt und nicht brennender geliebt haben . . .".

Martin Niemöller

In dieser Zeit bin ich zum ersten Mal auch Martin Niemöller persönlich begegnet; vorher waren wir mit ihm nur über seine Frau in Verbindung gekommen, die meist bei dem Schwager Kurt Frör in München gewohnt hatte, wenn sie ihren in Dachau gefangenen Mann besuchen durfte. Nach seiner Befreiung aus dem Konzentrationslager sah man ihn weltweit als das Symbol des Widerstandes im Dritten Reich an. In einem Vortrag in Erlangen Anfang 1946 meinte er u. a.: „Es ist eine große Stille da. Vielleicht haben wir das Wort noch nicht, das in diese Stille hinein gesagt werden soll. Vielleicht ist die Gemeinde bereit zu hören." Niemöller hat damals viel von Kollektivschuld gesprochen, und wir haben auf der Erlanger Pfarrkonferenz darüber mit ihm diskutiert. Aber dieser Ton, nämlich das Wort von der Stille, das ich als erstes von ihm vernommen habe, ist mir am stärksten in Erinnerung geblieben, vielleicht auch deshalb, weil es aus seinem Munde ungewohnt war. Ich habe Niemöller später noch häufig getroffen, auf EKD-Synoden und ökumenischen Versammlungen; ich habe zusehen müssen, wie er mit Freunden und mit Feinden stritt, habe aber auch einige Male erlebt, wie er sich versöhnen konnte; ich hörte ihn jeweils rücksichtslos aussprechen, was er als die Wahrheit für den Augenblick erkannt hatte und was nicht selten auch Bestand haben konnte, aber ich bin mit vielen seiner Widersprüchlichkeiten nicht fertig geworden; ich habe teilgenommen an seinem Schmerz und seinem Schuldbewußtsein, als seine erste Frau bei einem Autounfall, wo er selber den Wagen lenkte, ums Leben kam. Aber wenn ich sein Bild und seine Wirkung in der evangelischen Christenheit in Deutschland überdenke, füge ich dieses sein Wort von der großen Stille als für mich unverzichtbar hinzu, auch deshalb, weil ich es anderswo selten gehört habe. Dahinter stand wohl auch die Meinung, daß es jetzt galt, allein die Barmherzigkeit Gottes mit uns zu glauben und zu leben. „Jetzt müßte nochmals eine Sintflut kommen“, rief ein ehemaliger SS-Mann aus, als allmählich herauskam, was unter uns alles an Greuel geschehen war. „Und auch einen Noah darf er jetzt nicht mehr übriglassen.“ Aber Gott ließ den Noah noch übrig und viele andere auch. Und wenn er uns jetzt doch noch einmal brauchte, war es allein seine Barmherzigkeit.

Rechtfertigungsbotschaft

Ich mußte in diesen Monaten viel mit Niedergeschlagenheit kämpfen. Aber mehr noch als zu anderen Zeiten fing ich auch damit an, über die reformatorische Rechtfertigungsbotschaft nachzudenken. Gab sie nicht gerade in unserer „Nullpunkt“-Situation das rechte Maß für das Verhältnis zwischen Gott und Mensch, auch für das Tun des Menschen? „Wir sollen Menschen und nicht Gott sein. Das ist die Summa“, hieß es in Luthers Coburgbriefen, die wir während der Auseinandersetzung mit dem Nationalsozialismus so intensiv gelesen hatten.[11] Und anderswo fand ich geradezu bei ihm als die entscheidende Definition des Menschen: „Hominem justificari fide“ (WA 39 I, 175 f) – daß der Mensch durch den Glauben gerechtfertigt wird. Hier war das Maß des Menschen beschrieben und gewonnen aus seinem Verhältnis zu Gott. Gott könnte auch ohne dich wirken, merkte ich; wenn er dich braucht, ist es Gnade. Oft geschieht ja auch das Beste ohne unser Tun und gegen unser Planen und Wollen. So lernte ich auch Sören Kierkegaards Beschreibung der Rechtfertigungsbotschaft verstehen: „Eigentlich ist doch dies der einzige Gedanke, in dem ein Mensch Ruhe finden kann, daß, wenn er etwas tut nach reiflichster Überlegung – und es dann doch verkehrt war: daß dann Gott der ist, der trotzdem etwas Gutes daraus machen kann; daß ein Mensch eigentlich nicht viel anderes tut als alles verkehrt machen, und Gott dagegen nichts anderes tut als es wiedergutmachen.“ Und in meinen Gesprächen mit Amtsbrüdern sowie in den Vorträgen der kommenden Jahre spielten Themen eine Rolle, die mit der Rechtfertigungsbotschaft zusammenhingen: „Rechtfertigung und Verkündigung – Prediger und Gemeinde unter der Rechtfertigungsbotschaft – Der Unterricht in der biblischen Geschichte unter der Rechtfertigungsbotschaft.“ Später glaubte ich auch beim Studium von nichttheologischer Literatur oft zu erkennen, daß nicht wenige Nichttheologen unter den Dichtern und Schriftstellern, ja auch manche Atheisten unter ihnen, gewisse Aspekte dieser Rechtfertigungsbotschaft deutlicher erkannten und lebensnäher auszusprechen vermochten als wir Theologen. So fing ich an, Albert Camus zu studieren und etwa sein Wort zu bedenken: „Warten Sie nicht auf das Jüngste Gericht. Das Jüngste Gericht findet alle Tage statt." Ja, sogar aus Arthur Millers „Nach dem Sündenfall" hörte ich die Ahnung des Verlangens nach der Rechtfertigungsbotschaft heraus: „Ich habe das Leben immer als eine Art Gerichtsverhandlung angesehen, als eine wichtige Beweisaufnahme..." Und dann begegneten uns beinahe als erste ausländische Literatur nach dem Krieg Graham Greenes Romane „Die Kraft und die Herrlichkeit" und „Das Herz aller Dinge". In diesen Romanen, hat man gesagt, sehe sich der Mensch „vor Entscheidungen gestellt, die keinen anderen Ausweg als den in die göttliche Gnade offenlassen". Wie gut, denke ich im Rückblick, war diese große Pause für den durch die unruhigen Jahre des Krieges doch etwas abgeschafften „Hilfsarbeiter"!

Erlangen, Fahrstraße 15

Um so größer war nach der monatelangen Wartezeit die Freude und Erleichterung, als uns endlich im Dezember 1945 das Haus des Martin-Luther-Bundes in der Fahrstraße 15 zugewiesen wurde. Allerdings in welchem Zustand! Es hatte seit dem Kriegsende als Lazarett für haut- und geschlechtskranke schwarze amerikanische Soldaten gedient. Diese waren eben ausgezogen, hatten alle Fenster offenstehen lassen – es war nicht erlaubt sie zu schließen –, und als wir im Januar einziehen durften, war infolge einer grausamen Kältewelle die Heizung mit fast allen Heizkörpern und Rohrleitungen eingefroren. Dem Erlanger Heizungsmonteur, der trotz allem, ohne Ersatzteillager, die Heizkörper Stück für Stück reparierte und die durch den Frost geplatzten Heizungsrohre, die in der Wand liefen, auswechselte, danke ich bis heute! Mitte Januar konnten wir beginnen. Etwa fünfzehn junge Theologen waren gekommen: mehr konnte das Haus, in dessen unteren Räumen der Martin-Luther-Bund seine Geschäftsräume wieder einrichtete und in dem auch wir Wohnung finden mußten, nicht aufnehmen. Ich denke noch an die erste Andacht, die wir miteinander nach schmerzhafter und für viele jahrelanger Wartezeit hielten: „Ein jeglicher Mensch, der da ißt und trinkt und hat guten Mut in seiner Arbeit, das ist eine Gabe Gottes"

(Pred 3,13). Am 27. Januar führte mich Landesbischof Meiser in einem festlichen Gottesdienst in der Neustädter Kirche in mein neues Amt ein unter dem Pauluswort: „Was du von mir gehört hast vor vielen Zeugen, das befiehl treuen Menschen an, die da tüchtig sind auch andere zu lehren“ (2 Tim 2,2). Meine Einführungspredigt über das Gleichnis vom Weinstock und den Reben (Joh 15,1–5) versuchte den Dienst eines Pfarrers in der gegenwärtigen Situation darzustellen – was für eine ungeheure, aber lebenswichtige Aufgabe!

Sie aber saßen nun vor mir und mit mir zusammen, die ersten Kandidaten, dem Grauen des Krieges entronnen, viele mit den sichtbaren Zeichen schwerer Verwundung und mit dunklen, belastenden Erlebnissen, die noch nicht verarbeitet waren und von denen sie erst langsam, langsam erzählen würden. Aber nun galt es: „Predige das Wort, stehe dazu, es sei zur Zeit oder zur Unzeit...“ (2Tim 4,2). Darum ging unsere zentrale Bemühung, wie man heute die Christusbotschaft glaubwürdig verkündigen könne – noch habe ich im Ohr, wie einer aus dem ersten Kurs eben diese Frage stellte. Durch alle Fächer, in die wir unsere Arbeit gliederten, zog sie sich, besonders natürlich durch unsere homiletischen Übungen. Jeden Predigttext befragten wir in sorgfältigem exegetischem, systematisch-theologischem und geistlichem Hören: wie kannst du uns den Herrn Jesus Christus, den dreieinigen Gott in seinem Wirken unter uns zeigen? Es waren meist vier Schritte, die wir dabei unternahmen: a) Worauf will der Text hinaus? b) Wie steht er im Gesamten der biblischen Botschaft? c) Wie trifft er mich selbst, den Prediger, in meiner Existenz? d) Wie sieht die Gemeinde aus, der ich nun die Botschaft sagen soll?

Dem damaligen Rektor des Predigerseminars war vom Landeskirchenrat und dem zuständigen Referenten Lic. Wilhelm F. Schmidt in der Gestaltung seiner Arbeit mit den Amtsbrüdern fast völlig freie Hand gelassen. Ich empfand dies als Zeichen großen Vertrauens. Nicht selten sagte ich mir Luthers Sätze über das Werk eines evangelischen Predigers vor, „daß er Gottes Reich mehrt, den Himmel füllt mit Heiligen, die Hölle plündert, den Teufel beraubt, dem Tode wehrt, der Sünde trotzt; darnach unterrichtet und tröstet er die Welt, einen jeglichen in seinem Stande, hält Frieden und Einigkeit, zieht fein junges Volk auf und pflanzt allerlei Tugend im Volk...“ (Auslegung des 82. Psalms). Ein anderes Konzept hatte ich im Grunde nicht, wenigstens nicht für die mir jetzt unmittelbar übertragene Aufgabe, und darin galt es, sich Schritt für Schritt weiterzutasten. Dabei war ich besonders für die Arbeitsgemeinschaft mit den Brüdern dankbar, die als Inspektoren mit mir ebenso

Predigerseminar Erlangen, 1947

nach dem rechten Auftrag fragten. Nicht zu vergessen war auch die tüchtige, erfahrene Hausmutter, die Neuendettelsauer Schwester Rosine Pinsel, der die Gemeinschaft des Hauses gerade für den Neuanfang viel verdankte.

Das Seminar war vorerst das einzige in der Landeskirche. So hielt ich Halbjahreskurse, um jedes Jahr zwei Jahrgänge aufnehmen zu können; faktisch dauerte ein Kurs drei bis vier Monate. Die kurze Zeitspanne zwang dazu, den Stoff auf das Nötigste zu beschränken. Dazu gehörte ein systematisch und stetig geübtes Bekanntwerden mit der Heiligen Schrift in kursorischer Lektüre, homiletische und katechetische Übungen in Schulen und Gemeinden. Die wichtigen Fragen nach der Gemeinde Jesu Christi, wie sie zu verstehen ist, wie heute ein Pfarrer der Gemeinde begegnen muß, wie er den einzelnen nachgehen, wie er seelsorgerliche Gespräche führen, wie er Mitarbeiter gewinnen und, wenn Gott es gibt, geistliche Gaben wecken kann, waren in dem Fach „Gemeindeaufbau und Seelsorge" zusammengefaßt. Möglichst häufig versuchten wir diese Fragen auch in unmittelbarem Kontakt mit Gemeinden und in Gesprächen mit Pfarrern zu klären. Und wie man eine Taufe zu halten hat, konnten wir als Familie selber zeigen, als unsere Eva, unser 6. Kind, geboren war. Sie wurde im Mai 1947 getauft. Die ganze Hausgemeinde zog mit in die Neustädter Kirche; dort hielt Dekan Walter Künneth eine tiefgründige Taufrede und nahm uns damit alle in das Geschehen mit hinein. Darnach versammelte sich die ganze Gemeinschaft im Hause zu einem fröhlichen Tauffest.

Besondere Sorgfalt verwendete ich auf die Stunden über Fragen der persönlichen Lebensführung, die ich Pastoraltheologie nannte. Hier ging es um die „praxis pietatis“, d. h. die Gestaltwerdung des Glaubens, insbesondere in Gebet und Meditation, ebenso aber um die geistliche Lebensordnung im Pfarrhaus und in der Pfarrersehe. Viele der Brüder waren ja bereits verheiratet, und es war wohl ein nicht geringes Opfer, wenn sie nun noch einmal, wenn auch nur für wenige Monate, sich aus der Familiengemeinschaft losreißen und hier im Seminar ein gemeinsames Leben führen mußten. Aber sie nahmen es auf sich, und wenn sie später das zehn- oder fünfundzwanzigjährige Jubiläum ihrers „Kurses“ feierten, war es doch oft erstaunlich, wie stark diese wenigen gemeinsamen Wochen und Monate sie miteinander verbunden hatten. Die heutige Ausbildungsordnung, die dem Wandel der Verhältnisse Rechnung trägt, hat dem Seminar diese Möglichkeit, Gemeinschaft zu bilden, nach meinem Eindruck nur zum geringen Teil gelassen. Das scheint mir auch nach Gesprächen mit vielen „Betroffenen“, bei aller Würdigung der menschlichen und sozialen Veränderungen, die dazu geführt haben, auf die Dauer ein für die Pfarrerschaft fühlbarer Mangel zu sein. Hatten die jungen Brüder nicht vorher noch ganz andere Lasten auf sich nehmen müssen? Sie lernten dabei wohl auch etwas von der Ganzheit des Pfarrerdienstes zu ahnen, der nicht abseits vom persönlichen Leben geleistet werden kann. Im übrigen wurden die Frauen und Bräute während eines jeden Kurses mindestens einmal für ein Wochenende in das Seminar eingeladen, damit auch ihnen diese Gemeinschaft vertraut wurde, in der ihre Männer lebten, und in der sie sich auch später immer wieder sammeln sollten.

Neben dieser Hauptaufgabe im Predigerseminar liefen andere Verpflichtungen weiter. Oberkirchenrat Julius Schieder in Nürnberg hatte wohl besonders klar den tiefen Einschnitt erkannt, den die fast völlige Zerstörung einer Stadt wie Nürnberg auch für das volkskirchliche Leben bedeuten würde. Als Kreisdekan bemühte er sich um eine Belebung der Gemeinden aus dem Evangelium heraus. Bald begann er mit evangelischen Wochen und Gemeindetagen. Regelmäßig wurde ich zur Mitarbeit daran gebeten und kam oft zu Vorträgen nach Nürnberg und in viele andere Orte. „Luther und die Feier der Sakramente – Luther und sein Herr Christus“ waren einige

Themen im Lutherjahr 1946. Als die Kriegsverbrecherprozesse in Nürnberg stattfanden, nützte Schieder auch seine Verbindung zu dem amerikanischen Militärchaplain, der für das große Gefängnis zuständig war. Ein Kreis von Mitarbeitern schrieb Andachten und Betrachtungen, die den Gefangenen durch den Chaplain zugestellt wurden. Als die zum Tode verurteilten Hauptkriegsverbrecher auf die Vollstreckung des Urteils warteten, arbeiteten wir für sie eigene kurze Andachten aus, die mit einem Gebet schlossen. Einige dieser Männer hatten, wie uns berichtet wurde, auch eine Umkehr erfahren. Mir fiel die Andacht für den Hinrichtungstag zu. Ich habe sie aufgrund der Bitte des mit Jesus gekreuzigten Schächers in Lk 23,42.43 geschrieben: „Herr, gedenke an mich, wenn du in dein Reich kommst ...“.

Zur Vertretung des vakanten Lehrstuhls für praktische Theologie an der Theologischen Fakultät hielt ich im Wechsel mit Professor Leonhard Fendt jeweils im Semester ein katechetisches oder homiletisches Seminar. Dem damaligen Universitätsmusikdirektor Professor Georg Kempff, dessen Bachmusik im Gottesdienst und in vielen Konzerten in jenen drangvollen Jahren für ungezählte Menschen eine heute wohl kaum mehr vorstellbare Stärkung des Glaubens war, rechnete ich es hoch an, daß er es sich nicht nehmen ließ, in unseren bescheidenen Seminarübungsgottesdiensten in der damaligen Christuskirche am Bohlenplatz regelmäßig den Orgeldienst zu tun. Mit vielen künftigen Lehrern an Volksschulen schloß ich dadurch gute Bekanntschaft, daß ich in den an der Universität einige Jahre lang eingerichteten Abiturienten-Kursen die Einführung in den Religionsunterricht übernahm.

In diese Jahre fällt auch meine engere Verbindung zum Mütterdienst in Stein, dessen Arbeit ich seit 1935 aufgrund meiner Bekanntschaft mit Frau Dr. Antonie Nopitsch und Frau Liselotte Nold mit großer Freude und aktiver Teilnahme verfolgt hatte. Frau Maria Weigle, deren originale Methode der Bibelarbeit besonders mit Frauenkreisen ich schon 1939 den Kandidaten des Predigerseminars vermittelt hatte, bat mich für die Fächer Glaubenslehre und Seelsorge in der von ihr geleiteten Bibelschule für Gemeindehelferinnen. Ich habe diesen Dienst bis 1953 mit Freuden getan.

Nürnberg, Veilhofstraße 24

Sehr bald nahm ich von Erlangen aus den Wiederaufbau des Seminargebäudes in Nürnberg in Angriff. Es war ja auch abzusehen, daß das Mietverhältnis mit dem Martin-Luther-Bund in Erlangen nicht auf die Dauer bestehen könne. Vom Landeskirchenrat aus sah sich der Zustand des Gebäudes in der Nürnberger Veilhofstraße freilich so trostlos an, daß man einen Wiederaufbau nicht mehr für möglich hielt. Mit Baufirmen war jedenfalls zunächst nichts zu machen. So ging denn die „Baufirma Predigerseminar" selber ans Werk, das im übrigen bei genauem Zusehen durchaus nicht so hoffnungslos war; hatte doch die Bauruine in Nürnberg dank der Energie und diplomatischen Kunst der Hausmutter Schwester Margarete Gugel noch im Krieg ein Notdach erhalten, das sie vor der völligen Zerstörung der Bausubstanz bewahrte. Da in einem einigermaßen verschonten Raum noch die Stationierung einer Polizeiwache möglich war, hatte Schwester Margarete es fertiggebracht, das Gebäude für „kriegswichtig" erklären zu lassen. Jeweils an einem Nachmittag in der Woche fuhr nun die gesamte Belegschaft des Seminars von Erlangen nach Nürnberg; dort buddelten wir aus dem Schutt die noch brauchbaren Backsteine, klopften sie ab und schichteten sie auf für den künftigen Wiederaufbau. Auf Hinweise von findigen anderen Mitarbeitern besuchte ich Ziegeleifirmen und Glas- und Heraklithfabriken in der näheren und weiteren Umgebung und bettelte um alles, worum es nur für einen solchen Bau zu betteln galt. In Gemeinden, die vom Krieg verschont waren, hielt ich Vorträge und Predigten und bat um Bauholz. Vom fernen Frankenwald bekam ich die langen, dicken Balken, die anstelle der verbrannten Trägerbalken in den Boden für den ersten Stock eingesetzt werden mußten. Von der Diakonissenanstalt Neuendettelsau erreichte ich, daß schon lange vor der Wiederinbetriebnahme Schwester Rosa Hacker als künftige Hausmutter abgeordnet wurde. Sie zog in einen der ersten fertiggestellten neuen Räume ein und wühlte sich unverdrossen durch Staub und Schmutz hindurch. In mühsamer, aber fröhlicher Arbeit konnte das Gebäude Stück für Stück wieder für seinen Zweck wenigstens einigermaßen hergerichtet werden, bis dann mit der Währungsreform im Juni 1948 die Möglichkeiten zwar viel teurer, aber reichhaltiger wurden. Wie stolz war ich, als eine von mir selbst erdachte Konstruktion aus einfachen Latten und Heraklithplatten für eine Notdecke über den Räumen des ersten Stocks funktionierte! Später, im Jahre 1952, habe ich noch einmal einen Aufbau des Hauses durchführen müssen, natürlich unter wesentlich besseren wirtschaftlichen Bedingungen. Aber dieser erste, in dem man sich alles mühsam erarbeiten mußte und über jedes gelungene Stück froh war, lebt jedenfalls in der Erinnerung als viel, viel schöner fort!

Am 18. September 1948 konnten wir den Umzug von Erlangen nach Nürnberg für das Seminar wie für unsere Wohnung durchführen. Deprimierend sah allerdings noch die Umgebung aus, in die wir kamen; gerade das Wöhrder Viertel war im Krieg fast vollständig zerstört worden. Auf dem viertelstündigen Weg vom Rathenauplatz zur Veilhofstraße stand kaum ein Haus; man ging durch lauter Trümmer. Beinahe das einzige Zeichen des Lebens war für Monate eine kleine Rollbahn, mit der der Schutt weggeschafft wurde. Erst mit Beginn der fünfziger Jahre schritt der Wiederaufbau energisch voran. Um so dankbarer waren wir, daß wir in ein halbwegs bewohnbares Haus hatten einziehen können. Es war eine große Freude zu sehen, wie die Kinder nach den sehr beengten Erlanger Wohnverhältnissen mit ausgebreiteten Armen von der in bescheidenem Glanz erstrahlenden geräumigen Wohnung in der Veilhofstraße Besitz nahmen – so etwas hatten sie noch nie erlebt! Sie sollten auch in diesen Räumen einige besonders schöne Jahre erleben. Das Beieinander von Wohnung und Arbeitsstätte ermöglichte dem Vater, wenn er nicht auf Reisen war, die Teilnahme an den gemeinsamen Mahlzeiten zu Hause und konsolidierte überhaupt unser durch den Krieg jahrelang belastetes und zerrissenes Familienleben. In dem großen Garten des Seminars fanden die Kinder unerschöpfliche Möglichkeiten zum Spielen. In jedem Kandidatenkurs gab es einige, mit denen sie sich unbefangen anfreunden konnten. An den Hausandachten im Betsaal, die für die ganze Hausgemeinde gehalten wurden, nahmen sie gerne teil und konnten die verschiedenen liturgischen Psalmtöne mindestens ebensogut singen wie manche Vikare. Für die Volksschüler lag die Bismarckschule in der Nähe, und das ebenfalls nicht weit entfernt von uns gelegene Melanchthon-Gymnasium in der Sulzbacher Straße, in dem einst der Großvater Friedrich Stählin als Direktor gewirkt hatte, war das gern besuchte Ziel der Größeren, die damit auch die Tradition ihrer Eltern fortsetzten. Am 31. Mai 1952 wurde unser 7. Kind, der 4. Sohn, im Hause geboren. Wir nannten ihn Albrecht – und waren selber überrascht, als einige Zeit später Freunde unseren geschichtlichen Sinn bewunderten: Albrecht hatte mit Albrecht Dürer, dem großen Sohn Nürnbergs, den Geburtstag und die Initialen gemeinsam!

Ende September 1948, also bald nach unserem Einzug und noch ehe die letzten Handwerker das neu gerichtete Gebäude verlassen hatten, zog der erste Seminarkurs in das Haus ein, das nun bis zu 25 Teilnehmer in Zwei- oder Dreibettzimmern beherbergen konnte.

Gerade diese erste Nürnberger Mannschaft ragt aus der Zahl der sechzehn Kurse, die ich von 1946 bis 1953 gehalten habe, aus mancherlei Gründen hervor. War es die gute Kameradschaft, die viele von den älteren Teilnehmern während des Krieges gelernt und nun mitgebracht hatten? War es die Lernbereitschaft der jüngeren, die sich auf das Amt mit Freuden vorbereiteten? Jedenfalls wuchsen die Teilnehmer dieses Jahrgangs in besonders beglückender Weise zusammen. Vielleicht geschah dies gerade auch unter mancherlei nicht leichten inneren Auseinandersetzungen, die ebenfalls ausgetragen werden mußten. Dem Bericht eines der Kursgenossen entnehme ich einige Sätze, die überhaupt Einblick in das gemeinsame Leben der damaligen Seminaristen geben können: „Der Kurs setzte sich", schrieb er, „aus langgedienten Soldaten und Kriegsheimkehrern zusammen, die Mehrzahl ehemalige Offiziere, Durchschnittsalter 32 Jahre. Unvergessen ist uns, wie der seinerzeitige Landesbischof Meiser uns seine Verwunderung bekundete, daß wir alle ohne landeskirchliche Zustimmung im Krieg bereits geheiratet hatten und sogar über eine stattliche Zahl von Kindern verfügten. So war es auch ein Ereignis, daß mit Ihrer Erlaubnis unsere ‚Kriegsfrauen' uns mit Holzgaslastautos besuchen konnten und die zölibatäre Ordnung des Predigerseminars durchbrochen wurde. Überhaupt war es keine Selbstverständlichkeit, die von Ihnen uns nicht nur für den Kopf, sondern auch für das Herz vermittelte biblische Botschaft in Übereinstimmung zu bringen mit der rauhen Wirklichkeit. In der täglichen neutestamentlichen Lektüre, bei der Behandlung der Bergpredigt über die heilige Sorglosigkeit, die uns ein Beispiel nehmen läßt an den Vögeln unter dem Himmel und den Blumen auf dem Felde, springt ein im Krieg schwerverletzter Kollege zornig auf und sagt: ‚Das kann ich erst glauben, wenn zu meiner Frau wieder einmal der Geldbriefträger kommt, damit sie sich mit den Kindern etwas zum Essen kaufen kann!' Eine Stunde später, nach der Pause, kamen Sie wieder herein mit einem eben durch die Post geschickten Geldbrief mit dem Psalmwort: ‚Lobe den Herrn, meine Seele, und vergiß nicht, was er dir Gutes getan hat!' Ein anderer aus der Schar, heute ein arrivierter Mann unserer Landeskirche, sinnierte, er könne das gute Essen und die behagliche Wärme des Hauses nicht mehr ertragen, wenn daheim im benachbarten X. seine Frau und die Kinder hungern und frieren müßten. Als Beauftragter der Veteranen haben Sie mich losgeschickt, um mich umzuschauen. Eine Hilfsaktion Ihrer Frau wurde gestartet. Mich selber schickte man zum damaligen Vorsitzenden des Bayerischen Pfarrervereins, dem hilfreichen Pfarrer Klingler ... So wurde uns geholfen, den inneren Übergang zwischen den beiden Regimenten Gottes zur Rechten und zur Linken zu finden, so daß wir bei der Schlußandacht in der Kapelle des Predigerseminars fröhlich dem Ruf folgten: ‚Gehe du aber hin und verkündige das Reich Gottes!'"

In der Anfangszeit gab es auch eine Reihe von „Übergangsaufgaben", die sich nicht jeder Anwärter für das geistliche Amt unbedingt gewünscht hatte. Die Teilnehmer gerade dieses Kurses griffen sie unverdrossen an. Der große Garten des Seminars, der sich bis hinunter an die Pegnitz erstreckte, war von unglaublich vielen Bombentrichtern durchpflügt. In den morastigen Wassertümpeln, die inzwischen daraus entstanden waren, hatten sich besonders viele Kürbispflanzen angesiedelt, deren Früchte von der Küchenschwester als willkommene Abwechslung für den Speisezettel verwendet wurden. Allmählich wurde daraus des Guten zuviel, und ein musikalischer Teilnehmer komponierte in Bachscher Manier eine in der Geschichte des Seminars berühmt gewordene „Kürbiskantate" mit dem Kehrreim: „Wie gut schmeckt doch der Kürbis, besonders wenn er mürb is'." Schon der erste Kurs aber begann die Trichter aufzufüllen und die gewonnenen Stücke wieder in Gartenbeete zu verwandeln. Die Tradition der wöchentlichen Gartenarbeit konnte freilich nur eine Zeitlang durchgeführt werden und war nicht bei allen beliebt, wie ein nettes Vortragsstück anläßlich einer Schlußfeier erkennen ließ:

„Zwei Stunden Gartenarbeit sind zu machen,
die müssen auf der Liste steh'n.
Da gibt es gar nichts 'bei zu lachen!
Die Liste will am Samstagabend der Herr Rektor seh'n!"

Die Jahre des Rektordaseins in Erlangen und in Nürnberg gehören für mich im Rückblick zur schönsten, vielleicht auch fruchtbarsten Zeit des Lebens. Es war mitten in den Nöten des damaligen Umbruchs eine beglückende Freude, mit den künftigen Pfarrern der Landeskirche auf ihren wichtigen Auftrag hinzuarbeiten und dabei eine ganze Generation von jungen Theologen kennenzulernen. Aber auch in die fränkischen Gemeinden kamen wir viel, zuerst natürlich auf dem Weg über die Seminargottesdienste und die Predigten, die die Brüder in den Nachbarkirchen und im nahegelegenen Sebastianspital zu halten hatten und zu denen dann der Rektor oder der Inspektor erschien, um nachher mit dem Prediger zu sprechen. Sie wurden auch in andere Gemeinden gerne eingeladen, wenn es galt, eine Vertretung zu übernehmen. Jeder Kurs machte auch eine ganztägige Sonntagsfahrt in eine der um Nürnberg liegenden ländlichen Gemeinden; Urfersheim, Gutenstetten u. a. wurden dadurch zu unseren Beispiel- und „Mustergemeinden". Da hielt dann der

Rektor Gottesdienst für die Gemeinde, die jungen Pfarrer aber waren den Tag über auf die Familien im Dorf verteilt, um die Leute selbst und das Leben der Gemeinden kennenzulernen.

Auf solchem Hintergrund suchten wir den Gegenwartsaufgaben des Gemeindeaufbaus auf die Spur zu kommen. Was war die Gemeinde im Neuen Testament, was ist sie heute? Die Antwort ließen wir uns damals nicht selten von August Fr. Chr. Vilmar, vornehmlich in seiner „Theologie der Tatsachen wider die Theologie der Rhetorik" geben.[12] Nicht allen seinen Gedanken stimme ich zu. Aber seiner besonderen Frage nach der Vollmacht der Kirche in Verkündigung und Seelsorge wollten wir nicht ausweichen: „Wer zeigt den Theologen, daß die Kirche Jesu Christi die Herrscherin in der Welt der Geister ist... und daß diese Herrschaft von den Dienern der Kirche ohne alle äußerlichen Mittel, nur durch das demütige, aber ehern unbeugsame und dadurch mächtige Wort Gottes, nur durch das unscheinbare, aber weltüberwindende Sakrament ausgeübt werden kann?... Wer zeigt ihnen, in welchen Tiefen der Seele hinabgestiegen werden müßte, um die Seelen zu heilen vom ewigen Verderben... um mit dem Feind Auge in Auge, Seele an Seele zu ringen und ihn zu überwinden?" Es war klar, daß diese Tiefen sich nicht bei jedem seelsorgerlichen Besuch erschließen mußten, den der Kandidat bei alten und kranken Gemeindegliedern machte. Aber sie wollten wenigstens erkannt werden. Und dann verstand man Vilmars wichtigen Satz, der die ganze Predigtlehre bestimmen konnte: „Jede Predigt soll, wo nicht ganz und gar, doch wenigstens an einer Stelle das ganz, wahr und tief empfundene Heil in Christo enthalten" – schon deshalb, weil sie für einen Hörer – oder auch für mich selbst die letzte Predigt sein konnte!

Verglichen mit der Tätigkeit eines Universitätsprofessors fand ich den Dienst des Rektors in seiner engen Verbindung von theologischer Arbeit und kirchlicher Praxis als besonders reizvoll. So habe ich kaum je das Verlangen gehabt, in das theologisch-wissenschaftliche Lehramt zu gehen, und einen offiziellen Ruf an eine Hochschule, den ich damals erhielt, habe ich abgelehnt.

Die Brüder fragten nicht selten, aus welcher theologischen Schule ihr Rektor komme. In einem Kurs hatten sie bemerkt, daß er unter seinen „Kirchenvätern" besonders häufig Löhe, Luther und Bezzel zitierte. Prompt erschien an dem heiteren Abschlußabend, wo die treffsichere Satire besonders auch den Rektor aufs Korn nahm, eine „Lö-Lu-Bez"-Gruppe und führte die entsprechenden Übungen vor. Aber dies war doch wohl nicht das ganze Spektrum. Innerlich vermochte der Rektor die Frage nach seinen theologischen Lehrern selbst nicht leicht zu beantworten. Wenn sein jüngster Bruder Christian, der in diesen Jahren Theologie studierte und ein leidenschaftlicher Anhänger Friedrich Gogartens und Rudolf Bultmanns war, ihm leicht ironisch vorwarf, er habe „überhaupt keine Theologie", so war daran insofern etwas Richtiges, als er sich nie einem theologischen Lehrer mit Haut und Haaren hatte verschreiben können. Natürlich gab es einige Professoren, die mir großen Eindruck gemacht hatten, und die Bilder der Tübinger Adolf Schlatter, Karl Heim und Karl Fezer hingen einige Jahre lang in meinem Studierzimmer. Aber einseitig anzuhängen vermochte ich auch ihnen nicht. Bei Karl Barth hatte ich zwar nicht selber gehört, aber viel von ihm gelesen, und während des Kirchenkampfes gehörte er auch für mich zu denen, die die Richtung wiesen. Auch hatte ich ihn schon 1935 bei dem ökumenischen Seminar in Genf persönlich kennengelernt, und nach dem Krieg traf ich ihn hin und wieder bei Tagungen des Reichsbruderrats der Bekennenden Kirche, dem ich einige Jahre angehörte. Aber als „Barthianer" habe ich mich nie fühlen können. In nicht wenigen Kursen gab es jeweils einige Schüler des Neutestamentlers Rudolf Bultmann, der damals auf der Höhe seines Einflusses stand. Seinen aufsehenerregenden Aufsatz „Neues Testament und Mythologie" (1941), der das umstrittene Entmythologisierungsprogramm einleitete, hatte ich schon gleich nach seinem Erscheinen gelesen, aber nie als umwerfend erkennen können. Als Exegeten habe ich ihn sehr schätzen können, während ich zwar nicht der existentialen Interpretation selber, aber der Verquickung mit Heideggers Philosophie von Anfang an skeptisch gegenüberstand.

So konnte sich der Rektor keiner der wechselnden Theologien verschreiben, vielleicht auch weil er zuwenig von ihren Feinheiten verstand bzw. sich nicht als „wissenschaftlichen" Typ fühlte. Aber ich wollte eben zwar von Menschen lernen, jedoch mich von ihnen weiter zur Quelle, zum Hören auf die Heilige Schrift selber führen lassen. Dazu hatte ich einmal gelesen: „Einer der Lehrer unserer akademischen Jugend müßte einmal damit beginnen, statt Schleiermacher und Ritschl zu analysieren, Oetinger und Bezzel, Arnold und Tersteegen zu erklären" (Erich Schick). Und mein Leben lang hat mich die „Metanoetik", d. i. die Wissenschaft von dem durch die Erlösung erneuerten Denken, nicht losgelassen. Eben darum versuchte ich vor allem auf dem Weg über Luther die Heilige Schrift zu hören. Karl Holls Aufsatz über „Luthers Bedeutung für den Fortschritt der Auslegungskunst"[13], den ich mehrmals durcharbeitete, gab mir dabei besonders gute Hilfe. Und wo auch die einzelnen

Teilnehmer an den Seminarkursen theologisch herkommen mochten, so erhoffte ich mir von der Weitergabe solcher Erkenntnisse eine positive Wirkung auf ihren Werdegang als Pfarrer, der ja auch noch nicht abgeschlossen war. So war ich glücklich, wenn etwa auch einem Bultmannschüler mit seiner allzu individualistischen Existentialtheologie die Bedeutung dessen aufging, was nach neutestamentlichem Verständnis „ecclesia“, die Gemeinde oder das Volk Gottes auf Erden meint: das in Christus „erwählte Volk Gottes“, die Mitbürger der Heiligen und Gottes Hausgenossen, stehend unter der Berufung, die Wohltaten Gottes in der Welt zu verkündigen (Eph 2,11 ff. 1 Petr 2,9 f.). Da wurde auf einmal alles auf der Universität Gelernte in ein neues Licht getaucht und fruchtbar gemacht, ja auch viele scheinbar nur kritischen Erkenntnisse konnten ihre positive Seite zeigen.

Gesamtkirchlicher Horizont

Für das Gespräch mit den jüngeren Amtsbrüdern versuchte ich auch die Tatsache fruchtbar zu machen, daß ich je länger, desto mehr in gesamtkirchliche Aufgaben hineingezogen wurde. Von 1947 bis 1955 war ich berufenes Mitglied der Bayerischen Landessynode. Von Landesbischof Meiser war ich seit 1946 zu den Beratungen über die Neuordnung der Evangelischen Kirche in Deutschland beigezogen und hatte z. B. auf einer Kirchenführer-Versammlung in Treysa 1946 zusammen mit Günther Dehn über „Verkündigung des Evangeliums heute“ zu sprechen. Im Jahre 1948 nahm ich als Delegierter an der Kirchenversammlung in Eisenach teil, die zur Gründung der „Evangelischen Kirche in Deutschland“ führte. Unmittelbar vorher war ebenfalls in Eisenach die Vereinigte Evangelisch-Lutherische Kirche Deutschlands gegründet worden, und mir fiel die Aufgabe zu, dieses Faktum vor der sich unmittelbar anschließenden EKD-Kirchenversammlung zu begründen, was nicht ganz leicht war. Wenn ich dann von solchen damals noch weit mehr als heute beachteten Synoden nach Hause kam, konnte ich den jungen Amtsbrüdern jeweils aus eigener Erfahrung unmittelbar von den Ereignissen berichten. Ich versuchte, ihnen die bekenntnis-begründeten Spannungen innerhalb der EKD deutlich zu machen, berichtete aber auch über die Entwicklung der Beziehungen zwischen Ost und West, wofür sich die Evangelische Kirche in Deutschland viele Jahre hindurch als besonders verantwortlich empfand. So hat mich selber die EKD-Synode von Elbingerode im Harz – heute in der

DDR – im Jahre 1951 sehr in Anspruch genommen, auf der nach dem leidenschaftlichen Referat des Berliner Theologen Martin Fischer, des Ephorus der dortigen kirchlichen Hochschule, über die Verantwortung der evangelischen Kirche zwischen Ost und West wohl zum letzten Mal in aller Offenheit die Situation des geteilten Deutschlands auch von den anwesenden Politikern der beiden Seiten diskutiert wurde. Ebenso eindrücklich war 1950 die Synode in Berlin-Weißensee gewesen mit ihrer heftigen Aussprache über Krieg und Frieden. Beide Male war ich an der Formulierung der Entschließungen stark beteiligt. In Weißensee arbeiteten der spätere rheinische Präses Joachim Beckmann und ich eine ganze Nacht hindurch an der Entschließung „Was kann die Kirche für den Frieden tun?". In Elbingerode wurden Günther Jacob, später Generalsuperintendent in Cottbus, und ich auf ähnliche Weise für eine Nacht in Klausur gesetzt, wobei der Präses der Synode, Gustav Heinemann, rührenderweise etwa jede Stunde vorbeikam und sich nach dem Schicksal seiner Beauftragten wie vor allem nach dem Ergebnis unserer Bemühungen erkundigte.

Eben in solchem Dienst der ehrlichen Gesprächshilfe in unterschiedlichen Meinungen glaubte ich eine der wichtigsten legitimen Funktionen zu erkennen, die die Kirche in politischen Auseinandersetzungen erfüllen kann. In ihren Gliedern vertritt sie ja selber sehr unterschiedliche politische Meinungen; sie kann auch nicht von sich aus und für sich das Höchstmaß an politischer Vernunft beanspruchen. Aber, so sagten uns die Politiker voller Überraschung, wenn wir in eurer Mitte diskutieren, dann ist es anders, als wenn wir nur unter uns sind: Da verlieren wir viel weniger die Beziehung zueinander und bleiben sachlicher! Ist das ein den Christen verliehenes Geschenk, daß sie unter Christus, dem Herrn aller Herren, freier sind von Ideologien und anderen „Gewalten" unter dem Himmel? Forum für das Gespräch der Partner zu sein, das erschien mir damit als etwas ganz Wesentliches, was die Kirche zur Klärung der politischen Fragen beitragen kann.

Als ich im Januar 1949 von der ersten Generalsynode der VELKD in Leipzig zurückkam, galt es den Brüdern im Seminar nicht nur von der rührenden Aufnahme durch die Gemeinden dort und von der Wahl Meisers zum Leitenden Bischof zu berichten, sondern auch davon, daß ein neues evangelisches Kirchengesangbuch beschlossen worden war. Allerdings mußte ich hinzufügen: ohne meine Stimme. Der Grund dafür lag nicht darin, daß ich ein derartiges Gesangbuch ablehnte, das die Gemeinsamkeit im Gottesdienst fördern sollte. So etwas legte sich auch deshalb nahe, weil Millionen von evangelischen Christen aus ihrer bisherigen Heimat und dem gewohnten kirchlichen Leben gerissen waren. Man mußte versuchen, ein Band gottesdienstlicher Gemeinsamkeit um sie zu schließen, und dazu gehörte vor allem ein Stamm gemeinsamer Kirchenlieder. Der Entwurf jedoch, der uns auf der VELKD-Synode vorlag, war allzu unfertig. Faktisch hatten wir nur die Anfangszeilen der Lieder und der neu aufzunehmenden Lieder gesehen. Dieses Verfahren aber schien mir doch trotz dem hervorragenden Einführungsreferat des unumstrittenen Sachverständigen, Oberlandeskirchenrat Christhard Mahrenholz, nicht möglich zu sein. Später mußte ich auf der Landessynode in Bayern selber meine kritische Stellungnahme begründen. Das neue Evangelische Kirchengesangbuch kam mir zu „archaisch" vor. Es wäre vor der Beschlußfassung darüber eine nochmalige kritische Überprüfung des Textes nötig gewesen, ehe es den Kirchen angeboten wurde.

So war zwar der Rektor nicht selten gezwungen, sich vom Seminarbetrieb für einige Tage zu beurlauben. Um so mehr war ich den tüchtigen Inspektoren Friedrich Aschoff, Johannes Viebig und Herbert Bauer verbunden, die mir treu zur Seite standen und bei Abwesenheit des Rektors auch in seinen Fächern bereitwillig einsprangen. Übrigens fielen nicht wenige gesamtkirchliche Veranstaltungen wie der Kirchentag, für den ich häufig zu Bibelarbeiten gebeten war, oder die Vollversammlung des Lutherischen Weltbundes in Hannover 1952, an der ich als offizieller Beobachter teilnahm, in die Ferienzeit. Hintennach scheint mir mein nicht ganz seltenes Wegbleiben durch die Möglichkeit einigermaßen ausgeglichen zu sein, daß ich meinen Amtsbrüdern etwas vom gesamtkirchlichen Horizont der Christenheit in Deutschland vermitteln konnte.

Kleinere Pausen

Einige unfreiwillige Pausen gab es übrigens auch in dieser Zeit. Im August 1949 mußte ich mich einer Bruchoperation unterziehen. „In zehn Tagen ist die Sache vorüber" sagte der Arzt, der seine Sache gut gemacht hatte. Aber aus den zehn Tagen wurde infolge einer unvorhergesehenen Eiterung fast ein halbes Jahr, so daß der Landeskirchenrat für einige Monate einen Vertreter bestellen mußte. In der Rückschau erkannten wir, daß gerade in dieser ruhigen Zeit, die auch einige Erholungswochen in dem Neuendettelsauer Erholungsheim in Bad Oy brachte, die von den Beschwerden der Kriegszeit noch angeschlagene Gesundheit sich wesentlich gebessert hat.

Eine kürzere, aber eindrückliche Pause kam, als ich im April 1951 auf dem Weg zu einem Gottesdienst für den Mütterdienst in Stein einen Autounfall erlitt. Beim Zusammenprall mit einem von rechts kommenden Auto wurde ich mitten während der Fahrt durch die geöffnete Tür auf das Straßenpflaster geworfen und rutschte noch ein ganzes Stück weiter. Merkwürdigerweise waren die äußeren Verletzungen verhältnismäßig gering. Nach einigen Tagen stellte sich jedoch eine Art Schock ein, der mir das Weiterarbeiten verwehrte. Ich mußte mich viel mit dem Sterben befassen und erlebte im Traum mein eigenes Begräbnis mit. Aber gleichzeitig hatte ich die Vision eines schönen Waldes, in dessen Ruhe wir uns ergingen. So fuhren wir, sobald es möglich war, zunächst für zehn Tage in den Steigerwald zu unseren Freunden Mebs in Castell und später in den Sommerferien mit Hilfe eines Lastwagens des Steiner Mütterdienstes mit der gesamten Familie in den Frankenwald nach Bobengrün. Der dortige CVJM, besonders bekannt durch die Familie des Bäckermeisters Hans Hägel, stellte uns sein am Rande des Waldes gelegenes Tagesheim zur Verfügung, das zwar äußerst primitiv eingerichtet war, aber dank der Mithilfe der gesamten Dorfbevölkerung unseren Bedürfnissen genügte. Hier lebten wir als achtköpfige Familie vier Wochen lang wie die Räuber in schönster Gemeinschaft mit zahlreichen Familien von Bobengrün, die uns in die Häuser einluden und uns dabei auch ein ordentliches Bad ermöglichten, und mit den jungen Gliedern des CVJM, die abends regelmäßig zu Gesprächen kamen. Im Gasthaus zu Thierbach, wo uns der entgegenkommende Wirt ein Mittagessen für 1,– DM pro Person gewährte, hielten wir am Ende unter Mitwirkung sämtlicher Familienmitglieder einen heiteren Gemeindenachmittag. Der Unfallschock aber war nach diesen Wochen vorüber.

8. KAPITEL

Diakonie in Neuendettelsau

Die Ferienzeit im Sommer 1952 nützten wir aus, um den längst fälligen Wiederaufbau des Seminargebäudes aus dem Provisorium des Jahres 1948 in ein besseres Stadium überzuführen. Das Haus hatte ja immer noch das Notdach aus den Jahren des Krieges, bei dem die Ziegel einfach nebeneinander gelegt waren, und die ursprünglich dazwischen liegenden leichten Blechfolien waren verrostet. Bei jedem stärkeren Wind verschoben sich die Ziegel, so daß ich darnach in den Dachstuhl unter das Dach kriechen mußte, um die Ziegel wieder geradezulegen. In unseren Räumen mußten wir bei Regen je länger, desto mehr Eimer und Wannen aufstellen, um das durch die Decke rinnende Wasser aufzufangen. Die Decke selber bestand auch nur aus dem berühmten Geflecht von Holzlatten, Heraklithplatten und darüber gelegter Glaswolle. Nun aber wurde in diesem Sommer eine feste Decke über dem gesamten ersten Stock eingezogen und darüber der zweite Stock neu aufgesetzt, der dabei das bis heute gebliebene flache Dach und die Außenbalkone auf der Nord- und Südseite erhielt. Für uns war dies nochmals eine turbulente Zeit. Wir mußten innerhalb des Hauses dreimal umziehen und waren froh, als im September wieder Ruhe einkehrte.

Eben um diese Zeit, als wir uns der neu hergerichteten Wohnung mit dem schönen Ausblick auf das Pegnitztal freuten, erhielt ich Besuch von der Oberin der Diakonissenanstalt Neuendettelsau, Schwester Elisabeth Kiefer. In einem längeren Gespräch über den Dienst der beiden Neuendettelsauer Schwestern im Seminar, für den ich meine große Dankbarkeit aussprach, bemerkte sie, daß Rektor Hans Lauerer, der langjährige, auch von mir verehrte Leiter des gesamten Anstaltswesens, im Mai nächsten Jahres in den Ruhestand gehen wolle. Unter den möglichen Nachfolgern werde auch mein Name genannt. Jedoch wisse sie, daß bei mir auch die Nachfolge von Landesbischof Meiser zur Diskussion stehe. Im Blick darauf werde das für die Wahl zuständige Gremium, die „Muttergesellschaft“, wohl von mir absehen. Ähnlich hatte sich schon der Obmann dieser Gesellschaft, mein Freund Rektor Georg Merz, in einem Gespräch mit mir geäußert. Um so mehr war ich überrascht, als Mitte November von der Muttergesellschaft in Neuendettelsau die offizielle Bitte an mich kam, die Nachfolge von Rektor Lauerer zu übernehmen.

Ein Entscheidungsprozeß

Es begann für uns, meine Frau und mich, ein harter innerer Kampf um die rechte Entscheidung. Auf der einen Seite stand die Frage: war der Ruf in die Diakonie Neuendettelsaus, die auch ich mit manchen begründeten und, wie sich mir später zeigte, unbegründeten Vorbehalten betrachtete, eine echte Berufung? Auf der anderen Seite erschien es uns schon rein umständehalber je länger, desto weniger als eine gewissensmäßig mögliche Haltung, den Ruf nach Neuendettelsau auszuschlagen und auf eine allenfallsige Bischofskandidatur zu warten. Als die Anfrage aus Neuendettelsau publik wurde, erhob sich in der Landeskirche eine mich selber überraschende Unruhe. Tag für Tag bedrängten mich meine Freunde mit ihrem leidenschaftlichen Für und Wider. Auch über ihren Kreis hinaus schlug die Diskussion starke Wellen. Nur die Neuendettelsauer Schwestern übten eine bemerkenswerte Zurückhaltung. Ich wußte, daß sie in jedem ihrer Gottesdienste um die rechte Entscheidung beteten, aber mir gegenüber schwiegen sie still, und einige, die ich kannte, antworteten mir nur auf die Fragen, die ich stellte. Diese Selbstzucht des schweigenden Wartens beeindruckte mich sehr. Einige Gespräche mit Rektor Lauerer und mit der Oberin zeigten uns, wie dringlich ihre Bitte gemeint war. Aber erst ein Besuch in Neuendettelsau selbst, bei dem mir Rektor Lauerer sein Herz öffnete, und der Gesang der Kinder im Heilerziehungsheim, dessen Mitte der 126., der Bethel-Psalm bildete: „Wenn der Herr die Gefangenen Zions erlösen wird, so werden wir sein wie die Träumenden“, war unwiderstehlich und brachte uns beide der Entscheidung näher; auch die Frau eines Diakonissenhausrektors ist ja zusammen mit der ganzen Familie von solch einer Frage mehr als bei anderen Berufsentscheidungen eines Pfarrers betroffen. Kurz vor dem 10. Dezember – für diesen Tag war meine Antwort erbeten – teilte ich in Neuendettelsau mit, daß ich mich der förmlichen Wahl nicht entziehen würde; sie müßten freilich mit einem Mann rechnen, der zwar die Neuendettelsauer lutherische Tradition sehr hoch achte, sie aber nicht einfach unverändert weiterführen könne. Ich nannte unter meinen „Vätern“ ausdrücklich die beiden schwäbischen Blumhardts und auch die Männer der Gruppenbewegung.

Der 16. Dezember war der entscheidende Tag. Als ich nach Neuendettelsau kam, waren die Mitglieder der Muttergesellschaft im traditionsreichen Familienzimmer des Mutterhauses feierlich versammelt. Auf die Frage des Obmanns Georg Merz, ob ich bereit sei, das Amt des Rektors zu übernehmen, erbat ich mir noch einige Minuten Zeit des Überdenkens und der Sammlung. In dem Zimmer, in das ich geführt wurde, hing an der Wand der Spruch: „Siehe, Ich habe dir geboten, daß du getrost und freudig seist" (Josua 1,9). Es war mein Ordinationsspruch. Ich kehrte zurück und sagte mein Ja. An diesem Tag war Rektor Lauerer bereits erkrankt und lag in der Klinik Hallerwiese in Nürnberg. Er wurde nicht mehr gesund. Am 20. Januar 1953 ist er unvermutet verstorben. So übernahm ich gewissermaßen an seinem offenen Grab auf dem Anstaltsfriedhof von ihm das Amt, und der Satz, der die Abschiedsfeier von dem bisherigen Rektor bestimmte, wurde für mich zur verpflichtenden Weisung: „Ich hielt nicht dafür, daß ich etwas wüßte unter euch als allein Jesus Christus, den Gekreuzigten" (1 Kor 2,2).

Der Abschied vom Predigerseminar Nürnberg fiel uns nicht leicht. Auch die Stadt Nürnberg hatte es uns angetan – gerade diese altberühmte Stadt, deren Name in der Welt schmutzig geworden war und die immer noch großenteils in Trümmern lag, war uns in ihrer Erniedrigung ans Herz gewachsen. Aber noch mehr bewegte uns, was vor uns lag. Ich hatte bisher meist mit und unter jungen Männern gearbeitet. Wie sollte es nun in einem „Frauenstaat" gehen? Da würde ich also nicht mehr Predigten und Katechesen besprechen, sondern Spannungen zwischen Pfarrern und Schwestern an einzelnen Orten bewältigen sowie mit Bürgermeistern und Stadträten über Pflegesätze und Stationsabgaben verhandeln müssen! Aber schon der festliche Empfang in Neuendettelsau am 30. April 1953 nahm viel Fremdheit hinweg. Wir waren, eine große Familie, mit zwei Personenautos in Nürnberg abgeholt worden. Auf dem Weg vom Ortseingang beim Krankenhaus bis zum Hospiz hatte die Jugend aus den verschiedenen Häusern Spalier gebildet, alle mit Blumen in den Händen. Und als auf dem Platz vor dem Hospiz die Eltern samt ihren sieben Kindern eines nach dem andern ausgestiegen waren, wurden wir im Angesicht einer großen versammelten Gemeinde von Konrektor Hilmar Ratz und Frau Oberin Elisabeth Kiefer herzlich begrüßt. Wir mußten zunächst einige Wochen im Hospiz unter der Obhut der Schwester Lilli und des Bruders Simon hausen, die sehr um alle unsere Bedürfnisse besorgt waren, bis die Familie in das wohnlich hergerichtete Rektorhaus in der heutigen Wilhelm-Löhe-Straße einziehen konnte. Am 3. Mai wurde ich in

Einführung als Rektor in Neuendettelsau, 1953

der festlich geschmückten St.-Laurentius-Kirche unter der Beteiligung der gesamten Anstaltsgemeinde, aber auch von Gästen aus der ganzen Landeskirche und von Vertretern der Diakonie in Deutschland und Westeuropa durch Rektor Merz in das Amt eingeführt. Er sprach in seiner Einführungsrede zu mir nach Jes 50,4.5 vom Dienst des Jüngers, der aus dem Hören wirkt, und ich hielt meine Antrittspredigt über das Jesuswort „Ich bin der Weinstock" nach Joh 15,1–11. Beim Begrüßungsakt nach dem Gottesdienst erklang der Chor von Heinrich Schütz: „Alles, was ihr tut mit Worten oder mit Werken, das tut alles in dem Namen des Herrn Jesu, und danket Gott und dem Vater durch ihn." In den Grußreden wurde spürbar, welche Bedeutung das damals von manchem Pfarrer kritisch angesehene Neuendettelsau für das Ganze der Landeskirche nach wie vor hatte, aber ebenso welchen Beitrag der ganze in der Kaiserswerther Generalkonferenz zusammengeschlossene Kreis der Schwesterngemeinschaften gerade von Neuendettelsau erwartete. Nachmittags hielt ich einen Vortrag über „Macht und Vollmacht rechten Trostes" und abends nahmen wir in der wieder ganz gefüllten Kirche an der eindrucksvollen Vesper teil mit ihrem Anfangswort: „Der Herr ist in seinem heiligen Tempel, es sei stille vor ihm alle Welt!"

Von Anfang an nahm das gottesdienstliche Leben mit seinem gesammelten Ernst und seiner verhaltenen Freude auch die meisten unserer Kinder fühlbar gefangen. In der neuen Umgebung, besonders auch in den Schulen, die sie jetzt besuchten, lebten sie sich bald ein. Die Jüngeren konnten in die noch bestehende Seminar-Übungsschule im Anstaltsgelände gehen, die Älteren fuhren täglich mit dem roten Lokalbahn-Triebwagen nach dem nahegelegenen Windsbach in das Johann-Sebastian-Bach-Gymnasium, wo ihr Vater dreißig Jahre vorher als leicht widerspenstiger Zögling des Pfarrwaisenhauses Lateinisch, Griechisch und anderes ordentlich gelernt hatte.

Mir aber tat sich in Neuendettelsau eine Dimension des Lebens der Kirche auf, von der ich seit langem zwar vieles wußte, die ich aber in ihrem inneren Pulsschlag viel zuwenig kannte.

Die Anstaltsgemeinde

Mit dem neuen Amt war ich wieder wenigstens in die Nähe des Gemeindepfarrers gekommen. Zwar war es nicht wie in Rüdenhausen eine volkskirchliche Gemeinde, aber ich war formal „Hausgeistlicher" in einer Anstaltsgemeinde geworden, wie man damals sagte. Aus dem landeskirchlichen Dienst war ich beurlaubt, was mich aber nie daran gehindert hat, mich als Pfarrer der Landeskirche zu wissen, und den Gegensatz zwischen Werks- und Gemeindepfarrer, der nicht selten gepflegt wird, habe ich auch als Mitglied in der Synode nie anerkennen können. In der großen Anstaltskirche mit ihrem stilvollen Altar und dem langgestreckten Altarraum hatte ich alle vierzehn Tage nach der von Wilhelm Löhe stammenden Ordnung Gottesdienst mit Abendmahlsfeier zu halten. Die dazwischenliegenden Sonntage waren meist durch Gottesdienste auswärts belegt, wo ich den Gemeinden auch die Diakonie nahezubringen suchte. An den Gottesdiensten während der Woche war ich in Verbindung mit den anderen Amtsbrüdern beteiligt; so hielt der Rektor regelmäßig die große Wochenschlußvesper und die „Stillen" halben Stunden während der Passionszeit.

Aber ich bildete ja zusammen mit der Oberin auch das „Direktorium" der gesamten Anstaltsgemeinde, die rings um die Kirche herum liegt; es sind die verschiedenen Schulen mit den Hunderten von Schülerinnen jeglichen Alters, dazu gehören die Feierabendhäuser der Schwestern und andere Altenheime, das große Pflegeheim, das Heilerziehungsheim, die Werkstätten und Wohnungen der Mitarbeiter, und draußen am Waldesrand lag das Krankenhaus und das Kurheim „Friedenshort". Darüber hinaus erstreckte sich diese Gemeinde mit ihren mehr als dreihundert Stationen, auf denen die Schwestern arbeiteten, über ganz Bayern, von Lindau bis Hof, von Würzburg bis nach Bad Reichenhall, ganz abgesehen von den großen, unmittelbar zur Anstalt gehörigen Filialen in Bruckberg, Polsingen und Himmelkron. Natürlich hatten überall verantwortliche Frauen und Männer die Leitung dieser Häuser, und wenn wir eine Sitzung des Erweiterten Direktoriums hielten, sah ich sie alle vor mir: die kluge Schwester Marie Pißel, die Leiterin des höheren Schulwesens, die von ihren Schülerinnen in den Frauenseminaren leidenschaftlich verehrte Schwester Marie Meinzolt und die tatkräftige Leiterin der Nürnberger Klinik Hallerwiese Schwester Leni Müller. Neben ihnen saßen die Oberschwester Hedwig Hofstetter von Bruckberg, Anna Heindel von Himmelkron, Else Krauß von Neuendettelsau und Wilhelmine Habel von Polsingen. Das Neuendettelsauer Krankenhaus leitete der Chefarzt Dr. Roland Schick, dessen dankbarer Patient ich später selber gewesen bin, und die Verwaltung lag in den bewährten Händen des Administrators Eduard Lauerer, der die Geschäfte mit einem denkbar geringen Verwaltungsaufwand führte und für Reparatur- und Erweiterungs-, ja auch für Neubauten immer noch etwas erübrigen konnte. Ebenso dankbar aber empfand ich die gute Arbeitsgemeinschaft mit den damaligen Anstaltspfarrern: Konrektor Hilmar Ratz, der die Pflegeanstalten leitete, Pfarrer Ernst Patzer, der für die Altenheime zuständig war und schon damals „Gerontologie" trieb; Adolf Burkert war ein kenntnisreicher, auch wissenschaftlich ausgewiesener Religionslehrer, Heinrich Schmidt arbeitete als Jugendpfarrer und Wilhelm Hoffmann war Seelsorger der Verbandsschwestern; zu ihnen kam der in Bruckberg stationierte Pfarrer Bernhard Harleß, der zugleich die zahlenmäßig kleine, aber sehr geschätzte Neuendettelsauer Bruderschaft leitete. So gab es zahlreiche hervorragende Mitarbeiter und Mitarbeiterinnen. Aber die letzte Verantwortung lag doch bei dem Direktorium, vor allem, wenn wichtige Personalentscheidungen zu treffen waren.

So ging ich jeden Werktagmorgen, wenn ich nicht zusammen mit der Oberin und Herrn Bälß, dem zuverlässigen Fahrer, jede Woche mindestens ein- bis zweimal auf Stationsbesuch unterwegs war, in meine Diensträume im Mutterhaus, wo die gewissenhafte, allzeit bereite Sekretärin Helene Demmig auf mich wartete, an der Steinplastik vom guten Hirten und am Denkmal Wilhelm Löhes vorbei, und nachdenklich las ich regelmäßig über der Pforte des Mutterhauses die auch in ihrer Zusammenfügung nicht ganz selbstverständliche Inschrift: „Denn es ist nicht ein vergebliches Wort an euch, sondern es ist euer Leben, und solches Wort wird euer Leben verlängern. Und sie haben überwunden durch des Lammes Blut und haben ihr Leben nicht geliebt bis an den Tod" (5 Mos 32,47. Offb 12,11).

Die Schwestern

War von solchen Sätzen das Leben der etwa 1200 Diakonissen bestimmt, die das Mutterhaus damals zählte und deren Seelsorger der Rektor vornehmlich sein sollte? Jedenfalls hielt ich hier im Mutterhaus neben den täglichen Besprechungen mit der Oberin meist am Montagvormittag die wöchentlichen Bibelstunden für die Schwestern, besonders für die auswärtigen, die gerade im Mutterhaus anwesend waren und ihre Einkehrtage verbrachten, und die Sprechstunden am Samstagvormittag und -nachmittag, die sich über viele Stunden hinzogen, sowie den Unterricht in der Blauen Schule für die Schülerinnen und Probeschwestern, die sich auf den Schwesterndienst und die Einsegnung vorbereiteten, waren die wesentlichsten Aufgaben. Immer wieder war ich selber überrascht, mit welcher Intensität diese Schwestern zuhören konnten, wenn es um die Auslegung des biblischen Wortes ging, und wie häufig die Einzelbeichte in Anspruch genommen wurde. Aber ich verstand und verstehe es heute im Blick auf manche inneren Nöte unter den „freien" Schwestern noch besser: wer sich täglich mit dem menschlichen Elend abkämpfen muß, in Krankenhäusern oder Altenheimen, wer da mit Leib und Seele bei den Menschen sein will, und wer seine Arbeit in der Liebe Christi tun will, der braucht selber geistliche Nahrung und Hilfe, Tag für Tag. Und ich selber brauchte sie auch! Was mich damals in der Überfülle der Beanspruchung trug, war neben dieser aufnahmewilligen Gemeinde die Aufgabe, mindestens jeden zweiten Tag selber einen neuen biblischen Text von Grund auf zu hören und intensiv auszulegen.

Es waren ja auch sonst keine ruhigen Jahre. Nach der langen Amtszeit von Rektor Lauerer hatten sich viele Probleme angesammelt, die er nicht mehr hatte lösen können. In der Anfangszeit des Kirchenkampfes hatte er selber zunächst einen etwas schwankenden kirchenpolitischen Kurs eingeschlagen und meinte darüber, wie er mir selber sagte, die Verbindung mit nicht wenigen Pfarrern in der Landeskirche verloren zu haben. Auch mögen die späteren Vorgänge um die schreckliche Vernichtung „lebensunwerten Lebens", die Neuendettelsau im Jahre 1941 nicht hatte abwehren können, ihn seitdem belastet haben. Zugleich aber konnte man einen großartigen Eindruck von diesem hochgelehrten, theologisch gebildeten Mann haben: Was hatte er in seinen Predigten, Einsegnungsunterrichten und Vorträgen für einen Schatz an Erkenntnissen hinterlassen, die noch längst nicht verarbeitet waren und nun fast wie ein langangestautes Wasser hervorbrechen wollten!

Darüber hinaus hat sich in die kurzen zwei Jahre meines Dienstes in Neuendettelsau vieles hineingedrängt, was sonst sich auf einen längeren Zeitraum verteilt. Kaum hatte ich mich einige Wochen in das neue Amt eingearbeitet, da erkrankte Frau Oberin Kiefer schwer und mußte sich immer mehr aus dem Dienst zurückziehen. Am 31. Dezember 1953 trat sie in den Ruhestand; ein halbes Jahr später starb sie plötzlich nach der Rückkehr von einer Reise. Ich habe sie auf dem Anstaltsfriedhof begraben und ihr in der Kirche die „Parentation", die Gedächtnispredigt über Psalm 32,8 gehalten. Nun galt es die Wahl einer Nachfolgerin durchzuführen und dafür eine neue Wahlordnung aufzustellen, die gegenüber dem früheren, allzu patriarchalischen Verfahren die Beteiligung und Verantwortung der Schwestern in echter Weise zur Geltung bringen sollte. Die von den Schwestern frei gewählte neue Oberin, Schwester Margarete Hoffmann, wurde im Februar 1954 eingesetzt; an die Zusammenarbeit mit ihr und mit ihrer Stellvertreterin Schwester Margarete Meßthaler sowie mit den andern im Mutterhaus verantwortlichen Schwestern denke ich mit besonderer Dankbarkeit zurück.

Hundertjahrfeier

Die erste große Probe für unsere Zusammenarbeit war die Hundertjahrfeier der Diakonissenanstalt am 9. Mai 1954. Sie war außerordentlich gut vorbereitet. Sogar die Festschrift hatte Rektor Lauerer noch geschrieben, so daß ich nur ein entsprechendes Vorwort hinzufügen mußte. Eine hauptsächlich von den Schwestern mit Liebe und Phantasie gestaltete Ausstellung über Geschichte und Gegenwart der Neuendettelsauer diakonischen Arbeit wurde gerade zum festlichen Termin fertig. Ich eröffnete sie mit dem schönen Satz aus Sir 43,36: „Wir sehen seiner Werke das wenigste; denn viel größere sind uns noch verborgen." Die hübsche, aus Holz gebaute Ausstellungshalle zog denn auch zahlreiche Besucher an; waren doch sogar die Schaubilder und Übersichtskarten auch für Kinder attraktiv gestaltet, man konnte auf Knöpfe drücken, die irgendeinen geheimnisvollen Apparat in Bewegung setzten, und auch die an Puppen dargestellte Entwicklung der Schwesterntracht im Lauf des Jahrhunderts fand lebhaftes Interesse. Die Feier selbst gliederten wir neben dem Hauptfesttag in einige den Sommer hindurch aufeinanderfolgende Einzelfeiern auf, um die uns besuchenden Gemeinden mit ihren Pfarrern sowie die Jugend aus der Landeskirche gebührend teilnehmen zu lassen. Auch die für ein Schwesternhaus wichtige Einsegnungsfeier der jungen Schwestern, wozu ihre Heimatgemeinden und ihre Angehörigen besonders eingeladen wurden, war ein lebendiger Teil des Jahrhundertjubiläums. Am offiziellen Festtag hielt Landesbischof Meiser im Gottesdienst in der St.-Laurentius-Kirche die Predigt über 2 Kor 4,1: „Darum, dieweil wir solch ein Amt haben nach der Barmherzigkeit, die uns widerfahren ist, so werden wir nicht müde." Die Teilnahme des damaligen bayerischen Ministerpräsidenten Hans Ehard und seiner Gattin am Festakt zeigte das Interesse der staatlichen und der gesellschaftlichen Öffentlichkeit. Eine besonders bewegende Stunde war der gemeinsame Gang zum Grab Wilhelm Löhes, des Gründers der Diakonissenanstalt, auf dem Dorffriedhof, um den Frau Ehard eigens gebeten hatte. „Ich glaube eine Gemeinschaft der Heiligen, Vergebung der Sünden, Auferstehung des Fleisches und ein ewiges Leben" steht auf dem einfachen Grabstein.

Es scheint mir zu den gnadenvollen Fügungen Gottes zu gehören, daß diesem festlichen Tag eine lang anhaltende Wirkung geschenkt worden ist, wie sie nicht jedem Jubiläum zuteil wird. Am Nachmittag, als die meisten offiziellen Gäste und auch die Journalisten schon wieder abgereist waren, hatte ich in der Kirche einen Vortrag über „Das Wagnis der Diakonie" gehalten. Am Ende dieses Vortrags verlas ich den später oft zitierten und nachgedruckten Aufruf zum „Diakonischen Jahr". Er wandte sich zunächst an junge Mädchen und Frauen, dann auch an junge Männer. Seine wichtigsten Sätze lauteten: „Ihr jungen gesunden Menschen von achtzehn Jahren ab, gebt ein Jahr eures Lebens zum Dienst für die Menschen, die in mancherlei Fesseln darauf warten, daß ihnen der Dienst der Liebe getan wird! Ich sehe euch in euren Berufen, in Fabriken, in Büros und Geschäften. Ich sehe die Abiturientinnen und Studentinnen, die Verkäuferinnen, Sekretärinnen: Wer es kann und wer gerufen ist, der löse sich ein Jahr heraus für solchen Dienst... In der diakonischen Mitarbeit wird euch eine Ausbildung gegeben, die wichtig ist fürs

Hundertjahrfeier der Diakonissenanstalt Neuendettelsau, 9. Mai 1954 – mit Ministerpräsident Ehard

ganze Leben. Ihr werdet ausgebildet werden im Dienen, Beten, Leiden und Mittragen. Wer in diesen Fächern bewährt ist, der ist bewährt fürs Leben."

Das Echo auf diesen Aufruf war für uns alle selbst überraschend. Es ging anders als sonst im kirchlichen Bereich, wo auch die kirchliche Publizistik über die eigenen vier Kirchenwände meist nicht hinauskommt. Der Pressepfarrer für Franken, Martin Lagois in Nürnberg, war als einer der wenigen Publizisten noch den Nachmittag über geblieben. Er hat in diesem Aufruf die „Spitze" der gesamten Jubiläumsfeier erkannt und brachte ihn weniger in der kirchlichen als in der ihm zugänglichen weltlichen Presse ausführlich zum Abdruck. So lag er im Wortlaut am nächsten Tag in den Kiosken an den Straßenecken und in den Kantinen der Betriebe auf. Meine Amtsbrüder selber, vor allem die diakonischen „Fachleute", waren skeptisch gewesen: Du hast in deinem Aufruf ja nicht einmal die einfachsten Fragen einer sozialen Sicherung angeschnitten, wenn du junge Leute für ein Jahr vom Arbeitsplatz wegholen willst! Aber es war seltsam: Die Arbeiterinnen aus oberfränkischen Industrieorten, die als erste kamen, brauchten sich darum am wenigsten zu sorgen. Der Chef sagte: „Wenn Ihr solch eine Arbeit für ein Jahr übernehmt, dann halte ich den Arbeitsplatz offen; wenn Ihr wiederkommt, könnt Ihr sofort wieder anfangen!" Auch alle anderen organisatorischen und finanziellen Probleme bis hin zu steuerlichen Fragen ließen sich Schritt für Schritt ohne größere Schwierigkeiten lösen. Im übrigen wurden die leitenden Schwestern, in deren Bereich die diakonischen Helferinnen zum Einsatz kamen, auf die große Verantwortung angesichts dieser neuen Art von jungen Mitarbeiterinnen besonders sorgfältig vorbereitet, und auch für die Helferinnen selbst richteten wir eine Stelle ein, an die sie sich mit allen Fragen wenden konnten. Das „Diakonische Jahr" aber bewirkte bei vielen, die es wagten, eine neue Lebensentscheidung, vornehmlich für einen sozialen Beruf, nicht selten auch für den Lebensdienst einer Diakonisse. In späteren Jahren bin ich in vielen Gliedkirchen der Evangelischen Kirche in Deutschland den Helfern und Helferinnen vom „Diakonischen Jahr" mit besonderer Freude begegnet. Auch in andere Länder und diakonische Werke hat es sich ausgebreitet, und das „Freiwillige soziale Jahr" in der Bundesrepublik Deutschland hat eine seiner Wurzeln im „Diakonischen Jahr" von Neuendettelsau.

Meine Erfahrungen im Rückblick auf die zwei Jahre in Neuendettelsau glaube ich in fünf Erwägungen zusammenfassen zu können.

Einmal ist es die große Dankbarkeit für den *Vollklang* des kirchlichen Lebens, den ich dort, mitten in allem Menschlichen und Unzulänglichen, was Diakonissen wie anderen Menschen auch anhaftet, vernommen zu haben glaube. Im kirchlichen Leben Neuendettelsau können sich dem, der Ohren hat, Leiturgia = Gottesdienst, Martyria = Zeugnis und Diakonia = Dienst der Liebe zu einem großen und tiefen Dreiklang vereinigen. Es ist erstaunlich, wie reich sich dieser Dreiklang in Wort und Werk des großen Dorfpfarrers Wilhelm Löhe (1808–1872) entfaltet, der diesen abgelegenen Ort weltbekannt gemacht hat und dessen Spuren ich selber in Nordamerika wie in Australien gefunden habe. Nach Wilhelm Löhe kann auch Diakonie nicht anders als vom Gottesdienst, vom Altar her leben. Und daß die Martyria, das Zeugnis, nicht verstumme, dafür hat er selbst durch die Gründung des Neuendettelsauer Missionshauses am stärksten beigetragen. Auch wenn die Missionsanstalt seit langem selbständig geworden war, suchte ich nach Möglichkeiten Verbindung auch dorthin zu halten. Seit dem Zweiten Weltkrieg war nun auch die Kirchliche Augustana-Hochschule in Neuendettelsau gegründet worden; es war mir eine große Freude, daß mir ein Lehrauftrag für Seelsorge und Homiletik Gelegenheit gab, mit vielen Theologiestudenten in Verbindung zu kommen.

Aber für mich mußte ja der bestimmende Ton in diesem Vollklang kirchlichen Lebens nun die Diakonie sein. Und was Diakonie für das Ganze der Kirche bedeutet, das eben meine ich in Neuendettelsau gelernt zu haben. Sie hat eine ganz wichtige Funktion für die Leibhaftigkeit, die pneumatische Leiblichkeit der Gemeinde Christi. Sie ist wie das Blut, das den ganzen Leib der Kirche durchströmt; ohne sie wird dieser Leib blutleer. Löhes Diakonissenspruch ist bekannt: „Was will ich? Dienen will ich. Wem will ich dienen? Dem Herrn in seinen Elenden und Armen." Ich habe dabei öfter vom Wagnis der Diakonie gesprochen, im Anschluß an das „Wagnis des göttlichen Wohlgefallens", von dem die Urkunde im Grundstein des Mutterhauses spricht: wir Christen leben von dem Wagnis der göttlichen Diakonie mit uns – sollten wir nicht aneinander und füreinander die Diakonie der Liebe wagen?

In Neuendettelsau meine ich etwas von der zugleich herben und süßen Freude geschmeckt zu haben, die in solcher hingebenden

Diakonie liegt, auch wenn nur ein einziger Schritt darin vollzogen wird. Denn Jesus Christus, der unter uns ist wie ein Diener, läßt sich nicht umsonst etwas schenken, sondern teilt selber überreich sein Leben aus. Was kann man einem jungen Mädchen, einer jungen Frau in Aussicht stellen, die Diakonisse werden will? Sie wird sich ihr Leben lang herumschlagen müssen mit der menschlichen Unzulänglichkeit und Hilflosigkeit, mit der anderer Menschen und mit der eigenen. Das ist die Herbheit des Schwesterndienstes. Seine süße Freude aber ist, daß dies geschehen darf in der Nachfolge Jesu. Bei der Hundertjahrfeier 1954 hat der Münchner Dekan Theodor Heckel in seinem Grußwort dies in die nachdenkenswerte Bemerkung gefaßt, daß Diakonie etwas zu tun habe mit der Anfechtung Jesu um uns Menschen. An ihr lasse er seine Leute teilnehmen: „Ihr seid es, die ihr bei mir beharrt habt in meinen Anfechtungen" (Lk 22,28). Damit wird klar, daß bei solcher Würde, die Jesus seinen Jüngern schenkt, doch nichts menschlich zu überhöhen ist. Menschliche Unzulänglichkeit habe ich wie überall, so auch in einem Schwesternhaus erlebt, aber ich habe ebenso eine strahlende Nachfolge Jesu Christi erfahren, der man nur mit Ehrfurcht begegnen konnte.

Als zweites nenne ich die Bedeutung des *Opfers,* des *Verzichts,* der *Askese.* Ich erinnere mich an eine sehr bekannte Diakonisse, die ganz an ihren Dienst hingegeben war und eine starke Wirkung auf junge Menschen ausgeübt hat. Sie sagte: „Hingabe, Opfer, Verzicht? Davon ist doch bei einer Schwester überhaupt nicht zu reden! Es ist der Reichtum Gottes, der uns zum Austeilen geschenkt ist." Eben deshalb aber dürfen, wenn vom Dienst in der Kirche die Rede ist, diese Stichworte nicht verschwiegen werden. Wo kommen eigentlich in der heutigen bundesdeutschen und europäischen Christenheit, auch unter Pfarrern und Pfarrfrauen, diese Begriffe Verzicht, Askese, Opfer, Hingabe vor? Sie sind wie weggeschwemmt von der Welle des Glücksstrebens, der Selbstverwirklichung und des Wohlstandsdenkens, die aus den zur Lebenserleichterung dienenden Gaben Gottes einen selbstverständlichen Anspruch gemacht hat. Es wäre ungerecht, wenn ich nicht gleich hinzufügte, daß sie dennoch vorhanden sind, auch wenn die öffentliche Meinung kaum von ihnen Notiz nimmt. Und im „Diakonischen Jahr" habe ich junge hingabe- und opferfreudige Menschen in großer Zahl kennengelernt. Trotzdem muß die Frage bleiben. Denn nur verzerrt, so scheint mir, begegnet uns der Widerspruch gegen die absolute Diesseitsverherrlichung, wenn die Jugend aus der Drucklosigkeit dieses Wohlstandsmilieus ausbricht, und zwar oft gerade aus den Elternhäusern, die ihnen alles bieten wollten, und alle Familienbindungen löst, um anderen Führern wie den Gurus in Indien zu folgen, gerade wenn und weil diese Opfer und Gehorsam fordern. Aber auch die Verzerrung könnte die Christen daran erinnern, daß Jesus hier, ausgerechnet in der Bereitschaft zu Verzicht und Opfer den wirklichen Reichtum des Lebens bereithalten kann. „Es ist niemand, der Haus oder Brüder oder Schwestern oder Mutter oder Vater oder Kinder oder Äcker verläßt um meinetwillen und um des Evangeliums willen, der nicht hundertfältig empfange jetzt in dieser Zeit Häuser und Brüder und Schwestern und Mütter und Kinder und Äcker mitten unter Verfolgungen und in der zukünftigen Welt das ewige Leben" (Mk 10,29 f). Worte mit diesem oder ähnlichem Inhalt lassen sich eben nicht einfach aus der Christusbotschaft und aus der Kirche Jesu Christi streichen, ohne daß etwas Wesentliches verlorengeht. In Perioden des übermäßigen Glücksstrebens sind, wie die Kirchengeschichte zeigt, unvermittelt Männer und Frauen aufgetreten, die durch ihren Verzicht auf die allen so begehrenswerten Lebensgüter den anderen zur rechten Einschätzung dieser Güter geholfen haben. Und im sexualisierten Klima der westlichen Welt kann ein im Namen Jesu glaubwürdig gelebter Verzicht auf die Ehe, der ohne Schielen auf frommes Verdienst geschieht, eine heilsame Wirkung auch für die Gemeindeglieder haben, die in der Ehe leben und Kinder haben.

Es wäre nun gewiß hoch gegriffen, wollte ich einfach auf Neuendettelsau hinweisen: Da habt Ihr solches Geschehen. Ich habe auch dort viel Krampf und Versagen erlebt, wie in allen neuen und alten Kommunitäten, die sich solchen Gedanken verpflichtet fühlen. Im Kreis der Schwestern haben wir einmal in einer biblischen Arbeit über den Knecht, der das Warten auf den Herrn vergaß (Mt 24,48 ff), als die spezifischen Versuchungen der Diakonie ausgerechnet das Genießen und das Herrschen herausgefunden. Dennoch scheint mir, daß die Existenzweise der Diakonisse, die schon damit ihre Verfügbarkeit für den Dienst Gottes und des Nächsten bekundet, nach wie vor ein für die ganze Christenheit lebenswichtiges Zeichen bedeutet. Gerade die unverheiratete Gemeindeschwester, die ihr Charisma als Gabe lebt, kann in Ehekrisen das Vertrauen von Mann und Frau haben und Streitigkeiten schlichten.

Damit tritt zum dritten die Bedeutung der Mutterhausdiakonie für die Kirche und *Gesellschaft* ins Licht. Es soll damit keine andere Weise der Diakonie abgewertet werden. Auch die Diakone Rummelsbergs z. B. leben in der bemerkenswerten Freiheit, sich senden zu lassen. Und neue Formen der Diakonie können neue Charismen zur Entfaltung kommen lassen. Ebensowenig seien die vielen Möglichkeiten sozialer Arbeit vergessen, in denen Christen als Christen ihren Dienst tun. Dennoch läßt sich feststellen, daß die Schwester in einer Gemeinde, in einem Heim, in einem Krankenhaus eine unverwechselbare Stellung hat – oder gehabt hat. Auf die Frage, wie aus einem Haufen von Menschen, die um eine Kirche herum mit einem Pfarrer leben, eine wirkliche Gemeinde wird, antworten wir selbstverständlich: Die Verkündigung des Wortes Gottes und die Austeilung des Sakraments machen diese Kirche. Aber wir müssen sofort hinzufügen: durch die Diakonie, durch Menschen, die gerade die Bedürftigen sehen, die auf das Du im andern Menschen und nicht nur auf die Strukturen achten, die treppauf und treppab laufen und hilfsbedürftigen Menschen nachgehen, eben dadurch wird Gemeinde zur Gemeinde Jesu Christi. Die Gemeinden in einer Landeskirche wie der bayerischen sind oft stark durch die Pfarrer geprägt; es lassen sich aber auch nicht wenige Gemeinden nennen, die mindestens ebenso durch die stille Arbeit einer Gemeindeschwester zusammengehalten sind und ihr unverwechselbares Gepräge bekommen haben. „Alles können wir entbehren, den Lehrer, auch den Pfarrer, aber die Schwester nicht!“ sagte verzweifelt ein Bürgermeister, als die Gemeindeschwester abgezogen werden mußte. Bis heute gehört die Schwester zu den stärksten Aktivposten der Kirche, selbst in den unkirchlichsten Gebieten und Großstädten. „Für die Schwester tue ich alles!“ sagte ein Taxifahrer in Berlin.

Darum scheint es mir auch falsch zu sein, wenn nicht selten von dem bloß karitativen Tun der Diakonie gesprochen wird, das die gesellschaftlichen Strukturen unverändert lasse. Bei näherem Zusehen steht die Schwester in der Gemeinde und im Krankenhaus und an vielen anderen Stellen mit an der vordersten Front des Ringens um den Menschen, an die nur wenige Pfarrer kommen! Und die Strukturveränderungen etwa im Krankenhauswesen hin zu größerer Menschlichkeit, Sauberkeit und Barmherzigkeit, die bei uns im letzten Jahrhundert geschehen sind, gehen im wesentlichen auch auf den Dienst der Schwestern zurück. Selbstverständlich ist soziale Gerechtigkeit ein großes Gut. Aber Gerechtigkeit allein ohne Barmherzigkeit macht die einen hart, die andern anspruchsvoll. Ich muß es als eine der großen Niederlagen in meinem Dienst als Landesbischof ansehen, daß es mir nicht gelungen ist, mehr theologisch gebildete Frauen, die sich dem kirchlichen Dienst zur Verfügung stellen wollten, davon zu überzeugen, daß in der Mutterhausdiakonie auch auf sie ungeahnte Möglichkeiten warten könnten. Auch wundere ich mich, wie viele Kirchenleitungen dem allmählichen Abnehmen – oder soll ich sagen: Sterben dieser Form der Diakonie zusehen, ohne mit den Betroffenen auf Abhilfe und wenn möglich, auf die gewiß auch nötige Erneuerung zu sinnen.

Das vierte, was mich in der Erinnerung an die Neuendettelsauer Jahre bewegt, ist das nicht hinwegzuräumende Empfinden einer *Schuld*. Daß ich an jenem 16. Dezember 1952 zum Weg nach Neuendettelsau ja gesagt habe, erscheint mir auch im nachhinein als richtig. Ich habe auch die mir von einigen gestellte Frage, ob dies eine Entscheidung fürs Leben bedeute, damals bewußt offengelassen. Aber dann waren es eben in Neuendettelsau doch nur zwei Jahre. Vieles war angefangen, menschliche und geistliche Beziehungen waren geknüpft – durch die Wahl zum Landesbischof wurde alles jäh unterbrochen. Georg Merz selber, der Obmann von Neuendettelsau, hat mich damals getröstet und gemeint, es gäbe jetzt keinen anderen Weg für mich als den nach München. Aber es war doch so, wie wenn dem Handwerker das Werkzeug, mit dem er eben etwas vertraut geworden ist, nun aus der Hand geschlagen würde. So fühlte ich mich vielen Menschen gegenüber in einer Schuld und hatte nicht selten das Gefühl, als hätte ich sie und Neuendettelsau allzu früh im Stich gelassen. Daß die diakonische Gemeinde dort nicht verlassen blieb, dafür haben die tüchtigen Rektoren gesorgt, die mir dann gefolgt sind. Aber das Empfinden, allzu rasch von einem wichtigen Posten weggegangen zu sein, ist mir geblieben. Abgesehen von den zahlreichen Beziehungen zu Neuendettelsau, die natürlich weiter bestehen blieben, war dazu noch dies ein kleiner Trost, daß die Kinder des Heilerziehungsheimes, die mich für Neuendettelsau gewonnen hatten, mir alljährlich den Text der Jahreslosung, fein säuberlich in Laubsägearbeit ausgeschnitten, für mein Arbeitszimmer übersandten.

Um so nachdrücklicher hebe ich eine fünfte Feststellung heraus: Die Dimension der Diakonie, die sich mir in Neuendettelsau und damit auch anderswo erschlossen hat, ist zu einem wesentlichen Bestandteil meines Verständnissen von *Kirche* und *Bischofsamt* geworden. Die Kirche Christi ist zum Dienst des Lobes Gottes, zur Liturgie berufen mit Gesang, mit Orgel und Posaunen, und kann damit den Vorgeschmack des Lobes Gottes in seiner neuen Welt vermitteln. Aber gleichzeitig, solange sie in dieser Welt ist, geht sie einher im einfachen Gewand der Diakonie, und „wer Barmherzigkeit übt, das ist das rechte Lobopfer“ (Sir 35,4). Wie sollte dann ein Bischof anders als im Gewand der Diakonie seinen Auftrag erfüllen können? „Wer in der Kirche gebieten will, muß die Kleider ausziehen wie Christus“, sagt Luther im Anschluß an die Geschichte von der Fußwaschung Joh 13. Auch der Blick in die Kirchengeschichte zeigt, daß die „Regierungsämter“ der Bischöfe und Diakone ursprünglich karitative Ämter gewesen sind. Und wenn ich später mit Diakonissen zusammentraf, habe ich, wenn sie mich nach meiner Arbeit fragten, nicht selten scherzhaft gemeint, daß zwischen einem Bischof und einer Diakonisse bzw. einem Diakon kein besonders großer Unterschied bestehe. Es wäre ein Mißverständnis solch eines Satzes, wollten wir damit Leitung und Autorität in der Kirche für unnötig erklären. Aber sie bleiben gerade darin gesund, daß sie diakonisch verstanden werden. Man spricht heute viel von der „Basis“ der Kirche, die es wieder zu entdecken gelte. Denn von der Basis her will die Kirche erneuert werden. Daran ist etwas Richtiges. Die Basis aber ist unten. In einer mittelgroßen Stadt in Franken gab es ein Haus, in dem die Stadt – sie war die Rechtsträgerin des Heims – alle die Menschen untergebracht hatte, für die man sonst kein Unterkommen fand: alte Alleinstehende, körperlich und geistig Gebrechliche, Mädchen mit unehelich geborenen Mischlingskindern, die sich damit in der Öffentlichkeit einer solchen Stadt schwer taten. Die Schwester, die mit einigen Mitarbeiterinnen lange Jahre unverdrossen ihren Dienst getan hatte, war älter geworden und es gab einige Schwierigkeiten, so daß ich ihr von der Stadt einen vierwöchigen Sonderurlaub erbat. Aber nun ging es um die Vertretung während dieser Zeit, und es wollte sich keine Lösung finden lassen. Scherzhaft fragte ich den Bürgermeister: „Könnten Sie nicht für diese vier Wochen die Leitung des Hauses übernehmen?“ Den saftigen mittelfränkischen Dialektausspruch, in dem er mir antwortete, möchte ich dem Leser ersparen; auf hochdeutsch lautete die offenherzige Antwort: „Nicht um alles in der Welt!“ Aber diese Basisarbeit muß ja auch geschehen, und Gesundheit oder Krankheit einer Gesellschaft lassen sich vielleicht gerade daran ablesen, ob und wie die Kleinen und Geringen in ihrer Mitte Beachtung und Pflege finden. Von ihnen sagt Jesus: „Sehet zu, daß ihr nicht jemand von diesen Kleinen verachtet, denn ich sage euch: Ihre Engel im Himmel sehen allezeit das Angesicht meines Vaters im Himmel“ (Mt 18.10). Sie haben im Weltregiment Gottes eine bedeutsame Stelle.

9. KAPITEL

Landesbischof – Landeskirche

Ende Januar 1955 erklärte Landesbischof D. Meiser seinen Rücktritt zum 1. Mai 1955. Es war kurz vor seinem 74. Geburtstag. Zweiundzwanzig Jahre lang hatte er sein Amt in besonders schwerer Zeit wirkungsvoll und mit Würde versehen. Sein Bild hing noch vom Kirchenkampf her in vielen Wohnstuben. Aber auch über Bayern hinaus hatte er sich Ansehen erworben.

Wahl und Einführung

Sofort nach dem Bekanntwerden seines Rücktritts setzten die Gespräche über die Nachfolge in der ganzen Landeskirche, besonders unter den Pfarrern ein. Die Verantwortlichen, vor allem der Landessynodalausschuß unter seinem Vorsitzenden, Staatsekretär Dr. Hans Meinzolt, der zugleich Präsident der Landessynode war, leiteten die Vorbereitungen zur Wahl auf der nächsten Landessynode ein, die im März in Bayreuth stattfinden sollte. Ich wurde von vielen Seiten auf eine Kandidatur hin befragt und besonders von den Pfarrern dazu aufgefordert. Mich in die Liste der Kandidaten aufnehmen zu lassen, konnte ich nicht ablehnen. Zuletzt waren wir drei Bewerber, außer mir der Münchner Dekan Theodor Heckel und Oberkirchenrat Heinrich Riedel. Mit beiden war ich gut befreundet, und die Freundschaft ist auch durch diese „Konkurrenz" in keiner Weise getrübt worden.

In Neuendettelsau war die Unruhe groß: Wird der Rektor, der erst vor zwei Jahren das weitverzweigte Werk übernommen hat, nun wieder weggehen? Es gab aber auch Mitarbeiter, die die Situation in weiterem Zusammenhang sahen. Als ich mich zur Fahrt nach Bayreuth verabschiedete, ermutigte mich einer meiner Amtsbrüder: „Für Neuendettelsau werden die kommenden Tage auf jeden Fall eine große Freude bringen: Entweder wird unser Rektor gewählt, dann darf Neuendettelsau, wie im Falle Bezzels, einen Dienst für die Landeskirche tun. Oder er wird nicht gewählt, dann freuen wir uns über sein Bleiben."

Am 21. März 1955, am dritten Tag der Bayreuther Synodaltagung, wurde ich im zweiten Wahlgang gewählt. Nach dem ersten Wahlgang hatten Dekan Heckel und Oberkirchenrat Riedel ihren Rücktritt von der Kandidatur erklärt und die Synodalen gebeten, ihre Stimme mir zu geben. Der Präsident der Synode, Dr. Meinzolt, der die Wahl geleitet hatte, nahm mein Ja an und wünschte dem neu Gewählten „Mut vor den Menschen und Demut vor Gott." Landesbischof Meiser grüßte mich mit dem Wort: „Fürchte dich nicht, sondern rede und schweige nicht . . . denn ich habe ein großes Volk in dieser Stadt" (Apg 18.9f.). Ich selber war erleichtert und bange zugleich; die Spannung der letzten Wochen war vorüber, aber der Abschied von Neuendettelsau drückte mich. Zwar hatte ich mich zwei Jahre vorher nicht auf Lebenszeit, wie manche es gewünscht hatten, für die Diakonie verpflichtet. Jedoch ließ mich das Schuldgefühl wegen des zu frühen Weggehens nicht los. Und was das neue Amt betraf, so freute ich mich einerseits über das Vertrauen der Synode, der Amtsbrüder und der Gemeinden. Andererseits ahnte ich, daß es in mancher Hinsicht ein Opfergang werden würde. Ich wußte deutlich auch von den Grenzen meiner Kraft, schon was die Gesundheit betraf. Oft habe ich auf EKD-Synoden gemerkt, wie wenig ich gerade vielen norddeutschen, sprechgewandten Brüdern in der Diskussion über theologische und kirchliche Fragen gewachsen war. Nicht selten dachte ich, daß mir nur wenige Jahre der Amtsführung beschieden sein würden, und kaum je kam mir die Vorstellung, es könnten zwei Jahrzehnte daraus werden.

Die Herrnhuter Losungen hatten am Wahltag den Satz aus Mal 3,6 gebracht: „Ich bin der Herr und wandle mich nicht!" Einige Freunde haben mich noch alljährlich daran erinnert. Wer dieses Wort im Zusammenhang bei diesem letzten Propheten des Alten Testaments liest, der weiß, daß es nicht zur Starrheit, sondern zur Beständigkeit inmitten der Versuchung zum Abfall ruft. Natürlich wollte ich nicht vergessen, daß Gott der Schaffende und ständig Wandelnde ist, der in der Kraft seines Geistes die Herzen der Menschen wie das Angesicht der Erde erneuern kann. So ließ ich mich mitten in dem großen Wandel, den die beiden Jahrzehnte bringen sollten, gerne an die Bitte erinnern: „Herr, laß mich nur nicht wanken, gib mir Beständigkeit . . ."

Da ich zum 1. Mai 1955 in das Amt berufen war, mußte die Vorbereitung für den Abschied und für den neuen Anfang sogleich beginnen. Meine Frau kam noch am Abend des Wahltages von Neuendettelsau nach Bayreuth, ebenso Frau Oberin Margarete Hoffmann, die es nicht verbarg, daß ihr das Herz schwer war. Nach

Gratulation nach der Wahl zum Bischof durch Landesbischof Meiser, 21. März 1955

Einführung durch Landesbischof Lilje, St. Lorenz Nürnberg, 8. Mai 1955

wenigen Wochen bewegten Abschiednehmens hielt ich am 1. Mai in Neuendettelsau den letzten Gottesdienst mit einer Predigt über die drei ersten Bitten des Heiligen Vaterunsers. Im Mutterhaus machten uns die Mitarbeiter noch einen schlichten Abschied, für den wir besonders wegen seiner Einfachheit dankbar waren. Adolf Burkert bezeichnete in seiner Rede mit scherzhafter Wehmut Neuendettelsau als eine „Mischung aus Kurort und Kloster" und empfahl uns beides. Die feierliche Einführung in das neue Amt erfolgte am Sonntag Jubilate, den 8. Mai, in der Bischofskirche in Nürnberg-St. Lorenz, wo 1933 auch mein Vorgänger eingeführt worden war, unter großer Anteilnahme der Abgesandten der Gemeinden aus der ganzen Landeskirche. Es konnte nicht übersehen werden, daß es gerade der zehnte Jahrestag der deutschen Kapitulation nach dem Zweiten Weltkrieg war. Und wenn auch die im Krieg schwer zerstörte St.-Lorenz-Kirche bereits völlig wiederaufgebaut war und in herrlichem Glanz erstrahlte, so durften die Schatten der Vergangenheit auch an diesem Tag nicht vergessen werden. Da Landesbischof Meiser, der die Einführungshandlung zunächst hatte vornehmen wollen, inzwischen schwer erkrankt war, wurde ich von dem kurz vorher auf der VELKD-Generalsynode in Weimar zum neuen Leitenden Bischof der Vereinigten Evangelisch-Lutherischen Kirche Deutschlands gewählten Landesbischof Hanns Lilje von Hannover eingeführt, mit dem ich seit dem Ende des Krieges in engere Verbindung gekommen war. Das Hirtenamt des Bischofs, sagte er, könne nicht anders denn als unter dem guten Hirten geführt werden, gerade wenn es als öffentliches Amt verstanden werde. In meiner Einführungspredigt über einen Abschnitt aus dem Sonntagsevangelium (Joh 16,13–15) versuchte ich darzulegen, wie das Leben einer Kirche und das Amt eines Bischofs auf dem Jesuswort beruht: „Wenn aber jener, der Geist der Wahrheit, kommen wird, der wird euch in alle Wahrheit leiten." Ich ahnte noch nicht, wie stark dieser Satz die kommenden zwanzig Jahre bestimmen sollte. Kann es anders überhaupt Kirche geben als unter solcher Leitung, kann anders eine Gemeinde, ein Pfarrer, ein Bischof in Wahrheit existieren, wenn ihre Existenz nicht eine fromme Selbsttäuschung, ein bloßes „Als-ob" sein soll? Eine große Ermutigung für mich war es, daß neben der großen Gemeinde aus der Evangelisch-Lutherischen Kirche in Bayern auch die Bischöfe fast aller anderen Landeskirchen, auch aus dem Osten, gekommen waren, an ihrer Spitze der Vorsitzende des Rates der EKD, der Berliner Bischof Otto Dibelius.

Die St.-Lorenz-Kirche hatte die Menge der Gemeindeglieder nicht fassen können, die an dem festlichen Tag nach Nürnberg geströmt waren. So wurde der Nachmittag in der großen Messehalle an der Reformationsgedächtniskirche, der zugleich als Gelegenheit für die Begrüßung durch die Verantwortlichen in der Öffentlichkeit gedacht war, unter der Leitung des Nürnberger Kreisdekans Julius Schieder vor allem als Gemeindekundgebung gestaltet. Dabei sprachen unter vielen anderen an erster Stelle der damalige Ministerpräsident Dr. Wilhelm Högner, mit dem mich von da an, solange er im Amt war, ein Verhältnis des Vertrauens verband, auch wenn es um kritische Fragen wie die einer neuen Ordnung des Schulwesens ging. Landesjugendpfarrer Hans Martin Helbich, der spätere Generalsuperintendent von Berlin, sorgte bei der Gestaltung des Nachmittags mit großem Erfolg für eine entsprechend starke Beteiligung der Jugend. Ich selber bat in meinem Schlußwort die Gemeinde, die sich auch noch vor der Halle versammelt hatte, um ihre Hilfe und Begleitung; denn ein Bischof ohne Gemeinde ist der verlassenste und einsamste Mensch. Am Morgen des nächsten Tages stellte ich mich den zahlreichen noch anwesenden Pfarrern vor mit einem Vortrag über „Prediger und Gemeinde unter der Rechtfertigungsbotschaft". Damit hatte der neue Lebensabschnitt begonnen.

Landeskirchenrat

Nach einem kurzen Erholungsurlaub, den wir in dem kleinen Neuendettelsauer Ferienheim in Bad Reichenhall verbrachten, begann ich meinen Dienst in dem mir wohl bekannten Gebäude des Landeskirchenrates in München. Für einige Wochen, bis die schöne, geräumige Dienstwohnung im zweiten Stock des Rückgebäudes gerichtet war, kam ich im Diakonissenhaus in der Heßstraße unter, wo ich von der Oberschwester Else von Groth und ihren Mitschwestern fürsorglich betreut wurde; wir haben die Verbindung mit ihnen viele Jahre lang durch regelmäßige Einladungen besonders gepflegt. Als Ende Juni die ganze Familie nachkam, war es keine Kunst, sich in den neuen Räumen einzuleben. Auch der stille Bischofsgarten half dazu, den wir an den Sonntagnachmittagen und Sommerabenden gerne aufsuchten, heimlich und offen beobachtet von den Benediktinermönchen im unmittelbar angrenzenden Kloster St. Bonifaz, die von ihren Fenstern aus anscheinend nicht ungern eine evangelische Pfarrfamilie kennenlernen wollten. Auch die Arcisstraße war damals eine ganz ruhige Behördenstraße, der Großstadtverkehr begann erst, dann freilich gewaltig und noch ohne Ampeln – mit der Kreuzung Arcis-/Briennerstraße, und unsere Volksschulkinder, die in die

Türkenschule gehen mußten, brauchten Wochen, bis sie sich allein über die Straße trauten.

Im Vordergebäude aber lag im gleichen Stock mein Dienstzimmer. Hier warteten zwei tüchtige Sekretärinnen auf mich, Gabriele Siegmund, der nach ihrer Pensionierung 1962 Elfriede Krick folgte, und Charlotte Wanner, mit ihnen der persönliche theologische Sekretär, der liebenswürdige Pfarrer Martin Ballwieser, der erste in einer Reihe von theologischen Referenten, nach ihm kamen Manfred Seitz, Friedrich Eberle, Bernhard Brons; ich danke ihnen allen, daß sie den entsagungsvollen Dienst eines Zuarbeitens auf sich genommen haben. In der Garage pflegte der Fahrer Alfred Krüger das Bischofsauto und hat mich dann durch zwanzig Jahre ohne größeren Unfall einige hunderttausend Kilometer kreuz und quer durch Deutschland und Mitteleuropa gefahren. Im ganzen Haus aber fand ich treue Mitarbeiterinnen und Mitarbeiter, von denen ich eine große Zahl bereits von früher her kannte. Zwischen Wohnung und Diensträumen aber lagen noch besonders schöne Räume – Repräsentations- oder Begegnungsräume nannte man sie. In ihnen ließen sich je nach Bedarf siebzig bis hundert, wenn man das Treppenhaus dazu nahm, auch hundertzwanzig Personen versammeln und wenn nötig bewirten. Nicht nur die Mitglieder und Mitarbeiter des Landeskirchenrats kamen hier immer wieder einmal „außerdienstlich" zusammen. Es gab Begegnungen und Gespräche mit Besuchern aller Art, mit Bundestags- und Landtagsabgeordneten, auch mit Presse- und Rundfunkleuten. Wir wollten bei derartigen Zusammenkünften bewußt nicht zuerst „kirchliche Belange" anbringen, sondern die Menschen auch als Christen auf ihre Verantwortung anreden und ihre Sorgen hören. Auch die Bischöfe und Präsides der deutschen Landeskirchen, Gemeindegruppen aus Mecklenburg und aus Italien wurden begrüßt und bewirtet, ebenso wie die Münchner Pfarrfrauen hier ihren regelmäßigen Versammlungsort hatten. Bei der Bewirtung der Gäste, die meine Frau zusammen mit einigen Mitarbeiterinnen während der ganzen Amtszeit selbst durchführte, übernahmen unsere größeren Kinder unverdrossen und sehr sachverständig die Bedienung, wie gelernte Kellner mit der weißen Serviette über dem Arm, so daß einmal einer der bischöflichen Gäste meiner Frau sagte: „Was machen Sie eigentlich mit diesen jungen Leuten von der Bedienung, wenn Sie keine Einladung haben?"

Behörden gibt es viele, auch im kirchlichen Raum. Der Landeskirchenrat ist eine von ihnen. Er hat, was seinen äußeren Betrieb anlangt, an allen Vorzügen und Nachteilen einer Behörde teil. Es wäre übrigens kein Ruhmestitel für ihn, wenn er diese Seite seiner

Existenz vernachlässigen wollte, freilich ohne daß er dem Bürokratismus verfallen müßte. Es wäre allerdings wiederum schlimm, wenn er nur Behörde wäre. Unten in der Eingangshalle grüßte den Besucher ein Kreuz und täglich begannen wir unsere Arbeit mit einer Andacht – würde das auch das Leben und Wirken im Hause bestimmen?

So viele Abteilungen und Gliederungen wie heute hatte der Landeskirchenrat damals noch längst nicht. Es gab in der Hauptsache eine Geistliche Abteilung, der die theologischen Referenten angehörten, und eine Weltliche Abteilung, in der die Juristen ihre Domäne hatten. Der Ausdruck „geistlich" und „weltlich" war ungenau und wenig zutreffend; denn auch die Theologen haben mit den „weltlichen Dingen" zu tun, und umgekehrt können auch die Juristen nach evangelischem Verständnis des allgemeinen Priestertums „geistlich" sein. Mit diesem Kollegium hatte ich nun zusammenzuarbeiten, jeden Tag in Gesprächen, jede Woche, soweit ich anwesend war, in einer Haussitzung und alle vier Wochen in der dreitägigen Vollsitzung. Sie, an der auch die Kreisdekane teilnehmen, ist das Hauptinstrument, das dem Landeskirchenrat für die Aufgabe der Kirchenleitung gegeben ist.

Es war für den Neuling schon ein denkwürdiger Augenblick, als er zum ersten Mal in seinem neuen Amt den kleinen Sitzungssaal betrat, in dem an den Wänden die Bilder aller früheren Mitglieder des Landeskirchenrats hingen, jeweils um die Bilder seiner Vorgänger geordnet: da war der ehrwürdige Kirchenpräsident Friedrich Veit, den er noch persönlich gekannt hatte, der Präsident Hermann von Bezzel, der auch einer seiner Vorgänger in Neuendettelsau gewesen war und dort mit Vollmacht gewirkt hatte. Und dann ging es zurück bis zum Bild des Präsidenten Adolf von Stählin, der in die Familie seiner Frau gehörte, und endlich zu dem Präsidenten Adolf von Harleß, dem die Landeskirche viel von ihrer evangelisch-lutherischen Prägung verdankte. Landesbischof Meiser, meinen Vorgänger, haben wir übrigens nochmals eigens zu einer Vollsitzung eingeladen, weil wir seine Vorliebe für diese Einrichtung kannten, und dabei die Verabschiedung nachgeholt, die beim Amtswechsel wegen seiner Erkrankung hatte unterbleiben müssen. Ein Jahr später hing auch sein Bild unter denen der verstorbenen Vorgänger. Umgeben von diesen Gestalten taten wir unseren Dienst als Kollegium des Landeskirchenrats, in dem jeder, auch der Landesbischof, gleiches Stimmrecht hatte. Dabei kann ich nur mit großem Dank auf die Art und Weise zurückblicken, wie diese Männer damals dem neuen Bischof, der der Jüngste unter ihnen war, begegneten und ihm die Einarbeit erleichterten. Fast muß ich gestehen, daß es gegen Ende meiner Amtszeit, als ich allmählich der Älteste unter lauter Jüngeren wurde, mehr Probleme gab.

Da war der Personalreferent, der leidenschaftliche, immer ritterliche Otto Bezzel, bei dem ich gegen Ende des Krieges, als er noch Kreisdekan in Bayreuth war, Dienst getan hatte. Er war zugleich Stellvertreter des Landesbischofs und versah diese Aufgabe mit unbedingter Loyalität. Und dann traf ich meinen früheren Spezialkollegen wieder, den klugen, nüchternen Lic. Wilhelm Ferdinand Schmidt, den Referenten für die jüngeren Theologen, der ganz im Gegensatz zu manchen oberflächlichen Urteilen der treueste Freund und Helfer seiner jungen, ins Amt wachsenden Brüder war; er hat damals zugleich das umfangreiche Schulreferat geführt. Mit Heinrich Riedel, der die gottesdienstlichen Fragen, die Diakonie und den ökumenischen Bereich vertrat sowie kurz vorher Mitglied des Rates der EKD geworden war, verband mich ebenfalls von früher her eine lange Freundschaft, und als er nach dem Ausscheiden von Otto Bezzel Personalreferent und Stellvertreter des Landesbischofs wurde, hat er mir gerade in der Zeit, wo ich als Vorsitzender des Rates der EKD viele andere Aufgaben zu erfüllen hatte, unermüdlich und redlich beigestanden. Das Gemeindereferat versah Hans Schmidt, einst einflußreicher Obmann der Pfarrerbruderschaft, der selber eine große Gemeindeerfahrung besaß und weniger dem Büro als den Gemeinden nahe sein wollte. Ohne daß ich die Veränderungen, die im Lauf der Zeit eingetreten sind, erwähnen kann, nenne ich doch die Juristen aus der ersten Zeit: den fröhlichen Theodor Schattenmann, der in Neuendettelsau aufgewachsen war und in den Jahren, wo es im Zusammenhang mit der Übernahme des Evangelischen Kirchengesangbuchs auch um eine Neugestaltung des bayerischen Teils ging, sich als Kenner der Gesangbuchlieder wie kaum ein anderer erwies. Theodor Karg aus Feuchtwangen hatte die solide Art des fränkischen Haushalters in sein schwieriges Finanzreferat mitgebracht, Wilhelm Müller im Gemeindereferat war leider vielfach durch Krankheit heimgesucht und mußte verhältnismäßig früh in den Ruhestand gehen. Gustav-Adolf Vischer, der scharfsinnige Verwaltungsjurist, ist in der Landeskirche berühmt geworden als der Vater des „Roten Vischer" – das war die äußerst praktische Sammlung von kirchlichen und auch staatlichen Gesetzen und Verordnungen, die, als Ringbuch in rotem Umschlag gestaltet, jahrelang beste Dienste geleistet hat, bis sie in den letzten Jahren durch den „Grünen Heinzel" ersetzt wurde.

Landesbischof Dietzfelbinger mit den Kreisdekanen Wilhelm Koller und Arnold Schabert

Besuch an der Zonengrenze bei Bad Neustadt/Saale

Zur Vollsitzung aber erschienen jedesmal auch die Kreisdekane, die ihre Erfahrungen aus dem unmittelbaren Umgang mit den Gemeinden und Pfarrern mitbrachten: der von mir sehr verehrte Julius Schieder aus Nürnberg, Karl Burkert von Bayreuth, der mich auf besonders vielen und erlebnisreichen Besuchsfahrten durch Oberfranken begleitet hat und seinen Humor auch in schwierigen Gemeindesituationen nicht verlor. Heinrich Koch, der Kreisdekan von Ansbach, pflegte zu sagen: „Man ist immer froh, wenn man von den drei anstrengenden Tagen der Vollsitzung nach Hause fahren kann. Aber dann freue ich mich doch bald wieder auf die nächste Sitzung!" Der Kirchenkreis München war vertreten durch den ehrwürdigen, aus dem Baltikum stammenden Arnold Schabert, einen tiefgründigen Prediger und Seelsorger der Pfarrer, der leider schon nach wenigen Jahren der Zusammenarbeit starb. Wilhelm Koller, der schon lange vorher die neue ostbayerische Diaspora mit Liebe und Umsicht gesammelt hatte, war mit Recht der erste Kreisdekan von Regensburg geworden. Später, als mit der Binnenwanderung der evangelische Bevölkerungsteil in ganz Südbayern besonders stark wuchs und hier immer mehr Gemeinden und Pfarrer benötigt wurden, kam im Jahr 1971 noch ein sechster Kreisdekan mit dem Sitz in Augsburg hinzu. Als den ersten in der Reihe habe ich dort den bisherigen Coburger Dekan Walter Rupprecht eingeführt.

Auf der Tagesordnung unserer Vollsitzungen konnte alles stehen, was das kirchliche Leben betraf. Zu den wichtigsten Aufgaben gehörte die bestmögliche, den Bedürfnissen der Gemeinden nach menschlichem Ermessen am meisten entsprechende Besetzung der Pfarr- und Dekanatsstellen. In diesem Teil der Vollsitzung kamen neben dem Personalreferenten vor allem die jeweils zuständigen Kreisdekane zum Zug, die die Interessen der Gemeinden zu vertreten hatten. Oft habe ich heimlich den brennenden Eifer bewundert, mit dem diese wackeren Männer für die ihnen anvertrauten Gemeinden fochten. Sie waren alle untereinander gute Freunde, aber wenn einer beim Ringen um die rechte Entscheidung sich zu Recht oder zu Unrecht zurückgesetzt sah, konnte es die heftigsten Auseinandersetzungen geben, bis der Vorsitzende unter Hinweis auf das Ganze der Landeskirche die Wogen einigermaßen wieder zu glätten versuchte. Ich habe gerade dabei den richtigen Kern an dem oft geäußerten Urteil zu sehen vermeint, in der sorgsamen Besetzung der Pfarrstellen liege überhaupt der entscheidende Dienst, den eine Kirchenleitung leisten könne. Sie wäre weit überfordert, wenn sie sich als die zentrale geistliche Stelle für alle Angelegenheiten einer Landeskirche verstünde – das ist sie wahrhaftig oft nicht, auch wenn sie geistliche Impulse vermitteln soll. Und nicht selten habe ich erfahren, wie sehr solch eine Arbeitsgemeinschaft wie der Landeskirchenrat angewiesen ist auf die geistliche Kraft der Gemeinden. Erst wenn die Kirchenleitung selber deren Dienst in Besuchen, Hilfe und Kritik empfängt und sich gefallen läßt, kann sie den Gemeinden mit Fragen, Anregungen, auch mit Kritik und Weisung dienen. Weil dazu aber auch Einsicht und Übersicht über das Ganze gehört, habe ich je länger, desto mehr und sorgfältiger versucht, in den Vollsitzungen jeweils einen Überblick über die jeweils wichtigsten gesamtkirchlichen Vorgänge zu geben.

Landessynode

Aber Kirchenleitung wäre nur teilweise beschrieben, wenn nicht schon hier die anderen kirchenleitenden Organe erwähnt würden, mit denen Landesbischof und Landeskirchenrat regelmäßig und vertrauensvoll zusammenzuarbeiten haben. Der Landessynode hatte ich selber bis zu meiner Wahl angehört. Nun saß ich zusammen mit dem Landeskirchenrat meinen synodalen Freunden gegenüber und konnte mich jederzeit zu Wort melden, ohne jedoch der Synode selbst anzugehören. Dem Präsidenten der Synode, Staatssekretär Meinzolt, war ich schon seit mehreren Jahrzehnten verbunden aus der Zeit, als er juristischer Oberkirchenrat und Vizepräsident des Landeskirchenrats gewesen war. Ihn habe ich in seiner leidenschaftlichen Liebe zur Kirche kennengelernt, die sich freilich auch zornig und ironisch gebärden konnte, wenn diese Landeskirche ihm zu schwerfällig schien und nicht so vorankam, wie er es sich dachte. Als Meinzolt mit dem Ende der synodalen Legislaturperiode im Jahre 1959 ausschied, wurde der Ansbacher Regierungspräsident Karl Burkhardt sein Nachfolger als Präsident der Synode. Damit begann eine sachliche und persönliche Zusammenarbeit über Jahre hinweg, an die ich mich mit großer Dankbarkeit zurückerinnere.

Für die Beratungen der Landessynode, dieser Vertretung aller Gemeinden und der gesamten Kirche erschien mir die möglichst sachgemäße und offene Unterrichtung über die Vorgänge im kirchlichen Leben auf allen Ebenen als eine der wichtigsten Voraussetzungen einer rechten Zusammenarbeit. So verwendete ich auf die Berichte, die der Landesbischof nach der Verfassung in jeder Tagung der Synode zu geben hat, besondere Sorgfalt. Dabei sollten nicht nur die Ereignisse und Entwicklungen in der Landeskirche selbst, sondern der besseren Urteilsbildung halber ebenso diejenigen in der gesamten Christenheit in Deutschland, aber auch in der ganzen Welt, berücksichtigt werden. Die Vorarbeiten für diese Berichte erhielt ich aus allen Ressorts des Landeskirchenrats. Im Abstand von je etwa fünf Jahren ließ ich diese Berichte so gestalten, daß daraus die wichtigsten Ereignisse gewissermaßen als Schritte im Leben einer Landeskirche erkennbar werden sollten. Daß sich inzwischen eine durch die neue Verfassung m. E. nicht zwingend vorgeschriebene Trennung zwischen dem Bericht des Landeskirchenrats und dem des Landesbischofs eingebürgert hat, halte ich nicht nur für einen Vorzug. Die Einzelberichte bedürfen der Koordinierung. So versuchte ich meist, indem ich diese Einzelberichte jeweils in lockerer Weise einer Gesamtthematik einordnete, auch die Gesamtverantwortung der Kirche in der heutigen Welt herauszustellen. Demgemäß spielten die mit der Volkskirche und ihrer Entwicklung zusammenhängenden Fragen eine wichtige Rolle. Darüber hinaus seien einige Themen aus diesen Jahren genannt, über die ich mich ausführlicher geäußert habe:

1958: Die Existenz der Kirche im Atomzeitalter
1961: Landeskirche – Ortsgemeinde – Hausgemeinde
1964: Heilige Schrift und evangelisch-lutherisches Bekenntnis
1967: Reformation – woher? Wohin?

Die Themen der Jahre ab 1968 spiegeln besonders deutlich die damals auftauchenden Probleme:

1968: Kirche im Wandel der Gesellschaft und der Generationen
1969: „Prüfet die Geister!"
1970: „Wir suchen viele Künste – Gott, laß dein Heil uns schauen"
1971: Gehalt und Gestalt – Gestalt und Gehalt
1973: „... nicht am Ziel vorbeitreiben."

Als im Herbst 1973 die Ölkrise über uns kam, lautete genau in den Tagen des ersten autofreien Sonntags das Synodalthema „Die Zukunft braucht das Opfer".

Die Berichte wurden jeweils gedruckt und an alle Kirchenvorsteher versandt; so war jedenfalls die Möglichkeit einer gemeinsamen Orientierung und einer gemeinsamen Meinungsbildung in der ganzen Landeskirche angeboten.

Aufgrund solcher Informationen, meinte ich, konnte die Synode ihre Beratungen am besten und sachgemäßesten führen, und an manche Diskussion, die sich an den Bericht anschloß, denke ich mit Achtung und Dankbarkeit gegenüber den Männern und Frauen, die sich mit Leidenschaft um die Klärung des Weges der Kirche mühten.

Dabei lernte ich die Arbeit einer Synode desto mehr schätzen, je mehr sie sich von den jeweiligen Aufgaben sachlich bestimmen ließ und Selbstbeschränkung übte, statt, wie es später eine Zeitlang auch geschah, möglichst alle Probleme gleichzeitig, auf einmal und selber, ohne rechte Verbindung zu den anderen Leitungsorganen behandeln zu wollen.

Gemeinde

Aber wenn sich in der Synode die Vertretung der Gemeinden darstellt, dann mußte eben auch und zuerst den Gemeinden der Landeskirche die besondere Zuwendung des Bischofs gelten. So machte ich Besuche in den großen, aber ebenso in den kleinsten Gemeinden, soviel ich nur konnte. Ich fing bewußt in den Regionen an, die am Rande der Landeskirche liegen, am weitesten von München entfernt. Vor allem in den ersten Jahren besuchte ich, meist in Begleitung des zuständigen Kreisdekans, die meisten Gemeinden in den Dekanaten Aschaffenburg, Lohr, Bad Neustadt, Ludwigsstadt, Selb, Cham bis nach Passau. Wenn die äußeren Glieder eines Leibes warm sind und sich wohl fühlen, dachte ich, dann ist der ganze Körper warm! In meinen ersten Amtsjahren kam ich dabei auch in äußerst primitive und provisorische Verhältnisse, in Lagergemeinden, in katholische Kapellen und alte Schulsäle, in denen sich die Gemeindeglieder, meist Heimatvertriebene, sammelten. „Gott grüße dich! Kein anderer Gruß ...“, hat mich in solch einem Schulzimmer einmal ein etwa zwölfjähriges Mädchen im Namen der Gemeindeglieder begrüßt, die sich in die viel zu engen Bänke gezwängt hatten. Nach der ersten Zeile aber blieb sie in dem Gedicht stecken und die Tränen kamen. Da der Vikar auch nicht helfen konnte („es gehört nicht zu meinem Lehrplan“), sammelten wir beide, das Mädchen und ich, die auch mir noch im Gedächtnis haftenden Brocken des schönen Gedichts, bis wir es dann zur Freude der ganzen Gemeinde und besonders der strahlenden Vortragenden miteinander ohne Stocken aufsagen konnten. Den „kleinsten“ evangelischen Gottesdienst habe ich zusammen mit vier Menschen, einer Flüchtlingsfamilie, in einer Wohnküche in einem abgelegenen Winkel des Bayerischen Waldes gehalten.

Parallel zu solchen Gemeindebesuchen verlief die Teilnahme an zahlreichen Treffen von größeren und kleineren übergemeindlichen Zusammenschlüssen, die abgesehen von ihrem jeweiligen Spezialauftrag für die Querverbindungen zwischen den Gemeinden von großer Bedeutung sind. Sie können ein Netz von Beziehungen über die ganze flächenmäßig weitausgedehnte Landeskirche legen. So wirkte ich einige Male bei dem althergebrachten Missionsfest in Gunzenhausen, auch bei der Aussendung von Missionaren nach Neu-Guinea mit. Die Jahrestagungen der beiden Diasporawerke, des Gustav-Adolf-Werkes und des Martin-Luther-Bundes, schienen mir gerade für eine Diasporakirche so bedeutsam, daß ich einige Male daran teilnahm. Im Jahre 1959 eröffnete ich die neue Volkshochschule in Alexandersbad mit einem festlichen Gottesdienst auf der Luisenburg bei Wunsiedel. Rummelsberg war ein häufiges Ziel; eine wichtige gesamtdeutsche Diakonentagung habe ich in lebhafter Erinnerung, und im Jahre 1967 führte ich, eben von der Ratswahl der EKD in Berlin kommend, in einer großen festlichen Veranstaltung den neuen Rektor Karl Heinz Neukamm ein; inzwischen ist er Präsident des Diakonischen Werkes der EKD geworden. So oft es ging, kam ich zu den glanzvollen Jahresfesten der Evangelischen Akademie Tutzing im Januar und zu den Feiern ihres Politischen Clubs im Juli. Als es galt, dem in Nürnberg neu eingerichteten Amt für Sozialarbeit Räume und Resonanz zu schaffen, nahm ich die Einweihung vor und beteiligte mich an den Treffen der „Aktionsgemeinschaft für Arbeitnehmerfragen", die in Schweinfurt ihren Anfang nahmen. Den CVJM besuchte ich auf Treffen in der Burg Wernfels und anderswo, und einige Male nahm ich an den großen Landesposaunenfesten teil, die wie in Nürnberg und Passau für zwei Tage die gastgebenden Städte, ihre öffentlichen Plätze und ihre Kirchen mit dem Klang von Tausenden von Instrumenten füllten. In Nürnberg war es ein schwüler, gewittriger Maisonntag, an dem die Hauptversammlung auf dem Hauptmarkt stattfand. Eben hatte ich die hochragende Tribüne betreten, unter Posaunenbegleitung hatte die Gemeinde zu singen begonnen: „Lobet den Herren, den mächtigen König der Ehren ...", da prasselte unvermittelt ein heftiger Gewitterregen auf die Gemeinde und die Bläser nieder, die ihre Instrumente flugs in „Regenschirme" verwandelten. Ebenso plötzlich, wie er gekommen war, hörte der Regen nach zehn Minuten wieder auf – „... der aus dem Himmel mit Strömen der Liebe geregnet!" rief ich, wir sangen die Strophe und ich konnte meine Grußrede halten. Einige Jahre später, in Passau, hielten die Bläsergruppen am Samstagnachmittag eine ihrer Standmusiken auch im katholischen Bischofshof vor den Gemächern des ehrwürdigen Bischofs Landersdorfer. Er kam mit Tränen in den Augen heraus: „Ich habe nicht gewußt, daß es so etwas Schönes in der evangelischen Kirche gibt!" und blieb am Sonntag als Ehrengast mit Freuden bis zum Ende der Hauptversammlung, wo die 8- bis 9000 Bläser ihre blinkenden Instrumente als Abschiedsgruß auch für ihn der hellen Sonne entgegen warfen. Am regelmäßigsten aber besuchte ich, in der Aufnahme einer Tradition meines Vorgängers, den jedes Jahr am Pfingstmontag stattfindenden großen fränkischen Kirchentag auf dem Hesselberg, der, getragen von der Lebendigkeit der Volkshochschule, eine weite Ausstrahlungskraft entfaltet und je nach Wetter und Situation zwischen zehn- und fünfundzwanzigtausend Menschen anzieht. Oft hielt ich die Predigt im Gottesdienst auf dem Festplatz oder einen Vortrag in der Hauptversammlung, und wohl jedesmal sprach ich das Schlußwort, indem ich den Ertrag des Tages aufzuzeigen versuchte und die große Versammlung mit Gebet und Segen entließ.

Daß es bei all diesen Gelegenheiten, bei Gemeindebesuchen wie auf diesen großen Versammlungen jeweils auch Begegnungen mit Männern und Frauen des öffentlichen Lebens in all seinen Verzweigungen gab, war selbstverständlich. Schon die Themen der Zusammenkünfte, die die politischen, wirtschaftlichen und geistigen Fragen der Zeit nicht ausklammerten, mußten sie anziehen; waren sie doch selber meist Glieder der Gemeinden, ob evangelisch oder katholisch. Auch ich sah mein Bischofsamt nicht anders als so, daß es bis in die Öffentlichkeit hinausgreifen mußte. „Das sollte eines Bischofs vordringliche Sorge sein, daß das Volk das Evangelium und die Liebe Christi lerne", hatte Luther 1517 an den Erzbischof Albrecht von Mainz geschrieben; ich habe diesen Satz als ein gutes Leitwort gerade für die volkskirchliche Situation empfunden.

Schon damals kam ich fast überall auch in Kontakt mit den Vertretern der römisch-katholischen Kirche und, wo es solche gab, der israelitischen Kultusgemeinde. Auch in die Volksschulen kam ich sehr häufig und erlebte im Laufe der zwanzig Jahre die seltsamen Sprünge der Schulreform: mit Stolz führten mich anfangs viele Bürgermeister und Lehrer in die neu hergerichtete, neu gebaute, mit den notwendigen Lehr- und Lernmitteln ausgestattete überschaubare Volksschule – und wenig mehr als zehn Jahre später wurden dieselben Schulhäuser im Zuge einer überzogenen Schulreform wieder aufgegeben, verkauft oder anderen Zwecken zugeführt: Da mußte das Schulwesen auch auf dem Lande so zentralisiert und in Mammutschulen zusammengefaßt werden, daß wichtige gemeinsame Verbindungen wegfielen. Schon in den ersten Schuljahren werden Kinder mit Schulbussen oft von weither gefahren und lernen einander, ihre Schulklasse und ihre Umgebung kaum mehr kennen. War das die neue pädagogische Erkenntnis, oder lief nicht eben dies aller wahren pädagogischen Weisheit genau zuwider?

Auch in der Entwicklung des Sonderschulwesens meinte ich dies, wenn auch auf etwas andere Weise, ablesen zu können. Sonderschulen sind bis zu einem gewissen Umfang notwendig, und die innere Hingabe vieler Sonderschullehrer und -lehrerinnen an ihren wichtigen Dienst hat mich oft bewegt. Aber da kommt ein in dreijähriger Arbeit erstelltes wissenschaftliches Gutachten aus dem Jahre 1982 zu dem Ergebnis, daß allgemeine Grundschulen, in denen „besondere Förderungsmaßnahmen für Kinder mit Lernschwierigkeiten" angeboten werden, die „besseren Rahmenbedingungen" für die kindliche Entwicklung bieten. Diese Erkenntnis hat mir schon in der Zeit, als große, „flächendeckende" Sonderschulen eingerichtet wurden, ein Lehrer auf dem Lande vermittelt, mit dem ich durch sein Dorf ging. „Sehen Sie dort diesen Jungen", sagte er. „Er ist etwas lernbehindert. Aber wenn ich ihm immer wieder nur etwas behilflich bin, kommt er mit und wird auch von der Schulgemeinschaft einfach mitgetragen. Nun muß er in die Sonderschule nach XY. Er wird bestimmt absacken."

Mir erschien schon aus solchen Erkenntnissen, die später durch Beobachtungen im Zuge der das Maß überschreitenden Gebietsreform erhärtet wurden, die einigermaßen überschaubare Kirchengemeinde als eine Aufgabe, an der festzuhalten sich für eine Kirchenleitung lohnte. Auf dem Lande fiel das zunächst leichter, bis der Pfarrermangel und die Besoldungsreform in den letzten Jahren viele Schwierigkeiten brachte. Aber auch in großen Städten wie München und Nürnberg versuchte ich dazuzuhelfen, daß allzu große Gemeinden – es gab deren bis zu 28000 Seelen – aufgegliedert wurden und dann mehrere kleinere Kirchen erhielten. Eine besondere Freude war es mir einige Male, wenn in einer Großstadt der Kirchenvorstand einer Großgemeinde sich davon überzeugen ließ, daß es besser sei, statt einer allzu großen, mächtigen Kirche zunächst eine kleinere zu bauen, damit nicht die Aufgliederung in übersichtliche Gemeindebezirke auf lange Zeit verhindert würde.

Als ich 1975 meinen letzten Synodalbericht unter dem Thema „Gott holt wieder hervor, was vergangen ist" (Pred 3,15) gab, ließ sich feststellen, daß in den zwanzig Jahren vorher ca. dreißig im Krieg total zerstörte Kirchen wiedererrichtet und etwa 360 Kirchen, 470 Gemeindehäuser, 365 Kindergärten und 560 Pfarrhäuser bzw. Pfarrerwohnungen neu gebaut worden waren. So hatten auch wir Anteil gehabt an dem ungeheuren wirtschaftlichen Aufschwung dieser Jahre. Wohl am deutlichsten ließ sich diese Teilnahme ablesen an dem ständig wachsenden Haushaltsvolumen der Landeskirche, mit dem ich mich jedes Jahr ebenfalls befassen mußte, besonders an dem Anwachsen der Kirchensteuereinnahmen. So dankbar wir für die damit gegebenen Möglichkeiten waren, so nachdenklich konnte man bei der Frage nach dem inneren Wachstum werden. „Das soll man wissen, daß eine Kirche durch Widerwärtigkeiten wächst, daß sie aber durch Wohlergehen unter allen Umständen abnimmt" (Luther). Das System der Kirchensteuer, in dem ja auch die Freiwilligkeit nicht ausgeschlossen ist, schien mir um so eher tragbar zu sein, je mehr es von freiwilligen Gaben durchwirkt war. Deren erfreuliche Zunahme konnte freilich mit der Steigerung der Kirchensteuern je länger, desto weniger Schritt halten.

So konnten wir dankbar auf den äußeren Aufbau der Landeskirche blicken. Und oft konnte man in einzelnen Gemeinden bemerken, wie die Jahre eines Kirchenbaues sowie die Vorbereitung oder die Nacharbeit mit besonderer Verantwortung durchlebt wurde. Solche Zeit kann, wenn recht genützt, außerordentlich fruchtbar dafür werden, daß die „lebendigen Steine sich zum geistlichen Hause und zum heiligen Priestertum bauen" (1 Petr 2,5). Wenn freilich dies nicht geschah oder wenn diese Seite vernachlässigt wurde, so ist auch in nicht seltenen Fällen die neue Kirche nach anfänglich starkem Besuch bald leerer und leerer geworden.

Hausgemeinde und Familie

Einer meiner Synodalberichte trug die Überschrift „Landeskirche – Ortsgemeinde – Hausgemeinde". Nicht selten habe ich das lebenswichtige Thema der Hausgemeinde vor den verschiedensten Gruppen ausgebreitet. Die Auswanderung der Kirche aus den Häusern gehört für mein Urteil zu den für die europäische Christenheit bedenklichsten Symptomen der Zeit. Hatte nicht nach dem Neuen Testament der Christenglaube in Europa gerade in den Häusern zuerst Wurzeln gefaßt und von da aus seinen Ausgang genommen? Auch die Hausgemeinden bei Aquila und Priscilla in Rom (Röm 16,3) und andere (Kol 4,15) hat Paulus mit dem Ehrennamen der „Ecclesia", der Gemeinde Gottes bedacht.

Ich will auch an der Hausgemeinde, die wir selber bildeten, nicht vorübergehen. Mit allen schweren Problemen und bedrängenden Fragen, die heute auf ein christliches Elternhaus einstürmen können, sind auch wir bekannt geworden, bei uns selbst und im Umgang mit vielen anderen Familien und Freunden. Wir haben aber auch etwas von unvorhergesehenen Möglichkeiten kennengelernt, die Gott geben kann. Mit der St.-Matthäus-Kirche am Sendlinger-Tor-Platz,

Die Familie Dietzfelbinger, 1957

zu der wir gehörten, haben die meisten unserer Kinder, soweit ich sehe, eine innere Verbindung behalten. Unsere drei Töchter habe ich in ihr getraut und eine Reihe von Enkelkindern dort getauft.

Das Leben unserer großen Familie hatte in den Münchner Jahren seine wohl wichtigste Zeit. Alle unsere sieben Kinder erlebten in München ihre wesentlichen Entwicklungsjahre. Als wir 1955 einzogen, war Albrecht, der Jüngste, drei Jahre alt. Er fand sich sehr schnell über die Wohnung hinaus auch im ganzen Haus zurecht und gewann bald völlig unvorschriftsmäßig Freunde und Freundinnen auch in den Büros. Vielleicht hat er damit auch manche Mitarbeiter einen Augenblick von der Arbeit abgehalten. Aber die Macht der jungen Kinder, von der die Bibel spricht (Ps 8,2ff), macht auch vor kirchlichen Büros nicht halt, und ein großer Schaden ist daraus wohl nicht entstanden. Von den Größeren gingen nach der Volksschule die Mädchen in das nahegelegene Luisen-Gymnasium, die Jungen besuchten das bald sehr geliebte Max-Gymnasium. Der Dienst des Vaters und seine Amtsbezeichnung bildete für manche schon eine Hypothek. Als in einer Schulklasse auf dem Fragebogen der Beruf des Vaters angegeben werden sollte, schrieb eines unserer Kinder: „Buchdrucker". Aber warum hast du das geschrieben? war zu Hause die Frage der älteren Geschwister, die das lasen. „Weil ich ‚Bischof' nicht hinschreiben mag!" Die Kinder empfanden es – und ich konnte ihnen nur zustimmen – auch als unfair, wenn für sie aus dem Beruf des Vaters eine eigene Verpflichtung zu einem besonders regelmäßigen Gottesdienstbesuch oder gar zu einem frommen Gesicht abgeleitet wurde.

Wir, die Eltern, versuchten den Kindern, so gut wir konnten, ein Elternhaus zu bieten, in dem die Menschen unter Gottes Wort und Gebet in Liebe miteinander leben wollten. Daß meine Frau hier die Hauptlast trug, soll nicht vergessen werden, gerade weil der Dienst des Pfarrhauses heute oft nicht seine Beachtung findet. Ich selber litt zeitweise stark unter der Spannung zwischen Amt und Familie, die den evangelischen Pfarrer belasten kann. Erst hintennach wird das Versäumte deutlich, aber auch der Segen sichtbar, den das Darunterbleiben unter der Last bringen kann. Um so dankbarer haben wir die Möglichkeit des nie abgerissenen Gesprächs mit allen Kindern durch die Jahre hindurch zu nutzen versucht. Auch in den härtesten Zeiten des Dienstes war vereinbart, daß wir, wenn ich nicht auf Reisen unterwegs war, wenigstens am Abend nach 22 Uhr alle bei Gebäck und Getränk ein Stündchen zusammenkamen. Sorgfältig achteten wir auch während der Dienstjahre darauf, daß in den Urlaub regelmäßig, solange es die Kinder nur wünschten, gemeinsame Tage und gemeinsame Unternehmungen eingeplant wurden. Es waren schöne Wochen, die wir in Bad Oy, in den Südtiroler Orten Deutschnofen, Vilnöß-St. Peter und Burgeis, und später, als die gesundheitlichen Notwendigkeiten es verlangten, in Lignano an der Adria verbracht haben.

10. KAPITEL

„Der Landesbischof ist ein Pfarrer..."

So beginnt die Beschreibung des Bischofsamtes in der neuen Verfassung der Evangelisch-Lutherischen Kirche in Bayern vom Jahre 1971. Sie fährt fort: „...ein Pfarrer, der in das kirchenleitende Amt für den Bereich der Evangelisch-Lutherischen Kirche in Bayern berufen ist." Und dann werden vornehmlich die Aufgaben aufgezählt, wie sie eben einem Pfarrer gestellt sind, nur daß der Bischof sie für einen weiteren Bereich wahrzunehmen hat: „Er ist zur öffentlichen Wortverkündigung und zur Sakramentsverwaltung in allen Gemeinden berechtigt. Er achtet darauf, daß das Wort Gottes schrift- und bekenntnisgemäß verkündigt wird und die Sakramente recht verwaltet werden; er führt das Gespräch mit den Gemeinden, den Pfarrern und den anderen kirchlichen Mitarbeitern; er berät, tröstet und ermahnt sie brüderlich; er fördert die Gemeinschaft und Zusammenarbeit unter den Gemeinden, Werken und Diensten; er bemüht sich, die Verbindung mit anderen Kirchen zu pflegen und zu vertiefen; er vertritt die Evangelisch-Lutherische Kirche in Bayern in der Öffentlichkeit..." (Art. 59.60).

Neue Verfassung

Schon in meinen ersten Amtsjahren war mir eine Neubearbeitung der Kirchenverfassung von 1920 als je länger, desto nötiger erschienen. Bis nach dem Ersten Weltkrieg hatte in Bayern die paradoxe Ordnung des landesherrlichen Summespiskopats gegolten, d. h. der katholische König war Bischof der „protestantischen" Kirche in Bayern, ließ sich aber stets durch einen evangelischen Beauftragten vertreten. Nun, nach dem Wegfall der Monarchie, hatte die Landessynode für die selbständig gewordene Landeskirche eine erste, im übrigen sehr brauchbare Verfassung erstellt.

Seit dem Jahre 1920 aber waren weitere wesentliche Veränderungen eingetreten. Vor allem nach dem Zweiten Weltkrieg hatten sich mit dem Beitritt der Landeskirche zur Evangelischen Kirche in

Deutschland, zur Vereinigten Evangelisch-Lutherischen Kirche Deutschlands, zum Lutherischen Weltbund und zum Ökumenischen Rat neue Dimensionen kirchlichen Lebens eröffnet. Im Jahre 1960 habe ich zum erstenmal öffentlich vor der Landessynode in Ansbach auf die Notwendigkeit einer Verfassungsreform bzw. einer neuen Verfassung hingewiesen. Praktisch standen wir mit den bereits angelaufenen Arbeiten an einer neuen Kirchengemeindeordnung und einer mehr geistlich ausgerichteten Ordnung des kirchlichen Lebens bereits mitten darin. Ein wichtiger Teil der Neugestaltung war aber auch der Abschnitt über das Bischofsamt. Zwar war der Titel „Landesbischof" bereits 1933 eingeführt worden; das Amt selber aber war, wenigstens nach der kirchlichen Ordnung, mehr das eines Kirchenpräsidenten, d. h. eines Leiters der Kirchenbehörde geblieben, wenngleich für die Wahrnehmung der „oberhirtlichen Aufgaben" auch damals schon genügend Raum blieb. Aber wer über das Bischofsamt in der Geschichte der Kirche und über seinen Auftrag in der Gegenwart nachdachte, mußte angesichts der bisherigen Beschreibung zu einer Reihe von wichtigen und dringlichen Desideraten kommen.

Die Verfassung von 1971 hat zwar nicht alle, aber einige wichtige Schritte in dieser Richtung getan. Der Ausgangspunkt liegt in dem Satz: „Der Landesbischof ist ein Pfarrer..." Schon dieser Einsatz mit seiner bereits erwähnten Fortsetzung sollte die Richtung angeben, in der die Entfaltung des Bischofsamtes geschehen wollte: Verkündigung, Sakramentsverwaltung, Seelsorge, Hirtenamt. So habe ich die Pflege der Verbindung mit den damals fast 1900 Pfarrern und Vikaren in der Landeskirche als vordringliche Aufgabe angesehen. Sie hatten bei meiner Einführung im Jahre 1955 öffentlich sich bereit erklärt, „diesem unserm Bruder in der Ausübung seines Amtes als Bischof in Ehrerbietung und Treue beizustehen und seiner allezeit fürbittend vor Gottes Angesicht zu gedenken". Ich empfand das nicht als Anspruch, sondern als ungeheure Verpflichtung. Ich wollte – nach evangelischem Verständnis – jeden Pfarrer als Bischof einer Gemeinde Christi ehren, konnte mir ihn damit aber ebensowenig als einen selbstherrlichen Autokraten oder isolierten Einzelkämpfer vorstellen, sondern dachte mir ein Miteinander nach Luthers Wort aus den Schmalkaldischen Artikeln: „Darum kann die Kirche nimmermehr besser regiert und erhalten werden, denn daß wir alle unter einem Haupt Christo leben und die Bischöfe alle gleich nach dem Amt, obwohl ungleich nach den Gaben, fleißig zusammenhalten in einträchtiger Lehre, Glauben, Sakramenten, Gebeten und Werken der Liebe." Dies schien mir auch eine gute Leitlinie zu sein, wenn es galt, Streitigkeiten zu schlichten und Konflikte erträglich zu machen.

Verbindung (halten) pflegen

Auf dem dienstlichen Weg, den ich bisher zu gehen hatte, waren mir, soweit ich es selbst zu beurteilen vermag, für das Bischofsamt unvorhergesehene Hilfen und Voraussetzungen zugewachsen, für die ich im Rückblick gar nicht dankbar genug sein konnte. Als ich in das Amt kam, gab es in der Landeskirche wohl nur ganz wenige Amtsbrüder, die ich nicht bereits persönlich kannte, von den ältesten bis zu den jüngsten. Während des Krieges hatte ich auf zahlreichen Pfarrkonferenzen in der ganzen Landeskirche theologische Vorträge und Bibelarbeiten gehalten, und der Rektor von Neuendettelsau sah auch im Interesse dieses seines Auftrags kaum eine vordringlichere Aufgabe, als beim Besuch der Diakonissenstationen zwischen Bad Reichenhall und Aschaffenburg, Hof und Lindau die Verbindung zwischen den Pfarrern und der Diakonissenanstalt neu zu knüpfen und den Sinn für diese Weise der Diakonie zu wecken. Viele Jahre war ich Mitglied der theologischen Prüfungskommission gewesen, und ebenso hatten die Tätigkeit im Predigerseminar Nürnberg sowie die Zugehörigkeit zur Pfarrerbruderschaft zahlreiche unmittelbare Verbindungen hergestellt. Das persönliche Bekanntwerden auch mit den neu hinzukommenden Theologenjahrgängen gelang mir dann noch ein paar Jahre, vor allem auf dem Weg über die Predigerseminare – inzwischen war zu Nürnberg noch Bayreuth hinzugekommen –, die ich regelmäßig besuchte. Als ich 1967 zum Vorsitzenden des Rates der EKD gewählt wurde, fiel freilich die Möglichkeit der unmittelbaren Begegnung wegen der anderweitigen Aufgaben zu meinem großen Bedauern fast ganz dahin. Gesprächstage an verschiedenen zentral gelegenen Orten, größere oder kleinere Pfarrkonferenzen in den einzelnen Kirchenkreisen standen regelmäßig auf dem Terminkalender, aber die Zeit für das persönliche Gespräch, das ich doch jedem einzelnen anbieten wollte, war zu knapp geworden. Ich empfand dies als eine schwere Last. Eine gewisse Hilfe war es, daß mich auch mit den nachrückenden Kreisdekanen, die besonders an die Pfarrer gewiesen sind, stets ein Verhältnis des Vertrauens verband. In Ansbach war Christian Rieger in das Amt gekommen, mit dem ich seit der Münchner Vikarszeit befreundet war, in Nürnberg Eugen Giegler, und nach ihm Hans Luther, in Bayreuth Emil Flurschütz, in Regensburg Wilhelm Schwinn, der leider sehr bald aus Krankheitsgründen sein Amt an Hermann Bürckstümmer abgeben mußte; in München war auf Hans Schmidt Georg Lanzenstiel gefolgt. Mit diesem Kreis, zu dem noch der bereits erwähnte Walter Rupprecht in Augsburg gehörte, versuchte der Landesbischof möglichst regelmäßig die nunmehr auch in der Verfassung verankerten Zusammenkünfte zu halten, in denen die laufenden Probleme der Pfarrer besprochen wurden. Und als die theologische Verwirrung immer mehr zunahm, richteten die Kreisdekane je in ihrem Kirchenkreis einen regelmäßig tagenden theologischen Ausschuß ein, der zu gemeinsamer Erkenntnis und Meinungsbildung im Kirchenkreis und in der Landeskirche helfen sollte.

Die Zahl der jungen Amtsbrüder, die von Jahr zu Jahr in den Dienst der Landeskirche traten, hat in diesen Jahrzehnten große Schwankungen durchgemacht. Zuerst war sie zu gering, um den Bedarf zu decken. So ließ ich keine Gelegenheit vorübergehen, ohne die Amtsbrüder und die Gemeinden zur Bitte um geeignete Diener am Wort im Allgemeinen Kirchengebet zu ermuntern. Gott wisse wohl am besten, sagte ich auf Pfarrversammlungen regelmäßig, wie viele Pfarrer die Landeskirche nötig habe. Aber wir dürften ihn doch darum bitten, daß er ein paar Jahrgänge mit etwa 100 jungen Pfarrern erwecke. Auf der Frühjahrstagung der Synode in Ansbach 1968 konnte ich berichten: „Erfreulicherweise ist die Landeskirche gerade in den letzten Jahren mit einer reichen Zahl von jungen Theologen gesegnet worden. 1967 wurde die seit Jahrzehnten höchste Zahl von 105 Kandidaten für die Aufnahmeprüfung gezählt. Ich möchte – ich schäme mich nicht, dies in der Öffentlichkeit zu tun – Gott dafür danken; ich weiß, daß dahinter viele Gebete stehen.“ Einige Jahre später, vor allem als die theologische Lage noch unsicherer und verworrener wurde, sank die Zahl wieder ab.

Rundbriefe

Soll ich mir und anderen Rechenschaft über das mit der Pfarrerschaft geführte Gespräch geben, so muß ich neben den Pfarrkonferenzen, auf denen ich meist je eine Bibelarbeit – auch als Hinweis auf unseren vorrangigen Auftrag – und einen Vortrag hielt, auf die Pfarrerrundbriefe verweisen. Im Durchschnitt waren es deren zwei im Jahr, die ich geschrieben habe; der letzte trägt die Nummer 42. Der erste, größere Teil, Nummer 1 bis 30, ist mit leichten Kürzungen auf Drängen von Vizepräsident Walter Zimmermann im Lutherischen Kirchenamt Berlin als Sammelband „Der bleibende Auftrag“

erschienen und damit auch Pfarrern über Bayern hinaus zugänglich geworden.

Blättere ich heute in diesen Briefen, so finde ich fast alle kirchlichen und theologischen Probleme, die in diesen zwanzig Jahren einen Pfarrer berühren mußten, aber auch viele Fragen, die sich auf die öffentliche Verantwortung der Kirche bezogen, wenigstens angerührt. Den Vorrang gab ich dabei bewußt dem Bereich von Gottesdienst, Predigt, Unterricht und Seelsorge.

So tauchen die Themen auf: „Verkündigung in der Passions- und Osterzeit – Die Geburt Christi und unsere Verkündigung – Der priesterliche Dienst des Gebetes – Schulreform und Religionsunterricht – Konfirmandenunterricht – Seelsorge als Kampf um die Seele – Die theologische Arbeit der Diener am Wort." Dabei haben mich lange die Gedanken begleitet, die der gescheite, fromme Journalist Heinz Beckmann, der zugleich eine gute lutherische Theologie vertrat, in seiner „Laienrede an die Pfarrer" ausführte: „Der heutige Mensch bedarf des Pfarrers in den eigentlich geistlichen Stücken des Pfarramtes so dringend, daß wir für die übrigen Aufgaben der Kirche und Gemeinde Laien zurüsten müssen." Er verweist auf Titus 1,13: „. . .auf daß sie gesund seien im Glauben" und fährt fort: „Es ist erschreckend, heute diesen kleinen Satz zu lesen. Leider aber scheint das unsere Pfarrer gar nicht zu erschrecken. Sonst würden sie nämlich alles stehen und liegen lassen, was ihnen eben noch so wichtig erschien im Getriebe der Welt, und als die Haushalter Gottes zu ihren Brüdern in den Gemeinden laufen, um sie gesund zu machen." Paradoxerweise erscheint in solchem Licht das heute oft festzustellende Bemühen der Pfarrer, in allen Fragen des Lebens auch vielleicht gar noch als Sachverständige mitzureden, als die stärkste Klerikalisierung der Kirche! Dieses „alles andere liegen und stehen lassen", so meinte ich, müßte einen Pfarrer im allgemeinen auch gar nicht auf den Gedanken kommen lassen, daß er etwa einer politischen Partei beiträte oder sich in ihr betätigte. So sehr ich ernsthafte Christen ermuntern konnte, in der politischen Arbeit und in demokratischen Parteien Verantwortung zu übernehmen, so wenig fühlte ich mich bei aller Teilnahme an dem politischen Geschehen selber dazu berufen. Wurde ich doch schon mit den vordringlichen, mir als unbedingt vorrangig erscheinenden Aufgaben des Pfarrers längst nicht fertig, zu denen übrigens häufig genug auch die seelsorgerliche Beratung der im öffentlichen Leben Tätigen gehören konnte.

Sehr bald taucht in den Rundbriefen als großes Thema das sich wandelnde Verhältnis zur römisch-katholischen Kirche auf. Als Catholica-Beauftragter der VELKD und EKD versuchte ich, den

Amtsbrüdern vor allem Orientierung über den Verlauf des II. Vatikanischen Konzils, über Wandlungen in der römisch-katholischen Kirche und über die damit auch uns aufgegebene Neubesinnung zu geben. Die diesbezüglichen Rundbriefe wurden vielfach auch für die Pfarrer in anderen Landeskirchen übernommen.

Im Zuge der Unruhen der sechziger Jahre war plötzlich die Frage der Ordination umstritten; die stürmischen Reform-, ja Umsturzversuche auch im kirchlichen Raum mußten aufgefangen werden. Wieder einmal mußte die Stellung des Pfarrers in den politischen Spannungen, in der Frage der Aufrüstung und des Friedens neu durchdacht werden. Dazwischen hinein kam die lange Jahre dauernde Diskussion um die Frauenordination, in der sich nach meinem Verständnis keineswegs nur eine kirchliche Ordnungsfrage meldete, wie manche beschwichtigend sagten, und seit 1971 das Für und Wider um die Leuenberger Konkordie. Gleichzeitig nahmen in den Pfarrhäusern die persönlichen Konflikte zu; die veränderte soziale Stellung der Frau, damit auch der berufstätigen Pfarrfrau in der Gemeinde gab Anlaß zu neuen Überlegungen und Ratschlägen, ebenso wie die Gefährdung, ja das häufiger werdende Zerbrechen vieler Pfarrersehen aus mancherlei Gründen. Was kümmert mich der Beruf des Mannes, den ich heirate? fragte nicht selten die junge Frau, die mit einem Pfarrer verlobt war. Und was kümmert mich die Glaubenshaltung der Frau, die ich heirate? fragte der junge Pfarrer. Oft dauerte es in solchen Fällen nicht lange, und die Katastrophe meldete sich. Diese zuletzt angedeuteten persönlichen Fragen konnten naturgemäß in den Rundbriefen nur allgemein ihren Niederschlag finden. Das Wichtigste hatte hier in unzähligen persönlichen Briefen, Besuchen und Gesprächen zu geschehen, die die Tage des Landesbischofs ausfüllten, hier aber nur erwähnt werden können.

Pneumatische Leiblichkeit

Auf diese Rundbriefe habe ich viel Sorgfalt und Mühe verwendet. Ich erhielt darauf auch manches Echo, muß jedoch ihre tatsächliche Wirkung bescheiden einschätzen. Ich versuchte, den Amtsbrüdern ohne Reglementierung und Bevormundung von der Mitte ihres Amtes her beizustehen, damit aber auch zur Erhaltung der Gemeinsamkeit unter ihnen beizutragen. Hatte noch in der Synode 1955, in der ich gewählt worden war, einer der Synodalen die bayerische Pfarrerschaft als eine durchaus homogene Größe beschrieben, so hat sich das Bild, wenn es überhaupt damals zutreffend dargestellt worden war, gerade in diesen Jahrzehnten wesentlich gewandelt. Diese Pfarrerschaft konnte ja in den politischen Strömungen der Zeit und in den inneren und äußeren Veränderungen der ganzen evangelischen Christenheit in Deutschland keine stille Insel sein. Das Volk Gottes in der Welt, so sprach ich es nicht selten im Anschluß an Hebr 12,12–15 aus, gleicht heute nicht so sehr einer geschlossenen, ihres Weges gewissen Gruppe, als vielmehr einem sehr weit auseinandergezogenen Haufen: die einen, die Progressiven, sind in ihrer Suche nach neuen Wegen weit vorne und drohen die Verbindung nach rückwärts zu verlieren; die anderen liegen weit hinten, oft mit müden Händen und lässigen Knien, und kommen nicht mehr mit; die einen gehen weit nach rechts hinaus, die anderen ebenso weit oder noch weiter nach links. Sie drohen den Zusammenhalt zu verlieren. Was ist in solcher Lage der Auftrag des Bischofs, übrigens genauso der Auftrag jedes Pfarrers in der ihm übertragenen Gemeinde? Ganz deutlich stand es hier im Neuen Testament, übrigens unter Verwendung der griechischen Vokabel „episcopein", die vor allem brüderliche Fürsorge meint (O. Michel): „Sehet darauf, daß nicht jemand hinter der Gnade Gottes zurückbleibe!"

Dieses Bemühen erschien mir als das Primäre, und alles andere, was ein Pfarrer, ein Bischof noch meinte tun zu sollen, durfte dieser Aufgabe jedenfalls nicht hinderlich im Wege stehen. Im übrigen war er mit dieser Bemühung wahrhaftig genug ausgefüllt. Zeichnet nicht auch der berühmte VII. Artikel der Augsburgischen Konfession ein ähnliches Bild von der Kirche? „Congregatio" ist sie, also die Herde, die durch das Wort des guten Hirten und durch die Sakramente zusammengehalten wird. Auch in der lutherischen Kirche will also das, was man pneumatische Leiblichkeit der Kirche nennen könnte, schon von ihrem Bekenntnis her erkannt und gepflegt werden. Man müßte nur noch Luthers Satz aus dem Großen Katechismus – er ist übrigens auch eine der Bekenntnisschriften – hinzu hören, um diese pneumatische Leiblichkeit klar vor sich zu sehen: „Ich glaube, daß da sei ein heiliges Häuflein und Gemeine auf Erden, eitel Heilige unter einem Haupt Christus, durch den Heiligen Geist zusammen berufen, in einem Glauben, Sinn und Verstand, mit mancherlei Gaben doch einträchtig in der Liebe, ohne Rotten und Spaltung. Derselben bin ich auch ein Glied, aller Güter, so sie hat, teilhaftig und Mitgenosse, durch den Heiligen Geist dahin gebracht und eingeleibet..." Ich empfand es je länger, desto mehr als eine verhängnisvolle Verkürzung der Ekklesiologie der lutherischen Kirche, daß sie das Gewicht dieses „congregatio in qua..." (= Gemeinde, in welcher...) im VII. Artikel, an dem alle Aussagen über Wort und Sakrament

Ehepaar Hedwig und Hermann Dietzfelbinger, 1960

hängen, so wenig erkannt und gewertet hat. Dabei stand vor allem das Bild der weidenden Herde unterwegs vor mir; ihre Ränder sind gewiß fließend, aber sie ist und bleibt Herde, indem sie durch den Ruf des guten Hirten zusammengehalten wird. Welche Mächte und Gewalten allerdings damals an uns Theologen und Pfarrern innerlich zerrten, haben wahrscheinlich gar nicht alle sich bewußt gemacht. Sie waren schwer erkennbar, aber nicht geringer als in der Zeit der Auseinandersetzung mit dem Nationalsozialismus und mit den Deutschen Christen. Von ihnen wird noch eigens in größerem Zusammenhang die Rede sein müssen. Daß deshalb bei aller Offenheit gegenüber neueren Versuchen in der Gottesdienstgestaltung, in Gebeten, Liedern und Glaubenszeugnissen (die man gern auch gleich „Bekenntnisse" nannte) auch Grenzen und Trennungslinien deutlich benannt werden mußten, ist mir immer klarer geworden. Ich habe sie wiederholt in den Satz gefaßt, der die damalige theologische und geistliche Situation in der Mitte und gegen das Ende der sechziger Jahre in Licht und Schatten zu erhellen versuchte: „Einer Theologie, die mir das Verhältnis zum persönlichen dreieinigen Gott nicht erlaubt, die mir den gekreuzigten und auferstandenen Herrn Jesus Christus als den Heiland und Erlöser verdunkelt, die das Anrufen des Namens Jesu, das Gebet überhaupt nicht oder fast nicht erkennt, die mich bezüglich meiner wahren Existenz allein auf mich selbst verweist und nicht auf den lebendigen Gott, möchte ich mich nicht anvertrauen. Wir alle sollen uns ihr nicht anvertrauen und die Gemeinde Jesu Christi auch nicht" (Landessynode Ansbach, Oktober 1965).

Besondere Gruppen und Frömmigkeitsformen

Dem außenstehenden Beobachter erscheint die bayerische Landeskirche auch noch nach dem bisher Gesagten meist als eine in sich geschlossene, homogene Größe. Bei genauerem Zusehen aber werden eine ganze Reihe von besonderen Gestaltungen sichtbar, in denen sich auch die Geschichte dieser ja verhältnismäßig jungen Landeskirche niedergeschlagen hat. Unter den Pfarrern gibt es neben der Pfarrerbruderschaft die mehr erwecklich geprägte Pfarrergebetsbruderschaft; es sind liturgisch interessierte Bewegungen wie die Michaelsbruderschaft und die Arbeitsgemeinschaft für kirchliche Erneuerung am Werk, auch mehr progressive wie der Arbeitskreis für evangelische Erneuerung, vor allem aber eine ganze Reihe von „gemeinschaftlich", d.h. pietistisch geprägten Kreisen in den Gemeinden.

Die Stellung der Landeskirche zu diesen letzteren – heute sagt man: evangelikalen Gruppen und Verbänden hatte mich schon früh beschäftigt. Ich kannte sie, ohne aber einem Kreis selber anzugehören. Etwas von ihren Frömmigkeitsformen war auf dem Weg über die leicht singbaren und das Gemüt bewegenden Lieder der „Missionsharfe" in viele Gemeinden gekommen. Im Kirchenkampf war es überraschend, daß manche dieser Gruppen für die Irrlehren der „Deutschen Christen" als besonders anfällig erschienen. Schon bald nach dem Krieg hatte mich Landesbischof Meiser zu der Kommission, die das in besonderem Maße gestörte Verhältnis zum Diakonissenmutterhaus Hensoltshöhe und seiner Leitung in Gunzenhausen bereinigen sollte, beigezogen. Aber schon vorher hatte mir eine ganz andere Tatsache, auf die mich Eugen Giegler in Nürnberg hinwies, Eindruck gemacht. Als wir beide während des Krieges uns um die Gewinnung von Lektoren bemühen mußten, die für die zum Heeresdienst eingezogenen Pfarrer einspringen und Gottesdienst halten sollten, zeigte sich, daß mehr als die Hälfte dieser Männer, die sich dafür bereitfanden, der Landeskirchlichen Gemeinschaft angehörten. Sie waren es also, die sich zuerst für den kirchlichen Dienst zur Verfügung stellten und auch kraft ihrer Bibelkenntnis und

Erfahrung im Glaubensgespräch einigermaßen dafür gerüstet waren. Diese Gemeinschaften hatten gerade in der eben beschriebenen Anfälligkeit erkannt, daß es auch für sie nicht gut war, abseits der Landeskirche zu stehen, falls sie es je gewollt hätten. Ebenso aber, dachte ich, wäre die Landeskirche schlecht beraten, wollte sie die hier vorhandenen reichen Gaben des Geistes, der Schriftkenntnis und des Betens nicht annehmen. Natürlich wußte ich auch von Spannungen und Meinungsverschiedenheiten in ihrem Kreis, auch von Unterschieden im Glauben und in der Frömmigkeit, aber im Verhältnis zwischen Landeskirche und Gemeinschaft wollte ich die Reihe der „verlorenen Siege" jeweils der einen Seite, wie es sie in früheren Zeiten auf diesem Gebiet gegeben hatte, wenn irgend möglich nicht fortsetzen. Sollte sich z. B. im oberfränkischen Bobengrün das alljährliche große Pfingsttreffen des Christlichen Vereins Junger Männer oder der wichtige Dienst des Gemeinschaftsmutterhauses in Puschendorf nicht auch für die ganze Landeskirche fruchtbar auswirken dürfen?

Selbitz

Und dann war, eben als ich anfing, im nordöstlichen Oberfranken, zuerst in Schwarzenbach am Wald, später in Selbitz die Christusbruderschaft entstanden, eine Communität von unverheirateten Schwestern und Brüdern. Sie führte ihr Entstehen auf eine geistliche Erweckung zurück. Um sie hatte es nicht geringe Spannungen in den Gemeinden und auch mit der Kirchenleitung gegeben. Aus der Zeit des Kirchenkampfes kannte ich bereits den „Vater" und die „Mutter" dieser Bruderschaft, das Ehepaar Walter und Hanna Hümmer. Sie waren mehrere Jahre auch Teilnehmer an unseren alljährlichen biblischen Arbeitstagungen gewesen. Ausführliche Gespräche mit ihnen zeigten mir, daß sie, die leidenschaftliche Pietisten und leidenschaftliche Lutheraner sein wollten, die lutherische Rechtfertigungsbotschaft und das reformatorische Verständnis von Heiligung bewußt in der Mitte ihres Auftrags sahen. Wenn es aber so war, dann durfte es doch heißen: „Dilige – et fac quod vis!" – Liebe, und dann tue, was du willst! – dann sollt ihr auch die Freiheit in der Lebensgestaltung haben, auch in neuen Formen, wenn sie sich nur einigermaßen in das Ganze der Landeskirche einfügen. Ich habe während meiner Amtszeit erfahren, daß das in die Bruderschaft gesetzte Vertrauen, die ja eine weite Ausstrahlungskraft in der Landeskirche und über sie hinaus gewonnen hat, nicht enttäuscht worden ist. Als die Schwestern und Brüder im Jahre 1959 den ersten Bauabschnitt des Mutterhauses vollendet hatten und in ihr neues Haus einzogen, habe ich selber zuerst in der Kirche von Selbitz den Gottesdienst und dann im Mutterhaus oben auf dem Wildenberg die Einweihungsfeier gehalten, um öffentlich zu dokumentieren, daß diese Bruderschaft, die sicher manche neue Wege geht, vom Vertrauen der Landeskirche begleitet sei. Leider sind Walter und Hanna Hümmer verhältnismäßig früh gestorben. Sie konnten die betrüblichen Wachstumsschwierigkeiten dieser Bruderschaft, die wohl unter allen in Deutschland den stärksten Zuwachs an jungen Gliedern empfangen hat, nicht mehr selber begleiten und den Spaltungstendenzen nicht mehr wehren.

Casteller Ring

Ähnlich sah ich das Verhältnis zu einer anderen Communität, nämlich zum Casteller Ring auf dem Schwanberg. Die Gründerin, Mutter Christiane Schmidt, war mir schon aus der Jugendarbeit bekannt, in der sie vorher tätig gewesen war. Ebenso hatte ich die wichtigste Gruppe ihrer ersten Mitarbeiterinnen im Unterricht in Glaubenslehre und Seelsorge kennengelernt, den ich lange Jahre in der Bibelschule in Stein gehalten hatte. Die Communität hat in ihrem gottesdienstlichen Leben und in der Gestaltung ihrer ganzen Gemeinschaft sich stark von den Benediktinern in Münsterschwarzach anregen lassen, und in der ersten Zeit, besonders nachdem sie vom Gründungsort Castell auf den Schwanberg umgezogen waren, liefen Fragen an ihren „katholisierenden" Kurs in der Landeskirche um. Im Jahre 1958 machte ich einen ausführlichen Besuch bei den verantwortlichen Gliedern der Communität. Einen ganzen Tag lang sprachen wir in dem Turmgemach des Schwanberger Schlosses hoch über dem fruchtbaren mainfränkischen Land in Ruhe miteinander. Auch diese in der Heiligen Schrift begründeten, in Gottesdienst, Anbetung und Dienst lebenden Frauen bekannten sich einmütig und offen zur Rechtfertigungsgewißheit der lutherischen Reformation – und ich vertraute ihnen. So entstand eine innere und äußere Verbundenheit mit der Communität, die bis heute dauert. Sie ist überstrahlt von der Freude darüber, daß im gemeinsamen Leben aus der Rechtfertigung des Sünders aus Gnaden allein durch den Glauben an Jesus Christus die Kraft wahrer evangelischer Bindung und echter evangelischer Freiheit zum Segen für viele sich vereinen können. Bis in die letzten Jahre hinein habe ich besonders gerne auf dem

Schwanberg Gottesdienste und Bibelarbeiten mit Gruppen wie der „Arbeitsgemeinschaft der CVJM-Vorstände" gehalten; die gute Atmosphäre, in die man dort aufgenommen wird, trägt wie von selbst zur Sammlung und zur Vertiefung bei.

Theologische Hochschulen

Für den Pfarrer spielt die Zeit des Theologiestudiums eine entscheidende Rolle. Die akademischen Jahre haben erfahrungsgemäß eine starke prägende Kraft. Und was er da an theologischer Erkenntnis empfängt oder versäumt, stellt im allgemeinen die Weichen für sein Amtsleben, selbst wenn er sich um ständige Weiterbildung bemüht. Was die akademischen Lehrer betrifft, so habe ich die Freiheit der wissenschaftlich-theologischen Arbeit hoch geschätzt; in der damit verbundenen Frage nach der Wahrheit ist mir allerdings nicht selten das Herz sehr schwer gewesen, und ich habe beim Blick auf die Theologengeneration der letzten fünfzig Jahre nicht umhin gekonnt, das Urteil des großen Max Planck über seine Wissenschaft mutatis mutandis auch auf die Theologie anzuwenden: daß nämlich Irrlehren der Wissenschaft fünfzig Jahre brauchen, bis sie überwunden werden – wieviel Verwirrung können sie in dieser Zeit noch anrichten!

In Bayern war mit der Gründung der Augustana-Hochschule in Neuendettelsau im Jahre 1947 neben die angestammte Theologische Fakultät Erlangen eine zweite Hochschule getreten. Der größte Teil aller bayerischer Pfarrer verbrachte die längste Zeit des Studiums an diesen beiden Orten. So lag mir daran, mit den dort wirkenden theologischen Lehrern die persönliche, theologische und kirchliche Verbindung zu pflegen, soweit es nur ging. In Neuendettelsau legte im Jahre 1957 der Gründungsrektor Georg Merz sein Amt nieder. Er starb wenige Jahre nach seiner Emeritierung, und ich habe ihm auf seine Bitte in Neuendettelsau die Gedächtnisrede gehalten. Einen neuen Rektor fanden wir in dem Schleswig-Holsteiner Predigerseminar-Direktor Wilhelm Andersen, der zuerst als Professor für systematische Theologie berufen, bald zum Rektor ernannt wurde und dann seine ganze Lebenskraft an die neue Aufgabe gewendet hat. Wie ihn, so führte ich auch die meisten anderen Professoren in einem festlichen Gottesdienst der Hochschulgemeinde persönlich in ihr Amt ein.

Zu den meisten Mitgliedern der Erlanger Fakultät, die mir 1956 durch den damaligen Dekan Walter Künneth die Würde eines Dr. theol. h. c. verlieh, hatte ich schon von früher her ein freundschaftliches, vertrauensvolles Verhältnis, kraft dessen auch unterschiedliche theologische Meinungen offen besprochen werden konnten. Mindestens einmal im Jahr kam es zu einem ausführlichen Gespräch zwischen dieser Fakultät und dem Landeskirchenrat, wobei die Rolle des Einladenden wechselte. Ich hatte den Eindruck, daß diese Begegnungen, die meist einen ganzen Tag dauerten, beiden Seiten gut taten. Bei Berufungsverhandlungen zwischen dem Kultusministerium und dem Landeskirchenrat suchte ich mich, wenn nötig, auch durch Gespräche mit den Vorgeschlagenen persönlich einzuschalten. Einige dieser Unterredungen verliefen ausgesprochen freundlich, andere waren nicht einfach und konnten sich über Stunden hinziehen, ohne daß das Ergebnis ganz befriedigte. Es ist auch vorgekommen, daß wir, vom Kultusministerium nach unserer Stellungnahme befragt, einen negativen Bescheid geben mußten. Dabei stand für mich zuletzt nicht die Freiheit der Wissenschaft hier und die oft mißtrauisch betrachtete kirchliche Bindung dort, sondern was die theologischen Lehrer und die Kirchenleitungen verbinden konnte, war der beiden aufgetragene Wahrheitsernst des Evangeliums.

Eine einmalige Aufgabe kam auf uns zu, als der Gedanke der Gründung einer evangelisch-theologischen Fakultät an der Universität München auftauchte. Die Verantwortung dafür und die rechtliche Initiative lag natürlich bei der Universität selbst. Aber nicht wenig hing, was die Ausführung eines solchen Plans anlangte, an der Stellung der Landeskirche. Im Landeskirchenrat war es zunächst nicht leicht, Verständnis für diesen Plan zu gewinnen. Der Gedanke, daß bei der Attraktivität Münchens der Bestand der Erlanger Fakultät und der Augustana-Hochschule Neuendettelsau gefährdet sein könnte, bewegte viele. Und wer unter uns aus Franken stammte, konnte sich, vor allem wenn er noch der Studentenverbindung der Uttenreuther oder Bubenreuther angehörte, schon rein gefühlsmäßig eine andere theologische Fakultät als Erlangen zunächst kaum vorstellen. Aber nun hatte sich vor allem seit der Binnenwanderung nach dem Zweiten Weltkrieg das Gefüge der Landeskirche in seinem Schwerpunkt doch stark nach dem Süden verschoben. Es zeigte sich auch, daß die Zahl der jungen Theologen, die aus den vielfach kinderarmen fränkischen Gebieten kamen, zurückging, während immer mehr aus der Diaspora und damit aus den innerlich bewegten Flüchtlingsgemeinden sich meldeten; für diese aber lag Südbayern näher. So konnte, ja mußte die Theologische Fakultät München auch von der Landeskirche verantwortet werden. Meine Bemühungen, im Landeskirchenrat für die Neugründung Verständnis zu wecken, kleidete ich zunächst in den diplomatischen Satz: „Wir werden wohl nicht darum herumkommen, der Errichtung einer theologischen Fakultät das Wort zu reden, und die beiden anderen Hochschulen werden sie verkraften." Diese beiden anderen brauchten aber auch ihre Zeit dazu. Sehr willkommen war in der Landessynode die Hilfe der Münchener Synodalen unter Führung von Professor Kurt Lentrodt, die sich naturgemäß stark für die neue Fakultät einsetzten. In der synodalen Diskussion bewegten sich die Argumente für und gegen die neue Fakultät von den tiefgründigsten Überlegungen bis zu Erwägungen, die mehr an der Oberfläche lagen. Zu den letzteren gehörte die einmal geäußerte Befürchtung, die Münchner Theologiestudenten würden doch nur ins Gebirge fahren oder allzuhäufig aufs Oktoberfest gehen. Dieses zweite Gegenargument widerlegte der Münchner Dekan Heckel mit der lapidaren Feststellung: „Das Oktoberfest fällt in die Semesterferien!"

Endlich leitete der Rektor der Universität die nötigen Schritte beim Kultusministerium ein. Es war schon ein wichtiger Augenblick, als ich im Jahre 1967 die aus den Vertretern verschiedener theologischer Fakultäten gebildete Kommission, die unter dem Vorsitz des Professors Joachim Jeremias-Göttingen, meines einstigen Greifswalder Lehrers, die ersten Berufungen vorzunehmen hatte, begrüßen konnte. Im Jahre 1968 begann die neue Fakultät ihre Arbeit. Neue geeignete Räume in der Schellingstraße boten ihr gute Entfaltungsmöglichkeiten, so daß bald alle vorgesehenen Lehrstühle besetzt werden konnten. Der Bestand von Erlangen oder Neuendettelsau aber ist bisher nie bedroht gewesen.

Interdisziplinäre Gespräche

Eine Anregung, die ich der neuen Münchner Theologischen Fakultät geben zu müssen glaubte, hat trotz der außerordentlich positiven Erinnerungen, die sich für mich damit verbinden, bisher vielleicht doch nicht die Früchte gebracht, die ich erhoffte. Angesichts des großen Potentials, das die Naturwissenschaften aller Disziplinen in München besitzen, meinte ich die Theologische Fakultät München dazu ermuntern zu sollen, daß sie in ihren Gesamtarbeitsplan neben den klassischen theologischen Disziplinen das Gespräch mit der Naturwissenschaft als ein Schwerpunktthema aufnehme. Zu diesem Gespräch versuchte ich selber eine praktische Anregung zu geben. Der Präsident der Max-Planck-Gesellschaft, der mir gut bekannte

Professor und Nobelpreisträger Adolf Butenandt, stimmte meinen Gedanken mit Freuden zu, bot selber seine Hilfe an und nannte mir aus den nicht wenigen Max-Planck-Instituten in München und Umgebung, aber auch darüber hinaus eine Reihe von bedeutenden Mitarbeitern, die ich gewinnen könnte. So brachte ich zwischen 1971 und 1978, bis mir das zunehmende Alter die Beendigung nahelegte, etwa halbjährlich Männer der Naturwissenschaft wie den Physiker Georg Süßmann, den Biologen Joachim Illies, den Biochemiker Peter Hofschneider, den Philosophen Carl-Friedrich von Weizsäcker, den Verhaltensforscher Wolfgang Wickler, den Mediziner Hellmuth Sitte, den Psychotherapeuten Paul Matussek und den Mathematiker Günther Ewald einerseits mit Theologen wie Wolfhart Pannenberg, Sigurd M. Daecke, Joachim Track, Herbert Breit u. a. andererseits zu einem interdisziplinären Gespräch über das Gesamtthema „Gott – Geist - Materie" zusammen, wobei leider die Theologen schwerer zu gewinnen waren als die Naturwissenschaftler. Zusammen mit Oberkirchenrat Lutz Mohaupt, dem von der VELKD beauftragten Geschäftsführer des Kreises, habe ich die wichtigsten Referate in einem Buch mit dem gleichnamigen Titel veröffentlicht. Die in der Einführung erwähnte Anregung, die mir für die Zukunft erst recht gültig zu sein scheint, möchte ich hier wiederholen: „Sollte nicht die neue Theologische Fakultät München selbstverständlich zuerst ihre klassischen Disziplinen pflegen, aber gleichzeitig die große Verantwortung gegenüber der gesamten geistigen Welt, in der sie ihre Arbeit begann, erkennen und die Chancen wahrnehmen, mit diesen modernen Naturwissenschaften das Gespräch aufzunehmen?"

Selbstbesinnung

So hatte der Landesbischof, so gut es möglich war, das Ganze der Landeskirche im Auge zu behalten. Dazu mußte er oft möglichst an Ort und Stelle von den Pfarrhäusern an über die verschiedenen kleineren und größeren Einrichtungen die einzelnen Probleme kennenlernen. Zu den „episcopi vagantes" freilich, die ihr Amt bloß im Umherziehen ausüben, wollte er nicht gehören. Sein Amt zwang ihn schon in der Landeskirche, die flächenmäßig zu den größten in Deutschland gehört, viel, sehr viel auf Reisen zu sein, und als mit den Jahren ihm auch immer mehr Aufgaben zuwuchsen, die ihn weit über die Grenzen Bayerns hinausführten, hat sich dieser Zwang verstärkt. „Der Landesbischof ist ein Pfarrer" – gewiß, er muß und darf elastisch denken im Blick auf den Begriff „Kirche", und immer war es mir eine Hilfe, daß dieser Begriff Kirche im Neuen Testament mehrfach, mindestens dreifach gebraucht wird: für die Ortsgemeinde, für die Hausgemeinde und für die Gesamtkirche. Aber es war und ist dienstlich und persönlich lebensnotwendig, daß der Landesbischof an eine Gemeinde, an eine gottesdienstliche Stätte angebunden ist. So lag mir daran, daß die Verfassung den Satz aufnahm: „Der Landesbischof sucht sich eine Predigtstätte." Und die neue St.-Matthäus-Kirche in München, die seit 1955 am Sendlinger-Tor-Platz steht, mit den Pfarrern, die mir dort als rechte Amtsbrüder begegnet sind, ist mir dabei sehr ans Herz gewachsen. Die Frage bleibt freilich, ob diese Bindung an eine Predigtstätte ausreicht, in der der Landesbischof, wenn es hoch kam, vier- bis fünfmal im Jahr einen Gottesdienst halten konnte. Es liegt doch auch eine kirchliche und geistliche Weisheit darin, wenn in anderen Kirchen, der römisch-katholischen Kirche zumal, aber auch in den skandinavischen lutherischen Kirchen, das Amt des Bischofs auch mit einem Sprengel, und wäre er noch so klein, bzw. mit einer Diözese verbunden ist.

Vorgänger

Nicht selten habe ich in jenen Jahren meinen Auftrag mit dem meiner Vorgänger Hermann Bezzel und Hans Meiser vergleichen müssen. Am 8. Juni 1956, etwa ein Jahr nach meinem Amtsantritt, war Landesbischof Meiser gestorben. In der Trauerfeier in der St.-Matthäus-Kirche in München und in der Friedenskirche in Nürnberg-St. Johannis hatte ich versucht, im Anschluß an Matthäus 24,45 ihn als einen klugen und treuen Haushalter in der lutherischen Kirche darzustellen. Ich war ja, mit kurzen Unterbrechungen, fast fünfundzwanzig Jahre in seiner Nähe gewesen und hatte ihn bei der Sorgfalt seiner Amtsführung beobachten und begleiten können. Ein Gespräch mit ihm, das noch in seine Amtszeit fiel, hat sich mir stark eingeprägt. Es ging um die Verantwortung des Bischofs für die Kirche. Er spannte sie weit, fast bis hin zur Verantwortung für ihre äußere Existenz, und vor seinen Augen stand das ganze Gefüge dieser Kirche, Pfarrer und Gemeindeglieder, denen er verbunden war, aber ebenso die Pfarrhäuser und die Erhaltung der Ordnung der ganzen bayerischen Landeskirche. Ich als junger Pfarrer meinte, die Verantwortung für die Kirche bedeute zuerst und zuletzt nicht Verantwortung für die Existenz der Kirche – diese Verantwortung hat Jesus Christus selber übernommen; nach Luther „sind wir es nicht, die die Kirche erhalten, unsere Vorfahren sind es auch nicht gewesen, unsere Nachkommen werden es auch nicht sein". Eben darum aber heißt Verantwortung für die Kirche primär Verantwortung für klare Verkündigung. Und wenn ich für die rechte Verkündigung sorge, dann sorge ich an meinem Teil auch am besten für die wahre Existenz der Kirche. Selbstverständlich hätte auch Meiser dem nicht widersprochen, aber in kritischen Situationen konnte doch auch die unterschiedliche Akzentuierung in der Auffassung des bischöflichen Amtes zwischen uns heraustreten.

Was Hermann Bezzel betrifft, dessen Schriften ich seit langem kannte und dessen Wirken ich besonders in Neuendettelsau kennengelernt hatte, so ist schon einige Male deutlich geworden, wo und wie er auf mich eingewirkt hat. Von seinem Umgang mit seinen Amtsbrüdern sagte Georg Merz aus eigener Erfahrung, „daß er auch dem jüngsten Vikar gegenüber davon ausging, daß er mit ihm durch das gleiche Ordinationsgelübde verbunden war".[14] Ich wollte ihn darin als Vorbild sehen. Soll ich auch einen Unterschied feststellen, so muß ich an den berühmten „Hirtenbrief" vom Jahre 1910 an die Pfarrer der bayerischen Landeskirche erinnern, in dem er sich gegen liberale theologische Strömungen gewendet hat. Als Mittel und Wege, die Gemeinsamkeit zu erhalten, nannte er darin neben der Treue gegen den Glauben der Väter und der Ehrerbietung gegen die Heilige Schrift die „Willigkeit, Bedenken und Zweifel in würdigem Trotz niederzuringen". Gerade diese Wendung, in der Bezzel wohl auch eigene Probleme verhüllt aussprach, hat damals große Erregung besonders bei Männern wie dem bekannten Hauptprediger Christian Geyer in Nürnberg hervorgerufen. Bei aller Ehrerbietung und Dankbarkeit gegenüber Bezzel schien mir dieser Weg doch auch in den neueren theologischen Fragen und Anfechtungen nicht gangbar zu sein; eher meinte ich, daß der Weg dessen, der sich an die Heilige Schrift und an das Bekenntnis der evangelisch-lutherischen Kirche gebunden weiß, nicht anders als mitten durch diese Zweifel und Anfechtungen hindurch führe. Gerade uns in dieser fast noch mehr verwirrten und unsicheren Zeit, glaubte ich, sei es aufgetragen, stellvertretend für viele, geführt vom Hören auf die Heilige Schrift, durch die Zweifel und Anfechtungen hindurchzugehen, wie das Volk Gottes durch das Rote Meer. Auch so kann Gott den Christenglauben und das Zeugnis des Pfarrers für die Gemeinde bewahren und bewähren.

11. KAPITEL

„Suchet der Stadt Bestes!" (Jer 29,7)

Mit diesem bekannten Bibelwort über die Stadt Babel ist ein weiterer Bereich des bischöflichen Amtes angedeutet, den die Kirchenverfassung mit dem Satz umschreibt: „Der Landesbischof vertritt die Evangelisch-Lutherische Kirche in Bayern in der Öffentlichkeit." Auch wenn davon einiges bereits angeklungen ist, scheint es mir doch nötig zu sein, daß von den Möglichkeiten, Grenzen und Versuchungen dieser Seite des Amtes eigens berichtet wird.

Dabei will von vorneherein der ganze Zusammenhang dieses biblischen Wortes mitgehört werden, der meist unberücksichtigt bleibt. Man soll das Beste dieser Stadt suchen, „wohin ich euch habe wegführen lassen, und betet für sie zum Herrn; denn wenn's ihr wohl geht, so geht es auch euch wohl". Man sieht, wo die Wurzeln für die Wahrnehmung von öffentlicher Verantwortung im Volke Gottes liegen. Es ist nicht gerade das spannungsloseste Verhältnis zwischen Staatsmacht und Gottesmacht, wenn dieses Volk in die Gewalt einer fremden Herrschaft geraten ist und nun in der Verbannung fern von der geliebten Heimat lebt. Aber eben dieses Gottesvolk wird zur Fürbitte für die Siegermacht aufgerufen und dazu, das Beste der Stadt Babel zu suchen. Man muß schon sehr genau danach fragen, worin die öffentliche Verantwortung der Kirche begründet liegt.

Das öffentliche Amt

Noch ist mir lebhaft in Erinnerung, wie gerade der Synodalpräsident Hans Meinzolt während seiner Amtszeit von diesem Prophetenwort Gebrauch gemacht hat. Für ihn, der zugleich Staatssekretär im Kultusministerium war, gab es ein willkommenes Stichwort ab, wenn er bei den öffentlichen Empfängen, die während jeder Tagung der Landessynode durch die Städte Ansbach oder Bayreuth veranstaltet wurden, das Verhältnis von Staat und Kirche, von Kirche und Öffentlichkeit, von Christengemeinde und Bürgergemeinde erläutern wollte. Aber nun galt es eben auch für den Landesbischof, die damit gemeinte Sache bei sehr unterschiedlichen Gelegenheiten zur Geltung zu bringen. „Das Bischofsamt ist doch ein öffentliches Amt!" hatte mir Landesbischof Lilje am Tag meiner Einführung in Nürnberg gesagt. Er, der Weltgewandte und Sprachbegabte, vermochte dieser Seite des Bischofsamtes in unnachahmlicher Weise gerecht zu werden. Ich tat mir in mancher Hinsicht schwer. Jahrelang hatte ich auf meinem Schreibtisch ein Wort von Robert Eliot Speer stehen: „Gott danken soll der Mann, dem es vergönnt war, sein Werk in Verborgenheit zu tun." Zur Verborgenheit hatte ich auch noch den Dienst eines Landpfarrers und den eines theologischen Hilfsarbeiters gerechnet, wenn auch die Decke immer stärker durchlöchert wurde. Nun, so erkannte ich, würde mich die Dimension der Öffentlichkeit noch ganz anders in Beschlag nehmen – wo würde die verborgene, persönliche Sphäre bleiben? Die Frage blieb, auch wenn ich Liljes Urteil als richtig erkennen mußte. Dabei schien es mir nicht immer ganz einfach zu sein, zu erkennen, was jeweils damit vom Träger des geistlichen Amtes gefordert war.

„Der Landesbischof vertritt die Kirche in der Öffentlichkeit" – er hat sie also, um mit dem Fremdwort zu sprechen, zu repräsentieren. Aber was ist das? „Repräsentant Christi personam" – sie vertreten die Person Christi, heißt es in der Apologie der Augsburgischen Konfession von den Trägern des Amtes, wenn sie Gottes Wort verkündigen und die Sakramente recht verwalten, und dabei wird auf Jesu Wort Lk 10,16 verwiesen: „Wer euch hört, der hört mich." Demgegenüber schien es schon auf etwas anderem Gebiet zu liegen, wenn der Landesbischof zu einem Neujahrsempfang des Ministerpräsidenten oder zur Eröffnung der Olympischen Spiele 1972 eingeladen war. Da galt es eben unter den anderen gesellschaftlichen Gruppierungen auch die Evangelisch-Lutherische Kirche in Bayern sichtbar werden zu lassen. Aber vergessen konnte ich die Ursprungsbedeutung kirchlicher Repräsentation auch dabei nicht, vor allem nicht, wenn ich wie beim Deutschen Gewerkschaftskongreß in München oder anderen Gelegenheiten ein Grußwort zu sprechen hatte. Und wenn ich eine größere Reise antrat oder von einer längeren Auslandsreise zurückkehrte, dann warteten schon am Flughafen Presseleute, Rundfunk- und Fernsehjournalisten mit ihren Fragen – sollte ich bloß als Reiseonkel auftreten oder auch als Politiker, und nicht doch als der Vertreter der Kirche Christi?

Schon als Student hatte ich zu Hause an einem Gottesdienst teilgenommen, den ein Pfarrer aus einer benachbarten Gemeinde hielt. Es mag um 1930 gewesen sein. Als Text hatte der Gastprediger die Geschichte vom Aufstand des Demetrius in Ephesus, Apg

19,23 ff. Er sprach im Anschluß an den Aufstand von den mannigfachen Unruhen im Volk, wie wir sie heute in den sozialen und politischen Wirren der Zeit auch hätten, und fuhr unter Hinweis auf den in Vers 35 erwähnten „Kanzler“ fort: „Das war einmal ein Kanzler! Der hat es verstanden, wieder Ruhe herzustellen! Was sind demgegenüber unsere deutschen Reichskanzler? Einen Kanzler müßten wir haben, der durchgreift und eine neue politische Ordnung schafft!“ Und jeder wußte, daß er auf einen kommenden politischen Führer wies, dessen Name unter uns schon umging. So etwa habe ich diese Predigt in Erinnerung. Aber so, dachte ich, darfst du einmal doch nicht predigen! Auch ich war dafür offen, an der unter uns wachsenden nationalen Bewegung diese und jene positive Seite zu sehen – welche überzeugenden und aussichtsreichen politischen Gruppierungen gab es in der ungeliebten Weimarer Republik nach unserer Meinung sonst für junge Menschen? Aber den politischen Predigten gegenüber, die vielfach mit dem Anspruch des Prophetischen auftraten, hatte ich ein unüberwindliches Mißtrauen. Gingen sie nicht an ihrem wirklichen Auftrag vorüber? Pfarrer, die in diese Richtung tendierten, kamen mir nicht selten als verhinderte Politiker vor, und das neutestamentliche Wort vom „allotri episcopus“ (1 Petr 4,15), der in ein fremdes Amt greift, tauchte bald in meinem Gesichtskreis auf. Dabei wußte ich – und im „Dritten Reich“ wurde es ja sehr handgreiflich klar –, daß jeder Gottesdienst und jede Predigt unweigerlich auch politische Wirkungen haben. Das Wort Gottes, des Schöpfers und Herrn der Welt, geht die Welt an, auch die Öffentlichkeit. Und ebenso deutlich wie das Achten darauf, daß der Pfarrer nicht in ein fremdes Amt greife, stand Luthers Feststellung da, „daß kein Heiliger je existiert habe, der nicht mit Politik oder mit Wirtschaft befaßt gewesen wäre!“ (WA 40,III,207). Aber was und wie mußte es gesagt werden?

Kirche – Volkskirche

Als wir später, gegen Ende des Zweiten Weltkriegs, um die Jahreswende 1944/45, in einem Kreis von Pfarrern die Texte für die nächste Bibelwoche besprachen, die aus Jesaja 40–55 genommen waren, dachten wir lange über den Eingangssatz nach: „Tröstet, tröstet mein Volk!“ Ein älterer Amtsbruder sagte: „Auf diesen Text muß ich mich nun zum dritten Mal ganz neu vorbereiten. Immer wieder stellt sich mir das Verhältnis zwischen Kirche und Volk ganz anders dar. Zum ersten Mal geschah es beim Ausbruch des Krieges 1914. Volk und

Kirche schienen damals eins, und wir spürten kaum eine Distanz. Dementsprechend haben wir auch gepredigt. Zwei Jahrzehnte später, um 1935, war es gerade entgegengesetzt. Da waren die beiden Größen weit auseinandergerissen. Das Volk, die ‚Nation', zog stolz ihren eigenen Weg und ließ die rückständige Kirche verächtlich hinter sich am Horizont verschwinden. Jetzt aber, wo man längst sieht, wie es hinausgeht, blutet das Volk aus tausend Wunden und wird bald völlig zerschlagen am Boden liegen, zusammen mit der Kirche, die sich davon, auch von ihrer Schuld nicht lösen kann. Aber vielleicht sehe ich das Verhältnis Kirche – Volk jetzt auch klarer als bisher: gerade diese Kirche, wenn sie nur aus der Quelle des Wortes Gottes lebt, muß mitten im Volk und für das Volk stehen!" Volkskirche – ich gestehe, daß mein Verständnis dieses Begriffes bis heute, auch unter wieder veränderten Verhältnissen stark von der Erinnerung an dieses Gespräch bestimmt ist, wenn ich über die Möglichkeiten, Grenzen und Versuchungen des öffentlichen Dienstes der Kirche nachdenke. Auch die „freie Kirche im freien Staat", wie der bayerische Kultusminister Dr. Maunz einmal das derzeitige Verhältnis definieren wollte, ist nicht anders Volkskirche, als indem sie die ihr zugängliche Quelle des Wortes Gottes, aus der sie lebt, im Volk und für das Volk springen läßt.

Wenn der Landesbischof heute die Gemeinden in einem Dorf oder in einer Stadt besucht, so bilden natürlich die Gottesdienste und die Zusammenkünfte mit den Pfarrern und kirchlichen Mitarbeitern die Mitte des Besuches. Aber es ist in unseren Verhältnissen wie selbstverständlich, daß auch ein Zusammentreffen mit den verantwortlichen Vertretern des Staates und der verschiedenen Bereiche der Öffentlichkeit in das Besuchsprogramm eingebaut wird. Oft wurde ich schon am Eingang des Ortes feierlich begrüßt und dann, begleitet von einem festlichen Zug der Gemeinde oder auch von einem Autokonvoi, ab und zu auch von einer Reitereskorte, zum Rathaus in die Mitte des Ortes geleitet. Einmal, es war Ende Januar, fiel mir auf, daß auf beiden Seiten der Straßen Fichten- und Tannenbäumchen aufgestellt waren; allerdings schienen sie mir nicht mehr ganz frisch zu sein, und da und dort flimmerte es silbern auf ihren Zweigen. Ich erfuhr, daß die Gemeinde ihre Christbäume von Weihnachten her gleich für den Empfang des Landesbischofs aufbewahrt hatte. Im Rathaus gab es dann eine festliche Begrüßung; wenn vorhanden, wartete das Goldene Buch auf eine Eintragung, und dann wurden Reden getauscht, verbunden mit der Überreichung einer Erinnerungsgabe. Viele wertvolle Zinnteller bewahre ich seitdem auf. Man soll dies alles keinesfalls gering achten. Warum sollte nicht auch der evangelische Landesbischof einmal in dem alten Reichstagssaal von Regensburg oder auf der ehemaligen Festung Marienberg in Würzburg empfangen werden oder im Kaisersaal der Nürnberger Burg? Es gab ja bei solchen Begegnungen nicht nur gegenseitige Artigkeiten auszutauschen, sondern auch ernsthafte Gespräche zu führen, wie etwa in Nürnberg 1955: Da traf ich anläßlich der Einweihung des Landeskirchlichen Archivs gerade in dem Augenblick mit dem Oberbürgermeister zusammen, als der Stadtrat, was durchaus in Ordnung war, das im Krieg zerstörte Denkmal des Philosophen Ludwig Feuerbach auf dem Rechenberg wieder errichtet hatte. Dabei hatte er gegen den Widerspruch vieler Bürger auch die alte Inschrift wieder darauf setzen lassen: „Der Mensch schuf Gott nach seinem Bilde." Kein Zweifel, das war Feuerbachs Lehre gewesen – übrigens eine unheimlich klarsichtige Lehre! Aber ich mußte wenigstens deutlich machen, warum bei vielen Menschen die betonte Wiederherstellung dieser Inschrift sehr bald nach einer aus menschlicher Vermessenheit verschuldeten totalen Selbstzerstörung Widerspruch hervorrufen mußte. Und auch das andere Wort Feuerbachs auf der Rückseite des Denkmals läßt ja in diesem Zusammenhang keine andere Tendenz erkennen: „Tue das Gute um des Menschen willen!"

Was für wackere Männer und Frauen, die ihr öffentliches Amt auch in der Verantwortung als Christen wahrnehmen wollten, habe ich bei diesen Gelegenheiten kennengelernt! Das ganze, immer komplizierter werdende Gefüge eines größeren oder kleineren Gemeinwesens wurde leibhaftig sichtbar, wenn man den gewählten Bürgervertretern und den Beamten, den Repräsentanten von Schule und Bildung, von Polizei und Wirtschaft begegnete. Und wenn man ins persönliche Gespräch kam, dauerte es nicht lange, und es wurden auch die Schwierigkeiten sichtbar, mit denen sie zu kämpfen hatten: Da waren die von der Schulreform hin und her gerissenen Lehrer und die Bürgermeister der kleineren Gemeinden, die zu meinem großen Bedauern im Zuge der Gebietsreform weithin verschwunden sind. Gewiß konnte ich eine maßvolle Gebietsreform bejahen. Aber ich hörte doch sehr aufmerksam zu, als mir einmal in jener Zeit ein Regierungspräsident sagte: „Ich gestehe, daß es mir immer unbehaglicher zumute wurde, je öfter ich die überflüssig gewordenen Ortsbürgermeister der kleinen Gemeinden verabschieden mußte; sie waren doch eigentlich echte Vertreter der Demokratie an den Wurzeln."

Dazu kam, daß ausgerechnet mein Geburtsort Ermershausen, wo man eine maßvolle Gebietsreform durchaus positiv aufgenommen hatte, die ein lebensfähiges Gemeinwesen hätte schaffen können, von solch einer viel weiter greifenden Maßnahme betroffen wurde. Als die Bürger einen passiven Widerstand gegen die Wegnahme ihrer Selbständigkeit leisteten und deshalb in der Nacht vom 18./19. Mai 1978 durch ein Polizeiaufgebot von mehreren hundert Mann zur Herausgabe des Schlüssels zu ihrem Rathaus gezwungen wurden, da hielt ich es doch auch für meine Pflicht, obwohl ich bereits im Ruhestand war, für diese Gemeinde einzutreten und veröffentlichte in der Süddeutschen Zeitung vom 14. Juni 1978 einen Brief, in dem ich von den zwei großen Enttäuschungen der Menschen dort sprach: „Sie verstehen nicht, warum ihre nach wie vor lebensfähige Einheit nun zugunsten einer noch größeren Konstruktion aufgelöst werden muß." Zum andern könne diese an der Zonengrenze gelegene Gemeinde die Frage nach dem inneren Recht eines so massiven Polizeieinsatzes nicht positiv sehen. „Wer die Mentalität des Dorfes kennt, weiß, daß ein derartiges Ereignis noch in hundert Jahren gegenwärtig sein wird. Freimütig muß ich aussprechen, daß nach meiner Überzeugung, auch wenn das sicher nicht beabsichtigt war, über den Einzelfall hinaus für das Verhältnis des Bürgers zur staatlichen Ordnung Schaden entstanden ist."

Nicht selten dienten mir bei dem, was ich nach der Anknüpfung an örtliche Verhältnisse und Probleme über den Dienst des Christen in der Welt heute vor den Vertretern der Öffentlichkeit zu sagen versuchte, die Sätze aus dem ja im Raum der heutigen Oberpfalz entstandenen Lied M. Schallings „Herzlich lieb hab ich dich, o Herr" als Leitlinie:

„Es ist ja, Herr, dein G'schenk und Gab
mein Leib und Seel, und was ich hab
in diesem armen Leben.
Damit ich's brauch zum Lobe dein,
zu Nutz und Dienst des Nächsten mein,
wollst mir dein Gnade geben."

Ich wußte keinen besseren, einprägsameren Leitgedanken, der auch lutherische Sozialethik zum Ausdruck bringen konnte, auch auf anderen Ebenen, etwa wenn wir von seiten des Landeskirchenrats die Bundestags- oder Landtagsabgeordneten in die schönen Empfangsräume im zweiten Stock in die Meiserstraße einluden. Sie waren ja Glieder der Kirche, die nun öffentliche Verantwortung trugen; Kirche – das war nicht bloß diese Kirchenleitung, sondern zuerst sie, die Glieder der Kirche!

Natürlich mußte bei gegebener Gelegenheit auch die Position der Evangelisch-Lutherischen Kirche in Bayern als einer Minderheitskirche in einer überwiegend römisch-katholischen Bevölkerung vertreten werden. Nicht selten hatte ich darüber mit dem jeweiligen Ministerpräsidenten bei unseren gegenseitigen Besuchen zu sprechen, vor allem wenn es nach einer Landtagswahl um die Kabinettsbildung ging. Aber solche Gespräche setzten sich fort in Einzelgesprächen mit den zuständigen Ministern, besonders dem jeweiligen Kultusminister. Die Frage des konfessionellen Proporzes, so war meine oft geäußerte Einstellung, ist glücklicherweise nicht mehr das Hauptproblem, auch wenn sie in einer demokratischen Staatsordnung keineswegs verschwunden ist, sondern ihre eigene, oft gar nicht so leichte Problematik erhält. Oft habe ich es ausgesprochen: Wenn eine Staatsregierung ihren Kurs in einem Lande wie Bayern überdenkt oder für einen bestimmten Zeitraum neu festlegen muß, so tritt über kurz oder lang auch dieses Problem auf und fordert seine Berücksichtigung. Und wenn die Verantwortlichen dabei auf die Waagschale der Minderheit ein Prozent mehr Gewicht legen, als ihr zuzustehen scheint, tut das der Mehrheit nicht weh, die Minderheit aber wird frei von Ressentiments.

Nach der Unterzeichnung der Vertragsänderung zwischen Staat und Kirche

Zweimal mußte während meiner Amtszeit der 1924 geschlossene Staatsvertrag zwischen dem bayerischen Staat und der Evangelisch-Lutherischen Kirche in Bayern geändert werden, einmal als es um die Neuordnung des Schulwesens und die Lehrerbildung ging, und dann, als die neugegründete Evangelisch-Theologische Fakultät der Universität München im Vertrag ihre Stelle finden mußte.

Vorgänge wie diese sind ein Staatsakt, bei dem in der Staatskanzlei entsprechend einem bestimmten Protokoll nach der formellen Unterzeichnung der Urkunden feierliche Reden und Erklärungen über das (gute) Verhältnis zwischen Kirche und Staat abgegeben werden. Ein ähnlicher Staatsakt hatte übrigens auch stattgefunden, als im Dezember 1955 die neue St.-Matthäus-Kirche am Sendlinger-Tor-Platz, die vom bayerischen Staat im Zuge der Wiedergutmachung nationalsozialistischen Unrechts gebaut worden war, an die Landeskirche übergeben wurde. Mein Vorgänger, Landesbischof Meiser, hatte bei dieser Feier über das Wort gepredigt, das auf der Frontseite der alten Matthäuskirche gestanden war: „Dein Wort ist die Wahrheit" (Joh 17,17). Bei dem Staatsakt, wo ich mit dem damaligen Ministerpräsidenten der Viererkoalition, dem Sozialdemokraten Wilhelm Hoegner, die offiziellen Reden tauschte, habe ich übrigens auch nicht wenig über den Verhaltenskodex eines Politikers gegenüber der Kirche gelernt. „Zwei Bereiche", pflegte Hoegner immer wieder einmal zu sagen, „soll der Politiker möglichst in Ruhe lassen: die Kirche und die Juden."

Staatsbesuche

Zur Erfüllung der Repräsentationspflichten des Landesbischofs gehörte auch die Teilnahme an Staatsbesuchen und Staatsfeierlichkeiten. Das waren häufig Blicke in die große weite Welt. Eine dieser Gelegenheiten war der Besuch der englischen Königin Elisabeth II. in München; auch wir, meine Frau und ich, durften ihr und ihrem Prinzgemahl die Hand drücken und an dem Staatsdiner teilnehmen. Einmal, nach der Unterzeichnung des deutsch-französischen Freundschaftsvertrags kam auch der französische Staatspräsident de Gaulle nach München und hielt auf dem Odeonsplatz seine die Bevölkerung begeisternde Rede: „Es lebe die bayerisch-französische Freundschaft!" Bei der abendlichen Theateraufführung im Cuvilliés-Theater hatte auch ich in der Pause Gelegenheit ihn kennenzulernen und merkte im Gespräch, daß ihm der französische Protestantismus mit Marc Boegner, der damals markantesten Gestalt, nicht fremd war. Übrigens hatte mir kurz vorher der damalige Bundeskanzler Adenauer bei einem Besuch in der Evangelischen Akademie Tutzing, im Jahr 1963 erzählt, wie sein gutes Verhältnis zu de Gaulle begonnen habe. Zunächst sei er von de Gaulle nach Paris eingeladen worden, habe aber ablehnen müssen, da dies ihm als Vertreter eines besiegten Volkes nicht zustehe. Darauf habe ihn de Gaulle persönlich eingeladen, und zwar auf seinen Landsitz in Colombey-les-Deux-Eglises. Da habe er zugesagt. „De Gaulle aber hatte eine kranke Tochter, und ich sah, wie liebevoll und behutsam der Vater mit ihr umging und sie pflegte. Da dachte ich mir: Diesem Mann darfst du auch im Politischen vertrauen!"

Auch wenn die Präsidenten der Bundesrepublik Deutschland zu ihren jeweils offiziellen Besuchen in das Land Bayern kamen, war der Landesbischof mit seiner Ehefrau eingeladen. Der eindrücklichste Besuch war der von Theodor Heuss; von ihm wird noch die Rede sein. Einer Note leichter Heiterkeit entbehrte nicht Heinrich Lübkes Besuch, der mit dem Katholischen Eucharistischen Kongreß in München 1960 verbunden war. Auch ich war vom Bundespräsidenten zu dem festlichen Bankett eingeladen, zu dem sich die katholischen Würdenträger aus aller Welt eingefunden hatten, an ihrer Spitze der Päpstliche Legat, der italienische Kardinal Testa. Der Bundespräsident, der noch nicht sehr lange im Amt war, hielt seine Grußrede und bat den Päpstlichen Legaten, er möge die Grüße des ganzen deutschen Volkes „an Seine Heiligkeit, Papst Pius XII., überbringen." Ein peinlicher Fauxpas – Pius XII. war schon 1958 gestorben! Der Päpstliche Legat mußte antworten und natürlich auch dezent den Bundespräsidenten korrigieren; da er aber als Italiener die deutsche Sprache vor allem mit ihren schwierigen Zahlwörtern doch nicht so beherrschte, sagte er: „Ich werde gerne Ihre Grüße an Seine Heiligkeit, Papst Johannes den Zweiunddreißigsten – nein, den Dreiundzwanzigsten weitergeben." Damit war das Problem zwar noch komplizierter geworden, aber durch die allgemeine Heiterkeit zugleich behoben. Kardinal Döpfner, damals noch Bischof von Berlin, saß in meiner Nähe; er sagte schmunzelnd über den Tisch: „Nun haben wir schon drei Päpste!"

Repräsentation ist auch auf politischer Ebene nicht immer eine leichte Aufgabe!

12. KAPITEL

Entwicklungen im Protestantismus der fünfziger- und sechziger Jahre

Es ist nicht leicht, die geistigen und kirchlichen Entwicklungen im gesamtdeutschen Protestantismus der fünfziger- und sechziger Jahre auch nur einigermaßen in den Blick zu bekommen. Auch wenn ich mir über meine Berührungen damit und meine Beteiligung daran klarzuwerden versuche, kann es sich zumal angesichts des kurzen Zeitabstandes nur um ein bruchstückhaftes Bemühen und eine subjektive Betrachtungsweise handeln.

Deutscher Evangelischer Kirchentag

Dem Initiator der Laienbewegung des Deutschen Evangelischen Kirchentags, Reinold von Thadden-Trieglaff, bin ich wohl im Jahre 1947 bei der Tagung der Vertrauensstudenten und Studentenpfarrer in Rengshausen/Hessen zum ersten Mal begegnet. Er war noch nicht lange aus der Verbannung an die sowjetische Eismeerküste zurückgekehrt, wohin man den Pommerschen Adeligen, der zugleich durch den ganzen Kirchenkampf hindurch ein prominentes Mitglied der Bekennenden Kirche gewesen war, nach Kriegsende verschleppt hatte. Er galt als ein Sterbender, als er nach Hause entlassen wurde; von den schweren Leiden, die er in der Gefangenschaft durchzumachen hatte, sind ihm Spuren für sein Leben geblieben. Vielleicht aber haben gerade sie ihn nicht nur gehindert, sondern auch dazu getrieben, es mit dem Deutschen Evangelischen Kirchentag zu wagen. Jedenfalls glaubte ich, ihm in jedem Gespräch eine besondere innere Leidenschaft abzuspüren, mit der er seine Gedanken und Pläne entwickelte.

Unser beider Verbindung wurde durch die evangelische Studentengemeinde wie durch die evangelische Akademikerschaft intensiviert. An den großen evangelischen Studenten- und Akademikerzusammenkünften, die bald nach dem Kriege begannen, war ich schon durch meine Freundschaft mit Eberhard Müller in Bad Boll, Martin

Fischer in Berlin und Horst Bannach in Stuttgart beteiligt. Unsere Kontakte verstärkten sich, als Heinrich Giesen, Mitglied der Studentenpfarrerkonferenz, zum Generalsekretär des Kirchentags berufen wurde und ihn mit seinem rheinischen Temperament und seinem geistlichen unverwechselbaren Charisma prägte. Er konnte Massen von Menschen um die Bibel sammeln und hat auf Jahre hinaus die tägliche Bibelarbeit zur Kraftquelle der großen Kirchentagsgemeinde werden lassen. Lange Zeit gehörte ich der Gruppe der Kirchentagsreferenten, besonders auch der Bibelarbeiter an, etwa in Hamburg 1953 (Jes 40) und Köln 1965 (Jona). Es war jedesmal eine umwerfende Erfahrung, vor Tausenden von Hörern in einer großen Halle einfach die Bibel auszulegen, natürlich unter Bezugnahme auf die Gegenwart, aber eben die Bibel auszulegen: Da saßen sie, über den Text gebeugt, eine fast unübersehbare Gemeinde, und es war doch keine Masse; es war zugleich möglich, mit jedem einzelnen als mit einem Mithörenden, Mitdenkenden, Mitbetenden verbunden zu sein. Gerade diese lebendige Polarität zwischen der ganzen Gemeinschaft und dem einzelnen scheint mir ein Geschenk der von der Bibelarbeit geprägten Kirchentage gewesen zu sein. Die Klarheit und Fruchtbarkeit der gesamten Kirchentagsbewegung, so schien es mir, hing nicht zum geringsten Teile an der Stellung, die der Bibelarbeit im ganzen Verlauf der Veranstaltungen gegeben war. Es kamen Zeiten, wo sie ihre bestimmende Stellung verlor und unter dem Anspruch der „Tagesordnung der Welt", wie man sagte, mehr an den Rand gedrängt wurde.

Unter den Kirchentagen, die mir in besonderer Erinnerung sind, ragt der von München 1959 hervor: „Ihr sollt Gottes Volk sein!" Für die gottesdienstliche Gestaltung dieser Tage, die Staatssekretär Hans Meinzolt und sein tüchtiger Mitarbeiter, Pfarrer Otto Steiner, zusammen mit einem Mitarbeiterausschuß vorbereiteten, hatte der Kreisdekan von München, Arnold Schabert, mit einer besonderen Arbeitsgruppe eine ungemein tiefgründige Arbeit geleistet, die etwas von der Kraft und Klarheit reformatorischer Verkündigung und eines lutherischen Abendmahlsverständnisses in das Ganze einbrachte. Zum letzten Mal hatten für diesen Kirchentag noch etwa tausend Gemeindeglieder aus der „sowjetischen Besatzungszone" Einreisegenehmigung erhalten. Anfang und Ende des Kirchentags sind mir unvergeßlich. Bis eine Stunde vor dem Eröffnungsgottesdienst auf dem Königsplatz regnete es in Strömen, so daß er seinem Spitznamen „Plattensee" alle Ehre machte. Es war, als hätten sich die Wasser von oben und die Wasser von unten gegen das Volk Gottes verbündet, das sich sammeln wollte. Dann klärte sich das Wetter plötzlich auf, und die hunderttausend Teilnehmer feierten den festlichen Gottesdienst, bei dem ich als der „Ortsbischof" die Predigt über 1 Petr 2,9.10 hielt. Kaum hatten wir nach Beendigung des Gottesdienstes den Platz geräumt, da brach der Regen wieder mit aller Macht los. Zur großen Schlußkundgebung auf der Theresienwiese mit etwa 350 000 Teilnehmern erschien der damalige Bundespräsident Theodor Heuss, der unmittelbar vor dem Abschluß seiner Amtsperiode stand. Seine Rede am Schluß des Kirchentags war sein Abschiedswort als Bundespräsident. Er schloß mit dem Satz: „Was hülfe es dem Menschen, wenn er die ganze Welt gewönne und nähme doch Schaden an seiner Seele?" (Mt 16,26). Das war in der damaligen optimistischen Fortschrittsmentalität eine der eindrucksvollsten christlichen Laienreden in einer christlichen Laienbewegung, die ich je gehört habe.

Zwei Jahre später, im Juli 1961, fand der letzte gesamtdeutsche Kirchentag in Berlin statt. Man konnte sich in der noch ungeteilten Stadt frei von Ost nach West und umgekehrt bewegen. Wieder war ich um die Bibelarbeit in einer der Hallen gebeten worden und ich freute mich, einen Gottesdienst in der Gethsemanekirche in Ost-Berlin halten zu können, wo ich einige Monate vorher unseren ältesten Sohn Wolfgang mit Barbara Rettig, der Tochter des dortigen Pfarrers, getraut hatte. Im ganzen Ablauf des Kirchentags war die damalige starke Fluchtbewegung von Ost nach West bereits zu spüren. Auch zu mir kamen Freunde aus dem Osten, aus Postdam, und fragten: „Sollen wir bleiben oder nach dem Westen gehen?" Sie entschlossen sich, zu bleiben, und ich riet ihnen davon nicht ab. Sie sind bis heute geblieben – als Christen.

Schwerer wurde es für mich, den Kirchentag zu bejahen, als er sich um die Mitte der sechziger Jahre auch in manchen seiner verantwortlichen Repräsentanten von reformistischen, säkularisierten, allzu politischen Motiven nicht nur anrühren, sondern mit fortreißen ließ und das, was man nun euphemistisch „Pluralismus" nannte, selber praktizierte. Einer der Höhepunkte dieser Tendenzen war der Stuttgarter Kirchentag 1969, den ich als Vorsitzender des Rates der EKD teilweise miterlebte. In meinem Grußwort bei der Eröffnungsversammlung suchte ich die Kirchentagslosung Mt 6,33 auszulegen: „Trachtet am ersten nach dem Reich Gottes und nach seiner Gerechtigkeit." In der Unruhe war es mir schwer möglich zu Wort zu kommen. Die Stimmung war von einem Teilnehmer wohl richtig gekennzeichnet: Erst müssen wir die Gerechtigkeit auf Erden schaffen, dann wollen wir wieder vom Reich Gottes reden! Positiv war der Kirchentagsleitung anzurechnen, daß sie eine Arbeitsgruppe

„Christologie“ gebildet hatte. Das scheinbar rein dogmatische Thema zog die meisten Zuhörer an, und das heftige Streitgespräch, in dem es besonders zwischen den beiden Theologen Walter Künneth und Günter Klein hin und her ging, hat wohl schon damit klärend gewirkt, daß es viele Menschen aufmerksam und hellhörig gemacht hat.

Mit dem Eintritt in den Ruhestand hörte die Verbindung zum Kirchentag auf. Wahrscheinlich hat dabei neben Unterschieden in den theologischen Standpunkten auch das Generationenproblem mitgewirkt. Der letzte Kirchentag, an dem ich teilnahm, war – der Katholikentag in Berlin 1980; ich war dorthin zu einem Podiumsgespräch über das Heilige Abendmahl mit dem katholischen Kardinal Joseph Ratzinger und dem orthodoxen Erzbischof Augustinus gebeten worden. Eindrücklich war dabei die Beteiligung der Jugend – so sehr überwog sie, daß man glauben mußte, auch hier sei die Verbindung zwischen den Generationen wenn nicht abgebrochen, so doch weithin aufgelöst.

Institutionen

Sie scheinen im Protestantismus nur sekundäre Bedeutung zu haben. In Wirklichkeit hat auch in den fünfziger- und sechziger Jahren im Protestantismus nichts so viel Zeit und Kraft in Anspruch genommen wie der Kampf um die „Strukturen“.

Im Jahre 1955 waren viele Entscheidungen darüber bereits gefallen, welches organisatorische und rechtliche Gefüge sich der deutsche Protestantismus nach dem Kriege geben wollte. Die Evangelische Kirche in Deutschland, der ich später noch viel Zeit und Kraft widmen sollte, hatte sich 1948 bei der Kirchenversammlung in Eisenach konstituiert und eine Grundordnung verabschiedet. Bei den Beratungen in Eisenach war ich gerade in die Kommission geraten, die den umstrittenen Artikel IV über die Abendmahlsgemeinschaft durchzudenken und für das Plenum zu formulieren hatte. In ihm hat man gewagt, nicht von einer vollen Übereinstimmung in den Gliedkirchen zu reden, während gleichzeitig die seelsorgerliche Notwendigkeit und Möglichkeit herausgestellt wurde, daß jeder evangelische Christ in jeder Gliedkirche an einer Abendmahlsfeier teilnehmen kann. Das Gespräch in unserer Kommission war beschwerlich. Wir kannten uns weithin; wir wußten, daß im Kirchenkampf eine neue, auch durch die Bekenntnissynode in Barmen 1934 besiegelte Gemeinschaft gewachsen war, und wollten hinter sie nicht zurückgehen. Aber es war auch nicht zu ignorieren, daß die lutherischen, reformierten und unierten Kirchen Deutschlands eine eigene, auch von schmerzhaften Widerfahrnissen erfüllte Geschichte hinter sich hatten, die man nicht einfach streichen konnte. Und zu dieser Geschichte gehörte auch die notwendige Abwehr illegitimer Einheitsvorstellungen, die auch in Eisenach nicht fehlten. Noch heute habe ich im Ohr, wie einer der Redner den Versammlungsraum, in dem wir saßen, sich wölben sah zum großen Dom der einen Evangelischen Kirche in Deutschland. Auf eine Union, etwa nach dem Vorbild der altpreußischen Union, uns zu einigen, war jedenfalls nicht möglich; ich weiß nicht, was sich sonst damals in der Evangelisch-Lutherischen Kirche in Bayern ereignet hätte. Im übrigen widerstrebte mir in den Verhandlungen die immer wieder durchbrechende Neigung, eine gemeinsame Abendmahlsfeier aller reformatorischen Bekenntnisse gewissermaßen als Demonstrationsmittel für die bereits gewonnene Gemeinschaft zu benützen.

Als es nach der Kirchenversammlung von Eisenach für die bayerische Landessynode galt, die Zustimmung zur neuen Grundordnung der EKD auszusprechen, hat der Synodale Prof. Elert in der Diskussion zugespitzt ausgesprochen, das Faktum, daß an einer Stelle auch von einer nicht vollkommenen Übereinstimmung die Rede sei, gehöre zu den besten, weil wahrhaftigsten Aussagen in der ganzen Grundordnung. Vielleicht war das ein wenig übertrieben. Aber für mich war es doch auch ein Zeichen dafür, daß diese Grundordnung das polare, spannungsvolle Verhältnis zwischen Gemeinsamkeit und Unterschiedenheit im deutschen Protestantismus nicht in falscher Weise aufgelöst hatte. Gemeinschaft besteht einmal darin, daß man beieinander ist, aber zugleich darin, daß ich anerkenne, wenn der andere ein wenig anders ist als ich.

Auch an der in Eisenach unmittelbar vorher erfolgten Konstituierung der Vereinigten Evangelisch-Lutherischen Kirche Deutschlands hatte ich teilgenommen. Gewiß hat diese Doppelgründung manche Komplikationen auch deshalb gebracht, weil sie keine „großlutherische" Lösung war. Von nun an gab es auch lutherische Kirchen, die der VELKD nicht beigetreten waren, wie Württemberg oder Oldenburg, und nur ein Gastverhältnis zu ihr unterhielten. Ein weiterer Preis, den die lutherische Kirche für ihre Zugehörigkeit zur EKD gezahlt hat, war der, daß die in Deutschland bestehenden lutherischen Freikirchen ihre bisher vorhandene Kanzel- und Abendmahlsgemeinschaft zu den lutherischen Landeskirchen aufkündigten. Die damit verbundenen Schmerzen, die für einige Betroffene wie Hermann Sasse und Friedrich-W. Hopf zu sehr tiefgreifenden

Konsequenzen führten, habe ich selber miterlitten. Die lutherischen Freikirchen mögen an Mitgliederzahl gering sein und auch an mancher Engführung leiden, aber sie haben für die Erhaltung der lutherisch-reformatorischen Erkenntnis im Lande der Reformation keine geringe Bedeutung. Gerade die Evangelisch-Lutherische Kirche in Bayern sollte die vielfältigen Berührungspunkte durch die Kirchengeschichte der letzten hundertfünfzig Jahre nicht vergessen, wie sie vor allem auch durch Wilhelm Löhe und die von ihm gegründeten Werke sich gebildet haben.

Auch eine Reihe von wichtigen Weichenstellungen für die Neuordnung des gottesdienstlichen und gemeindlichen Lebens war um 1955 bereits erfolgt. Das von der Lutherischen Generalsynode in Leipzig 1949 beschlossene Evangelische Kirchengesangbuch hatte sich inzwischen auch in Landeskirchen über die VELKD hinaus Eingang verschafft. Eine neue Gottesdienstordnung der Lutherischen Kirche, die sich als die wiederhergestellte ursprüngliche verstand, war 1954 von der Generalsynode in Braunschweig angenommen worden. Ganz und mit vollem Herzen habe ich offengestanden diesem gesamten Kurs des Neuaufbaus nicht zustimmen können. Auch wenn man die Zäsur der Jahre 1933–1945 berücksichtigen wollte, so konnte ich doch nicht sehen, daß wir daraus genug für eine Erneuerung und Vertiefung gelernt hätten, und der Zug zur Restauration schien mir allzu stark zu sein. Dabei konnten mich freilich die da und dort angestellten Versuche, die Kirche anders als bisher, z. B. mehr „bruderrätlich“ zu ordnen, noch weniger überzeugen. Was waren doch wir Studentenpfarrer nach dem Krieg für Idealisten gewesen! Eine Zeitlang hatten wir gemeint, die beglükkende Weise, wie wir in der Studentengemeinde einander begegneten und Gemeinde Christi in der Einheit und in der gegenseitigen Achtung zum unterschiedlichen anderen lebten, könnte vielleicht wenn nicht als Modell für die EKD dienen, aber doch sich bis in ihre Gestaltung hinein auswirken. Aber dafür war diese Studentengemeinde doch allzu sehr Freiwilligkeitsgemeinde, die in jedem Semester bei aller Kontinuität doch etwas wie einen Neuanfang erleben konnte. Und später hat ja gerade sie ihre zentrale Bestimmtheit nicht durchgehalten. Die Landeskirchen, die sich nach dem Krieg wieder mit erstaunlicher, oft fast erschreckender Folgerichtigkeit auch dank der immer mehr zunehmenden Kirchensteuermittel entwickelten, brauchten eine festere, auch rechtlich klar niedergelegte Ordnung.

So gut mir also die Landschaft des deutschen Protestantismus bereits bekannt war, so kamen doch mit der Übernahme des Bischofsamtes viele neue Aspekte und eine neue Verantwortlichkeit auf mich zu. Die Reisen nach dem Norden und nach dem Osten Deutschlands, soweit sie möglich waren, wurden noch zahlreicher. So nahm ich im Herbst 1955 an der Einführung des Bischofs Jänicke in Magdeburg teil und sah „unseres Herrgotts Kanzlei" ebenso zerstört, wie sie es 300 Jahre vorher gewesen war. Sehr begrüßt habe ich es, daß Oberkirchenrat Heinrich Riedel als Mitglied des Rates der EKD seit 1955 die bayerische Landeskirche dort aufs beste vertrat. Auch als 1961 der Rat neu gewählt werden mußte, bat ich ihn, sich für diese Wahl zur Verfügung zu stellen. Für meine Mitwirkung in der EKD schien mir zunächst die Mitgliedschaft in der Synode sowie in der Kirchenkonferenz, dieser Vertretung aller Gliedkirchen, zu genügen. Dazu kam in der VELKD die Mitgliedschaft in der Bischofskonferenz, wo ich aus den früheren Jahren bereits viele Freunde hatte wie den Leitenden Bischof Hanns Lilje, die Bischöfe Niklot Beste von Mecklenburg, Gottfried Noth von Sachsen, Martin Erdmann von Braunschweig, Wilhelm Halfmann und Reinhard Wester von Schleswig-Holstein, und nicht zuletzt Landesbischof Wilhelm Henke von der kleinen Landeskirche Schaumburg-Lippe von Bückeburg. Und nun waren es mindestens vier Synoden im Jahr, die ich zu besuchen hatte: neben den zwei Synodaltagungen der bayerischen Landeskirche wie sie sich allmählich eingebürgert hatten, eben die der beiden gesamtkirchlichen Zusammenschlüsse mit all den damit verbundenen Vor- und Nachbesprechungen.

Dabei war es reizvoll, die Gemeinsamkeiten und die Unterschiede dieser zuletzt genannten Gesamtsynoden mit ihrem Hintergrund zu erleben und zu erfühlen.

Die Synoden der EKD

bedeuten eine wichtige Lebensäußerung des deutschen Protestantismus. Gerade in den ersten beiden Jahrzehnten waren sie nicht selten ein weithin beachtetes Forum, auf dem er nicht nur sich selbst darstellen, sondern seine Verpflichtung zu öffentlicher Verantwortung wahrnehmen wollte. Dazu trug der kluge, gewandte und objektive Präses Gustav Heinemann viel bei, der damals Oberbürgermeister von Essen und später Bundesminister war, schließlich auch Bundespräsident geworden ist. Ihre ganze vielschichtige Wirklichkeit kommt erst in den Blick, wenn die jeweils vorausgehende Arbeit des Rates sowie vieler Kammern und Ausschüsse mitbedacht wird. Die Synode, die dann unter einer bestimmten Thematik das alles aufnimmt, kritisch durchleuchtet und weiterführt, gleicht damit einem Resonanzboden, der den Schall vielfach verstärkt.

Dies wurde jedesmal schon deutlich an den eindrucksvollen Berichten des langjährigen Ratsvorsitzenden, des Berliner Bischofs Otto Dibelius. Auf diesen Bericht hin konnte es schon aufregende, prickelnde Augenblicke geben, wenn so unterschiedliche Synodale wie Eugen Gerstenmaier, Helmut Gollwitzer, Walter Künneth, Hans-Joachim Iwand und Eberhard Müller miteinander die Klingen kreuzten. Mit einer gewissen Spannung erwartete man Jahre hindurch auf jeder Synodaltagung den Auftritt des Berliner Synodalen Heinrich Vogel, der mit ungeheurem Stimmenaufwand eine fulminante Rede hielt und zum Schluß meist den fertigen Entwurf eines „Wortes zur Lage" aus der Tasche zog, das er der Synode zur Annahme empfahl.

Raum für das Evangelium in Ost und West

An großen, bewegenden Themen fehlte es im gesamtdeutschen Protestantismus in den fünfziger und sechziger Jahren wahrlich nicht. Zunächst waren es die Fragen, die aus der Katastrophe des Nationalsozialismus und des verlorenen Krieges folgten und denen sich in erster Linie die Christen stellen mußten. War nicht der Osten, aus dem Millionen von Menschen vertrieben waren, um nun im Westen irgendwo eine neue Heimat und eine neue Existenz zu gründen, zum größten Teil evangelisch gewesen? Und während sich die Menschen äußerlich von den Schlägen des Krieges erholten und sich mehr und mehr im Wohlstand etablierten, rumorte es doch in den Köpfen und Herzen weiter, auch je mehr sich die unterschiedlichen politischen und weltanschaulichen Meinungen bemerkbar machten. Die Aufarbeitung der Schuldfrage, das Verhältnis Deutschlands zu seinen östlichen Nachbarn, die Wiederaufrüstung, die in beiden Teilen Deutschlands eingesetzt hatte, und vieles andere lagen einfach als Probleme vor unsern Füßen. Vor allem war „Raum für das Evangelium in Ost und West" ein aktuelles und einer kirchlichen Synode angemessenes Thema. Mit den einleitenden Referaten auf einer so benannten Synodaltagung, die 1956 in der Marienkirche in Ost-Berlin stattfand, waren der mir befreundete

Generalsuperintendent Günther Jacob von Cottbus und ich beauftragt worden. Unsere Beiträge unterschieden sich stark voneinander, haben sich aber vielleicht gerade dadurch ergänzt. Während G. Jacob seine Gedanken aus einer großen geschichtstheologischen Schau vom Ende des konstantinischen Zeitalters entwickelte, versuchte ich von dem Indikativ auszugehen, daß das Evangelium, auch wenn es vielfach anders scheint, im Namen Jesu Raum hat in Ost und West; von da aus fragte ich, wie der heute damit verbundene Auftrag der Kirche Christi im einzelnen aussehen könnte. Wenn man damals vom Evangelium sprach, mußten die menschlichen und die politischen Nöte – sie waren vielfach miteinander weithin identisch – wie von selbst einbezogen werden.

Und dann kam das schmerzhafte Ringen um die Wiederbewaffnung der beiden Teile Deutschlands, das durch das Thema der atomaren Bewaffnung noch brisanter wurde, und mitten darin das Problem des Militärseelsorgevertrags, der zeitweilig auch unter uns zum Prügelknaben für alle Streitigkeiten zwischen Ost- und Westdeutschland wurde. Auch damals hatten wir schon den Physiker-Philosophen Carl-Friedrich von Weizsäcker als Berater auf der EKD-Synode und hörten seine sachverständigen, abgewogenen, zurückhaltenden Urteile über Gegenwart und Zukunft. Glatte und einfache Lösungen gab es in diesen Jahren so wenig wie heute. Daß die Kirche in jeder Situation den Auftrag habe, zum Frieden zu helfen, darüber waren wir uns einig. Wie das freilich mit Recht und Freiheit jeweils zu verbinden sei, darüber gab es Streit. Was den Wehrdienst betraf, so hatte ja das Grundgesetz der Bundesrepublik Deutschland auch die Möglichkeit der Verweigerung bzw. eines Ersatzdienstes geschaffen, im übrigen zum ersten Mal in Deutschland. Da drängte sich mir gerade im Gespräch mit v. Weizsäcker die Erkenntnis auf, daß in diesen Fragen eine mindestens ebenso große, wenn nicht noch größere Verantwortung als bei den Soldaten sich auf die Wissenschaftler, Techniker, Wirtschaftsleute aller Art gelegt hatte. Ist doch mindestens die Hälfte aller Wissenschaftler und Techniker der Welt heute mit Fragen und Aufgaben der Rüstung befaßt. Um so mehr war mir deutlich, daß so wenig wie diesen, wenn sie Gemeindeglieder sind, auch den Gliedern der Gemeinde, die Militärdienst zu leisten haben, der Dienst der Seelsorge zu verweigern sei, sondern in den jeweils bestmöglichen Formen geschehen dürfe.

Als die Militärseelsorge auch in Bayern aufgebaut wurde, habe ich in der St.-Matthäus-Kirche in München den ersten Militärdekan Wilhelm Grießbach und die ersten Pfarrer, die mit ihm den Dienst begannen, unter Mitwirkung von Militärbischof Hermann Kunst selber eingeführt. Das biblische Wort, mit dem ich vor der kirchlichen und politischen Öffentlichkeit diesen Akt begründete, scheint mir bis heute ein Leitwort für das Nachdenken in dieser Frage zu sein: „Das sei ferne von mir, mich also an dem Herrn zu versündigen, daß ich sollte ablassen für euch zu beten und euch zu lehren den guten und richtigen Weg“ (1 Sam. 12,23). In dem Sinne, wie sich hier der Prophet Samuel in einer für ihn belastenden Situation doch für seine Brüder ausspricht, sollten und wollten die Amtsbrüder ihren Dienst tun. Einige Tage nach diesem Gottesdienst brachte die „Süddeutsche Zeitung“ den Leserbrief eines Münchner Gemeindeglieds. Er stellte fest, zwar habe der Landesbischof sich schon für den Frieden eingesetzt, aber er hätte noch viel mehr gegen den Krieg reden sollen. Ich bat den Schreiber, der Namen und Adresse angegeben hatte, um ein Gespräch. Dabei fragte ich ihn nach seinem Beruf. „Ingenieur“. Wo denn? Er nannte einen bekannten Münchener Großbetrieb. Was fertigen Sie da? „Elektronische Rechenmaschinen.“ Wozu dienen sie?... Er machte eine Pause, und dann kam heraus: „Ich muß gestehen, es kann sich niemand ganz heraushalten.“

Als später auf einer EKD-Synodaltagung gegen die Ausübung der Militärseelsorge Angriffe kamen, die m. E. nicht zu rechtfertigen waren, sah ich mich veranlaßt, aus meiner andersartigen, sachlichen Erfahrung die Dinge richtigzustellen. Von da an wurde mir die Einreise in die DDR von den dortigen Behörden nicht mehr erlaubt. Von 1959 bis 1973 war ich dort „unerwünscht“, wie mir bei einigen Anträgen, die ich doch noch stellte, mitgeteilt wurde.

Es kann nicht verschwiegen werden, daß die Auseinandersetzung um diese Fragen die Synoden der EKD oft bis an die Grenze des noch Erträglichen brachte. So hatte das harte Gespräch über die Wiederaufrüstung der Bundesrepublik Deutschland 1958 nur das scheinbar magere Ergebnis: „Wir bleiben unter dem Evangelium zusammen.“ Und viele Ratschläge, die den Gemeinden weitergegeben werden sollten, kamen gar nicht zustande. Aber vielleicht war in Wirklichkeit diese „Ohnmachtsformel“ gar nicht so ohnmächtig, sondern gerade im Bekenntnis der Ohnmacht eine Hilfe für viele. In ähnlichem Lichte glaube ich die Kämpfe um das Verhältnis zwischen Vertreibung und Versöhnung sehen zu dürfen, die sich nach 1965 um die Denkschrift „Die Lage der Vertriebenen und das Verhältnis des deutschen Volkes zu seinen östlichen Nachbarn“ abspielten. Diese Denkschrift sollte dazu helfen, das Verhältnis des deutschen Volkes zu seinen östlichen Nachbarn, besonders zu Polen, bis ins Politische hinein auf eine neue Grundlage, eben die der Versöhnung und damit der Sachlichkeit zu stellen. Sie war hauptsächlich von der Kammer für öffentliche Verantwortung unter dem Vorsitz des Tübinger Professors Ludwig Raiser erarbeitet und vom Rat beschlossen worden. Die ungeheuere positive und kritische Wirkung, die sie hatte, wurde von der Synode aufgenommen, im Für und Wider geklärt – schon dieser Wirkungsprozeß war eine ihrer Früchte, ganz abgesehen von ihren Einzelaussagen.

Otto Dibelius

Solange er Ratsvorsitzender war, also bis 1951, aber auch noch als er sich auf sein Amt als Bischof von Berlin zurückzog, schienen sich mir viele der angedeuteten Spannungen und Fragen in Bischof Otto Dibelius geradezu zu verdichten. Einmal lud ich ihn zu einem großen öffentlichen Vortrag nach München ein – er konnte nicht anders als über das geteilte Berlin sprechen. In seiner Person trafen sich die preußische Geschichte und der deutsche Protestantismus der letzten Jahrzehnte. Für eine Synodalpredigt hatte er als Text die nicht sehr bekannte Stelle Hesekiel 37,15 ff gewählt. Die Gleichnishandlung mit den zwei Hölzern, die der Prophet Hesekiel zum Zeichen der Wiedervereinigung von Juda und Israel zusammenfügen soll, deutete er auf die Zertrennung Deutschlands in zwei Teile und bat Gott, er möge sie wieder zusammenfügen. In jedem Fall sollte, ja mußte sich nach seiner Überzeugung die Evangelische Kirche in Deutschland als Mittlerin und Bürge der weiter bestehenden Gemeinsamkeit zwischen den Evangelischen in Ost und West wissen. Man konnte Dibelius nicht einfach vorwerfen, daß das Politische bei ihm dominierte; dazu hatte er die „politische Monomanie" der Zeit in ihren Schattierungen von Braun bis Rot, von der er öfter sprach, viel zu deutlich erkannt und durchlitten. Aber der Bischof von ganz Berlin und ganz Brandenburg, der er noch war, trug schwer an den Lasten der Menschen in Ost und West, und die hingen eben weithin mit der politischen Situation zusammen. Eine meiner Begegnungen mit ihm fiel genau auf den 13. August 1961. Der damals bereits Achtzigjährige kam zur Feier des 70. Geburtstags des Präsidenten des Deutschen Evangelischen Kirchentags, Reinold von Thadden-Trieglaff, nach Bad Brückenau. Da ich gerade wegen einer Nierenerkrankung zur Kur dort war, wurden meine Frau und ich zur Geburtstagsfeier im schönen Kurhotel mit eingeladen. Dibelius brachte die deprimierende Mitteilung von dem unvermuteten Bau einer Mauer quer durch Berlin, der in der Nacht begonnen hatte. Er war voll von Nachrichten und Gerüchten und meinte: „Das bedeutet Krieg!“ Und dann mußte er miterleben, wie nichts weiter geschah, als daß eben der Riß sich vertiefte, und mit dem sich vertiefenden Riß wurde er selber immer einsamer. Als ich ihm 1966 bei der Einführung seines Nachfolgers Kurt Scharf in der Kaiser-Wilhelm-Gedächtniskirche zusammen mit Generalsuperintendent Hans Martin Helbich assistierte, war er so hinfällig, daß ich mich insgeheim fragte, ob er nicht sein Amt schon eher hätte abgeben sollen. Aber was in ihm bis zuletzt brannte, hat er selber in einem „Interview mit mir selbst“ (1959) ausgesprochen: „...daß ich der evangelischen Kirche in Deutschland klarzumachen habe, daß jetzt für sie ein Kampf auf Leben und Tod begonnen hat. Der Atheismus, der vom Osten her vorstößt und sich mit dem Geist der Verweltlichung verbindet, der durch ganz Europa hindurchgeht, kommt über uns wie eine Sturmflut. Eine Sturmflut kann man nicht bekämpfen. Aber man kann Warnungssignale geben...“ Solch ein Warnungssignal wollte er selber mit seiner ganzen Person bis zuletzt sein, auch wenn er sich über den Erfolg keinen Illusionen hingab.

VELKD-Generalsynode

Der andere, übergreifende Bereich, in dem ich mich ebenfalls bereits auskannte, nun aber noch wesentlich stärker bewegen mußte, war die Vereinigte Evangelisch-Lutherische Kirche Deutschlands mit ihren verschiedenen Organen und Einrichtungen. Sie ist ja auf vielen Ebenen mit der Evangelischen Kirche in Deutschland verzahnt, steht aber doch unter einem eigenen Auftrag, der mir durch Jahrzehnte bis heute als gleich unverzichtbar erschienen ist.

Auf den Synodaltagungen der VELKD ging es im allgemeinen wesentlich friedlicher zu als bei der EKD. Sie waren, was die Zahl der Synodalen betraf, viel kleiner, vor allem aber schlug die Bekenntnisbestimmtheit der Gliedkirchen, mochte sie im einzelnen noch so fragwürdig sein, doch bis in die Synodalverhandlungen durch. So konnten in diesen Synoden nicht selten auch eher konkrete Ergebnisse erzielt werden. Zu ihnen ist außer dem Evangelischen Kirchengesangbuch und der Agende I auch die Angleichung des Pfarrerrechts in den verschiedenen Landeskirchen, aber auch die Einleitung des Gesprächs mit der römisch-katholischen Kirche auf der Generalsynode von Hannover 1956 zu rechnen. Viele Jahre hatte ich das Amt des Stellvertretenden Leitenden Bischofs inne; der Wahl zum Leitenden Bischof, zu der ich 1969 dringend gebeten war, habe ich mich mit Rücksicht auf die vielen mir bereits übertragenen Ämter nicht gestellt. Im Jahre 1960 konnte das Prediger- und Studienseminar in Pullach bei München errichtet werden, das unter der sachkundigen, einsatzfreudigen Leitung des ersten Rektors Herbert Breit bald einen ausgezeichneten Ruf in der gesamten Vereinigten Evangelisch-Lutherischen Kirche und darüber hinaus gewann. Nach dem plötzlichen Unfalltod des hamburgischen Landesbischofs Volkmar Herntrich, von dem besonders die Anregung für das Predigerseminar ausgegangen war, hatte ich mich seit 1958 für die Errichtung des Seminars nachdrücklich eingesetzt. Es schien mir, daß keine Bemühung die doch sehr verschiedenen Gliedkirchen der Vereinigten Evangelisch-Lutherischen Kirche Deutschlands so sehr einander näherbringen konnte wie die gemeinsame theologische Arbeit und das gemeinsame geistliche Leben ihrer Vikare und Pfarrer. Leider hat die totale Teilung Deutschlands seit dem „Mauerbau“ in Berlin 1961 es unmöglich gemacht, daß Amtsbrüder aus den drüben liegenden Mitgliedskirchen Thüringen, Sachsen, Mecklenburg herüberkamen. Als gegen Ende der sechziger Jahre die Unruhe unter der Jugend auch die Theologen, vielleicht sogar besonders die Theologen erfaßte, wurden ganzjährige Seminarkurse für Vikare, die auch die innerlich bejahte Einfügung in eine „vita communis“, eine gemeinsame Lebensgestaltung voraussetzten, unmöglich. Dafür legten wir das Schwergewicht auf Studienkurse und Fortbildungsveranstaltungen aller Art für bereits amtierende Pfarrer, besonders für solche, die in übergemeindlichen Aufgaben aller Art stehen. Von Anfang an wurden gerne auch Teilnehmer aus anderen Kirchen begrüßt. Einige Jahre gab es sogar einen regen Austausch mit der Lutherischen Kirche von Island. Im Theologischen Beirat des Prediger- und Studienseminars habe ich als Vorsitzender bis zu meinem Ruhestand mit Freuden mitgearbeitet.

Was meine hinter allem stehende innere Beteiligung an der Arbeit der VELKD angeht, so wurden im Lauf der Zeit zwei Erkenntnisse immer mehr bestimmend, die den Auftrag des Bischofs einer lutherischen Landeskirche und in der gesamten evangelischen Christenheit in Deutschland überhaupt betrafen. Einmal bejahte ich aus eigener Erfahrung die Gemeinschaft mit den Brüdern in der Evangelischen Kirche in Deutschland, wo ich doch auch unter den Reformierten enge Freunde hatte wie den liebenswürdigen Udo Smid, den späteren Landessuperintendenten von Lippe-Detmold, der dann mit mir im Rat der EKD saß, oder den streitbaren Wilhelm Niesel, der doch die Brüderlichkeit und Treue geradezu verkörperte, und ebenso waren unter den Unierten Männer wie Martin Fischer, der Ephorus der Berliner Kirchlichen Hochschule, Kurt Scharf von Berlin, Günther Jacob von Cottbus oder Joachim Beckmann von Düsseldorf, die mir sehr nahe standen. Daraus war in manchen kritischen Stunden eine gute Gemeinschaft des Glaubens erwachsen, wenngleich ich gerade bei manchen unierten Brüdern immer wieder doch etwas wie eine leichte Animosität oder Aggressivität den Lutheranern gegenüber zu spüren glaubte – rührte sich doch die noch nicht ganz bewältigte Kirchengeschichte der letzten 150 Jahre seit Einführung der Altpreußischen Union?

Ebenso aber prägte sich mir immer klarer die andere Erkenntnis ein, daß aus der in der EKD gewachsenen Gemeinschaft eine Preisgabe der kirchlichen Prägung weder für die Evangelisch-Lutherische Kirche in Bayern noch für die anderen lutherischen Kirchen folgen dürfe. Hatte ich nicht oft genug, gerade wenn mir die auffallend häufigen persönlichen Streitigkeiten unter den Brüdern der Bekennenden Kirche Not machten, die versachlichende, nüchterner machende Kraft der Bekenntnisbindung erfahren? Je weniger diese Kraft vorhanden war, um so leichter wurden Konflikte personalisiert. Auch wenn im Laufe der Zeit viele neue Erkenntnisse und Meinungsunterschiede aufgetreten waren, die gewissermaßen quer durch die Bekenntnisse liefen, waren doch auch darin die dahinter liegenden konfessionellen Unterschiede häufig leicht zu erkennen. Und wenn es denn schon eine Kirche der lutherischen Reformation in Deutschland und in der Welt gab, dann sollte auch der lutherisch-reformatorische Akzent so klar und unbefangen wie möglich in der Gemeinschaft des deutschen Protestantismus geltend gemacht werden, und zwar nicht nur „ideell", sondern bis hin zu einer gewissen Gestaltwerdung.

Manche Gespräche mit dem von mir besonders verehrten sächsischen Landesbischof Hugo Hahn, der leider schon Ende 1953 in den Ruhestand gehen mußte und Ende 1957 starb, haben mich auf diesem Weg bestärkt. In seinen Erinnerungen stellt Hahn fest, ihm sei gerade in der Auseinandersetzung mit mancher Unduldsamkeit in den Kreisen der Bekennenden Kirche immer mehr zur Gewißheit geworden, „daß ich in Verantwortung für meine sächsische Landeskirche ihren lutherischen Bekenntnischarakter verteidigen müsse ... meine ursprünglich von unserer baltischen Kirche her wohlwollende Stellung zur Union war im Schwinden".[15]

Als geradezu unentbehrlich und entscheidend hilfreich erschien mir das Achten auf diese Bekenntnisbestimmtheit in den schwierigen theologischen Auseinandersetzungen, die diese Jahrzehnte durchzogen. Sie machten auch vor den lutherischen Kirchen nicht halt. Aber wer darin seine Sinne im Hören auf die Heilige Schrift und im Achten auf die lutherischen Bekenntnisschriften schärfte, konnte im verwirrenden Hin und Her dieser Strömungen doch wesentliche Orientierung empfangen, oft schon aus den einfachen Katechismuswahrheiten. „Ich hab erfahren und gemerkt in allen Geschichten der ganzen Christenheit, daß alle diejenigen, so den Hauptartikel von Jesu Christo recht gehabt und gehalten haben, sind fein und sicher im rechten christlichen Glauben blieben... denn wer hierin recht und fest steht, daß Jesus Christus recht Gott und Mensch ist, für uns gestorben und auferstanden, dem fallen alle anderen Artikel zu und stehen ihm fest bei" (Luther, WA 50,266 ff). Gab es eine bessere „Leitlinie" für die Beurteilung der immer neu auftauchenden „christologischen Entwürfe" als die jedem evangelischen Christen zugängliche Erklärung Luthers zum 2. Glaubensartikel?

Es war ja zunächst ganz verständlich, daß auch die spezifisch-theologische Arbeit an den tiefen inneren Umbrüchen der Zeit teilhatte. Auf der einen Seite konnten die Spuren des Krieges in den zerstörten Städten allmählich fast ganz getilgt werden, auch die zerstörten Kirchen wie St. Lorenz und St. Sebald in Nürnberg waren wiederaufgebaut. Und eine Bauweise aus Beton und Glas, die immer mehr die Landschaft beherrschte, ließ ein neues, modernes Selbstbewußtsein aus Industrialisierung und Wohlstand entstehen. Die Technik erlebte einen Siegeszug ohnegleichen. Auf der anderen Seite war deutlich zu spüren, daß die innere Basis unseres Lebens nicht gerade solide war. Der christliche Glaube schickte sich an, mehr und mehr aus den Häusern und Familien auszuziehen.

Und wo lag die Basis der Theologie? Die Strömungen, die damals durch die theologischen Hörsäle liefen und in die junge Pfarrerschaft eindrangen, schienen mir oft den Wellenbewegungen des Meeres zu gleichen, die ständig an den Strand rollen. Mindestens von Jahrfünft zu Jahrfünft gab es die verschiedenen Wellen einer sich jeweils auch politisch etwas anders färbenden Theologie. Dabei waren es nicht so sehr die Wellenbewegungen selbst, als vielmehr der Absolutheitsanspruch des Neuen und Endgültigen, den diese Theologien leicht erhoben, als eine Markierung, „hinter die wir nicht mehr zurückkönnen". Da hatte auf einmal in den USA die „Gott-ist-tot-

Theologie" einen Siegeszug angetreten und räumte wie ein Heckenfeuer im Herbst mit vielen fast abgestandenen und formalistischen Gottesvorstellungen wie mit leeren Hülsen auf. Aber sie ließ ihre Anhänger in Verlegenheit, wenn es nun um eine neue, legitime und wahrhaftige Rede von Gott ging. Es tauchte die „Theologie der Mitmenschlichkeit" auf – ja, vielleicht hatten wir vergessen, daß Gott in Jesus Christus nach dem Zeugnis des Neuen Testaments (Mt 25,31 ff u. ä.) in einem hilfsbedürftigen Bruder uns besonders nahe ist. Aber warum mußte daraus der häufig erhobene Anspruch werden, daß Gott uns *nur* im Mitmenschen begegne, und damit Gottes Wort in Wort und Sakrament verdrängen, so daß in den Predigten eben die Mitmenschlichkeit weithin das alleinige Thema wurde? Es gab eine Theologie der Revolution und der Befreiung, die legitime Elemente des Glaubens aufnahm, aber mußte man deswegen ausblenden, daß Jesus selbst, der für uns gekreuzigte und auferstandene Erlöser, sich zum politischen Revolutionär wenig eignet?

Da hatte die kluge, philosophisch gebildete Theologin Dorothee Sölle um 1968 ein neues, sich an das Apostolikum anlehnendes, aber sich von ihm bewußt unterscheidendes Glaubensbekenntnis zur Veränderung der Zustände in der Welt geschrieben, das nicht die Zustände, wohl aber den Glauben zu verändern geeignet war. Selbstverständlich muß der Glaube der Gemeinde Christi sich auch immer neue Ausdrucksformen schaffen, weil der für die Generationen geforderte Glaube zugleich ganz jung sein muß. So formulierte die Jugend vielfach unter Anleitung der Pfarrer neue Glaubensbekenntnisse, die dann im Gottesdienst anstelle der bisherigen vorgetragen wurden; aber erschreckend war es dabei doch, wie sich darüber herausstellte, daß in Theologie und Gemeinde vielfach die Erinnerung an Erkenntnisse der Christologie und der Trinitätslehre, die in Jahrhunderten von dogmengeschichtlichen Auseinandersetzungen gewachsen waren, plötzlich als wie weggewischt und nicht mehr existent erschienen.

Bischofskonferenz der VELKD

In diesen Jahren der theologischen Verwirrung und Unsicherheit, so glaube ich, hat gerade die Bischofskonferenz der VELKD einen wichtigen Dienst getan. Ich denke vor allem an die drei einwöchigen Klausurtagungen, die wir in diesen Jahren abhielten. Die erste fand unter Leitung von Landesbischof Hanns Lilje in Kranzbach 1967 statt und handelte von der Auseinandersetzung um die Bibel. Die zweite, wiederum unter Leitung von Lilje, auf der Insel Reichenau 1968 war dem Gespräch um das Bekenntnis gewidmet. Zur dritten hatte der neue Leitende Bischof Hans-Otto Wölber, Hamburg, nach Bad Gastein 1971 eingeladen, unter dem Thema „Reden von Gott". Aus jeder dieser sehr sorgfältig vorbereiteten und konzentriert verlaufenen Tagungen ging eine Erklärung hervor, die wir unter den Pfarrern und den Gemeinden so weit wie möglich zu verbreiten suchten: „Zum Streit um die Bibel" – „Zur Schrift Bekenntnis- und Lehrautorität" – und endlich über das „Reden von Gott". Wir wollten in das Gespräch auch die jeweils drängenden theologischen Probleme aufnehmen, um auch für die Kirchen ein klärendes Wort zu sagen und von der biblisch-reformatorischen Erkenntnis her Orientierung zu geben. Wer heute diese Erklärungen samt den Vorträgen und Bibelarbeiten liest, auf denen sie basieren, wird auch ihre Unzulänglichkeit und Lückenhaftigkeit leicht erkennen. Ich meine aber gemerkt zu haben, daß in einer so verwirrten Situation wie damals schon der kleinste Versuch, die biblische Wahrheit redlich zu Wort kommen zu lassen, gesegnet sein kann.

Öffnung der Tür zur römisch-katholischen Kirche

Schließlich eröffnete sich uns selbst in einem ungeahnten Maß wie in neuen Quellen die Kraft von Schrift und Bekenntnis in dem Augenblick, wo sich die Tür für das Gespräch mit der römisch-katholischen Kirche auftat. Viele unter uns hatten den Eindruck, in das mehr statische Nebeneinander der Kirchen in Deutschland, wie es lange Zeit geherrscht hatte, sei besonders seit den Jahren des Kirchenkampfes in ihrer vielfach gemeinsamen Bedrängnis eine stärkere Bewegung geraten, hinter der wir nicht nur den Antrieb von Menschen sahen. So sollte, dachten wir, um des Lebens und Auftrags der gesamten Christenheit willen der Versuch eines neuen und offiziellen Gesprächs gemacht werden. Zu der VELKD-Generalsynode in Hannover 1956, wo Bischof Halfmann und ich über „Toleranz und Intoleranz zwischen den Konfessionen" referierten, hatten wir zum ersten Mal Vertreter aus der römisch-katholischen Kirche eingeladen. Auf die Vorträge gab es ein starkes Echo auch in der römisch-katholischen Kirche. Schon länger vorher, seit 1946, hatte sich ein ökumenisch-theologischer Arbeitskreis gebildet, der unter der Leitung des katholischen Kardinals Lorenz Jäger von Paderborn und des evangelischen Bischofs Wilhelm Stählin mit

Billigung der Kurie und mit Wissen des Rates der Evangelischen Kirche in Deutschland alljährlich tagte und theologische Themen mit großer Intensität behandelte, aber in der Öffentlichkeit bewußt wenig in Erscheinung trat. Nun aber begann auch dieses öffentliche theologische Gespräch, das bis heute nicht aufgehört hat. Kann man aber über die Weltbedeutung der lutherischen Reformation reden, ohne daß sie sich eine wenn auch noch so anfechtbare Gestalt schafft? Das große Thema des Ringens um die eine Kirche Jesu Christi hat mich seitdem nicht mehr losgelassen. Eine wichtige Zurüstung für die damit zusammenhängenden neuen Aufgaben erwuchs mir aus der Mitarbeit im Lutherischen Weltbund.

13. KAPITEL

Global denken

Im Sommer 1962 saß ich in einem Flugzeug von Frankfurt/Main nach New York. Ich mußte nach Kanada weiterfliegen, um an der Sitzung des Exekutivkomitees des Lutherischen Weltbundes in Waterloo/Ontario teilzunehmen. Im Flugzeug unterhielt ich mich mit meinem Nebenmann, der sich im Lauf des Gesprächs als Vertreter einer großen Firma für Schwachstromanlagen vorstellte und neue Beziehungen in New York anzuknüpfen suchte. „Man muß heute global denken, sonst bleibt man geschäftlich auf der Strecke!" sagte er eifrig, und dann fragte er weiter: „Und Sie? Sind Sie auch geschäftlich unterwegs?" Ich erklärte ihm, wer ich war und daß ich zu einer zehntägigen Sitzung reisen müsse. Aber seine Frage verfolgt mich bis heute. Muß nicht ein Christ tatsächlich auch global denken? Nicht nur Geschäftsreisende, Politiker, Generäle? Gewiß ist der Christenglaube etwas ganz Persönliches, aber bloß privat ist er nicht. Und gewiß ist auch das Kleinste im eigenen Haus unserer Sorge anbefohlen, so wie uns Jesus häufig im Alltag begegnet und auch die kleinen Dinge und die Geringen unter den Menschen nicht verachtet. Aber zugleich müssen Christen auch weltweit denken und in der Welt unterwegs sein. Jedenfalls sollten sie sich nicht von umsatzfreudigen Geschäftsreisenden beschämen lassen, zumal da sie nicht nur mit Schwachstromanlagen zu tun haben, sondern mit einer ganz anderen Stromstärke, die die ganze Welt umkreist: „Mir ist gegeben alle Gewalt im Himmel und auf Erden" hat ihr Herr gesagt. „Darum gehet hin und machet zu Jüngern alle Völker . . .!" Das also ist ihr „Geschäft", von dem einige Geschichten und Gleichnisse Jesu sehr deutlich reden (Lk 19,11 ff). Und handeln, ja wuchern sollen sie mit den anvertrauten Pfunden, mit dem Evangelium, bis Er kommt! Ökumene nennt man das, diese ganze Bewegung heute, ökumenisches, d. h. weltweites Christusdenken, und das Evangelium des Herrn Jesus ist davon geradezu erfüllt und gespannt: „Es wird gepredigt werden das Evangelium vom Reich in der ganzen Welt zum Zeugnis für alle Völker, und dann wird das Ende kommen" (Mt 24,14).

Den praktischen Zugang in die kontinuierliche, verantwortliche Mitarbeit in der Ökumene fand ich auf dem Weg über den Lutherischen Weltbund. Er ist der Zusammenschluß der meisten lutherischen Kirchen in der Welt und ist ähnlich der Anglikanischen Kirchengemeinschaft oder dem Reformierten Weltbund ein Teil der ökumenischen Bewegung, aber mit einer gewissen Selbständigkeit. Der gesamte Horizont der ökumenischen Bewegung war mir schon seit dem ökumenischen Seminar in Genf 1935 nicht fremd, auch seit der Gruppenbewegung von Frank Buchman. Dazu waren nach dem Zweiten Weltkrieg viele Begegnungen in der Studentengemeinde gekommen, die dem Christlichen Studentenweltbund nahestand, und mit zahlreichen Brüdern aus den nordischen Kirchen war ich durch die Mitarbeit im Nordisch-Deutschen-Kirchenkonvent in eine vielfache, enge Beziehung getreten. Aber die kirchliche Verantwortung entwickelte sich für mich über den Lutherischen Weltbund, dem auch die bayerische Landeskirche angehörte. Sie begann damit, daß ich 1957 als Delegierter zur Vollversammlung des Weltbundes nach Minneapolis (Minnesota) in den Vereinigten Staaten abgeordnet wurde. Schon der Flug war ein Ereignis. Aus Gründen der Sparsamkeit hatte man ein viermotoriges Charter-Flugzeug der „Flying Tiger Line" genommen. Neunundneunzig Abgesandte der lutherischen Kirchen aus Ost- und Westdeutschland bestiegen in Düsseldorf das schon etwas altersschwach aussehende Flugzeug.

Beim Abflug nach Minneapolis zur Vollversammlung des Lutherischen Weltbundes, 1957

Hin nach New York trug es uns ganz gut. Sechs Wochen darauf, auf dem Rückflug allerdings sollten wir doch einige Schwierigkeiten erleben. Wegen eines Defektes war der Flug in die Heimat bereits um 24 Stunden verschoben worden. Und als wir dann doch von New York loskamen und von dem ersehnten heimatlichen Düsseldorfer Flughafen bloß noch eine halbe Stunde entfernt waren, fiel plötzlich – ich konnte es zufällig von meinem Sitz aus sehen – einer der Motoren aus – wollte nicht der nächste es ihm gleichtun? – und schon ertönte die Stimme aus dem Lautsprecher: „Wegen Motorenschadens Zwischenlandung in London!" Dort gab es nochmals einen langen, sehr unbequemen Zwischenaufenthalt, und alle lutherischen Weltreisenden waren schließlich doch sehr erleichtert, als sie dann in Düsseldorf von ihren schon lange wartenden Angehörigen wieder in die Arme geschlossen werden konnten.

Aber dazwischen lag eben die Vollversammlung in Minneapolis, dieser schönen Stadt, mit der Schwesterstadt St. Paul am Mississippi gelegen. Sie sei ein Zentrum des amerikanischen Luthertums, so erklärte man uns. Allerdings sollten wir später auch nicht nur die Schönheiten der Stadt, sondern auch ihre Schattenseiten kennenlernen: Wenn ich von unserem vornehmen Hotel nur einige Minuten weiterging, fand ich mich in den Wohnvierteln der schwarzen Bevölkerung, und die sehen allerdings ganz anders aus! Wer war daran schuld?

Zunächst freilich erlebte ich in Amerika eine „kleine" Ökumene. Bei der Vorbereitung auf die Reise nach Minneapolis hatten wir uns zu Hause lebhaft an unseren Wohltäter Mr. Schindeldecker aus Farmington/Minnesota erinnert, der in der harten Notzeit nach dem Krieg 1947/48 uns seine hilfreichen Pakete mit Kleidern und Wäsche gesandt hatte. „Wenn Du nach Amerika kommst, mußt Du überall nach Mr. Schindeldecker in Farmington fragen!" sagte meine Frau. Unmöglich, meinte ich, Amerika ist groß, und Farmingtons gibt es viele; außerdem hatte Mr. Schindeldecker uns in seinem letzten Brief fast zehn Jahre vorher geschrieben, er sei alt und müsse ins Krankenhaus. Aber als ich in Minneapolis vom Flughafen abgeholt und zunächst in das St.-Olaf-College nach Northfield gebracht wurde, war der erste oder zweite Ort in ganz Amerika, durch den wir fuhren, Farmington! Ein Blick in das Telefonbuch ergab: Es ist das Farmington von Mr. Schindeldecker, und er lebt! Am nächsten Tag besuchte ich ihn, der wie ein würdiger Patriarch in seinem Sessel thronte, und es gab ein bewegtes Kennenlernen und Erzählen. Ich freute mich sehr, ihm unsere Dankbarkeit persönlich aussprechen zu können. Und für den ganzen späteren Aufenthalt in den Vereinigten

Staaten, wo ich dann in vielen Gemeinden sprechen mußte, hatte ich – für die USA so wichtig! – eine „story“, mit der ich mich gut vorstellen konnte.

In Minneapolis und in den Orten ringsum tat die Evangelisch-Lutherische Kirche von Amerika unter ihrem liebenswürdigen Präsidenten Dr. Frederic Schiotz alles, um uns den Aufenthalt schön und eindrucksvoll zu gestalten. Man hatte auf vielfältige Weise den Eindruck, die Leute seien viel gemeindebewußter als bei uns. Schon wenn man in eine Kirche kam und sich etwas hilflos umsah, nahm sogleich ein Glied der Gemeinde den Gast freundlich in Empfang und führte ihn nach vorne auf einen schönen Platz. Und auch in der üblichen Kaffee-Stunde darnach war man nie allein, sondern wurde umringt und ausgefragt. Natürlich hatten diese amerikanischen Christen in manchem schon einen etwas anderen Stil als wir. Wenn z. B. ein Chor das bekannte Lied „Schönster Herr Jesu“ sang, so wurde zur Erhöhung der Stimmung bei jeder Strophe die Gemeinde in ein anderes elektrisches Licht getaucht: von rot nach grün und blau usw. Auch der große Festzug durch Minneapolis an einem Nachmittag, der in lebenden Bildern etwas von der Geschichte der Reformation und der lutherischen Kirche zeigte, forderte von uns manche Umstellung im Geschmack.

Verlauf und Ergebnis der Vollversammlung sind hier im einzelnen nicht darzustellen. Etwas vom Eindrücklichsten aber war die Eröffnungspredigt in der Central Lutheran Church, der Hauptkirche in Minneapolis, die der Bischof der Evangelisch-Lutherischen Kirche in Ungarn Lajos Ordass über das Wort vom Weizenkorn, das sterben muß, um Frucht zu bringen (Joh 12,20–26) hielt. Unter dem kommunistischen Regime in Ungarn war er mehrere Jahre verhaftet gewesen. Im Zusammenhang mit dem ungarischen Aufstand im Herbst 1956 war er freigekommen und hatte durch sein mannhaftes Auftreten Achtung in der ganzen Welt gewonnen. Der Höhepunkt der Zuneigung, die er von überall empfing, war die Vollversammlung von Minneapolis. „Ich rede zu Ihnen als ein alternder Jünger Jesu Christi. Dieser Jünger möchte nun zum Schluß seiner eigentlichen Botschaft für seinen Herrn und Heiland ein persönliches Zeugnis ablegen. Er möchte sagen, wie viele Male in seinem Leben er die vergebende Gnade Jesu Christi erfahren hat. Und er möchte auch sagen, daß ihm Christus königliche Freiheit geschenkt hat, als er im wahrsten Sinne des Wortes in Knechtschaft lebte. Und welche Freude es war, diese Freiheit zu erleben. Und er möchte auch sagen, wie süß die Früchte der christlichen Einheit in seinem Leben gewesen sind, besonders in jenen Zeiten, als die Welt ihm nur Bitterkeit bot.“

So hatte er seine Predigt abgeschlossen. Es dauerte nicht lange, bis er zu Hause dann wieder in den Hintergrund gedrängt wurde, einen wesentlich anders eingestellten Nachfolger erhielt und dann zwanzig Jahre von der Öffentlichkeit abgeschirmt leben mußte, ein Bischof getrennt von der Kirche, aber nicht ohne Gemeinde. Durch alle diese Jahre hat er fast für jeden Sonntag eine Predigt schriftlich erarbeitet und an seine Freunde, und wer sie sonst wollte, gesandt. Zu jedem Weihnachts- und Osterfest grüßte er uns, seine Freunde, in aller Welt, mit einer selber geschriebenen Spruchkarte. Ich hatte von Minneapolis an etwas wie eine enge Bruderschaft mit ihm. Und als ich 1965 einen mehrtägigen Besuch in der ungarisch-lutherischen Kirche unter den Bischöfen Kaldy und Vetö machte, hatte ich mir als Voraussetzung die Möglichkeit ausbedungen, auch Bischof Ordass in seiner Wohnung besuchen zu können. Damals habe ich ihn zum letzten Mal gesehen. Im Jahre 1978 ist er gestorben.

Bei den großen öffentlichen Versammlungen und den festlichen Gemeindeveranstaltungen trat naturgemäß der bisherige, auf der Vollversammlung 1952 in Hannover gewählte Präsident, Landesbischof Hanns Lilje in Erscheinung. Mit seinem nie versagenden Witz und seinem leicht ironischen Charme vermochte er alle zu gewinnen, und sein Englisch erschien den Amerikanern wesentlich besser als ihr eigenes. Einen nachhaltigen Eindruck empfing ich in Minneapolis von Franklin C. Fry, den wir in Minneapolis zu seinem Nachfolger wählten. Er leitete die Lutherische Kirche in Amerika mit dem Sitz in New York und war zugleich Präsident des Zentralausschusses des Weltkirchenrats. Daß es auf der Vollversammlung in Minneapolis zur Verabschiedung von 51 bedeutsamen Thesen kam, die das Thema „Christus befreit und eint" nach verschiedenen Richtungen hin entfalteten, war im wesentlichen seiner Energie und seinem organisatorischen Können zu verdanken. Von ihm stammt der vielzitierte Ausspruch, der die bis dahin noch nicht sehr lange Geschichte des Lutherischen Weltbundes charakterisierte: in Lund 1947 hätten die Lutheraner gelernt, miteinander zu gehen, in Hannover 1952, gemeinsam Gottesdienst zu halten, in Minneapolis aber, gemeinsam zu denken. Ich lernte Fry im Lauf der Zeit immer mehr schätzen und seine glänzenden Fähigkeiten gerade in der Leitung von großen Sitzungen und Veranstaltungen bewundern. Und als im Jahre 1968 die Vollversammlung des Ökumenischen Rates in Uppsala bevorstand, freute ich mich besonders auf eine von ihm geleitete Weltkonferenz – da wurde er unmittelbar vorher von einer schweren Krankheit überfallen und starb, ehe die Vollversammlung begann.

Für mich selbst brachte die Vollversammlung die Wahl in das Exekutivkomitee des Lutherischen Weltbundes, jenes Gremium, das die Geschäfte des Weltbundes in der Zeit zwischen den Vollversammlungen verantwortlich führt und mindestens einmal im Jahr zusammentritt. Dem Komitee gehörte ich dann, zweimal wiedergewählt, durch drei Sitzungsperioden bis 1977 an. Mein erster Auftritt in diesem Komitee, das unmittelbar nach der Vollversammlung im St.-Olafs-College in Northfield zusammentrat, bestand darin, daß ich im Auftrag des Deutschen Nationalkomitees des Weltbundes die Anregung zur Gründung eines ökumenisch-theologischen Instituts des Lutherischen Weltbundes vortrug. Man hatte inzwischen in Europa das Gespräch mit der römisch-katholischen Kirche begonnen, und wir waren der Meinung, daß gerade Kirche und Theologie der lutherischen Reformation hier gefordert sei. Meine Anregung wurde von dem darauf wenig vorbereiteten Exekutivkomitee nicht gerade mit Begeisterung aufgenommen. Ein Mitglied sagte, wie mir später berichtet wurde, diesen Vorschlag sollte man annehmen; es könne sein, daß uns der Heilige Geist einen neuen Schritt tun lassen wolle. Aber der neue Präsident Fry hielt solch ein Institut für unnötig und meinte, derartige theologische Gespräche mit den Katholiken seien gerade in den USA kaum nötig und möglich. Man bezeichnete dort den Katholizismus wegen der Herkunft vieler seiner Glieder als „Irish", was zwar nicht herabsetzend gemeint sein mußte, aber die Möglichkeit eines theologischen Gesprächs in Frage zu stellen schien. Dennoch wurde ich beauftragt, in Verbindung mit der Theologischen Abteilung unter ihrem Direktor Vilmos Vajta einen Sonderausschuß für ökumenische Fragen zu bilden und zu leiten, der

Das neugewählte Exekutivkomitee des Lutherischen Weltbundes in Minneapolis, 1957

den Vorschlag prüfen und dem Exekutivkomitee auf seiner nächsten Sitzung ein Ergebnis vorlegen sollte. Für mich war dies der Anfang meiner Arbeit für die Lutherische Stiftung für ökumenische Forschung.

Das Wesentliche aber war zunächst die bedeutsame, lebendige Gemeinschaft, in die ich als Mitglied des Exekutivkomitees kam. Da war neben dem Präsidenten Fry und den beiden anderen Amerikanern Henry Schuh und Frederic Schiotz unter den Vizepräsidenten neben Bischof Lajos Ordass der bedeutende schwedische Bischof Bo Giertz von Göteborg, auch bekannt als religiöser und theologischer Schriftsteller. Ihn hatte ich schon bei der Vollversammlung des Lutherischen Weltbundes in Hannover 1952 kennengelernt, als wir zusammen einen Gottesdienst hielten. Später bin ich ihm besonders nahegekommen, als wir 1978 eine Kreuzfahrt machten und auf den Spuren des Apostels Johannes auch das alte Johanneskloster auf der Insel Patmos besuchten. Einige Jahre später kam in das Exekutivkomitee auch der finnische Erzbischof Marti Simojoki, eine klare, eindrucksvolle Persönlichkeit mit lauterem Wesen, auf dessen Wort das Exekutivkomitee wie von selber hörte. Und dann lernte ich Seine Exzellenz Emmanuel Abraham, den Minister Seiner Majestät des Kaisers Haile Selassie von Äthiopien kennen. Er war Vertreter der später so viel genannten Mekane-Yesus-Kirche in Äthiopien. Beim Sturz des äthiopischen Herrschers verlor er seine Position, hat aber nach einem Gefängnisaufenthalt die Revolution überlebt und ist der anerkannte Präsident dieser evangelisch-lutherischen Kirche in Äthiopien geworden, die unter vielen Verfolgungen wohl das stärkste Wachstum aller lutherischen Kirchen in Afrika in den letzten Jahren hat erfahren dürfen. Unter den Afrikanern lernte ich im Laufe der Zeit besonders gut den Bischof Stefano Moshi von der Evangelisch-Lutherischen Kirche in Tansania kennen; einige Jahre darauf habe ich ihn mehrere Male in seiner Diözese in Moshi im nördlichen Teil Tansanias, am Fuße des Kilimandscharo besucht. Etwas später saß sechs Jahre neben mir der kindlich-einfache, aber außerordentlich kluge und einflußreiche Bischof Leonard Auala, ein geistlicher Vater der von finnischen Missionaren gegründeten Ovambo-Kavango-Kirche in Südwestafrika, der das Leiden seiner Brüder, auch in der Auseinandersetzung mit der südafrikanischen Verwaltung, bewußt als ein Christ trug. Immer wenn wir uns begegneten, begrüßten wir einander in brüderlicher Umarmung. Von ganz anderer Statur war wieder der selbstbewußte Bischof der lutherischen Tamulen-Kirche in Indien, Rajah Manikam, der sich, als er uns einmal in München besuchte, in seinem prächtigen

Bischofsgewand vor eine Versammlung hinstellte und mit Pathos ausrufen konnte: „Look at me! I am the first and the only Lutheran Bishop in Asia!" Fünfundzwanzig Jahre später stand ich an seinem Grab in Madras. Unter den deutschen Mitgliedern saß neben Hanns Lilje von Hannover Bischof Friedrich-Wilhelm Krummacher von Greifswald als Vertreter der ostdeutschen Kirchen; in unserem Komitee muß aber vor allem der langjährige exzellente Schatzmeister Rudolf Weeber erwähnt werden, der juristische Vizepräsident im Evangelischen Oberkirchenrat Stuttgart. Mit ihm fand ich mich bald in nicht wenigen anderen Gremien wieder, später auch im Rat der EKD; dabei fühlten wir immer stärker auch unsere innere Verbundenheit und eine ähnliche Wellenlänge des kirchlichen Denkens und wurden gute Freunde.

Da das Exekutivkomitee die Übung hatte, seine alljährlichen Tagungen immer wieder in einer anderen Mitgliedskirche des Lutherischen Weltbundes abzuhalten und mit seinen Sitzungen auch unmittelbare Begegnungen mit den dortigen Pfarrern und Gemeinden zu verbinden, habe ich im Laufe der Jahre einen großen Teil des ganzen Globus kennengelernt, auf dem man heute nicht ganz hundert dem Lutherischen Weltbund zugehörige Kirchen zählt.

Reise durch die USA

Die erste, für den Neuling faszinierende Reise schloß sich unmittelbar an die Vollversammlung in Minneapolis an. Wir vier Reisegefährten, der im Jahr darauf tödlich verunglückte hamburgische Landesbischof Volkmar Herntrich, Professor Wolfgang A. Schmidt, Finnland, Professor Siegfried Hebart, Australien, und ich, wurden von unserem Mentor, dem originellen, außerordentlich unternehmungslustigen Charles Carroll, auf eine vierwöchige, ziemlich abenteuerliche Besuchsreise mitgenommen, die uns mit Hilfe von Flugzeug und Auto durch einen großen Teil der nördlich und westlich von Minneapolis gelegenen Staaten der USA führte. Wir kamen über Süd- und Norddakota nach Billings/Montana, wo 1876 die letzte große Indianerschlacht stattgefunden hatte. Wir berührten Idaho, Washington und hielten uns in Seattle und Tacoma/Washington auf. In Parkland/Oregon nahmen wir an einer theologischen Konferenz teil und flogen bis nach San Francisco und Monterrey in Kalifornien. Natürlich hielten wir, wo es ging, auch die Augen offen für die Besonderheiten des Landes, besuchten den Glacier National Park, wo man vor der allzu vertraulichen Begegnung mit Bären gewarnt wurde; wir stiegen ein Stück weit den berühmten Mt. Rainier hinauf und bestaunten die Riesenbäume, die „Redwoods", in dem Gebiet nördlich von San Francisco. Auch der Golden Gate Bridge statteten wir einen Besuch ab.

Fast täglich aber gab es Begegnungen mit lutherischen Gemeinden in großen und kleinen Städten. Carroll stellte uns regelmäßig vor: „I have the privilege to introduce to you ..." und dann mußten wir von der Vollversammlung in Minneapolis erzählen, von den Verhältnissen in Deutschland und anderswo oder von der Verbundenheit der lutherischen Weltfamilie und wir sprachen unsere Dankbarkeit aus für die wertvolle Hilfe, die wir gerade im Nachkriegsdeutschland von den Kirchen in den USA empfangen hatten. Dabei war unsere Reise auch so gelegt, daß wir an einer Reihe von theologischen Konferenzen teilnehmen und Vorträge halten konnten, etwa in Parkland/Oregon, Berkeley und Monterrey. Das mir aufgegebene Thema war das von Minneapolis: „Christ frees und unites". Ich versuchte in englischer Sprache es für unsere Situation heute zu entfalten. Dabei war ich erleichtert, daß die meisten Hörer anscheinend doch mein mangelhaftes Schulenglisch verstanden, das weiter zu üben uns während des Dritten Reiches unmöglich gewesen war. Einmal freilich, nach einem Gottesdienst in einer Gemeinde geschah es in der Kaffeestunde, daß mich jemand fragte, ob ich aus Texas sei; er meinte es aus meinem Dialekt schließen zu können. Dort sprechen sie das schlechteste amerikanische Englisch ...

Einmal, auf einer Strecke, die wir mit dem Auto zurücklegten, konnten wir auch miterleben, wie die Polizei in den USA mit einem Pfarrer umgeht, der die Verkehrsregeln nicht beachtet. Unser Mentor Carroll war ein solcher Pfarrer, kenntlich an dem von dem „clergyman" aller Denominationen getragenen Collar. Auf den großen High-ways reizte es ihn immer wieder, die vorgeschriebene Höchstgeschwindigkeit von 60 Meilen (= ca. 90 km) zu überschreiten. Gerade als wir wieder einmal mit ca. 90 Meilen auf eine kleine Stadt zubrausten, schob sich ein Polizeiauto vor uns und zwang uns zum Halten. Der Polizist nahm unseren überraschten Pfarrer-Fahrer gleich mit zum Sheriff in die vor uns liegenden Stadt. Nach einer knappen Stunde kam er wieder – kreidebleich. „Was ist denn geschehen?" fragten wir. „Der Sheriff hat mir von der Dollarstrafe (es wäre sehr viel gewesen!) einen Teil erlassen, weil ich doch als Pfarrer nicht viel habe. Aber dann hat er mir streng ins Gewissen geredet, hat mich die Zehn Gebote abgefragt und mir aufgetragen, daß ich mich besser an sie halte. Das war furchtbar."

Die große Reise endete mit einem Besuch des Wartburg College in

Waverly/Iowa; die lutherischen Gemeinden in diesem Gebiet haben einen starken deutschen Hintergrund. In einer sehr gelungenen Feier wurde mir hier der Grad des „D. D." = Doctor of divinity verliehen. Dabei bekommt man einen Doktorhut aufgesetzt, der an die Kopfbedeckung unserer früheren Ulanen erinnert, und erhält einen schönen farbigen Umhang. Ich bedankte mich in einer englisch gehaltenen Rede, in der ich an die vielen Beziehungen erinnerte, die gerade das fränkische Land, meine Heimat, im letzten Jahrhundert mit diesem Auswanderungsgebiet in der Neuen Welt verband. Und ich wies auf einige Wechselbeziehungen hin unter Bezug auf das merkwürdige Bibelwort Pred 11,1 f: „Laß dein Brot über das Wasser fahren, so wirst du es wiederfinden nach langer Zeit. Und teile aus unter sieben oder acht; denn du weißt nicht, was für Unglück auf Erden kommen wird."

Unvergeßlich aus den Tagen meines Aufenthalts in Waverly ist mir ein Ausflug zu der nicht allzuweit entfernten Kirche „St. Sebald am Quell". Sie geht auf die Sendboten des Neuendettelsauer Pfarrers Wilhelm Löhe zurück und wurde um 1850 erbaut, aber die in Verbindung damit gebaute Siedlung hat sich nach einer anderen Richtung entwickelt. Ein wenig Kirchengeschichte hat diese Kirche, die nun fast allein dasteht, auch gemacht. Hier wurde die Iowa-Synode gegründet, ein kirchlicher Zusammenschluß von evangelisch-lutherischen Einwanderern aus Franken. Als ich die Kirche betrat, lag auf dem Altar eine Agende – „gestiftet von Pfarrer Wilhelm Löhe in Neuendettelsau" stand darin; allerdings war es nur eine Faksimile-Ausgabe, da das wertvolle Original anderswo aufbewahrt wird. Aber erstaunlich war es schon, wie oft ich dem Namen dieses fränkischen Dorfpfarrers Wilhelm Löhe auf der Rundreise durch die USA begegnet bin. Und bewegend war auch der Besuch des kleinen Friedhofs neben der Kirche, wo das Grab des im Jahr 1860 von Indianern ermordeten Neuendettelsauer Missionars David Bräuninger liegt. Zwischen zwei Indianern, die Christen geworden waren, hat er seine letzte Ruhestätte gefunden. „St. Sebald" ging mit mir, als ich einige Wochen später, im September 1957, in Nürnberg die durch den Krieg schrecklich zerstörte, aber dann wiederaufgebaute St.-Sebaldus-Kirche besuchte, an ihrer Wiedereinweihung teilnehmen und in der Predigt einen Gruß von der fernen, einsamen Gemeinde St. Sebald am Quell in Iowa/USA überbringen konnte.

In die folgenden Jahre fiel im Zusammenhang mit den Sitzungen des Exekutivkomitees eine Reihe ähnlicher Reisen. Ich mußte nach Porto Alegre in Brasilien fliegen und nach Waterloo in Kanada. Ich konnte die kleine polnische lutherische Kirche mit ihrem Bischof Wantula in Warschau besuchen, und bei der Sitzung des Exekutivkomitees in Belgrad lernte ich einige der Gemeinden in den lutherischen Kirchen von Jugoslawien kennen. Einmal tagten wir in Arusha in Tansania am Fuße des Meruberges, und dann wieder unmittelbar in der Nähe der heißen Quellen in Reykjavik im nordischen Island. Auch nach Skandinavien, nach Oslo, Uppsala und nach Helsinki bin ich auf diese Weise einige Male gekommen.

Ganz abgesehen von dem Bekanntwerden mit den landschaftlichen Schönheiten dieser Länder und ihrer verschiedenartigen Kultur, ja besser: mitten darin stellten mich diese Reisen immer wieder vor die schwere brisante ökumenische Frage, ob es denn legitim ist, wenn lutherische Kirche nicht nur in Deutschland, sondern auch in Skandinavien, Amerika, ja in Afrika und Asien entsteht und wächst. Haben nicht wir Deutschen selbst noch vor einem halben Jahrhundert das Unsrige dazu getan, um Luther und Luthers Reformation als ein deutsches Ereignis zu erklären? Und nun wurde dies alles in alle Welt exportiert! Ist Luthers Sprung nach Afrika, nach Asien legitim?

Das Gewirr von christlichen Kirchen und Sekten in allen Erdteilen, die wenigstens bisher meist ihre Vorbilder in Europa oder im europäisch bestimmten Nordamerika hatten, ist für die Christenheit tatsächlich beschämend. Das in Westafrika entstandene Gebet geht mir seit Jahren nach: „Herr, aus Europa bringen sie ihre Traditionen und ihre Bibliotheksgedanken herüber. Wir verstehen ihre Teilungen nicht. Wir möchten eine Kirche sein... Herr, gib uns so viele Liebe in unsere Herzen zum Bruder, daß die Trennungsgedanken darin ertrinken."[16] Bei der Vollversammlung des Ökumenischen Rates in Nairobi 1975 habe ich dieses zunächst verständliche Verlangen von den dortigen einheimischen Kirchenvertretern besonders deutlich gehört. Es wurde für mich noch dadurch unterstrichen, daß bei einer schauspielerischen Darstellung der afrikanischen Geschichte durch Studenten der Universität Nairobi die von Europäern ausgehende christliche Mission, deren Fehler am Tage liegen, in einer ausnehmend negativen Weise geschildert wurde.

Aber gleichzeitig hat es immer wieder andere Stimmen gegeben. So hat es mich ins Innerste bewegt, wenn z. B. die finnischen Brüder mit innigster Dankbarkeit von der Wiederentdeckung des Evange-

Vollversammlung des Ökumenischen Rates in Nairobi, 1975

liums durch die lutherische Reformation sprachen und wenn finnische Theologen heute fast eifriger als wir Luthers Werke durchforschen. Es konnte uns im selbstbewußten Amerika beschämen, wenn die dortigen Lutheraner ihre Überzeugung wiedergaben, daß gerade mit der lutherischen Reformation ihnen eine freie Ausprägung des Glaubens und des kirchlichen Lebens geschenkt sei. Im afrikanischen Tansania habe ich selber erlebt, daß das Luthertum wahrhaftig nicht nur eine deutsche und eine partikulare Sache ist, sondern daß aus der Stimme der Reformation die Stimme des Evangeliums selber laut wird. Bei der Vollversammlung des Lutherischen Weltbundes in Dar-es-Salaam 1977 stellten die Studenten der Theologischen Hochschule Makumira die Geschichte der christlichen Mission in Tansania dar, unbefangen, selbstbewußt und dankbar. Sie hatten auch, so schien mir, genau begriffen, daß gerade vom lutherisch-reformatorischen Schöpfungsverständnis her die Geschichte, dic Gaben und die Kultur ihres Volkes beim Aufbau der Kirche aufgenommen und „geheiligt" werden könne. Nicht zufällig hoben sie die Arbeit des bekannten bayerischen Missionars Bruno Gutmann hervor: „Und dann kam Bruno Gutmann ins Dschagga-Land und verkündigte uns das Evangelium. Die dortigen Sitten verachtete er nicht. Er stellte fest, daß sie gut waren."

Selbstverständlich machte ich diese Erfahrungen im Lutherischen Weltbund nicht ohne das Gespräch mit der gesamten ökumenischen Bewegung und mit den Brüdern, die ich dort kannte. Mit dem langjährigen Generalsekretär des Ökumenischen Rates Dr. Visser't Hooft war ich seit dem Jahr 1935 bekannt, auch seinen Nachfolgern bin ich oft begegnet. Und in der Zentrale des Ökumenischen Rates in Genf sowie im Ökumenischen Institut in Bossey war ich auch während meiner Amtszeit einige Male zu Gast, um mich zu orientieren und Gespräche mit den Verantwortlichen wie etwa mit Visser't Hoofts Nachfolger Eugene Blake zu führen. Mit Dank und Freude denke ich auch an einen vierwöchigen Erholungsaufenthalt in dem bekannten Erholungsheim des Ökumenischen Rates in der Casa Locarno 1953 zurück. Er hat uns mit vielen Menschen aus den verschiedensten Kirchen und Ländern, vor allem auch mit orthodoxen Priestern und Gelehrten in gute Verbindung gebracht.

Aber was meine eigene Mitarbeit in der Ökumene anlangte, so schien mir, daß mich der Weg doch wohl deutlicher zunächst in den Lutherischen Weltbund führte. In den Bereich des Ökumenischen Rates hinein war er mir beinahe verwehrt. Für die Vollversammlung des Ökumenischen Rates in Neu-Delhi 1961 war ich als Delegierter berufen. Da wurde ich kurz vorher plötzlich von einer akuten Nierenerkrankung überfallen und mußte meine Teilnahme absagen. Zu einer intensiven Mitarbeit in den großen Gremien des Ökumenischen Rates kam es auf diese Weise erst seit der Vollversammlung des Ökumenischen Rates in Uppsala 1968 und dann in Nairobi 1975. Auf die Wahl in eines der verantwortlichen Organe meinte ich aber verzichten zu dürfen; einmal war ich in den Lutherischen Weltbund inzwischen stark eingebunden, besonders auch durch die Vorbereitung und Einrichtung des Ökumenischen Instituts in Straßburg. Zum andern aber, so muß ich gestehen, liebte ich zwar die Basisformel des Ökumenischen Rates sehr, daß er „eine Gemeinschaft von Kirchen sei, die den Herrn Jesus Christus als ihren Gott und Herrn bekennen und gemeinsam zu verwirklichen trachten, was ihnen zum Zeugnis aufgegeben ist, im Namen Gottes des Vaters und des Sohnes und des Heiligen Geistes." Aber ich traute doch, besonders nach dem Eintritt der römisch-katholischen Kirche in den ökumenischen Dialog, der mehr auf Unionen zugehenden Konzeption des Ökumenischen Rates weniger zu als den Möglichkeiten, die im Lutherischen Weltbund durch das klare Gegenüber auch in der Lehre gegeben waren. Im übrigen ist der Weltbund mir immer als Teil der großen ökumenischen Bewegung erschienen, und gerade Minneapolis hatte deutlich gemacht, daß sich diese lutherische Kirche dem Ganzen der christlichen Weltfamilie zugehörig wußte, darin allerdings auch mit dem besonderen Auftrag, den Akzent der lutherischen Reformation geltend zu machen. Im chinesisch sprechenden Hongkong heißt die kleine lutherische Kirche bei den anderen Christen die „Rechtfertigung-aus-Glauben-Kirche". Hier deutet sich ihre Existenzberechtigung an. Was hatte Visser't Hooft selbst in seinem Grußwort den Mitgliedern der Vollversammlung in Minneapolis 1957 zugerufen? Um der gesamten Ökumene willen können wir nicht sagen: „Liebe Lutheraner, seid weniger lutherisch; wir sagen eher: dringt ein in den wahren Kern und das Zentrum eures Glaubenslebens und bringt uns dann die Wahrheit, die ihr dort entdeckt habt!"[17]

14. KAPITEL

Das Ökumenische Institut in Straßburg

In einer so weitgespannten Organisation wie dem Lutherischen Weltbund muß man als Mitglied des Exekutivkomitees das Ganze im Auge haben. Aber da auch das Exekutivkomitee einen großen Teil seiner Aufgaben in Ausschüssen und Kommissionen erledigt, fallen dem einzelnen zugleich jeweils besondere Aufträge zu. So war ich eine Zeitlang Mitglied und Vorsitzender des Mitgliedsschaftsausschusses, der die Aufnahmegesuche neuer, meist junger Kirchen in Afrika und Asien zu prüfen hatte. Es kam dabei auf die Bekenntnisgrundlage dieser Kirchen an, auf ihren Mitgliederbestand, aber auch darauf, ob sie einigermaßen imstande waren, sich selber zu erhalten, damit sie nicht in falsche Abhängigkeit von anderen Geldgebern gerieten. Als wir einmal die Verfassung einer dieser Kirchen – es war wohl die der verhältnismäßig kleinen Evangelisch-Lutherischen Kirche in Zentralafrika – zu prüfen hatten, fanden wir den schönen Satz: „Die Evangelisch-Lutherische Kirche in Zentralafrika weiß sich verantwortlich für die Verkündigung des Evangeliums im ganzen Land, in ganz Afrika und in der ganzen Welt." Der Satz imponierte mir. Eine winzige Kirche mit vielleicht 10 000 Gliedern – und solch ein weltweiter Horizont! Ein Satz ähnlichen Inhalts stand bis dahin in der Verfassung der Evangelisch-Lutherischen Kirche in Bayern nicht – noch nicht. Ich habe, als wir uns in Bayern um eine neue Verfassung bemühten, darauf hingewirkt, daß in dieser Verfassung von 1971 eine entsprechende Aussage erfolgte: „Die Evangelisch-Lutherische Kirche in Bayern steht mit der ganzen Christenheit unter dem Auftrag, Gottes Heil in Jesus Christus in der Welt zu bezeugen. Diesem Auftrag haben auch ihr Recht und ihre Ordnungen zu dienen."

Nachdrücklich habe ich mich Anfang der sechziger Jahre auch für die Errichtung und Erhaltung des Senders „Radio Voice of the Gospel – Stimme des Evangeliums" in Addis Abeba eingesetzt. Viele Gaben für dieses wichtige Instrument evangelischer Verkündigung in ganz Afrika und weit darüber hinaus sind gerade aus Bayern gekommen, und wir haben die weitgeplante Arbeit dieser Rundfunkanstalt mit großen Erwartungen begleitet. Bis in den tiefsten Busch hinein könnten die Afrikaner, so hörten wir, mit ihren kleinen Transistorradios den Sender empfangen, und auch einen Teil Asiens konnte er erreichen. Es war für viele gerade mit der Arbeit der Evangelisation verbundenen Menschen ein schwerer Schlag, als der Sender nach der Absetzung des Kaisers Haile Selassie und nach der marxistisch-leninistisch bestimmten Revolution in Äthiopien in seiner Wirksamkeit mehr und mehr eingeschränkt und schließlich auf kaltem Wege enteignet wurde. Ich habe nur bedauert, daß im Lutherischen Weltbund, der den Sender zuerst so groß herausgestellt hatte, eine klare Unterrichtung der Kirchen und Gemeinden über die Vorgänge seiner Wegnahme nur sehr zögernd geschah – gewiß aus begreiflichen Gründen. So ist der Sender fast sang- und klanglos aus unserem Gesichtskreis entschwunden.

Was aber mein besonderer Auftrag im Lutherischen Weltbund werden sollte, war die Errichtung der Lutherischen Stiftung für Ökumenische Forschung und die Gründung des Ökumenischen Instituts in Straßburg.

Ökumenisches Institut des Lutherischen Weltbundes in Straßburg

Der vom Exekutivkomitee nach der Vollversammlung in Minneapolis 1957 bestellte Sonderausschuß für ökumenische Fragen, den ich zusammenzurufen hatte, ging sehr bald an die Arbeit. Zur Erkundung der Situation hielten wir Besprechungen und Sitzungen an vielen Orten im europäischen Raum. Wir prüften die Strukturen bereits vorhandener ökumenischer Institute wie des eben durch Kardinal Jäger gegründeten katholischen Johann-Adam-Möhler-Instituts in Paderborn. Ausgiebig sprachen wir mit den Vertretern des konfessionskundlichen Instituts des Evangelischen Bundes in Bensheim, das sich zunächst verständlicherweise einer möglichen Konkurrenz gegenübersah. In einer Besprechung in Genf, an der auch Lukas Vischer, der theologische Direktor von „Faith and Order" im Ökumenischen Rat der Kirchen teilnahm, zeigte sich deutlich, daß wir eine andere Zielrichtung und auch eine andere Organisationsform suchen mußten, als sie etwa beim Ökumenischen Institut in Bossey gegeben war.

Die personelle Zusammensetzung des gar nicht sehr großen Ausschusses konnte ich mir nicht besser denken: Professor Peter Brunner von Heidelberg entwarf in einer unserer Sitzungen die „Vision" eines theologisch-wissenschaftlichen Instituts, das vom Standort der lutherisch-reformatorischen Kirche aus ökumenische Theologie auf wissenschaftlicher Basis treiben sollte, und zwar nach allen vier ökumenischen Himmelsrichtungen hin. Natürlich lag zuerst die Auseinandersetzung mit der römisch-katholischen Kirche nahe, an die wir uns deutlich gewiesen wußten, aber ebenso sollte das Gespräch mit der orthodoxen und mit der reformierten Seite aufgenommen werden, und auch die pneumatisch-charismatischen Bewegungen hatten wir im Auge. Es war schon etwas wie der Gedanke einer kleinen lutherischen Fakultät, wie sie der Erlanger Professor W. Elert bereits in den zwanziger Jahren angeregt hatte. Was die rechtliche Struktur betraf, so half Vizepräsident Weeber, Stuttgart, mit seinen gescheiten Gedanken und Vorschlägen zu einer Lösung, die sich bis heute bewährt hat. Wir einigten uns auf eine juristisch selbständige, aber mit dem Lutherischen Weltbund eng verbundene Stiftung. Das gab dem Institut die Möglichkeit, selbständig und in akademischer Verantwortung theologisch-wissenschaftlich zu arbeiten, aber zugleich die Verbindung zum Lutherischen Weltbund, an der uns ebensoviel lag, sachlich und personell zu halten. Auf der finanziellen Ebene konnten wir auf diese Weise einen eigenen Stiftungsfonds errichten, aus dessen Zinsen die

Mittel für den Unterhalt des Instituts und für Gehälter wenigstens teilweise bis zur Hälfte flossen; wir konnten aber gleichzeitig um Beiträge dafür bitten, natürlich zuerst bei den Mitgliedskirchen, aber ebenso bei einem Kreis darüber hinaus, und wir freuten uns über jede kleine Kollekte aus einer Gemeinde, besonders aber auch über die Zuschüsse aus der nicht dem Lutherischen Weltbund angehörenden Missouri-Synode. Wir wollten die Stiftung nach schweizerischem Recht errichten, mit dem Sitz in Genf, aber mit der Möglichkeit, auch in anderen Ländern Einrichtungen zu schaffen, falls es nötig würde. Ein entscheidender Schritt war es, als der international geachtete Theologe Professor Kristen E. Skydsgaard von Kopenhagen, auch ein Mitglied unseres Ausschusses, sich mit seiner eigenen Person für die Sache einsetzte. Er ließ sich von seinem Kopenhagener Universitätslehrstuhl für zwei Jahre als Forschungsprofessor für den Lutherischen Weltbund beurlauben und machte auf ausgedehnten Reisen, vor allem durch die Vereinigten Staaten, die Notwendigkeit eines derartigen Instituts deutlich. Er wurde damit der erste Forschungsprofessor des Instituts, noch ehe es gegründet war, indem er sein eigenes ökumenisches Institut in Kopenhagen als Arbeitsstätte zur Verfügung stellte. Sein theologisch-wissenschaftliches Ansehen in der ganzen evangelischen, aber auch in der römisch-katholischen Welt setzte von vorneherein Maßstäbe auch für die von uns zu leistende Arbeit.

Helsinki 1963

Inzwischen hatte uns die Entwicklung in der römisch-katholischen Kirche selber die Türen geöffnet. Am 25. Januar 1959 hatte Papst Johannes XXIII. seinen Plan bekanntgegeben, ein Ökumenisches Konzil einzuberufen, und damit eine starke Bewegung in der ganzen Christenheit ausgelöst. Gerade die lutherisch-reformatorische Kirche und Theologie mußte sich dadurch besonders auf den Plan gerufen wissen. Als unsere Sonderkommission beim nächsten Zusammentreffen des Exekutivkomitees das bisherige Ergebnis ihrer Bemühungen und die Umrisse ihrer Planungen vorlegte, stellte Präsident Franklin C. Fry, der ja in Minneapolis unserem Gedanken skeptisch gegenüber gestanden war, offen fest, der (1957) vorgetragene Plan sei geradezu „providentiell" gewesen, und wurde zu einem seiner tatkräftigsten Förderer. Skydsgaard und sein Nachfolger als Forschungsprofessor, der Amerikaner George Lindbeck, wurden die ersten Beobachter des Lutherischen Weltbundes beim

Konzil; später gesellte sich Vilmos Vajta zu ihnen. Als sich schließlich noch der kluge, besonnene schwedische Erzbischof Gunnar Hultgren von Uppsala für die Sache des Instituts gewinnen ließ und die skandinavischen lutherischen Kirchen überzeugte, gingen wir nach einer letzten Vorbereitungssitzung in Uppsala mit unserem Verfassungs- und Satzungsentwurf wohl noch mit ein wenig Bangen, aber mit noch mehr Zuversicht im August 1963 zur Vollversammlung nach Helsinki.

Dabei war es mir eine große Freude, daß auch meine Frau, die ihren Mann gerade wegen dieser Sache in den vorausgehenden Jahren auf zahlreichen Besprechungen durch die halbe Welt hatte ziehen lassen müssen, an der Vollversammlung in Helsinki teilnehmen konnte. Diese Versammlung war eingebettet in ein reiches gottesdienstliches Leben und durchwirkt von vielen Gemeindebesuchen, auch die herbe Schönheit des „Landes der tausend Seen" ging nicht ganz an unserer Konferenzexistenz vorüber. Bloß an die Sauna konnten wir uns nicht gewöhnen, obwohl unser Gastgeber, der mit uns befreundete Professor und spätere Bischof Nikolainen in Helsinki uns ständig dazu ermunterte. Einmal waren wir mit einigen Freunden in die Familie von Professor Mikko Juva eingeladen, die an einem wunderschönen See ganz einsam ein Landhaus hatten, und genossen die warme Gastfreundschaft sowie in guten Gesprächen das Bekanntwerden mit Brüdern und Schwestern aus aller Welt. Professor Juva, der organisatorische Promotor der Vollversammlung, wurde 1970 in Evian Präsident des Lutherischen Weltbundes und dann für einige Jahre Erzbischof von Finnland. Im Herbst 1978 konnte ich als Vertreter der Evangelischen Kirche in Deutschland an seiner Einführung im Dom zu Turku teilnehmen.

Während der Vollversammlung selbst stellte sich unsere Vorbereitungsgruppe in einigen „hearings" den vielen verständlichen Fragen nach dem Sinn eines solchen ökumenisch-theologischen Instituts, die vor allem aus den afrikanischen und asiatischen Mitgliedskirchen mit ihren wahrhaftig meist andersgearteten Problemen kamen; ihre Probleme lagen meist auf dem Gebiet der ökumenischen Praxis. Im Plenum selber sprachen Hultgren, Skydsgaard und ich. Und als dann der sächsische Landesbischof Gottfried Noth als Vorsitzender des Vollversammlungsausschusses mit warmen Worten die Sache befürwortet hatte, beschloß die Vollversammlung mit allen gegen eine Stimme eine „Lutherische Stiftung für ökumenische Forschung" zu errichten. Eine so große Einmütigkeit hatten wir nicht zu erhoffen gewagt. Einer der Teilnehmer nannte den Augenblick „a spiritual moment", einen geistlich bedeutsamen Augenblick.

Im ökumenischen Gespräch und im Rückblick erscheint die Vollversammlung in Helsinki oft in ungünstigem, abwertenden Licht, weil es ihr nicht gelungen ist, eine gemeinsame Äußerung der lutherischen Kirchen in der Welt zum Thema „Rechtfertigung heute" zustande zu bringen. Dies offenbarte tatsächlich eine Verlegenheit. Die Meinungen über das, was hierzu heute gültig zu sagen sei, gingen weit auseinander. Aber abgesehen davon, daß auch das Eingeständnis der Verlegenheit eine Meinungsäußerung sein kann, die vielleicht der Rechtfertigungsbotschaft gar nicht ferne ist: in unseren Augen erschien die Vollversammlung schon wegen ihrer Zustimmung zu unserem Auftrag in einem positiven Licht, und zwar für das gesamte ökumenische Gespräch. Wollten wir doch auch mit unserer Konzentration auf die Theologie der lutherischen Reformation keineswegs, wie man öfter gemeint hat, ein konfessionelles Sonderunternehmen ins Leben rufen. Das ökumenische Institut wollte und will ein Dienst an der gesamten Christenheit sein, allerdings von einem klaren Standpunkt aus, nämlich dem der lutherischen Reformation; so, glaubten wir, könne die Kirche der Lutherischen Reformation einen wichtigen Teil ihres ökumenischen Auftrags erfüllen.

Niederlassung in Straßburg

Unmittelbar nach dem Abschluß der Vollversammlung bestellte das neugewählte Exekutivkomitee das Kuratorium der Stiftung. Außer den bisherigen wichtigsten Mitgliedern unseres Ausschusses wurde neben dem schwedischen Bischof Silén von Westerås und dem amerikanischen Professor Warren Quanbeck aus St. Paul vor allem Etienne Jung, der Präsident der Evangelischen Kirche Augsburgischen Bekenntnisses im Elsaß, hinzugewählt. Ich wurde mit dem Amt des Vorsitzenden betraut, zweimal wiedergewählt und habe das Amt 1978 abgegeben, nachdem ich 1977 aus dem Exekutivkomitee ausgeschieden war.

Unsere erste Aufgabe im Kuratorium war die Wahl eines Ortes für das Institut sowie die Berufung des ersten, vielleicht auch eines zweiten Forschungsprofessors. Der erste Professor war bald gefunden in der Person des bisherigen Direktors der Theologischen Abteilung des Lutherischen Weltbundes in Genf, Vilmos Vajta, eines gebürtigen Ungarn, der nach dem Krieg schwedischer Staatsbürger geworden war. Er hatte als Mitglied des Genfer Stabes bereits an unseren vorbereitenden Arbeiten teilgenommen und brachte neben der Kenntnis verschiedener Sprachen eine klar gegründete theologische Bildung mit; auch war er durch anerkannte theologische Schriften bereits als wissenschaftlicher Theologe ausgewiesen. Schwieriger war die Wahl des Sitzes für das neue Institut. Mir war aus vielen Gründen klar, daß es nicht in der Bundesrepublik Deutschland, aber auch nicht allzu weit entfernt von ihren Grenzen untergebracht sein sollte. Viele Orte wurden erwogen: Wien, Rom, Genf; auch ein wechselnder Standort wurde empfohlen – eventuell gar in einem Schiff auf dem Rhein! Schließlich schob sich wie von selber Straßburg in den Vordergrund, die Stadt, die auch für ganz Europa wachsende Bedeutung bekommen hatte. Dazu kam die wichtige Aussicht, daß mit dem Sitz in Straßburg das Institut nicht in einem Raum ohne eine evangelisch-lutherische Kirche schweben würde, wie etwa auch in Genf, sondern eingebettet sein würde in das gottesdienstliche und gemeindliche Leben einer Mitgliedskirche des Lutherischen Weltbundes und ihrer Gemeinden; dies insbesondere war eine der in Helsinki erhobenen Forderungen. Es war Präsident Jung, der sich dann gerade für die Verwirklichung dieser Absicht unermüdlich einsetzte und uns auch sonst viele große und kleine Hilfen gab. Er sorgte dafür, daß wir eine gewisse Verbindung zu den beiden Straßburger theologischen Fakultäten bekamen. Und schließlich konnten wir dank seiner Vermittlung mit einem Teil der uns inzwischen zugegangenen Mittel in der rue Gustave-Klotz in Straßburg ein schönes, ideal geeignetes Haus erwerben.

Die festliche, zweisprachige Eröffnung des Instituts erstreckte sich auf zwei Tage, den 31. Januar/1. Februar 1965. Sie begann am Sonntagmorgen mit einem Gottesdienst in der Kirche St. Thomas, in dem Professor Skydsgaard die Predigt hielt. Am Nachmittag stellte sich das Institut in einer großen Gemeindeversammlung vor, mit Vorträgen über „Erneuerung der Kirche", die von unserem Freund Professor Oskar Cullmann, Basel, und mir gehalten wurden. Der Montagvormittag brachte einen Festakt in der Universität mit einer Antrittsvorlesung von Dr. Vajta über „Teilnahme am Heil: Sakrament und Glaube". Und dann wurde in einer gottesdienstlichen Feier das Haus selber in Anwesenheit vieler ökumenischer Gäste seiner Bestimmung übergeben. Der Amerikaner Frederic Schiotz, der neue Präsident des Lutherischen Weltbundes seit Helsinki, brachte in warmen Worten die Anteilnahme des ganzen Lutherischen Weltbundes an der neuen Arbeit zum Ausdruck. Daß der ehrwürdige Pastor Marc Boegner, der Präsident des Reformierten Kirchenbundes in Frankreich, unter den Gästen war, erschien mir als eine große Auszeichnung; ebenso empfand ich die Teilnahme des katholischen Erzbischofs Weber und des Weihbischofs Elchinger von Straßburg als eine große Ermutigung gerade für den Anfang.

Das Institut steht und fällt mit der Qualität der Forschungsprofessoren. Es soll in seinem Forschungskollegium – vier Professoren und ein Assistent – nach Möglichkeit die Internationalität des Lutherischen Weltbundes widerspiegeln. Neben dem gebürtigen Ungarn und jetzigen Schweden Vajta bemühten wir uns möglichst bald um einen zweiten Forschungsprofessor; wir fanden ihn in dem deutschen Kirchenhistoriker Friedrich W. Kantzenbach aus Neuendettelsau. Zu ihnen gesellte sich jeweils ein jüngerer Mitarbeiter aus der Kirche im Elsaß: Jean-Jacques Heitz, Marc Lienhard und André Birmelé haben dem Auftrag des Instituts wesentliche Dienste geleistet. Die Anstellung von zwei weiteren Professoren und einem jüngeren theologischen Mitarbeiter konnte erst einige Jahre später erfolgen. Dabei war es zunächst begreiflicherweise nicht leicht, auch von Übersee, etwa aus den USA, Professoren zu gewinnen. Eine wesentliche Horizonterweiterung geschah, als mit Sutan Hutagalung aus Indonesien auch die Kirchen der Dritten Welt in die theologische Arbeit des Instituts einstiegen.

Standortbestimmung

Ich vermag hier nicht die theologische Arbeit des Instituts in den fast zwanzig Jahren seines Bestehens zu würdigen, mit den vielen Seminaren in fast allen Teilen der Welt und den regelmäßigen Tagungen in Straßburg, mit seinen zahlreichen literarischen Veröffentlichungen und den vielen Vortragsreisen der Forschungsprofessoren. Natürlich hat es zunächst auch einige mühselige Jahre gegeben, bis das Pflänzlein Wurzeln schlagen und einen entsprechenden Lebensraum gewinnen konnte. Es galt das rechte Verhältnis zur Studienabteilung des Lutherischen Weltbundes in Genf zu finden. Ab und zu mußten wir uns auch für seine juristische Selbständigkeit im Ganzen des Lutherischen Weltbundes einsetzen, um der Selbständigkeit und Kontinuität der theologischen Arbeit willen. Was die Zusammenarbeit mit dem Ökumenischen Rat betraf, so hatte bei der Eröffnung der Direktor des Ökumenischen Instituts Bossey, Professor H. H. Wolff, sehr freundliche Worte gefunden. Dennoch kam es trotz einiger Angebote unsererseits zu keiner kontinuierlichen Verbindung. Die Kontakte blieben auf persönliche Beziehungen beschränkt.

Die Zielsetzung des Instituts, wie wir sie in der Verfassung entworfen haben, mußte bisher nicht geändert werden: „Die Stiftung soll ihre Arbeit durchführen durch:

1. Sachgemäße und kritische Forschung sowohl historischer wie systematischer Art, auf Gebieten, in denen christliche Kirchen in Dingen der Lehre und Kirchenordnung getrennt sind und kontrovers-theologische Fragen bestehen. Zu diesem Zweck ist sie zur Berufung von Forschungsprofessoren ermächtigt.
2. Abhaltung von theologischen Seminaren und Konferenzen auf wissenschaftlicher Ebene.
3. Kontakte und Gespräche mit Theologen aus anderen Kirchen, um eine unmittelbare Kenntnis ihrer lehrmäßigen Überzeugungen und theologischen Methoden zu erhalten, das Verständnis des Evangeliums von Jesus Christus und seiner Kirche, wie es in der lutherischen Reformation neu entdeckt worden ist, zu vermitteln, und die Kenntnis der christlichen Wahrheit durch solche theologische Begegnungen zu vertiefen."

Diese Zielsetzung schien uns elastisch genug, um auch den sich jeweils wandelnden Anforderungen Rechnung zu tragen. Dazu kommt ein weitgespanntes literarisches Programm, das sich inzwischen auch in der ökumenischen Welt einigermaßen Beachtung erworben hat.

Schritt für Schritt stellten sich dem Institut neue, immer weitergreifende Aufgaben. Aus seiner geographischen Lage ergab sich, daß außer den Verbindungen zu Deutschland und Skandinavien zuerst neue Kontakte im frankophonen Raum und im Bereich der anderen, vom Lateinischen herkommenden Sprachen, sehr bald sogar in Spanien, angeknüpft werden konnten. Dann wurden einige Professoren zu Vorträgen in den lutherischen Kirchen Lateinamerikas gerufen. In den USA wurden sie zu theologischen Seminaren gebeten, aber dann auch in Madagaskar und Indien. Nicht nur mit der römisch-katholischen Kirche, die naturgemäß zu unserem Hauptgesprächspartner wurde, sondern auch mit den reformierten Kirchen, mit der anglikanischen Kirchengemeinschaft sowie mit charismatischen Bewegungen wurden Gespräche angeknüpft. Mit der Zunahme der offiziellen bilateralen Gespräche zwischen Katholiken und Lutheranern, Anglikanern und Lutheranern usw. wurde der theologische Dienst des Instituts und seiner Mitarbeiter auch für die damit verbundenen Unternehmungen zunehmend in Anspruch genommen.

Für meine gesamte ökumenische Arbeit ist das Ökumenische Institut in Straßburg zu einem der wichtigsten Schwerpunkte geworden. Dabei faßte ich die Funktion des Kuratoriums neben den wichtigen organisatorischen, finanziellen und personellen Aufgaben als den Dienst einer Hilfeleistung für eine möglichst weit- und tiefgreifende theologische Arbeit auf, in der die Professoren nach Möglichkeit in eigener bzw. gemeinsamer kollegialer Verantwortung tätig sein sollten. In diesem Sinne versuchte ich auch, in den alljährlichen Sitzungen des Exekutivkomitees die Stiftung zu vertreten und dabei die unverzichtbare ökumenische Verantwortung der lutherischen Reformation mit Nachdruck herauszustellen. Es waren ja zugleich die Jahre, wo in den ökumenischen Gesprächen der neue Partner, die römisch-katholische Kirche mit ihrem Ökumenismus eine zunehmend wichtige Rolle spielen sollte. Vielleicht war es auch nicht zufällig, daß 1965 und 1966 die beiden ersten offiziellen Zusammenkünfte, in denen zwischen dem katholischen Einheitssekretariat in Rom und dem Lutherischen Weltbund die Richtlinien für einen kommenden Dialog und seine möglichen Themen vereinbart wurden, im Ökumenischen Institut in Straßburg stattfanden.

15. KAPITEL

Ökumenische Beziehungen von und nach Bayern

In den Jahrzehnten meines Dienstes hat die Mobilität der Menschen auf dem Globus, besonders der Bewohner Westeuropas in unerhörtem Ausmaß zugenommen. Das Autobahnnetz, dessen Beginn ich in Hitlers ersten Jahren miterlebte, hat besonders Bayern zu einem Durchreiseland für ganz Europa werden lassen. Das Propellerflugzeug wurde durch den viel schnelleren Düsen-Jet verdrängt, und wenn man heute einen pensionierten Lehrer oder auch eine Verkäuferin fragt, wo sie den letzten Urlaub verbracht haben, dann antworten sie sehr häufig: „In Mallorca", aber auch nicht selten: „Im Pazifik".

Auch das Amt eines Bischofs ist, wie bereits berichtet, noch mehr als früher in diese globale Mobilität hineingezogen worden. Unter ökumenischen Gesichtspunkten war es möglich, diesem Problem auch positive Seiten abzugewinnen. Die Frage ging mit mir, ob auch die Landeskirche, die Gemeinden und die Pfarrer, die mit der großen Mobilität gegebene neue ökumenische Chance und Verantwortung erkennen und wahrnehmen würden.

Immer habe ich es mit Freuden begrüßt, wenn aus der Gemeinde selbst Anstöße und Versuche kamen, dem Evangelium auf seinem Weg in die weite Welt Bahn zu bereiten. Die andere Sicht war freilich auch zu finden. „Bei uns ist das Wort ‚Mission' fast ein Fremdwort, merkwürdigerweise auch bei kirchentreuen Leuten" wurde mir nicht selten gesagt. Dabei war oft das soziopolitische Engagement auch für die Dritte Welt groß. Für die Christenheit aber ergab sich das Problem, das auch durch manche Tendenzen im Ökumenischen Rat verschärft wurde: Wenn zwischen „Heil" und „Wohl" getrennt wird, so kann auseinandergerissen werden, was unter dem Herrn Jesus Christus zusammengehört, der den ganzen Menschen nach „Leib" und „Seele" liebhat!

Unter den ökumenischen Beziehungen, an denen die bayerische Landeskirche teilhat, nenne ich zunächst ein scheinbar kleines Geschehen. Was für ein reicher Segen ist aus dem kräftigen Impuls geworden, den der Münchener Dekan Theodor Heckel gegeben hat, als er um 1960 die Verbindung mit der kleinen lutherischen Kirche in Paris aufnahm! Es ging um eine geistliche und materielle Hilfe für die schwerbedrängte Diasporakirche in der säkularisierten Großstadtumgebung. Aber der regelmäßige Austausch von menschlichen und Glaubenserfahrungen, der zwischen den Pariser lutherischen Gemeinden und denen in München seitdem bei den alljährlichen Besuchen sich vollzieht, ist längst zu einer auch die Münchener Gemeinden belebenden, beglückenden Übung geworden, in der die Erfahrung des Pauluswortes widerklingt, „daß ich samt euch getröstet würde durch euren und meinen Glauben, den wir miteinander haben" (Röm 1,12). Einige Male konnte ich selbst mit großer Freude an den gegenseitigen Besuchsreisen teilnehmen. Dabei hat sich eine enge Freundschaft mit den leitenden Männern der lutherischen Kirche in Paris, besonders mit Bischof Albert Greiner und seinem Nachfolger René Blanc, angebahnt. Mit Dankbarkeit habe ich bei einer dieser Gelegenheiten die Ehrendoktorwürde der Protestantischen Fakultät von Paris entgegengenommen.

Als eine bedeutsame Erweiterung des ökumenischen Horizonts für uns empfinde ich es auch, daß seit einigen Jahren zwischen der Evangelisch-Lutherischen Kirche in Bayern und einer Reihe von lutherischen Kirchen in Ostasien, in Japan, Korea, Singapur, Hongkong, neue Verbindungen aufgenommen worden sind. Einige Male schon sind leitende Männer aus diesen Kirchen, Theologen und Pfarrer nach Neuendettelsau gekommen, um in sechswöchigem Aufenthalt Geschichte und Gegenwart einer evangelisch-lutherischen Kirche und Theologie kennenzulernen und auch durch Reisen zu den Lutherstätten in beiden Teilen Deutschlands sich mit dieser Geschichte vertraut zu machen. Gerne habe ich mich an dem Gespräch mit ihnen beteiligt, vor allem mit einem Vortrag „Does the Reformation stand the test?" (Wird die Reformation ihre Probe bestehen?).

Die Hauptfelder aber, auf denen die Evangelisch-Lutherische Kirche in Bayern während meiner Amtszeit zu neuen Entscheidungen gefordert war, sind die Evangelisch-Lutherischen Kirchen in Brasilien, Tansania und Neu-Guinea.

Brasilien

Im Jahre 1960 hielt das Exekutivkomitee des Lutherischen Weltbundes seine Tagung in der Stadt Porto Alegre in Rio Grande do Sul, dem südlichsten Bundesstaat von Brasilien ab. Meine Aufgabe war dabei vor allem, über den Stand der Vorbereitung für das geplante ökumenisch-theologische Institut zu berichten und mir für unsere Kommission neue Vollmachten geben zu lassen. Da ich nun schon einmal in Lateinamerika war, benutzte ich den Aufenthalt zur Durchführung von zwei weiteren Aufträgen. Zunächst besuchte ich, soweit nur irgend möglich, die zahlreichen aus Bayern stammenden, meist in Neuendettelsau ausgebildeten Pastoren, die im Dienst der Evangelischen Kirche Lutherischen Bekenntnisses in einigen Gebieten Brasiliens arbeiteten. Diese heute etwa 800 000 Glieder zählende Kirche ist aus verschiedenen Wellen von deutschen und deutschsprachigen Einwanderern entstanden, die sich seit 1824 jeweils nach politischen oder wirtschaftlichen Katastrophen in Europa in das riesige Brasilien ergossen haben. Erst sechzig Jahre später hat eine geordnete seelsorgerliche Betreuung und Sammlung dieser Menschen begonnen. Seitdem 1897 der bayerische Zweig der Diaspora-Hilfsorganisation „Lutherischer Gotteskasten" den ersten Pfarrer dorthin entsandt hat, ist eine lebhafte Verbindung zu den Gemeinden besonders in den Staaten Rio Grande, Santa Catharina und Espirito Santo entstanden. Ich habe diese Verbindung besonders in den Jahren beobachten und pflegen können, als Ernesto Schlieper, mit dem ich sehr befreundet war, Präses dieser Kirche gewesen ist, denke aber ebenso gerne an die Zusammenarbeit mit seinem Nachfolger Karl Gottschald.

Man braucht von Porto Alegre aus gar nicht weit zu fahren, um in solche Gemeinden zu kommen, die ihre Herkunft aus Deutschland auch nach hundertfünfzig Jahren nicht verleugnen. So kam ich nach Novo Hamburgo (= Neu-Hamburg) und nach Hamburgo Velho (= Alt-Hamburg), hielt dort Gottesdienste und saß mit den Gemeindegliedern vor Häusern, die ihren europäischen Stil nicht verleugneten, unter Bananenstauden, die das ganze Jahr ihre Früchte geben. Ich kam nach Sao Leopoldo, wo die brasilianische Kirche in einer theologischen Hochschule auf dem Spiegelberg bodenständige Pfarrer ausbildet, und konnte vor Studenten und Lehrern einige Vorträge und Vorlesungen halten.

Aber das Gebiet der „Neuendettelsauer" Pastoren lag doch mehr in anderen Provinzen Brasiliens. Unmittelbar nach der Sitzung in Porto Alegre begleitete mich Präses Friedrich Wüstner von Joinville in das Gebiet der Synode von Santa Catharina und Paraná, wo die meisten der aus Bayern stammenden Pastoren arbeiten. Fast wie auf einer bayerischen Pfarrkonferenz kam ich mir vor, als wir hier zwei Tage lang in größerem Kreis beisammen waren und ich von zu Hause erzählen und eine Reihe von pastoraltheologischen Fragen mit den Amtsbrüdern besprechen konnte. Einige Tage war es mir möglich, auch in einzelnen Gemeinden des Gebietes Besuche zu machen und Gottesdienste sowie Versammlungen zu halten, in Joinville und Blumenau, Pirabeiraba, Indajal u. a. Wenn man dann wieder zurück nach Bayern kommt und zu Hause von solchen Besuchen und Erfahrungen erzählen darf, so kann die Kirche in der Heimat dadurch einen außerordentlichen Ansporn erhalten, die Hilfe für die Schwesterkirche in der Ferne auszubauen. Andererseits gilt es auch in diesem Fall festzuhalten, daß auch brüderliche „Aushilfe" mit Pastoren jederzeit bereit sein muß zurückzutreten und beiseite zu stehen. Es ist existenznotwendig für die Kirche in Brasilien, daß sie den bodenständigen Pfarrerstand stärkt, zumal da je länger, desto mehr, vor allem seit dem Zweiten Weltkrieg, die aus Deutschland mitgebrachte Muttersprache durch die einheimische portugiesische Sprache auch im kirchlichen Leben verdrängt wird. Die Evangelische Kirche Lutherischen Bekenntnisses darf ja auch nicht bloß eine „deutsche" Kirche sein wollen. Freilich kommt sie mit der Ausbildung eines eigenständigen Pfarrernachwuchses kaum nach, da in dem unruhigen Land mit seinen ungeheuren Umwälzungen, dem großen Bevölkerungswachstum und der ständigen riesigen Binnenwanderung immer neue Aufgaben auf die auch an Mitgliedern wachsende Kirche hinzukommen.

Lateinamerikanische Rundreise

Zum andern fügte ich, wie die meisten Mitglieder des Exekutivkomitees, an unsere Sitzung in Porto Alegre auf Bitten der lateinamerikanischen evangelischen Kirchen eine Rundreise an, die mich durch eine ganze Reihe von Ländern des mächtigen Kontinents führte. Nach dem Verlassen Brasiliens konnte ich in der Hauptstadt Argentiniens, in Buenos Aires, in der evangelischen Hauptkirche einen Gottesdienst halten und die theologische Schule in José C. Paz am Rande der Stadt besuchen. Einer der dortigen Professoren, der aus Ungarn stammende Bela Lesko, wurde später, als die Arbeit des Ökumenischen Instituts in Straßburg sich auch auf Lateinamerika ausdehnte, dafür einer unserer wichtigsten Helfer. Vor allem aber stand auf dem Programm auf Bitten der evangelischen Kirche am Rio de la Plata ein sich über eine ganze Woche erstreckender Besuch bei den deutschsprachigen evangelischen Gemeinden, die sich seit Jahrzehnten im Urwald der nördlichsten Provinz Argentiniens, in Misiones, gebildet hatten. Man kann es sich kaum vorstellen: da erstreckt sich ein riesiges Waldgebiet östlich des gewaltigen Paraná-Stromes, und mitten darin, „bei km 25“ oder „bei km 50“, sind ausgedehnte Siedlungen entstanden, von Posadas über Leandro N. Além, Eldorado, Monte Carlo bis hinauf nach Iguacú am Drei-Länder-Eck von Brasilien, Argentinien und Paraguay. Deutsche Flüchtlinge, wiederum von den Wogen europäischer Katastrophen gleichsam fortgeschwemmt, haben sich seit dem vorigen Jahrhundert bis zu den Flüchtlingsbewegungen nach dem Zweiten Weltkrieg dort angesiedelt, zusammen mit schwedischen und schweizerischen Gruppen, und haben es aus anfänglich größten wirtschaftlichen Schwierigkeiten meist zu einem gewissen Wohlstand gebracht. Besuche bei ihnen sind in kurzen Worten kaum zu schildern in ihrer Unmittelbarkeit und in der Freude der Gemeindeglieder darüber, daß sie doch nicht ganz vergessen sind. So waren die Tage gefüllt mit festlichen Begrüßungen, Gottesdiensten in einfachen Kirchen, mit Gemeindeabenden, und darnach saß man im größeren oder kleineren Kreis in der Runde und reichte sich unter sehr persönlichen Gesprächen das Gefäß mit dem berühmten Mate-Tee weiter, der von allen aus dem selben Röhrchen getrunken wird. Ich lernte dabei den Blick auszudehnen auf Gebiete, die einem sonst nicht einmal dem Namen nach bekannt sind und völlig abseits von der großen Weltpolitik liegen, wo aber auch Menschen des gleichen Glaubens

Deutsche Kolonistenkirche in Argentinien

leben, „als die Unbekannten, und doch bekannt" (2 Kor 6,9). In einer der Gemeinden sagten sie mir, daß etwa sechzig km abseits von der großen Straße noch eine Siedlung liege, Venticinque di Mayo – „zu denen müssen Sie hin, die warten darauf". Ich fuhr auf einem schmalen Weg hin durch den Urwald, auf dem uns auch ganz echte Urwald-Indianer begegneten, und aus dem Besuch ist tatsächlich die Bildung einer evangelischen Gemeinde erwachsen, als deren erster Seelsorger sich ein bayerischer Pfarrer aussenden ließ. Ein ähnlicher Abstecher führte mich von Posadas aus über den breiten Paraná-Fluß in den Indianer-Staat Paraguay, über die Stadt Encarnación kam ich in die große Gemeinde Hohenau mit ihren Filialen Bellavista und Obligado zu einem bewegenden Besuch: Ein Internat für ihre Schulkinder haben sie eingerichtet und ein Altenheim, das sie mir mit großem Stolz zeigten, und bis heute senden sie mir ihr Gemeindeblatt, den „Christlichen Hausfreund".

Unfreiwilliger Aufenthalt

Ich habe in meinem Leben viele Flugzeuge und Flugzeugtypen kennengelernt: hochmoderne und ziemlich alte, die in der westlichen Welt längst ausgedient hatten, aber anderswo noch gut genug erschienen; die großen Jumbojets und die kleinen vier- oder sechssitzigen Cesna-Flugzeuge, die in Missionsgebieten vielfach als Verkehrsmittel dienen; die schweren Wasserflugboote aus ehemaligen britischen Heeresbeständen, die den Verkehr von der Hauptstadt am Meer zu den Städten an den beiden Flüssen im Innern Argentiniens vermitteln, ebenso aber auch ein altes, zweisitziges Flugzeug mit einer Einsteigtüre, die statt mit einem Schloß nur mit einem zurechtgebogenen Nagel verschlossen war. In ihm hatte ich ein besonderes Erlebnis.

Ort der Handlung: Die Iguaçú-Wasserfälle, argentinische Seite, 11. April 1960. Ein Vater schreibt an seine Kinder in München: „Eben, indem ich Euch schreibe, sitze ich mitten im südamerikanischen Urwald fest. Ich bin gerade mit einem Zwei-Mann-Flugzeug – da sitzt vorne der Flugzeugführer und hinter ihm der einzige Passagier, in diesem Falle ich – von Eldorado hieher geflogen und habe mir die schönen, berühmten Wasserfälle von Iguaçú angesehen, die den Niagarafällen in Nordamerika ähnlich sind. Das Naturschauspiel mit den stürzenden, donnernden Wassern war auch sehr sehenswert. Aber als ich wieder wegfliegen wollte, mochte das kleine Flugzeug nicht mehr. Und nun sitze ich da, ohne Begleiter, und kann mich mit keinem Menschen verständigen, weil sie alle nur spanisch reden, und warte in patiencia – das ist ein wichtiges Wort hier –, daß irgend jemand ‚käme und mich mitnähme'. Wie lange es dauert, weiß ich nicht..." Das Flugzeug bockte wie ein Esel und trotzte allen Versuchen, die der ehrenwerte Pilot Franzisco Adolfo Diaz unternahm. Er drehte an Schrauben und machte sie los, um auf den Grund des Hindernisses zu kommen. Als alles nichts half, tat er das Beste, was ein Spanier tun kann: Er sagte: „Warten auf den mechanico!", legte sich hin und schlief. Als er nach zwei Stunden aufwachte und nochmals an dem Propeller drehte, da ging er wieder! Rasch sammelte er alle herumliegenden Werkzeuge und Schrauben in den Flugzeugkasten, packte mich auf meinen Sitz, startete und wir erhoben uns in die Luft und flogen etwa 100 bis 200 m oberhalb der endlosen Wälder nach Posadas, in die Zivilisation. Franzisco Adolfo Diaz aber war sehr stolz auf seine Leistung und nahm kein Trinkgeld.

Soziale Probleme

Nur im Vorübergehen können andere Erfahrungen erwähnt werden, wie z. B. mit den sozialen Problemen Lateinamerikas, die heute sofort überall in den Vordergrund treten, mir damals aber noch weithin zu schlummern schienen, vor allem im Bewußtsein der deutschstämmigen Bevölkerung. Von dem harten Schicksal der sterbenden Urwald-Indianer-Stämme schienen mir ebenfalls nur wenige Kenntnis zu nehmen und zaghafte Versuche, sich ihnen zu nähern oder sie für das Evangelium zu gewinnen, wollten nicht gelingen. Es war ähnlich wie mit den verlassenen Indianer-Reservaten, die vor zwei- bis dreihundert Jahren die Jesuiten zum Schutz der Eingeborenen gegenüber den ausbeuterischen Europäern errichtet hatten. Mitten im dichten Urwald kann man im Zentrum Lateinamerikas auf die mächtigen Ruinen dieser großen, quadratisch angelegten Siedlungen treffen, die noch große Lagerhäuser und riesige Kirchen erkennen lassen. Aber bei unserem Besuch wußte kaum jemand zu sagen, daß da einmal zwischen 1609 und 1773 die Jesuiten fast etwas wie ein Staatswesen mit ca. hundertfünfzig solcher Reduktionen für die Indianer und mit reichen Handelsbeziehungen geleitet haben.

Einige Tage in La Paz in Bolivien, wo ich den Grundstein für eine neue evangelische Martin-Luther-Kirche zu legen hatte, vermittelten wieder völlig andere Eindrücke. Steigt man von Argentinien kommend auf dem 4000 m hoch gelegenen Flugplatz von La Paz aus dem Flugzeug, so hat man bei der dünnen Luft Mühe zu atmen und seinen Koffer zu tragen, und erst ein Glas Whisky, das man mir bei einem Ausflug nach dem sagenumwobenen Titicacasee anbot, befreite mich von den lästigen Kopfschmerzen, die dem an andere Luftdruckverhältnisse Gewöhnten zur großen Qual werden können. Die Hochland-Indianer mit ihren unergründlichen Augen, in denen ich ihre traurige Geschichte seit dem Einfall der Spanier noch lebendig zu sehen glaubte, sind meist sehr arm und pflügen ihre Felder noch mit Holzpflügen, was sie jedoch nicht hindert, die modernen Verkehrsmittel mit Leidenschaft zu gebrauchen. Auch nach Lima in Peru kam ich und sah den unbeschreiblichen Unterschied zwischen einer wohlsituierten deutschen Auslandsgemeinde und den schrecklichen Slums, bevölkert von zugewanderten Hochland-Indianern, die in der verführerischen Stadt das Paradies gesucht hatten und dafür Armut und Tuberkulose fanden. Der Eindruck von diesen Slums erneuerte sich, als ich auf dem Rückflug nach Europa noch das brasilianische Rio de Janeiro besuchte und der sozialen Klüfte innewurde, die damals auch von sozial denkenden Menschen nur wenig wahrgenommen wurden. Ich glaubte zu ahnen, welche Aufgaben nicht nur auf die römisch-katholische Kirche, sondern auch auf die Evangelische Kirche Lutherischen Bekenntnisses in Brasilien in den folgenden Jahrzehnten zukommen würden, in ihren Verhältnissen ein Evangelium zu verkündigen und zu leben von dem Herrn Jesus Christus, der gekommen ist zu suchen und zu retten, was verloren ist.

Einige Jahre später, 1968, kam ich nochmals nach Lateinamerika, diesmal nach Bogotá in Kolumbien. Dort lag die Zeit noch nicht weit zurück, wo das Schicksal des legendären Camilo Torres, eines begabten und mitreißenden Priesters und Studentenpfarrers die Gemüter bewegte. Von dem sozialen Elend vieler seiner Volksgenossen angerührt, hatte er in einem Manifest verkündet, er werde von jetzt an keine Messe mehr halten, ehe nicht die soziale Gerechtigkeit eingezogen sei. Er schlug sich auf die Seite der revolutionären Guerilleros und fiel kurz darauf in einem Gefecht mit Regierungstruppen. Dies alles war in Bogotá noch Tagesgespräch. Ein kluger Verlagsbuchhändler, der einen klaren Blick hatte, sagte mir: „Camilo Torres war ein ausgezeichneter Priester, besonders für junge Menschen. Hier aber hat er einen Fehler begangen. In umgekehrter Reihenfolge hätte er handeln müssen: das eucharistische Sakrament feiern, damit daraus Liebe und soziale Gerechtigkeit erwachsen könnte!“

Ende der fünfziger Jahre war in der Norddiözese der Evangelisch-Lutherischen Kirche von Tanganjika, das heute Tansania heißt, der wackere Bischof Stefano Moshi ins Amt gekommen. Er wurde später der Leitende Bischof der gesamten Evangelisch-Lutherischen Kirche in Tansania. An ihm, der auch lange Zeit ein geachtetes Mitglied des Exekutivkomitees des Lutherischen Weltbundes war, konnte man sehen, was für gute Früchte die tiefgegründete Arbeit von Missionaren wie Johannes Raum, Bruno Gutmann, Max Pätzig und vielen anderen im Gebiet des Merubergs und um den Kilimandscharo getragen hatte. Da war eine Volkskirche im guten Sinn des Wortes entstanden. In seinen ersten Amtsjahren schrieb mir Moshi in einem Brief ausführlich über die Frage, ob es nicht an der Zeit sei, unsere kirchlichen Beziehungen auf eine neue Basis zu stellen, nämlich so, daß sie nicht mehr nur über die Leipziger Missionsgesellschaft, die dort arbeitete, sondern „von Kirche zu Kirche" geleitet würden. War doch die Kirche in Tansania ebenso wie der Staat inzwischen zur Selbständigkeit herangereift und auch Mitgliedskirche des Lutherischen Weltbundes geworden.

Mir leuchteten Moshis Gedanken ein, vor allem auch im Blick auf die afrikanische Position. Es war Zeit. War es nicht überhaupt das Ziel aller Missionsarbeit, nicht nur Häuflein von Menschen und Einzelgemeinden zu sammeln, die an einen europäischen Missionar gebunden waren, sondern eben eine selbständige Kirche mit eigenen Pfarrern, mit einem von ihr selbst zu erfüllenden missionarischen Auftrag werden zu lassen? Das konnte, wenn sie es wollten, gewiß noch in enger Verbindung mit den Kirchen geschehen, aus denen die Missionare kamen. Aber es war eben doch – in diesem Falle – die Lutherisch-Reformatorische Kirche Gottes in Tansania, die jetzt als handelnde Größe auftrat. Der weitblickende, leider früh verstorbene Missionstheologe Walter Freytag, mit dem ich mich in Minneapolis 1957 ausführlich gerade über diese Fragen hatte unterhalten können, hatte uns deutlich gemacht, daß als kaum erwartete Frucht aus den Umwälzungen und Zerstörungen, die besonders der Zweite Weltkrieg auch auf den Missionsgebieten verursacht hatte, in fast allen Teilen der Welt eben nicht mehr nur diese Häuflein von Christen existierten, sondern daß Gemeinde und Kirche Jesu Christi geworden war, Volk Gottes unter den Völkern, stehend unter seinem missionarischen Auftrag.

Ebenso sorgfältig mußte natürlich für die Evangelisch-Lutherische Kirche in Bayern überlegt werden, welche Folgerungen sich aus dieser „Verkirchlichung“ und aus der damit gegebenen Veränderung in der Position der Mission und der Missionsgesellschaften ergaben. Diese letzteren selbst drängten übrigens weithin darauf zu, weil sie erkannten, daß sie mit ihrer Struktur weder in der Heimat noch bei den jungen Kirchen den neuen Aufgaben gewachsen waren. Aber es waren ja auch die möglichen Schattenseiten der „Verkirchlichung“ sehr sorgfältig zu überlegen. „Sobald die Kirche ein von ihrem Herrn befohlenes Werk in ihre Ordnung aufnimmt, wird der Reichtum der Unmittelbarkeit weggetan“, hatte Rektor Bezzel in Neuendettelsau 1908 in einer Epiphaniaspredigt warnend gesagt. Gewiß hatte er die damalige Staatskirche im Auge. Aber würde etwa die inzwischen selbständig gewordene Evangelisch-Lutherische Kirche in Bayern, diese Volkskirche mit allen Licht- und Schattenseiten dieser Struktur, elastisch genug sein, um für die jungen Männer aus allen möglichen Berufen, die eine innere Berufung in den Dienst der Mission erfahren hatten, eine Ausbildungsstätte wie das Missionsseminar Neuendettelsau in der entsprechenden Weise weiterzuführen? Gerade hier waren ja die spontanen, besser: die geistlichen Impulse zu spüren, die von den Gemeinden her eine Missionsarbeit tragen.

Ein Anstoß für den Versuch eines neuen Weges „von Kirche zu Kirche“, in dem auch die Mission ihre Stelle haben und behalten konnte, ergab sich, als 1961 über den Lutherischen Weltbund die Bitte einer schwedischen Missionsgesellschaft an uns kam, wir möchten im Süden Tansanias in der Gegend zwischen Njombe und dem Nyassa-See, wo früher die Berliner Mission gearbeitet hat, ihnen in ihrer Arbeit zu Hilfe kommen. Der Leiter dieser Mission, Präsident Nilsson von der Lutheran Swedish Southern Tanganyika Mission, wurde zu einer Tagung der bayerischen Landessynode als der Vertretung der Gemeinden eingeladen, um über den Hintergrund seiner Bitte zu berichten. Die Landessynode ging nach ausführlicher Diskussion auf sein Anliegen ein. Als Ausgangsbasis für die Ausführung des neuen missionarischen Auftrags suchten wir bewußt ein Gebiet der Landeskirche, das bisher von den Missionsgesellschaften noch wenig erreicht war und den Gedanken der Mission höchstens als Anliegen einzelner kannte. Es war der große Dekanatsbezirk Coburg, der erst seit 1920 zur Landeskirche gehörte. Der junge Pfarrer Hans-Gernot Kleefeld ließ sich als erster Missionar und Pfarrer für die Südsynode von Tansania gewinnen. Er stellte sich in allen Gemeinden des Coburger Bezirks als der von ihnen mit Fürbitte und Opfer zu begleitende erste Sendbote für Tansania vor und zeigte in Vorträgen und Gottesdiensten die missionarische

Verantwortung der Gemeinde Christi auf: „Gemeinde entdeckt die Mission!“ In einem feierlichen Gottesdienst in Coburg-St. Moriz sandte ich ihn vor den anwesenden Kirchenvorstehern und Teilnehmern aus allen Coburger Gemeinden als den von ihnen zu begleitenden und zu tragenden Missionar im Namen der ganzen Landeskirche aus.

Im Jahre 1965, als das Exekutivkomitee des Lutherischen Weltbundes seine Tagung in Arusha im nördlichen Tansania hielt, konnte ich im Anschluß daran Kleefeld in seiner Station Brandt im Süden des Landes besuchen und mit ihm seinen ganzen Bereich eine Woche lang bereisen. Die Namen Kidugala, Magoye, Njombe, Tandala und viele andere sind mir seitdem im Gedächtnis, aber mehr noch das Miterleben dessen, wie in solchen Verhältnissen Gemeinde Jesu Christi lebt und leidet, stolpert und wächst. „Heute“, sagte Kleefeld eines Tages, „müssen wir die entfernteste, aber auch die schwächste Gemeinde besuchen, weit draußen in der Steppe.“ Als wir hinkamen und die „Glocke“, ein Stück Autofelge, zum Gottesdienst rief, dauerte es lange Zeit, bis die Menschen hier und dort aus dem Busch hervorkamen und sich versammelten. Und dann begrüßte mich der arme alte Pfarrer: „Wir danken Ihnen, daß Sie gekommen sind. Wir sind die ärmste Gemeinde am alleräußersten Ende der Welt.“ Und man konnte es ihm glauben! Dennoch – sie lebt und ließ mich das Geheimnis der Kirche ahnen. Hatte nicht der auferstandene Jesus seine Leute gesandt „nach Jerusalem und Samarien und bis an die Enden der Erde“ (Apg 1,8)? Und da war nun als Kirche eine einfache Hütte mit einem schief hängenden Holzkreuz über der Türe und die Menschen saßen auf langen, quergelegten Baumstämmen oder auf dem Boden. Aber aus dem Wort, das in der Hütte laut wurde, und in den Gesängen und Gebeten und im Altarsakrament hatte es Gott gefallen, eine Gemeinde zu sammeln, die doch glaubte. Wenig Geld hatten sie, kaum eine Kirchenstruktur und kein Kirchenrecht, aber kann nicht Gott aus seiner Gnade durch den Glauben an Jesus Christus Menschen auf einen neuen Weg bringen und eben auch seine Kirche aus nichts anderem als aus der Rechtfertigungsbotschaft heraus schaffen? Ich sah in diesen Gemeinden auch Unglauben, Aberglauben und Abfall, und ich erlebte auch, wie einige ihrer Diener sich versündigten und ausgeschlossen werden mußten. Aber ebenso nahm ich auch an ihrer Wiederaufnahme teil und an der Freude über einen Sünder, der umkehrt.

Inzwischen ist eine so enge Verbindung zwischen diesen Gemeinden im Süden Tansanias und dem Dekantsbezirk Coburg entstanden, daß Pfarrer, Gemeindeglieder, Kirchen- und Posaunenchöre regelmäßig von Coburg dorthin fahren und Gemeindeglieder von Njombe oder anderen Orten nach Coburg kommen. Es ist Tradition geworden, daß ein Pfarrer aus dem Coburger Gebiet nach Tansania geht, und auch umgekehrt werden Versuche gemacht, daß afrikanische Pfarrer in Coburger Gemeinden Dienst tun. Der Versuch eines missionarischen Austausches von Kirche zu Kirche ist, wie ich glaube, nicht mißlungen; auch nehmen inzwischen längst auch andere Gebiete der Landeskirche wie Augsburg oder München an diesem Austausch mit der Südsynode von Tansania teil.

Einige Male habe ich im Laufe meines Dienstes die Evangelisch-Lutherische Kirche in Tansania besuchen können. Es war reizvoll, von Mal zu Mal die Weiterentwicklung zur eigenständigen Kirche zu beobachten. Da konnte man in den Gottesdienst in einer Gemeinde kommen und erlebte die Liturgie wie etwa nach der Ordnung zu Hause mit, bloß eben auf Kisuaheli, und Lieder sangen sie zuerst noch, den unsrigen nachgebildet und nach unseren Melodien gesungen, sogar nach alten Vaterlandsliedern wie „Ich hab mich ergeben". Aber immer mehr tauchten afrikanische Texte und Melodien auf und Rhythmen, in denen die Menschen nicht nur mit dem Mund, sondern mit dem ganzen Körper mitschwingen und mittanzen. Und selbstverständlich sind die Kinder dabei, die Mütter bringen auch ihre Säuglinge in den Gottesdienst mit, und die Kinder dürfen auch schreien – und stören damit keineswegs das Lob Gottes, an dem wohl nach Psalm 8,3 gerade auch Kinder und Säuglinge beteiligt sein sollen.

Im Jahre 1973 hatte ich mit Bischof Moshi noch einen besonders fruchtbaren Austausch in Anwesenheit aller verantwortlichen Vertreter aus seiner Diözese. Hier ließ sich etwas erkennen von der gewachsenen Beziehung zwischen der Kirche in Bayern und der Kirche in Tansania, aber auch von dem stärker gewordenen Selbstbewußtsein der Gemeindeglieder in Tansania. Die „Vatergestalt" Moshis, mit dem ich sehr verbunden war, hatte daran besonderen Anteil. Auch er ist oft nach Bayern gekommen, zuletzt zur Einführung meines Nachfolgers in Nürnberg 1975, ist aber bald darauf gestorben.

Im Süden Tansanias konnte ich 1973 bei Gelegenheit der erwähnten Reise ein Flüchtlingslager an der Grenze des damals noch portugiesischen Mozambique besuchen und mich davon überzeugen, wie sorgsam die Beauftragten des Lutherischen Weltbundes ihre Hilfsaufgaben an allen Bedürftigen wahrnehmen. Und dann gab es in Dar-es-Salaam wieder einen festlichen Gottesdienst. Vier Stunden dauerte er, und er war nicht eine Minute langweilig, sondern trotz der glühenden Hitze voll sprühenden Lebens. Durch neunzig Jahre ist von uns aus viel missionarische Liebe und Kraft nach Tansania geströmt. Was uns diese Gemeinden heute vor allem mitteilen können, ist ihr Leben unmittelbar aus dem Gottesdienst. Er ist nicht wie vielfach bei uns eine ausgesparte feierliche Stunde am Sonntagvormittag. Es ist vielmehr die lebendige Mitte, auf die alle Linien des Lebens einer Gemeinde zugehen und von der sie wieder in die Gemeinde und in die Familien hinauslaufen. Man möchte allen Lehrern und Professoren der praktischen Theologie an den Theologischen Fakultäten bei uns wünschen, daß sie für einige Wochen in eine der jungen Kirchen gehen und ihre Theorie über den Gottesdienst an diesem Anschauungsbeispiel orientieren.

Als ich 1977 aus Anlaß der Vollversammlung des Lutherischen Weltbundes in Dar-es-Salaam zum letzten Mal Tansania besuchen konnte, ist mir diese Wirkung des Gottesdienstes dieser afrikanischen Gemeinden noch einmal besonders klar geworden. Die Vollversammlung mit ihrem Thema „In Christus eine neue Gemeinschaft" ist nicht in allem geglückt und hat einige Durststrecken gehabt. Ihre wesentliche Belebung hat sie davon empfangen, daß sie Tag für Tag in das gottesdienstliche Leben der evangelisch-lutherischen Gemeinden in Tansania eingebettet war, die von überall her gekommen waren, um mitzufeiern und mitzubeten.

Neu-Guinea

Diejenige Missionskirche, mit der die Evangelisch-Lutherische Kirche in Bayern die engste Verbindung besitzt, ist zweifellos die Evangelisch-Lutherische Kirche in Papua-Neuguinea. Schon von früher Jugend an kann ich mich daran erinnern, wie der Vater regelmäßig Neuendettelsauer Missionare, die in Neu-Guinea tätig waren, zu Missionsgottesdiensten in die Gemeinde bat. Da kam z. B. der bekannte Missionar Christian Keyßer und konnte packend von seinen Erfahrungen erzählen. Im Pfarrwaisenhaus Windsbach war ich mit vielen Missionarssöhnen zusammen, deren Eltern im fernen Neu-Guinea arbeiteten bzw. infolge des Ersten Weltkriegs in Australien interniert waren. Durch meinen Klaßkameraden Karl-Gerhard Steck lernte ich an dem Geschick seines Vaters teilnehmen, der als Missionsinspektor auf einer Reise nach Neu-Guinea im Jahre 1914 vom Krieg überrascht worden war und erst nach langen Jahren der Internierung wieder nach Hause kam. An schweren Schicksalen anderer Missionarsfamilien prägte sich mir früh die Ahnung ein, daß zur Ausbreitung des Christusglaubens das Leiden gehört. In vielen Häusern in den fränkischen Gemeinden, vor allem dort, woher Missionare gekommen waren, hing an der Wand des Wohnzimmers eine Karte von Neu-Guinea, auf der die Missionsstationen mit Fähnchen bezeichnet waren. Da konnte man anschaulich am Voranschreiten des Evangeliums teilnehmen, an seinen Siegen und an seinen Niederlagen. Und wir erfuhren, daß überraschenderweise der Erste Weltkrieg, im übrigen auch der Zweite Weltkrieg, die beide Male die Arbeit der Neuendettelsauer Mission lahmgelegt hatten, doch nicht das Werden dieser Kirche dort haben aufhalten können. Im Gegenteil: Missionare aus anderen Kirchen waren eingesprungen, vor allem aber hatten die Gemeinden gerade unter der Last des Alleingelassenseins gelernt, selbständig zu werden und auch die Verantwortung für das Weitergeben der Botschaft zu übernehmen. So haben besonders die einfachen Evangelisten, die vielfach noch nicht einmal lesen und schreiben konnten, durch ihr Wort und Beispiel des Evangeliums, das „Miti" unermüdlich weitergetragen. Diese Evangelisten haben mir dann selber das Prophetenwort Jes 52,7 unvergeßlich anschaulich gemacht: „Wie lieblich sind auf den Bergen die Füße derer, die das Evangelium, die den Frieden verkündigen." Barfuß und in größter Armut laufen sie über das zerklüftete Land und suchen die Dörfer auf, um in alle Winkel die frohe Botschaft zu bringen, daß auch für die Menschen in Neu-Guinea Jesus Christus als Heiland und Erlöser gekommen ist.

Zweimal während meiner Amtszeit habe ich die Evangelisch-Lutherische Kirche in Neu-Guinea besuchen können, nachdem schon lange von dort eine Einladung vorgelegen hatte. Auch im Zeitalter des Düsenflugzeugs mit den durchgehenden Linien von Amsterdam oder Zürich nach Sydney in Australien ist die Reise auf die entgegengesetzte Seite der Erde ein ziemlich anstrengendes Unternehmen, zumal da man von Sydney über Brisbane nach Port Moresby und Lae, den wichtigsten Städten in Papua-Neuguinea, auch noch einige Stunden benötigt und sich an die verschobene Zeit gewöhnen muß. Als wir im Jahre 1968 das erstemal in dem hochgelegenen Dorf Wau mit den dort versammelten Missionaren, Schwestern, Mitarbeitern und Mitarbeiterinnen, an ihrer Spitze der damalige amerikanische Bischof Dr. Kuder, anläßlich ihrer alljährlichen Konferenz zusammentrafen, überkam mich ganz stark die Erinnerung an das, was mehr als achtzig Jahre vorher in dieser entfernten Gegend der Welt begonnen hatte. Ein junger Mann aus dem oberpfälzischen Dorf Fürnried, Johannes Flierl, war durch viele Schwierigkeiten hindurch seiner Berufung zum Missionar gefolgt und hatte das Missionsseminar in Neuendettelsau durchlaufen. Als er im Jahre 1886 seinen Fuß auf den Boden der Insel Neu-Guinea setzte, hatte er sich ausdrücklich auf den Ruf des Mannes aus Mazedonien an den Apostel Paulus in Apg 16,8 berufen: „Komm herüber und hilf uns!" Und nun stand ich vor denen, die nach Johannes Flierl einige Menschenalter hindurch diese Berufung weitergeführt hatten, und sah das weite Feld vor mir, das sich aufgetan hatte. „Gedenke des ganzen Weges, den dich der Herr, dein Gott geleitet hat..." (5 Mos 8,2f) – daran versuchte ich die ganze Versammlung zu erinnern, und ich gedachte der Missionare, ihrer Familien und Mitarbeiter, die stellvertretend für eine dafür noch nicht offene oder noch ungeschickte Landeskirche das Werk der Mission angegriffen hatten, bis diese Kirche dann selber erkannte, daß es ihr ureigener Auftrag war!

Verdichtete Kirchengeschichte

Von der Reise durch das faszinierende Land mit seinen braunen Bewohnern sind damals in den einschlägigen Blättern ausführliche und farbige Berichte erschienen. Auch meine Frau, die die Reise mitmachen konnte, hat tagebuchartig ihre Erlebnisse weitergegeben. Ich möchte nur einige Eindrücke erwähnen und aufzeigen, wie sich dem Besucher, der eine Kirchengeschichte von nur achtzig bis neunzig Jahren auf dem engen Raum eines solchen Missionsfeldes überblickt, eine Reihe von Phasen der Kirchengeschichte in unmittelbar dichter Folge darstellen, die sich bei uns über den Ablauf von Jahrhunderten hin erstreckt haben.

Da bekamen wir zuerst einen Eindruck von dem unmittelbaren, heißen Geschehen der Mission selber. In das noch wenig erforschte zentrale Hochland am 4000 m hohen Mount-Hagen-Gebirge hatte uns Missionar Wilhelm Hertle in Tiripini eingeladen, der seit zwei Jahren mit seiner Frau, einer tüchtigen Krankenpflegerin, in einem noch ganz unzivilisierten, der Steinzeit nahen Volksstamm wirkte. Ursprünglich hatte er auf den Termin unseres Besuches das erste große Tauffest legen wollen. Da ihm, diesem gewissenhaften Missionar, aber die Vorbereitungszeit doch als zu kurz erschien, verzichtete er lieber darauf. Um so eindrücklicher war auf dem kleinen Flugplatz – einer geebneten Wiese – der brausende Empfang, als wir dem kleinen Flugzeug entstiegen. Eine große Schar von Tausenden von Menschen war zu der Feier zusammengekommen, die sich nun etwa zwei Stunden lang abspielte. So mögen die Leute vor fünfzig bis hundert Jahren überall in diesem Land ausgesehen haben und bekleidet – besser: fast unbekleidet gewesen sein. Aber die erwartungsvoll brennenden Augen der Menschen, die auf uns gerichtet waren, habe ich bis heute nicht vergessen. Was suchten sie in dem Evangelium, das ihnen nahegebracht wurde? Die Wahrheit über Gott, die Befreiung von Furcht, vielleicht auch ein besseres Leben mit größeren Möglichkeiten für ihre Familien und für ihre Dörfer? Es war ja wirklich ein primitives Dasein, in dem sie bisher lebten. Wie uns die Missionarsfrau erzählte, hatten sie in ihrer Sprache nicht einmal ein Wort für „Waschen“. Aber da saß unmittelbar vor uns eine Gruppe älterer Männer, die einen ledernen Beutel mit schwarzen Steinen und Stoffresten vor sich hatten. Es waren die Zauberer des Stammes, wie uns der Missionar sagte; mit diesen unscheinbaren, lächerlichen Gegenständen hatten sie viele Menschen in Angst, Schrecken und Todesfurcht gehalten. Nun aber kamen sie her zu mir, übergaben mir ihre Zaubersteine und ließen durch den Missionar erklären: „Wir sagen den alten Zaubermächten ab und übergeben uns dem Herrn Jesus Christus! Zum Zeichen dafür soll der Bischof der Mama-Church die Zaubersteine erhalten!“ Das war eine aufwühlende Stunde. „Ich entsage dem Satan und allem seinem Werk und Wesen!“ Das urchristliche Taufbekenntnis mit seiner Lossagung von der Macht der Finsternis und dem Gelöbnis an Jesus Christus, den wahren Herrn des Lebens, hatten wir hier erlebt.

Unten am Meer, in Heldsbach, begegnete uns die Gemeinde der zweiten Generation mit ihrem Gottesdienst in den einfachen Kirchen, mit ihrem Schulwesen und mit ihren Formen festlicher Gemeinschaft. Nach der langen Begrüßung mit „Sing-Sing“, alten Tänzen und Speerspielen waren wir zu einem großen Festmahl im Freien eingeladen, an langen, einfachen Tischen, Braune und Weiße gemischt in großer Eintracht. Die Zubereitung des Essens in großen Kesseln hatten wir vorher selber mit ansehen dürfen. Es gab gekochtes Fleisch mit Süßkartoffeln und Gemüse. Es schmeckte mir sehr gut, und ich ließ mir noch zweimal etwas auf den Teller legen. Ich war sehr überrascht, als im Verlauf des Festes der Versammlungsleiter, der spätere Bischof Zurenuo Zurewe, aufstand und in seiner Begrüßungsrede sagte: „Ich möchte bekanntgeben, dem Bischof aus Bayern hat es sehr gut geschmeckt. Ich habe es beobachtet und genau gezählt: dreimal hat er sich genommen. Er gehört zu unserer Gemeinschaft. Er hat uns die Hände geschüttelt und sitzt unter uns und betet mit uns.“ So unbefangen war es anscheinend bei früheren Besuchen nicht immer zugegangen; da war vielfach eine spürbare Kluft zwischen Besuchern und Besuchten gewesen, und auch die Mission hatte etwas lernen müssen.

Aber Neu-Guinea erlebte bereits auch gewissermaßen die Probleme einer dritten Generation: die wachsenden Städte, die Entwurzelung der Menschen und die Landflucht. In der Stadt Madang begegneten wir den Anfängen der Slums, noch in erträglichem Ausmaß, aber eben doch den primitiven Niederlassungen von Menschen, die aus den Siedlungen im Hochland in die für sie große Stadt gekommen waren. Missionar Adolf Schuster hatte es in geschickter Weise verstanden, diese Menschen an Ort und Stelle in Bethäusern zu Gemeinden zu sammeln. Selbständig traten die Gemeindeältesten auf, begrüßten uns, baten mich um ein Grußwort, beteten und sammelten am Schluß eine Kollekte – einmal wurde sie mir für eine besondere „Not in einer Gemeinde in Bayern" übergeben. Ich habe diese Kollekte von einigen australischen Dollars mit nach Hause genommen für eine kleine Gemeinde im Bayerischen Wald.

Wachstumsschwierigkeiten

Unsere zweite Reise im Januar 1973 war dadurch veranlaßt, daß Zurenuo Zurewe zum ersten einheimischen Bischof der Evangelisch-lutherischen Kirche in Neu-Guinea gewählt war und Anfang des Jahres 1973 in Lae eingeführt werden sollte. Die Vertreter der Kirchen, die bisher mit ihrer Missionsarbeit der Kirche geholfen hatten, waren dazu eingeladen. Zusammen mit Präsident Grope von der Lutherischen Kirche in Australien und mit dem Vertreter der amerikanisch-evangelisch-lutherischen Kirche mit dem Sitz in Minneapolis nahm ich an der Einführung teil. Sie fand in der großen, mit Palmzweigen und Blumen herrlich geschmückten St.-Paulus-Kirche statt. Wie alle Kirchen im heißen Neu-Guinea hat auch sie keine Seitenwände, sondern nur niedrige Brüstungen. So konnte sich die große Gemeinde über die voll besetzte Kirche hinaus nach den Seiten hin ausbreiten. Lautsprecher sorgten dafür, daß man auch draußen hörte, was in der Kirche vorging. Ich konnte eine englische Ansprache halten und legte zusammen mit den anderen Abgesandten der lutherischen Kirchen und mit Bischof Kuder, der damit aus dem Amte schied, dem neuen Bischof die Hände auf. Die Evangelisch-lutherische Kirche in Papua-Neuguinea war selbständig geworden.

Mit dem Selbständigwerden, das habe ich auch gesehen, lernen diese junge Kirchen von der Mutterkirche freilich nicht nur Gutes und Nachahmenswertes. Das Leben unmittelbar aus Wort und Sakrament, aus Gebet und Lobgesang gerät durch den Blick auf die

Begrüßung beim ersten Besuch in Neu-Guinea, 1968

Einführung des ersten eingeborenen Bischofs Zurewe der Ev.-luth. Kirche in Papua-Neuguinea, 1973

europäischen Kirchen leicht ins Hintertreffen, und das Organisatorische und die Institution wollen sich vordrängen. Auch Geldmittel kommen ja immer noch von den Mutterkirchen und ermöglichen es, ein schönes Kirchenwesen aufzubauen, das sich auch äußerlich sehen lassen kann. Natürlich muß die Kirche nun besser geordnet werden, sie braucht ein Verwaltungsgebäude, immer mehr Diözesen und Bischofssitze, und dies alles muß entsprechend repräsentativ eingerichtet werden. Die „Konferenzkirche", in der sich das „Wichtigste" nicht mehr im Gottesdienst und im Gemeindeleben, sondern auf übergemeindlichen Zusammenkünften der entsprechenden „Fachleute" abspielen möchte, hat sich inzwischen auch in Neu-Guinea eingebürgert, wobei die Gemeinden selber weithin so klar sehen, daß sie diese Entwicklung auf ihre Weise, etwa durch beispielhafte Vorführungen, scharf kritisieren.

Aber es ist darüber hinaus eine Welt von raschen Wandlungen und wechselnden Problemen, in die diese jungen Kirchen entlassen worden sind. Auf unseren beiden Reisen nach Neu-Guinea wurden uns diese Veränderungen schon an der Sprachenfrage deutlich. Als Verständigungsmittel in dem von mehreren hundert völlig verschiedenen Sprachen bestimmten Neu-Guinea hat sich in der letzten Zeit das Pidgin eingebürgert, diese primitive Mischsprache aus englischen, deutschen und einheimischen Elementen. Noch im Jahre 1968 hatten uns die Missionare erklärt, daß man in dieser Sprache nicht Gottesdienst halten und predigen könne, da sie keine geistigen, geschweige denn geistliche Inhalte auszudrücken vermöge. Fünf Jahre später, 1973 erlebten wir zumeist Gottesdienste und Predigten in Pidgin. Der Geist Gottes kann auch Sprachen erneuern und füllen!

Dazu erregte die unmittelbar bevorstehende politische Unabhängigkeit des Landes, die „independence", die Gemüter aufs heftigste. In einer Gemeindeversammlung in Ialibu weit oben im Hochland stellte ein Gemeindevertreter als erstes innerlich aufgewühlt die Frage an mich: „Wenn die ‚independence' kommt, kommt dann der Jüngste Tag?" So stark waren die Menschen von der Angst vor der unbestimmten Zukunft bewegt. Die zweite Frage war: „Werden dann die Missionare weggehen?" Sie wußten, daß sie weiter die Hilfe der Brüder von draußen brauchten.

Mit dem Selbständigwerden kam auch die Möglichkeit näher, daß die durch das Evangelium unterdrückte bzw. überwundene Macht der alten Stammesreligionen und -streitigkeiten zwischen den Dörfern wieder zunehmen würde, vielleicht auch in neuen Formen wie der des Cargo-Kultes. Eine der unheimlichsten Erfahrungen auf unserer zweiten Reise hängt damit zusammen. Die Gemeinde

Mindik, die in einem paradiesischen Hochtal gelegen ist, war von der Macht dieses Kultes erfaßt und so zerspalten, daß die Hälfte der Gemeindeglieder aus dem Dorf ausgezogen war und sich eine neue Gegensiedlung gebaut hatte. Im Cargo-(= Güter-)Kult wenden sich die Menschen, die von den Europäern den christlichen Glauben erhalten haben, wie unter einem unheimlichen Zwang plötzlich vom Evangelium weg den Gütern und dem Reichtum zu, den sie bei den Europäern sehen und der ihnen, wie sie glauben, vorenthalten wird. Dieser Kult hat sich in Neu-Guinea besonders seit dem Zweiten Weltkrieg ausgebreitet, als die Amerikaner in den schweren Kämpfen mit den Japanern eine für die einfachen Bewohner unvorstellbare Menge solcher „Güter", Lastwagen, Kriegsmaterial, Flugzeuge, Schiffe, Lebensmittel auf die Insel gebracht hatten. Steckt nicht in diesen „Gütern" erst das ganze Heil? Durch solche Fragen war die Gemeinde Mindik völlig auseinandergerissen worden. Bei meinem Besuch begrüßten mich die Gemeindevertreter auf dem Flugplatz mit tief betrübten Gesichtern und mit einem Bußlied. Und dann standen sich die Parteien in zwei gleichstarken Gruppen zu beiden Seiten eines Weges feindselig gegenüber, die Cargo-Leute angeführt durch einen ehemaligen Bibelschullehrer. In einer dreistündigen harten Auseinandersetzung, in der Missionar Horst Gerber dolmetschend vermittelte, stellten sie ihre feindseligen, oft primitiven Fragen an mich, z. B.: „Der Bischof aus Bayern soll uns sagen, wie ein Lastwagen entsteht." Sie wollten nicht glauben, daß solche Güter nicht vom Himmel fallen, sondern in sorgfältiger, menschlicher Arbeit bis in jedes Rad und jede Schraube hinein angefertigt werden müssen. Man kann über solchen Aberglauben lächeln. Aber später sah ich im reichen, modernen Teil der indischen Stadt Bombay ein mächtiges Gebäude – „das ist der Tempel des Reichtums!" sagte man mir. Und ich dachte, daß es doch auch bei uns in Europa solche Tempel und solchen Güterkult gibt.

16. KAPITEL

Im Gespräch mit der römisch-katholischen Kirche

Zu den wichtigsten kirchengeschichtlichen Ereignissen während meiner Amtszeit gehören wohl die Wandlungen im Verhältnis zwischen der römisch-katholischen Kirche und den Kirchen der Reformation. Als ich in das Bischofsamt berufen wurde, hätte ich nicht gedacht, daß unter den mir gestellten größeren und dauernden Aufgaben als eine der wichtigsten das theologische und kirchliche Gespräch mit den „getrennten Brüdern" in der römisch-katholischen Kirche stehen würde. Es wurde streckenweise so beherrschend, daß ich gelegentlich das Ringen um die eine Kirche als den wichtigsten Auftrag in meinem Bischofsamt überhaupt gesehen habe. Im Rückblick erscheint dabei vieles wie ein Geführtwerden auf diesem Weg. Da war der Text meiner Predigt bei der Einführung in Nürnberg-St. Lorenz am 8. Mai 1955: „Wenn aber jener, der Geist der Wahrheit, kommen wird, der wird euch in alle Wahrheit leiten" (Joh 16,13). Lag nicht genau hier, im Verständnis dieser Zusage Jesu, einer der kritischen Punkte in dem, was die Kirchen trennte und verband, verband und trennte? Es war nicht zufällig, daß eines meiner ersten Kontroversgespräche mit dem Frankfurter Jesuiten P. Hardt sich um diesen Punkt drehte. Noch erhellender wurde mir die Situation, als mir einige Zeit später der dänische Professor Kristen E. Skydsgaard sein Buch „Traditio und traditiones" zusandte, wo ich las (S. 198): „Wir brauchen eine neue Exegese des im Streit der Konfessionen so berühmten Wortes Joh 16,13. Wie oft ist dieses Wort nicht im Konfessionsstreit mißverstanden worden!"

Erste Kontakte – oder: Was will Gott von uns?

Zunächst freilich sah es wenig nach solch einem Gespräch aus. Wer heute auf die damalige Zeit vor nur dreißig Jahren zurückblickt, macht sich kaum eine Vorstellung davon, wie fremd – mit wenigen Ausnahmen – die Kirchen vor allem in ihren offiziellen Vertretern einander gegenüberstanden. Als 1948 in Amsterdam der Ökumenische Rat der Kirchen gegründet wurde, war es katholischen Theologen nicht erlaubt, daran teilzunehmen, auch nicht als Beobachter. Der Satz aus der päpstlichen Enzyklika „Mortalium animos" von 1928 lag noch nicht weit zurück, es gebe „keinen anderen Weg, die Vereinigung aller Christen herbeizuführen, als den, die Rückkehr aller getrennten Brüder zu der einen wahren Kirche Christi zu fördern, von der sie sich ja einst unseligerweise getrennt haben." Und als im Jahre 1950 das Dogma von der leiblichen Aufnahme Mariens in den Himmel von Papst Pius XII. unter Inanspruchnahme seiner Unfehlbarkeitsvollmacht verkündet worden war, hatte die Bischofskonferenz der VELKD eine feierliche Verwahrung dagegen eingelegt, in der es ausdrücklich hieß: „Die dem Evangelium widersprechende Dogmatisierung der Himmelfahrt Marias erfüllt uns schließlich mit besonderem Schmerz im Blick auf das Verhältnis der christlichen Kirchen zueinander." Zu den Lehrdifferenzen kamen verborgene und offene kirchliche Rivalitäten und Prestigefragen. In Bayern zitterte noch die Erregung über den bei der Einweihung der Zuckerfabrik in Ochsenfurt 1953 geschehenen Zwischenfall nach, wo der katholische Bischof Julius Döpfner und der evangelische Dekan Wilhelm Schwinn von Würzburg in einen heftigen Zuständigkeitsstreit geraten waren. Es hatte einer eigenen Zusammenkunft auf „neutralem Boden" zwischen Landesbischof Meiser und Bischof Döpfner bedurft, um die Wogen der Erregung einigermaßen zu glätten. In München war der Austausch von Besuchen zwischen den verantwortlichen Vertretern der beiden Kirchen bisher nicht üblich und nicht möglich gewesen – aus Gründen des „Protokolls". Wenn sie sich trafen, dann bei Empfängen, die der Staat oder die Stadt gaben.

Als ich mein Amt antrat, wußte ich mich gerade in dieser Beziehung völlig unbefangen. Gegenüber dem damaligen Kardinal Joseph Wendel war ich der jüngere – warum sollte ich ihm nicht einen Antrittsbesuch machen, wenn ich dies beim Ministerpräsidenten, dem Landtags- und dem Senatspräsidenten und anderen wichtigen Vertretern des öffentlichen Lebens tat? So wenig bekannt war man sich allerdings, daß es einiger Umwege und erheiternder Zwischenfälle bedurfte, bis wir, Oberkirchenrat Bezzel und ich, zum Ziel kamen. Vom Ordinariat aus, bei dem wir zuerst vorgefahren waren, wies man uns in die Kardinal-Faulhaber-Straße. Wir hielten an dem ersten prächtigen Palais, an dessen Fassade oben eine kleine Marienstatue mit den Initialen „BV" zu sehen war. „Wie weit doch der Marianismus fortgeschritten ist," sagte mein Begleiter. „Auch über dem Kardinalspalais prangt ‚Beata Virgo'". Er betrat vor mir die Eingangspforte und sagte zu dem diensttuenden Mann in blauer Uniform: „Der evangelische Landesbischof möchte bei dem Herrn Kardinal Besuch machen." Der Mann antwortete: „Zum Kardinal wollen's? Der wohnt nicht hier, sondern im nächsten Haus. Hier sind Sie in der Bayerischen Vereinsbank!" Nun wußten wir, was „BV" bedeutete.

Beim Kardinal selbst gab es kaum noch „Berührungsängste", sondern ein freundliches und offenes Gespräch, als wäre das auch von ihm längst gewünscht. „Ich werde Sie selbstverständlich möglichst bald besuchen!" sagte er. Nur wenige Tage später konnte der Evangelisch-Lutherische Landeskirchenrat in der Arcisstraße 13 zum erstenmal unter der diskret neugierigen Anteilnahme aller Mitarbeiter, die verstohlen aus den Türspalten blickten, einen römisch-katholischen Kardinal mit dem schwarz-roten Hut, dem weiten Purpurmantel und den roten Strümpfen empfangen. Es war ja auch höchste Zeit zur offenen Begegnung. Natürlich gab es weiter Unterschiede und Gegensätze dogmatischer Art, in den Frömmigkeitsformen, und es gibt sie bis heute. Sie wollen nicht verschwiegen, sondern redlich und in Geduld besprochen werden. Aber hatten nicht in den Zeiten des „Dritten Reiches" die Christen ohne Unterschied der Konfession Anfeindung, Anfechtung und Gefängnis durchzustehen gehabt, wobei ihre Erfahrungen oft von überraschender Ähnlichkeit waren? Es war doch das gleiche Christusbekenntnis, das sie verband. Und dann waren die Hunderttausende von Flüchtlingen aus dem Osten in das Land gekommen, in Bayern vielfach die evangelischen Vertriebenen mehr in die katholischen und die katholischen mehr in die evangelischen Gebiete. Da war es selbstverständlich und notwendig, daß man einander Gastfreundschaft gewährte, in den Häusern zur Unterkunft und für die Gottesdienste in den Kirchen. Was wollte eigentlich Gott mit seiner Christenheit, wenn er solche Geschehnisse über uns kommen ließ und noch mehr als bisher die Konfessionen durcheinandermengte? habe ich mich oft gefragt.

Im Verborgenen, unter vielen Kirchengliedern, und abseits von den gewöhnlichen Wegen hatte es ja schon längst nicht wenige Kontakte gegeben, menschliche, persönliche, auch theologische. Schon während des Krieges war bei uns eine „Una-Sancta-Bewegung" aktiv geworden. Ein anderer dieser Kontakte, ein sehr bedeutsamer sogar, war mit geheimer Bewilligung des Vatikans und Zustimmung des Rates der EKD in Gang gekommen, der bereits erwähnte ökumenische Arbeitskreis von etwa je zwanzig katholischen und evangelischen Theologen, der alljährlich zu mehrtägigen Arbeitstagungen unter der „Schirmherrschaft" des katholischen

Erzbischofs und Kardinals Lorenz Jaeger von Paderborn und des evangelischen Bischofs Wilhelm Stählin zusammentrat. Die theologischen Leiter auf beiden Seiten waren so angesehene Theologen wie Edmund Schlink in Heidelberg und Hermann Volk in Münster, der spätere Bischof und Kardinal in Mainz. Seit 1957 war auch ich Mitglied dieses Kreises, der sich von Zeit zu Zeit durch entsprechende Berufungen ergänzt. Unter den zahlreichen bekannten Männern, mit denen ich dabei in Verbindung kam, ragten für mich auf katholischer Seite hervor der Kirchenhistoriker Joseph Lortz, der sein für die römisch-katholische Lutherdeutung epochemachendes Werk „Die Reformation in Deutschland" veröffentlicht hatte, sowie die Dogmatiker Karl Rahner und Heinrich Fries. Auf evangelischer Seite waren wichtige Träger des Gesprächs die mir bereits bekannten Theologen Peter Brunner und Kristen E. Skydsgaard; dazu kam Wolfhart Pannenberg, der später für die evangelische Seite die theologische Leitung übernahm. Zu bischöflichen „Schirmherren" sind z. Z. die Bischöfe Hermann Kunst in Bonn und Karl Lehmann in Mainz bestellt.

In der Vereinigten Evangelisch-Lutherischen Kirche Deutschlands wandten wir uns 1956 dem Thema zu: „Toleranz und Intoleranz zwischen den Konfessionen." Wir glaubten erkannt zu haben, daß zu den theologischen Aufgaben gerade einer lutherischen Kirche in der Gegenwart auch das Gespräch über den Zaun, hinüber zur römisch-katholischen Kirche gehöre. Unterstützt wurde ich dabei besonders von zwei klugen Mitarbeitern im Lutherischen Kirchenamt Hannover, Hugo Schnell und Erwin Wilkens. „In das seit langer Zeit bestehende, mehr statische Nebeneinander der beiden Kirchen in Deutschland scheint in letzter Zeit eine starke Bewegung gekommen zu sein", so begann ich meinen Einführungsvortrag bei der Generalsynode in Hannover, zu dem wir auch einige katholische Gäste eingeladen hatten. Der Vortrag fand in den darauffolgenden Monaten ein starkes Echo, ebenso in der evangelischen wie in der katholischen Welt, und wurde vielfach nachgedruckt. Rasch mehrten sich die Kontakte und Gespräche. Eine Frucht aus diesen Überlegungen und Diskussionen war die Anregung des Deutschen Nationalkomitees des Lutherischen Weltbundes an die Vollversammlung in Minneapolis 1957, es möchte die Gründung eines ökumenisch-theologischen Instituts ins Auge gefaßt werden. Da in den Gemeinden, vor allem nach der großen Binnenwanderung der letzten Jahre, kaum ein Problem so brennend war wie das der glaubensverschiedenen Ehe, versuchten wir die ersten diesbezüglichen Ratschläge für Menschen zu geben, die sich in dieser Lage befanden. Darüber hinaus legte sich der Versuch nahe, für die Beziehungen und das Verhalten der getrennten Christen zueinander überhaupt Ratschläge zusammenzustellen. Die bisherigen Zusammenstellungen von „Unterscheidungslehren" schienen uns überholungsbedürftig zu sein. Die Menschen mußten deutlicher und vielfach sachlicher über die Bedeutung von echten und nichtechten, von vergangenen und von neu aufgetretenen Glaubensunterschieden Bescheid wissen und darüber, wie hier Wahrheit und Liebe zu vereinbaren waren. Man mußte darüber nachdenken, welche gemeinsamen Veranstaltungen der getrennten Kirchen es geben könne und welche nicht, und ob nicht gerade im sozialen Bereich angesichts der vielen menschlichen Nöte bei uns und in der Welt die Christen die Pflicht hätten, näher zueinander zu rücken. Als im Jahre 1959 der Deutsche Evangelische Kirchentag in München stattfand, lud Kardinal Wendel den Ratsvorsitzenden der EKD, Bischof Dibelius von Berlin ein, bei ihm zu wohnen. Ein Jahr später, beim Eucharistischen Kongreß in München, folgte Kardinal Jaeger von Paderborn der Einladung in unser Haus.

Was trennt und was verbindet uns?

Selbstverständlich gaben solche und andere Begegnungen auch die Möglichkeit zu Gesprächen mit verantwortlichen Persönlichkeiten auf beiden Seiten. Ich denke an das Bankett während des Eucharistischen Kongresses in München, wo ich den Wiener Kardinal Franz König kennenlernte, oder an ein anderes Gespräch mit Kurienkardinal Augustin Bea und mit dem damaligen Berliner Bischof Kardinal Julius Döpfner. Dabei traten immer wieder einerseits die uns trennenden Fragen hervor, andererseits war überall die Einsicht zu spüren, es sei an der Zeit, daß die Christen auf jeder Seite eine eingehende Selbstbesinnung und ein gemeinsames Gespräch versuchten. Wie ich die ökumenische Lage mit ihren Möglichkeiten und Problemen damals sah, zeigen einige Sätze aus meinem Pfarrerrundbrief vom 27. Oktober 1956: „Die tiefe Kluft, die die Konfessionen trennt, ist gerade seit der Verkündigung des Dogmas von der leibhaften Himmelfahrt Mariens wohl noch tiefer geworden. Aber gleichzeitig scheinen die Ränder der Kluft einander näher gerückt, so daß die Stimmen über den Abgrund hinüber und herüber schallen und auch gehört werden. Es muß uns auch sehr bewegen, wie viele Christen in allen Konfessionen gegenwärtig mit brennendem Herzen das Gebet Jesu nachsprechen, ‚daß sie alle eines seien'

(Joh 17,21)." Hinter dem Wort von der tiefen Kluft stand bei mir eine Erinnerung aus früherer Zeit: die Partnachklamm bei Partenkirchen hatte ich öfter besucht. Dort reichen die Ränder der tiefen Kluft hoch oben oft nahe aneinander und das dicht wuchernde Gestrüpp auf beiden Seiten vermag sie beinahe zu überdecken. Besonders kühne Einzelgänger vermögen vielleicht sogar hinüber und herüber zu springen. Aber Vorsicht! Die Kluft ist dennoch vorhanden, und sie ist sehr tief – eine Kluft von vierhundertfünfzig Jahren zwischen den Kirchen hat tatsächlich eine schmerzhafte Tiefe! Und um sie zu überwinden, muß man nicht nur oben an den Rändern arbeiten, sondern in der Tiefe, mit redlicher gemeinsamer theologischer Arbeit, mit Beten und Flehen und Leiden, Schritt für Schritt, damit, wenn Gott Gnade gibt, vielleicht von unten her der Riß aufgefüllt und überwunden werden kann.

Ottmaring

Denke ich über Möglichkeiten dazu nach, so steht als lebendiges Beispiel vor mir das Ökumenische Lebenszentrum in Ottmaring bei Augsburg. In dieser Siedlung, wo katholische und evangelische Christen in Familien oder auch als einzelne beieinander wohnen und miteinander als Christen leben wollen, versucht man die Gemeinschaft und die Trennung der Christen redlich zu leben und zu leiden, in großer Hoffnung und Dankbarkeit, aber ohne falsche Vorwegnahme. Auch das Erleiden der Schranken, die durch die kirchlichen Ordnungen, etwa im Blick auf die Abendmahlsgemeinschaft gesetzt sind, nimmt man hier auf sich, wobei nicht nur Schmerzen, sondern auch Segenskräfte der Vertiefung zu erfahren sind. Die Gemeinschaft ist vornehmlich durch die Bewegung der Focolarini, einer katholischen Erweckungsbewegung bestimmt, die 1943, also während des Krieges, in Trient ihren Anfang genommen hat. Chiara Lubich, die Leiterin dieser mittlerweile über die ganze Welt verbreiteten Bewegung, hat mich schon während meiner Amtszeit regelmäßig aufgesucht, um auch einem evangelisch-lutherischen Bischof ihre Gedanken darzulegen, zumal da es unter den Focolarini auch nicht wenige evangelische Mitglieder gibt. An der seit einigen Jahren in Ottmaring bestehenden „Ökumenischen Schule", in der Tausende von Angehörigen dieser Bewegung in Wochenendkursen ihre jeweilige Erkenntnis von der anderen Kirche vertiefen wollen, bin ich noch lehrend und beratend beteiligt.

Wie ich das Verhältnis zwischen den beiden Kirchen theologisch sah und sehe, kann hier nur in einigen Sätzen angedeutet werden. Die lutherische Reformation ist nach meiner Erkenntnis in der Kirchengeschichte nicht nur ein partielles kirchliches Ereignis, sondern ein ökumenisches, die ganze Christenheit angehendes Geschehen. Da war in eine Christenheit, der sich die Maßstäbe des Glaubens, wie heute allgemein zugestanden ist, gründlich verschoben hatten, die Erkenntnis des wirklichen Maßstabes, nämlich des Wortes Gottes, neu hineingefahren: „Die Würd' und Gewalt der heiligen und der göttlichen Schrift, die größer sei denn das Vermögen des ganzen menschlichen Verstandes zu achten", hat Luther als „das christliche Maß" bezeichnet. Und nun sollten unter diesem Maßstab, wie in einem großen Raum mit einer völlig durcheinander geratenen Einrichtung, die Dinge wieder recht geordnet und aufeinander bezogen werden: Jesus Christus, durch Maria und die Heiligen beinahe verdeckt, trat wieder an seine Stelle als der einige und wahre Mittler und Erlöser, der Glaube erhielt seinen Vorrang vor den Werken, und als der wahre Schatz der Kirche trat wieder hervor „das allerheiligste Evangelium von der Herrlichkeit und Gnade Gottes" (62. These Luthers von 1517). Dieses Verständnis der Reformation versuchte ich auch an die katholischen Brüder weiterzugeben, mußte auf unserer Seite aber gleichzeitig mit Nachdruck die Überzeugung vertreten, daß die Reformation nicht, wie manche modernen Protestanten glauben, das völlige Entleeren dieses ganzen Raumes der Kirche wie in einer Art radikaler Bilderstürmerei bedeute, so daß zuletzt allein das autonome Ich dasteht, das sich längst auch von der Bindung an Gottes Wort gelöst hat.

Wenn wir nun heute einander begegnen, muß ich auf der einen Seite ehrlich anerkennen, daß in der römisch-katholischen Kirche manche Inhalte des christlichen Glaubens, die uns in der Heiligen Schrift sehr lebendig begegnen, besser bewahrt sind als vielfach bei uns: die Sakramente, die Beichte, die Gemeinschaft der Heiligen, die Kirche, der Begriff des Reiches Gottes – vieles ist stärker gegenwärtig als bei uns, aber nun freilich gegenüber dem biblischen Verständnis verschoben, in menschliche Regie genommen, usurpiert, vergesetzlicht und verrechtlicht, und damit oft auch der eschatologischen Spannung entnommen. In dem großen alttestamentlichen Kapitel Hesekiel 16 zeigt Gott seinem Volk, wie er ihm seine ganze leidenschaftliche Liebe gleich einer Braut zugewendet hat: Ich fand dich in deinem Blute und habe dich aufgenommen und gekleidet und geschmückt – dann aber kommt der erschütternde Satz: „Aber du verließest dich auf deine Schöne" – und nicht mehr allein auf meine Gnade! Wir könnten neutestamentlich sagen: Dieser zunächst unmerklich, aber dann doch faktisch das erste Gebot vergessenden Verschiebung von Jesus Christus zur Kirche in ihrer Herrlichkeit muß die lutherische Reformation um der Ehre Christi willen widerstehen. In diesem Sinne bei dem Wort Gottes zu bleiben und für die Ehre Christi des alleinigen Erlösers einzutreten, ist ihre ökumenische Verantwortung bis heute. Vergißt sie freilich diese Sendung, dann verliert die lutherische Kirche ihre Salzkraft eher und verhängnisvoller als andere Kirchen. Als Professor Edmund Schlink, Beobachter der EKD beim II. Vatikanischen Konzil, im Jahre 1966 vor der EKD-Synode seinen abschließenden Bericht gab, endete er mit dem Satz, dem auch ich nur zustimmen konnte: „Mir ist es nicht zweifelhaft, daß der Auftrag, der Gott den Reformationskirchen gegeben hat, ihnen vom Konzil nicht abgenommen ist. Wohl aber ist mir zweifelhaft, ob die evangelische Kirche ihren Auftrag so erfüllt, wie es heute von ihr zu erwarten ist."

Im Wissen um solche innerste „Konkurrenz" – ich könnte auch sagen, in solchem Wetteifer um das Wahrheitszeugnis – glaubte ich am ökumenischen Gespräch teilnehmen zu sollen. Dabei haben wir tatsächlich von Anfang an auch überraschende Erfahrungen gemacht, deren eine im Jahre 1980 bei der Begegnung über der Augsburgischen Konfession in das Wort zusammengefaßt worden ist: „Der gemeinsame Wurzelstock, aus dem die getrennten Kirchen erwachsen sind, ist doch nicht bis in die letzte Tiefe zerspalten!" Auf die altkirchlichen Bekenntnisse, deren Jubiläen in die letzten Jahre fielen, berufen wir uns gemeinsam, und für das Heilige Vaterunser haben wir seit mehreren Jahren einen Text, den die getrennten Christen nun gemeinsam beten können, zu Hause und in der Kirche, bei Begräbnissen, in der Schule und bei größeren ökumenischen Veranstaltungen. Ein winziges Zeichen, heute selbstverständlich und kaum beachtet – vor zwanzig Jahren war es noch nicht da.

Gewiß konnte sich, wenn man ökumenische Arbeit so verstand, nicht alles wie von heute auf morgen ändern. Vielmehr ging es um sorgsame kirchlich-theologische Arbeit. Schon was die heute selbstverständlich scheinende gegenseitige Anerkennung der Taufe betraf, mußten manche Unsicherheiten und Unstimmigkeiten überwunden werden. In manchen evangelischen Kirchengebieten Deutschlands war es während des „Dritten Reiches" nicht mehr sicher gewesen, ob die Taufen alle im Namen des dreieinigen Gottes vollzogen waren oder ob nicht da und dort andere „Trinitäten", z. B. Volk, Blut und

Boden dafür eingesetzt waren. Man konnte es einerseits der römisch-katholischen Kirche nicht verdenken, wenn sie etwa beim Übertritt eines Evangelischen die Gültigkeit seiner Taufe nachprüfte und im gegebenen Fall eine bedingungsweise Nachtaufe vollzog. Andererseits konnte in manchen katholischen Diözesen die Übung dieser „Konditionaltaufe" so sehr ausgedehnt werden, daß sie als Mißtrauen gegenüber der nach evangelisch-lutherischer Ordnung vollzogenen Taufe überhaupt verstanden werden konnte. Es war ein großer Fortschritt in der gegenseitigen Anerkennung des ökumenischen Partners, als dieses Problem durch sorgsame Gespräche zwischen den Kirchenleitungen und durch klare Unterrichtung der Pfarrer befriedigend gelöst werden konnte.

Auf diese Weise mußten zahlreiche trennende theologische und kirchliche Probleme redlich durchgesprochen werden, und die polemischen Bilder voneinander, die sich vor allem in der Kirchengeschichte bis in die Religionsbücher in den Schulen festgesetzt hatten, mußten überprüft und zurechtgerückt werden, nun wieder freilich auch nicht in falscher Irenik oder Toleranz. Es gab und gibt Rückschläge und gegenläufige ökumenische Entwicklungen. So habe ich nicht selten die heilige und unheilige Ungeduld vieler ökumenisch gesinnter Christen enttäuschen müssen. Und vor allem die Journalisten, die schon um ihre Berufes willen möglichst oft nach einem auffallenden neuen ökumenischen Schritt fragten, waren dann sehr rasch zum Urteil bereit: „Die ökumenische Bewegung stagniert." Aber gerade ein Bischof, dachte ich mir, muß auf diesem Gebiet umsichtig handeln. Gewiß gibt es auch in der ökumenischen Bewegung Motorradfahrer, die sich im Verkehr rasch zwischen den anderen Fahrzeugen hindurch nach vorne drängen können. Ein Bischof aber kam mir eher wie ein Omnibusfahrer vor, der in langsamerem Tempo fahren und bei den Kurven weit ausholen muß; er darf sich auch nicht durch ungeduldige Mitfahrer zur falschen Eile verleiten lassen. Als ich diesen Vergleich einmal vor einer illustren ökumenischen Theologen-Kommission vorbrachte, kam ein katholischer Kirchenhistoriker ganz angeregt auf mich zu und sagte: „So etwas steht schon im 4. Esrabuch (IV,34) (einer jüdischen Schrift vom Ende des 1. Jahrhunderts): „Er (der Engel Uriel) antwortete mir und sagte: Eile nicht mehr als der Höchste! Du hast nämlich nur Eile deinetwegen, der Höchste aber für viele."

war das große Ereignis auch für das ökumenische Gespräch. Natürlich war es eine römisch-katholische Kirchenversammlung, was zunächst nicht allen klar war; auch unter den Katholiken hatten im ersten Überschwang viele geglaubt, es werde eine allgemeine christliche Versammlung geben. Aber auch in der Art und Weise, wie es nun abgelaufen ist, hat es uns Evangelische mitbetroffen, kritisch befragt, angeregt und auch unsere Kritik herausgefordert. Durch dieses Konzil sei die römisch-katholische Kirche „evangelischer, katholischer und römischer geworden", hat der kluge Beobachter des Evangelischen Bundes, Gottfried Maron, später geurteilt. Alle drei Veränderungen gingen auch uns an. „Evangelischer" war die römisch-katholische Kirche darin geworden, daß sie tatsächlich manche Impulse der Reformation aufnahm. Vor allem das Ökumenismusdekret ist ein Zeugnis für die bewußte und vielfach positive Zuwendung zu den anderen Christen bzw. „kirchlichen Gemeinschaften". Seitdem spricht man stärker vom allgemeinen Priestertum der Glaubenden, gibt sich vielfach zu unserer Beschämung viel Mühe um das Wort Gottes im Bereich der Verkündigung und bei der Erziehung der Priester, und die Muttersprachen sind auch im Gottesdienst weithin aufgenommen, ohne daß die alle verbindende lateinische Sprache abgeschafft wäre. „Katholischer" ist sie auch geworden; sie hat stärker und bewußter den Blick von Europa weg auf die anderen Gebiete der Welt, nach Afrika und Lateinamerika gerichtet, wo sich heute schon die größere Zahl ihrer Gläubigen befindet. Ob damit freilich das „Katholische" auch von den Begrenzungen entschränkt ist, die sie, die Weltkirche, gleichzeitig doch in unseren Augen als „Konfessionskirche" erscheinen lassen, bleibt zu fragen – „römischer" ist sie auch geworden, und beispielsweise die Papstdogmen des I. Vatikanums wurden im II. Vatikanum eigens bestätigt.

Auf sehr verschiedenen Ebenen mußte ich mich mit dem Verlauf und den Ergebnissen des Konzils befassen. In meinen Rundbriefen, die in jener Zeit über Bayern hinaus auch an die Amtsbrüder in anderen Landeskirchen versandt wurden, versuchte ich von 1962 bis 1965 das Geschehen darzustellen und zu beurteilen. Bei fast allen Tagungen der Generalsynode der VELKD gab ich einen Lagebericht. Als Catholica-Beauftragter der EKD und der VELKD – man wollte den bayerischen Bischof auch wegen seiner unmittelbaren Nähe zum Katholizismus für diesen Auftrag haben – sammelte ich einen größeren Kreis von sachverständigen Theologen zu regelmäßigem Gespräch. 1965 hatte ich als Beauftragter der EKD und der VELKD die erste offizielle Begegnung mit Kardinal Jaeger, dem Beauftragten der katholischen Bischofskonferenz, in Paderborn. Daraus erwuchsen die bis heute üblichen regelmäßigen Kontaktgespräche zwischen Delegierten der beiden Kirchen. Zum ersten Gespräch lud Kardinal Jaeger nach Fulda ein. Es war eine Sensation auch für Rundfunk und Fernsehen, als wir miteinander in den historischen Räumen zusammenkamen, in denen sonst die Fuldaer Bischofskonferenz tagt. Ähnlich war es ein halbes Jahr darauf, als die „Gegeneinladung" nach dem evangelischen Kloster Loccum bei Hannover ins dortige Predigerseminar erfolgte und Landesbischof Lilje als Abt von Loccum uns begrüßte. Bei diesen Gesprächen wurden alle aktuellen und auch geschichtlich relevanten Probleme besprochen, auch die kritischen nicht ausgelassen. Wenn nötig wurden auch Entschließungen vorbereitet, in denen die beiden großen christlichen Kirchen zu Fragen, die das Leben des Volkes angehen, gemeinsam Stellung zu nehmen versuchen.

Darüber hinaus besteht seit 1967 eine gemeinsame römisch-katholisch/lutherische Kommission auf Weltebene, gebildet von dem Sekretariat für die Einheit der Christen in Rom und dem Lutherischen Weltbund, die etwa alle Jahre einmal zusammentritt. Auch ich habe ihr viele Jahre bis 1983 angehört. Nicht unwichtige ökumenische Dokumente wie das sog. Malta-Papier 1973 oder die Dokumente über das Herrenmahl (1978) und über das geistliche Amt (1981) sind aus der Arbeit dieser Kommission hervorgegangen.

Bogotá

In meiner Eigenschaft als „Catholica"-Mittelsmann ergaben sich manche Gelegenheiten zu Begegnungen besonderer Art, die ich sonst wohl nicht gehabt hätte. In Israel konnte ich Tantur, das neue päpstliche Institut für ökumenische Studien, in seinem Aufbau kennenlernen, das zwischen Jerusalem und Bethlehem errichtet wurde. Einer der interessantesten „Ausflüge" war meine Teilnahme am katholischen Eucharistischen Weltkongreß in Bogotá in Kolumbien im Jahre 1968, wo ich auch dem damaligen Papst Paul VI. zweimal begegnet bin. Ich war von der Kongreßleitung als einziger nichtkatholischer Bischof eingeladen, um an dem „ökumenischen" Tag zusammen mit dem römischen Kardinal Lercaro im Gottesdienst mitzuwirken und eine evangelische Ansprache zu halten. Unter den Tausenden von Zuhörern sah ich Scharen von Priestern und Nonnen. Kaum je in meinem Leben habe ich so viel Beifall erhalten wie nach fast jedem Satz in dieser Rede. Der Grund war vor allem, daß ich sie „in fließendem Spanisch" hielt, wie ein Bericht feststellte! Einer meiner Amtsbrüder, der lateinamerikanischer Herkunft war, hatte mir die Predigt ins Spanische übersetzt, und mit Hilfe einiger Schallplatten hatte ich mir die Grundzüge der spanischen bzw. lateinamerikanischen Aussprache angeeignet. Als freilich bei dem festlichen Empfang nach dem Gottesdienst viele Menschen auf mich zukamen und mich stürmisch in Spanisch begrüßten, kam die „Hochstapelei" heraus; ich konnte ihnen nur in Deutsch antworten.

Papsttum

Die Begegnung mit Papst Paul VI. läßt auch an die Probleme denken, die m. E. im ökumenischen Gespräch noch nicht bewältigt wurden. Öfter habe ich als besonders harte „ökumenische Brocken" auf dem Wege die neueren Dogmatisierungen der römisch-katholischen Kirche aus den letzten hundertfünfzig Jahren bezeichnet: die beiden Marien-Dogmen von 1854 und 1950 sowie die Dogmen über den päpstlichen Primat und die Unfehlbarkeit des Papstes von 1870. Sie scheinen mir die Distanz zwischen den Kirchen wesentlich vertieft und festgelegt zu haben. Merkwürdigerweise sind sie nach meiner Beobachtung im Dialog bei uns lange Zeit beinahe ausgespart geblieben. Dabei können wir über Kirche nicht miteinander sprechen, ohne daß die Gestalt Mariens auftaucht. Und was das Papsttum betrifft, so stößt man darauf bei jedem relevanten ökumenischen Thema. Daß vor allem in unserem Gespräch über das geistliche Amt eine ausführliche Problemanzeige wenigstens darüber gebracht wurde, war eines meiner besonderen Anliegen, als wir in der römisch-katholisch/lutherischen Kommission an dem Dokument über „das geistliche Amt" arbeiteten.

Als Papst Johannes Paul II. im Jahre 1980 seinen Deutschlandbesuch machte, bin ich auch ihm in Mainz begegnet und konnte ein paar Sätze mit ihm sprechen. Einige eindrucksvolle päpstliche Gestalten aus der letzten Zeit haben auch uns Evangelische über das Papsttum neu nachdenken lassen. Die bittere Rede vom Papst als dem Antichristen, die vom Mittelalter herkommend die Reformation durchzog, kann heute so nicht wiederholt werden, und die positiven Möglichkeiten des päpstlichen Dienstes, die auch nach Luthers Meinung vorhanden sein können, lassen sich erahnen. Von der geheimen Frage bin ich allerdings gerade bei solchen Begegnungen nicht losgekommen: Warum ist eigentlich der Papst durch das Dogma gezwungen im gegebenen Fall unfehlbar und so reden zu müssen, daß diese Äußerungen „irreformabel" sind, wie die dogmatische Formulierung sagt? Ich verstehe das Anliegen, daß in der verwirrten Welt eine verbindliche Autorität des Glaubens da sein soll. Es wird bei uns Evangelischen bedauerlicherweise vielfach zu leicht genommen, obwohl man bei Luther lesen kann: „Nolumus ludere de doctrina" – mit der Lehre wollen wir nicht spielen. Aber „unfehlbar" erscheint mir kaum als die gemäße Bezeichnung für die lebendige Wahrheit Jesu Christi, die von den Christen in der Welt vertreten werden soll.

Julius Kardinal Döpfner

Einer ausführlicheren Erwähnung bedarf in diesem Zusammenhang mein Verhältnis zu dem Münchner Erzbischof Julius Kardinal Döpfner. Als er nach dem plötzlichen Tod von Kardinal Wendel im Jahre 1961 von Berlin nach München berufen wurde, waren nicht nur die Katholiken Münchens auf den neuen Erzbischof gespannt. Er war bekannt als ein energischer, auch sehr volkstümlicher Mann,

Im Gespräch mit Julius Kardinal Döpfner

Besuch von Papst Johannes Paul II in Mainz, 1980

galt aber auch als ein streitbarer katholischer Kirchenfürst. Viele Evangelische fragten sich, ob wohl durch ihn die „Ochsenfurter Linie“ vom Jahre 1953 fortgesetzt würde. Eine angesehene evangelische Zeitschrift sprach von ihm als einer „schillernden Persönlichkeit“. Ich habe damals gegen dieses Urteil protestiert, weil ich den Kardinal völlig anders kennengelernt habe. Wir hatten einmal ein offenes Gespräch darüber, daß die Protestanten den Katholiken gerne eine gewisse Undurchsichtigkeit vorwerfen. Natürlich wußte er davon. Er bat mich dringend und ernsthaft, seiner vollen Redlichkeit zu glauben. Dazu gehörte sicher auch, daß er ein römisch-katholischer Kardinal sein wollte. Aber was er bei seiner Antrittspredigt in München erklärte, hat er bewährt: „Der Bischof, der von Berlin kommt, wo er die gemeinsame Bedrohung durch den Atheismus und das gemeinsame Ringen gegen Säkularisierung und Entchristlichung erlebte, wird auch in Bayern ökumenische Weite und verstehende Liebe mit ungebrochener katholischer Haltung zu verbinden suchen.“ Ich erkannte beides bei ihm und versuchte beides zu ehren. Vor allem: hatte er nicht als Wahlspruch in sein Wappen aufgenommen: „Praedicamus crucifixum“ – wir predigen den Gekreuzigten (1 Kor 2,2)? Auf dieses reformatorische Wort durfte, ja mußte ich ihn doch ansprechen!

Es kann hier nicht die ganze Fülle der Beziehungen dargelegt werden, die sich im Laufe der Jahre zwischen uns entwickelt haben. Sie wurden besonders intensiv, als der Vorsitzende der Deutschen Katholischen Bischofskonferenz und der Vorsitzende des Rates der Evangelischen Kirche in Deutschland seit 1967 beide in München saßen. Auf der Ebene der „Ortsökumene" wie im weiteren Umkreis ergaben sich immer neue Aufgaben und Probleme, die einen gegenseitigen Besuch oder häufige Telefongespräche nötig machten, einträchtig vermittelt durch die beiden Sekretärinnen, „Schwester Eufreda" und „Fräulein Elfriede". Nicht selten endeten unsere dienstlichen Besprechungen, die im Wechsel an unseren Dienstsitzen geführt wurden, mit einem gemeinsamen Abendessen, und wenn die Münchner aufgemerkt hätten, so hätten sie darnach zu später Stunde erleben können, wie Kardinal und Landesbischof sich gegenseitig nach Hause begleiteten. Als es im Jahre 1967 um eine Neuordnung des Schulwesens in Bayern ging, das hin zur gemeinsamen christlichen Schule tendierte, veröffentlichten wir nach langen ausführlichen Beratungen, die von den beiderseitigen Schulreferenten geführt wurden, die „Gemeinsamen christlichen Grundsätze für den Unterricht an der christlichen Volksschule", die weithin Beachtung fanden.

Ein besonders heikles Thema zwischen den Kirchen war die glaubensverschiedene Ehe. Nicht wenige katholische Bischöfe hatten sich zunächst dahingehend geäußert, daß diese Frage nicht Gegenstand unserer Verhandlungen sein könne. Ich legte unseren Standpunkt meist so dar: wir hätten Respekt davor, wenn die katholische Kirche durch ihre Mischehengesetzgebung den katholischen Glauben zu sichern suche; wir müßten aber fragen, ob dadurch nicht heute vielfach der christliche Glaube überhaupt gefährdet würde. Im Laufe der Verhandlungen ließen sich zwar nicht die für die gesamte römisch-katholische Kirche geltenden Bestimmungen des römischen Rechtes ändern, aber wir erreichten eine Regelung, die wenigstens die schwersten Nöte der Partner linderte und ihnen zu einer größeren Freiheit in der selbständigen Bestimmung ihres Glaubensweges und des Weges ihrer Kinder verhalf. „Die glaubensverschiedene Ehe wird noch weiter Probleme bringen, aber sie soll zwischen uns kein Kampffeld mehr sein", erklärte mir der Kardinal einmal.

Was in München selbst und darüber hinaus das sich verändernde Klima schuf und zugleich anzeigte, waren die ökumenischen Gottesdienste, die wir wechselweise, nicht allzu häufig, sondern in bemessenen Abständen jeweils in einer evangelischen und in einer katholischen Kirche feierten. Es gab einen ungeheuren Andrang, als zum erstenmal am 17. Mai 1969 der Kardinal, der den ökumenischen Grundsatz des „par cum pari" ernst nahm, in die evangelische St.-Matthäus-Kirche kam. So konnte die zu Tausenden versammelte Gemeinde die beiden Bischöfe im Altarraum nebeneinander sitzen sehen. Nach meiner Predigt eröffnete Döpfner die seinige mit den Worten: „Diese Rede kann ich nicht beginnen, ohne von Herzen Dank und Freude darüber zu bekunden, daß wir Christen der verschiedenen kirchlichen Gemeinschaften Münchens uns am Vorabend der pfingstlichen Gebetswoche für die Einheit der Christen hier in der St.-Matthäus-Kirche im Gebet und im Hören auf Gottes Wort zusammenfinden." Als wir nach dem Gottesdienst noch miteinander zu einem Empfang in einen benachbarten Versammlungsraum gingen, war unter den zahlreichen katholischen und evangelischen Christen, die uns begleiteten, die innere Bewegung noch geradezu sinnfällig zu spüren. Ein halbes Jahr später sprach der Kardinal die „Gegeneinladung" an mich bewußt in die große St.-Michaels-Hofkirche in der Neuhauser Straße aus. „Diese Kirche ist gebaut als ein Wahrzeichen der Gegenreformation. Wenn wir heute den evangelischen Landesbischof gerade hierher eingeladen haben, soll es ein Zeichen dafür sein, daß diese Zeit zu Ende ist." Mit diesen Worten wurde ich in der Kirche begrüßt.

Der eindrücklichste Gottesdienst dieser Art war unstreitig der spontane gemeinsame Buß- und Fürbittgottesdienst, den wir im September 1972 während der Olympischen Spiele in München in der überfüllten Frauenkirche nach dem schrecklichen Massaker unter den israelischen Sportlern und den folgenden Ereignissen bei Fürstenfeldbruck hielten. Für die beiden Reden war Jes 45,7 das eine, mir zugefallene Wort – von dem Herrn, „der ich das Licht mache und schaffe die Finsternis, der ich Frieden gebe und schaffe Unheil. Ich bin der Herr, der dies alles tut". Der Kardinal hatte das Kapitel 9 aus dem Propheten Daniel gewählt mit dem zentralen Satz: „Wir liegen vor dir, Herr, mit unserem Gebet und vertrauen nicht auf unsere Gerechtigkeit, sondern auf deine große Barmherzigkeit." Er rief „aus der Sicht des Glaubens" auf „zur lebendigen Gemeinschaft, zur Solidarität in der Schuld, im Mittragen, in der tätigen Mitverantwortung“. Die Fürbitten sprachen wir im Wechsel. Am Tage darnach war in der Süddeutschen Zeitung zu lesen: „Wieder einmal zeigte sich, daß die Kirchen dann am besten ‚ankommen‘, wenn sie ohne viel Aufwand ihr ureigenstes Geschäft betreiben: zur Besinnung rufen, zur Fürbitte einladen und Mut machen, und das in ökumenischer Verbundenheit.“

Parrhesia

Wie die Art und Weise, wie wir miteinander sprachen, am besten zu beschreiben sei, darüber habe ich öfter nachgedacht. Es war gar nicht eine Konvergenz- oder Konsensus-Theologie, die zwischen uns getrieben wurde. Es war auch nicht das Hindrängen auf das Ziel der einen Kirche, die etwa gar durch unsere klugen Bemühungen zustande kommen müßte. Die eine Kirche Christi – das war klar – *ist* vorhanden mitten in den bedauernswerten Spaltungen: „Ein Herr, ein Glaube, eine Taufe, ein Gott und Vater unser aller, der da ist über allen und durch alle und in allen“ (Eph 4,5 f) – dies alles sind doch nicht von uns zu schaffende Ziele, sondern das vorausgegebene Geschenk Gottes! Auf solchem Boden aber mußte das offene Gespräch, das dem Bewußtwerden dieser Gaben Gottes dienen wollte, auch in den Kirchen, denen jeder von uns angehörte, erst erkämpft und geübt werden. Und ich weiß, daß der Kardinal auch in seiner eigenen Kirche wegen seiner ökumenischen Öffnung, die wahrhaftig nichts vom katholischen Glauben abbrach, bis zuletzt nicht ohne Anfeindung von rechts und links geblieben ist.

Die Weise unseres Gesprächs kann ich nicht besser als mit dem griechischen Wort „parrhesia“ beschreiben. Das Wort bedeutet „Freudigkeit“ oder „Freimut“, ganz wörtlich: die Freiheit, alles zu sagen. So habe ich jedenfalls versucht, das Gespräch mit dem Kardinal zu führen. Bedeutsam für Döpfners Gesamtverständnis von Ökumene schien mir seine Reaktion auf das ökumenische Pfingsttreffen in Augsburg 1971 zu sein. Dort hatten einige Gruppen versucht, mit gemeinsamen Abendmahlsfeiern Grenzüberschreitungen zu provozieren. Das mag in ökumenischer „Ungeduld“ und bei einzelnen in gutem Glauben geschehen sein. Dem Kardinal aber verletzten sie nicht nur das bischöfliche Verantwortungsgefühl, sie stellten die Frage nach der Glaubwürdigkeit des ökumenischen Partners, ja eine Art Wertungsfrage für das ökumenische Handeln überhaupt. Ich bin überzeugt, daß dieses Treffen der Sache eines redlichen Ökumenismus nicht nur keine Dienste erwiesen, sondern eher manchen Schaden zugefügt und die Vorsicht in bezug auf neue Schritte nur vergrößert hat. Ich selber konnte diese Stellung nur respektieren, weil auch ich von solchen Versuchen, in denen die Wahrheitsfrage nicht mehr bestimmend war, sondern emotional überspielt wurde, nicht viel halten konnte.

Dabei war Kardinal Döpfner gerade an den Existenzfragen des Glaubens brennend beteiligt. Ich erinnere mich an ein ausführliches Gespräch über Dietrich Bonhoeffers „Nachfolge", für den er sich besonders interessierte. Als ich 1969 zu der eben erschienen und sofort auch im katholischen Lager umstrittenen päpstlichen Enzyklika „Humane vitae" auf der bevorstehenden EKD-Synode Stellung nehmen mußte, hatten wir auch darüber eine ausführliche Diskussion, in der ich einem sehr aufmerksam zuhörenden und nicht nur die Position seiner Kirche verteidigenden Gegenüber das Für und Wider zu dieser Enzyklika vom evangelischen Standort aus darzulegen suchte. Das letzte längere Gespräch, das wir um die Zeit meines Abschieds miteinander hatten, ging über Fragen der Abendmahlsgemeinschaft. Vor allem wollte er noch einmal genau wissen, was uns nach meiner Sicht in dieser Sache weiter trennt. Er glaubte mir versichern zu dürfen, daß es der Laienkelch auf jeden Fall nicht mehr sei. Öfter hat der Kardinal während des Konzils und in seinen Schriften später nachdenklich das Wort des lutherischen Theologen Kristen E. Skydsgaard zitiert: „Alle Kirchen müssen besiegt werden, damit Gott siegen kann." Das scheint mir anzudeuten, wie weit seine Gedanken gehen konnten.

Parrhesia wird im Neuen Testament als eine Gabe des Heiligen Geistes beschrieben. Konnte man sich für das ökumenische Gespräch mehr und Besseres erbitten? Vielleicht hat zu dieser Offenheit zwischen uns auch eine mehr dem Bereich des 1. Glaubensartikels angehörende Tatsache beigetragen, nämlich daß wir beide gebürtige Unterfranken waren. Als er sein 25jähriges Bischofsjubiläum feierte, habe ich in meinem Grußwort im Festsaal des Deutschen Museums unter großem Jubel der Versammelten dies auch sprachlich deutlich gemacht. Er war in Hausen, ich in Ermershausen geboren. Und gerne haben wir es ertragen, wenn ab und zu der Reim an unser Ohr drang: „Man muß Gott für alles danken, auch für einen Unterfranken."

In einem Rundfunkvortrag über „Meine fränkischen Jahre" im Jahre 1975 hat Döpfner auch über unsere gegenseitigen Beziehungen gesprochen: „Hier in München wurde das Verhältnis zu Landesbischof Dietzfelbinger immer enger und brüderlicher. Es war das redliche Verhältnis eines durch und durch lutherischen Bischofs zu einem Kardinal, der auch seinerseits wahrhaft katholisch sein wollte. So waren beide bewußt und fest in ihrer Kirche verwurzelt und suchten den Willen des gemeinsamen Herrn, daß alle, die an ihn glauben, eines seien, Schritt für Schritt zu erfüllen. Eines halte ich freilich auch heute noch für verkehrt, wenn in dem ökumenischen Bemühen ‚gehudelt' wird, wenn die Einigung mit Gewalt vorangetrieben wird, ohne die Konsequenzen im einzelnen sorgfältig abzuwägen, wie es teilweise heute mit der Interkommunion geschieht. Die Sorge um die Einheit der Christenheit ist ein schwieriges Unterfangen, bei dem das leidenschaftliche Ja zum Vermächtnis des Herrn und die Verantwortung für die jeweils möglichen Schritte in einer immer neu zu suchenden Balance bleiben müssen." Als ich im gleichen Jahr in den Ruhestand ging, nahm der Kardinal an der öffentlichen Verabschiedung teil und sprach ein bewegendes Grußwort. Ein gutes Jahr später, am 25. Juli 1976, ist er ganz plötzlich gestorben. Ich habe an seinem Begräbnis teilgenommen. Es war mir, als hätte ich nicht nur einen kirchenpolitischen Partner, sondern – Gott kann auch das geben – einen Bruder in Christus verloren – oder gewonnen!

17. KAPITEL

Im Rat der Evangelischen Kirche in Deutschland

In den Jahren zwischen 1967 und 1973 kam zu dem Amt des Landesbischofs noch das des Vorsitzenden des Rates der Evangelischen Kirche in Deutschland hinzu. Das bedeutete, daß weit mehr als die Hälfte meiner Arbeitszeit und -kraft außerhalb Bayerns lag.

In der EKD mußte im Frühjahr 1967 zu Beginn einer neuen Synodalperiode auch ein neuer Rat gewählt werden, also die Mitglieder des Gremiums, das zwischen den Synodaltagungen die Evangelische Kirche in Deutschland zu leiten hat. Oberkirchenrat Riedel hatte lange als Mitglied des Rates, zuletzt auch als Vorsitzender des Diakonischen Rates der EKD die bayerische Landeskirche mit Gewicht vertreten. Ich hatte dies für eine sehr glückliche Lösung gehalten. Durch ihn war ich über alle wesentlichen Vorgänge in der EKD laufend orientiert, ohne von den Aufgaben in der Landeskirche allzu sehr abgezogen zu werden. Nun aber nahte die Zeit seines Ruhestandes. Ich konnte mich einer Kandidatur für den Rat der EKD nicht entziehen.

Die Wahl

Die Evangelische Kirche in Deutschland war damals, also auch nach dem „Mauerbau" 1961, noch „gesamtdeutsch". Allerdings hatte die zunehmende politische Entfremdung zwischen Ost und West in Deutschland dazu geführt, daß die Synode, in einen östlichen und in einen westlichen Teil getrennt, in der Gestalt von „Regionalsynoden" tagen mußte. Als ich Anfang April 1967 zur Regionalsynode West in das Johannesstift nach Berlin-Spandau fuhr – die östliche Regionalsynode war nach Fürstenwalde einberufen –, meinte ich beim Abschied im Gespräch mit meiner Frau, auf dieser Tagung würden außer der Ratswahl wohl kaum wesentliche Dinge geschehen; für mich stehe auch keine größere Aufgabe an. So freute ich mich auf eine etwas ruhigere Zeit. Als ich nach einigen Tagen von Berlin zurückkam, war die Welt auch für uns ziemlich verändert; ich war nicht nur zum Mitglied des Rates, sondern auch zu dessen Vorsitzendem gewählt.

Es waren sehr dramatische Tage voll von Überraschungen gewesen. Die beiden Regionalsynoden, die durch einen ständigen Kurierdienst miteinander in Kontakt standen, hatten die zwölf Ratsmitglieder gewählt. Unter ihnen waren im Osten Bischof Krummacher von Greifswald, im Westen Landesbischof Lilje – Hannover, Bischof Scharf – Berlin, Präses Wilm – Bielefeld, Bischof Wölber – Hamburg, Pastor Niesel – Königstein, Vizepräsident Weeber – Stuttgart und ich. Als Kandidat für den Vorsitzenden, der eigens gewählt werden mußte, war seit langem Landesbischof Lilje in Aussicht genommen, der für das Amt die besten Voraussetzungen mitbrachte, an zweiter Stelle der bisherige Ratsvorsitzende Bischof Scharf.

Schon hatten wir unsere Wahlzettel vor uns, um den Namen des zu wählenden Kandidaten daraufzuschreiben. Da trat im letzten Augenblick eine völlige Wendung ein. Äußerlich war es eine Verfassungsbestimmung, die unmittelbar vor Abschluß der Wahl noch einen Einspruch hervorrief: die Namen der gewählten Ratsmitglieder waren wegen der Kontaktschwierigkeiten noch nicht alle bekannt. Konnte unter diesen Umständen schon der Vorsitzende aus ihrer Mitte gewählt werden? In Wirklichkeit waren es Gründe, die mit den politischen Spannungen zusammenhingen. Die beiden Kandidaten Lilje und Scharf erschienen hüben und drüben, wenn auch aus unterschiedlichen Gründen als politisch wenig erwünscht. Nach einigem Hin und Her zwischen Ost und West verschob sich plötzlich die ganze Situation, und die Kandidatur stand auf einmal vor mir selbst – eine „Kompromißkandidatur", wie es dann in der Öffentlichkeit hieß. Ich war noch nicht so sehr in das politische Rampenlicht geraten wie die beiden anderen Brüder. Vor allem die Regionalsynode Ost, die sich durch den Mund von Bischof Krummacher noch eindeutiger als der Westen – hier hatte u. a. bereits Martin Niemöller Zweifel angemeldet – zur Einheit der EKD bekannte, hatte sich fast einmütig für mich ausgesprochen. Wie man dort die Bedeutung des Zusammenhalts der EKD sah, mögen einige Sätze aus der Rede von Bischof Krummacher zeigen, die bei uns im Westteil der Synode von dem bisherigen Ratsmitglied Bischof Martin Haug unter atemloser Spannung der Versammelten verlesen wurden: „Es wäre ein Anachronismus in unserem ökumenischen Zeitalter und ein Rückfall in überwundene Zeiten des Staatskirchentums, wenn wir ausgerechnet im Mutterlande der Reformation auf die uns geschenkte und durch das Schuldbekenntnis von 1945 in geistlicher Tiefe neu gewachsene Gemeinschaft von uns aus verzich-

Hermann Dietzfelbinger mit Bischof Kurt Scharf

ten würden. Wir glauben, daß unser Festhalten an der Gemeinschaft der Evangelischen Kirche in Deutschland vom Evangelium her und aus ökumenischer Verantwortung geboten ist: vom Evangelium her, weil der Herr Jesus Christus selber und seine Apostel mit der missionarischen Ausbreitung des Evangeliums der Kirche zugleich einen grenzüberschreitenden Impuls mitgegeben haben, und von der Ökumene her, weil wir meinen, daß wir beispielhaft für die Weltchristenheit, auch für solche Kirchen, die in ähnlicher Lage wie wir aus politischen, rassischen, soziologischen und gesellschaftlichen Gründen in ihrem organisatorischen Gefüge bedroht werden, einen Erweis dafür zu geben haben, daß die Kraft des Glaubens stärker ist als von außen kommende Trennungen. Wir haben einen ökumenisch gebotenen Versöhnungs- und Brückendienst gerade an der Grenze zwischen West- und Osteuropa als Evangelische Kirche in Deutschland wahrzunehmen."[18]

Wieder einmal war es ein Augenblick für mich, wo ein sehr unmittelbarer Anruf auf eine klare Antwort wartete. Ich empfand die Situation, die innerhalb von vierundzwanzig Stunden bewältigt werden mußte, nicht nur menschlich als so unausweichlich und fordernd, ja herrisch, daß ich glaubte mich der Wahl nicht entziehen zu dürfen. Vielleicht stand hinter dem Ruf der Brüder im Osten auch die Tatsache, daß ich Jahre hindurch jede auch nur mögliche Verbindung mit dem Ostteil der EKD wahrgenommen hatte. Die Wahl in beiden Regionalsynoden erfolgte mit 129 von 146 Stimmen. Auf die Frage des Präses Puttfarcken nahm ich sie an – „mit Furcht und Zittern“ fügte ich hinzu.

„Furcht und Zittern“ ist etwas anderes als Angst. Das zeigt schon der Zusammenhang dieser Stelle im Neuen Testament: „Schaffet eure Rettung mit Furcht und Zittern. Denn Gott ist es, der in euch wirkt beides, das Wollen und das Vollbringen“ (Phil 2,12). Dieser Zusammenhang nimmt die Angst weg, läßt aber die Furcht Gottes bestehen; denn Gott kann mit seiner Gemeinde auch harte Wege gehen. Und einige Entscheidungen dieser Art, die auf die EKD zukommen würden, auch die geistlichen Erschütterungen, die sich anbahnten, waren für den, der wachen Sinnes zu sein versuchte, vorauszusehen.

Zwischen München und Hannover

Zunächst erforderte der neue Aufgabenbereich eine große Umstellung. Das Amt des Ratsvorsitzenden ist als Nebenamt gedacht und sollte es m. E. bleiben, auch wenn es seinem Träger und der Landeskirche, der er zugehört, für einige Jahre eine Doppelbelastung aufbürdet. Es muß unter allen Umständen gemeindenah, kirchennah, praxisnah bleiben. In der römisch-katholischen Kirche weiß man sehr wohl, weshalb der Vorsitzende einer Bischofskonferenz zugleich amtierender Bischof ist. So blieb das Bischofsamt in Bayern mein Hauptamt und München mein Dienstsitz. Von München aus aber mußte mit Hilfe eines neu eingerichteten kleinen Büros am Ort, in das ich Kirchenrat Dr. Reinhard Mumm aus Soest berief, und tüchtiger Mitarbeiter in Hannover die Arbeit des Ratsvorsitzenden und sein Verkehr mit den verschiedenen EKD-Dienststellen abgewickelt werden. Dennoch kam jetzt zu dem einen Schwerpunkt München der andere, Hannover, der Sitz der Kirchenkanzlei mit ihrem liebenswürdigen und engagierten juristischen Präsidenten Walter Hammer, dem ich eine gute, sachverständige Zusammenarbeit danke, und eine enge Verbundenheit mit dem klugen späteren Vizepräsidenten Erwin Wilkens, der sich auf dem wichtigen Feld Kirche und Öffentlichkeit unter Theologen wie Politikern souverän bewegte. Wie aber Hannover meine häufige Anwesenheit erforderte, so beinahe noch mehr Berlin als Sitz einer Außenstelle der Kirchenkanzlei und als Ort der meisten Ratssitzungen, die etwa monatlich einmal zu leiten waren, sowie der Synoden mit ihrem häufigsten Tagungsort, dem Johannesstift in Berlin-Spandau. Ebenso aber war der ständige Kontakt mit dem Kirchlichen Außenamt in Frankfurt/Main unter seinem weitgereisten Präsidenten Adolf Wischmann zu pflegen, der mir schon aus den Tagen der Studentengemeinde Freund war, ganz abgesehen von den vielen Tagungen und Konferenzen, die im Frankfurter Dominikanerkloster stattfanden. Noch häufiger sah mich der Bevollmächtigte des Rates bei der Bundesrepublik Deutschland in Bonn, Bischof Hermann Kunst, der zugleich Militärbischof war, in seinem schönen Amtszimmer in der Löwengrube. Ebenso mußte ich die Verbindung mit dem Diakonischen Werk in Stuttgart halten, dessen energischer Präsident Theodor Schober einst bei mir als Kandidat im Predigerseminar Erlangen gewesen und dann mein Nachfolger als Rektor der Diakonissenanstalt in Neuendettelsau geworden war; mit Freuden habe ich die von ihm in Stuttgart ins Leben gerufene schöne diakonische Akademie eingeweiht.

Unruhige Zeiten

Die Möglichkeiten einer ruhigen Einarbeit in die nicht ganz neue, aber nun doch noch umfassender zu bewältigende und zu verantwortende Materie waren freilich nicht gegeben. Vom ersten Tage an machte sich auf vielfache Weise die starke Unruhe bemerkbar, die mit dem Sechstagekrieg im Nahen Osten und dem Vietnamkrieg durch die ganze Welt ging, aber auf andere und noch stärkere Weise in der Jugend, besonders unter den Studenten vulkanartig zum Ausbruch kam. In den USA wurde der schwarze Bürgerrechtler Pfarrer Martin Luther King ermordet. Am Gründonnerstag 1968 wurde in Berlin das Attentat auf den Studenten Rudi Dutschke verübt. Als ich am darauffolgenden Tag, dem Karfreitag, in der Münchner St.-Matthäus-Kirche den Gottesdienst zu halten hatte, waren an vielen Stellen in der überfüllten Kirche und auch außen rings um das Gebäude Gruppen von jungen Leuten mit Protestplakaten zu sehen. Ich versuchte der mit explosiver Spannung geladenen Gemeinde vom Text 2. Kor 5,19–21 her ein Wort zur Versöhnung zu sagen und war dankbar, daß es nicht zu größeren Störungen kam. Aber allenthalben und auf vielfältige Weise machten dann doch junge Leute ihrem Unbehagen mehr oder weniger gewaltsam Luft – worüber? Vermißten sie angesichts der Gespaltenheit unserer heutigen inneren Existenz die Klarheit, das Ungeteilte, die Glaubwürdigkeit, das Gehaltensein von einem Sinn des Lebens? Einmal, so erinnere ich mich, verschaffte sich eine Gruppe von radikalen Studenten Zutritt zu meinem Amtszimmer, um für irgendeine öffentliche Forderung, die auf eine ständig rotierende Rätedemokratie hinauslief, die sofortige Unterschrift des Ratsvorsitzenden ohne Bedenkzeit fast mit Gewalt herauszupressen. Sie waren sehr erbittert, als es ihnen nicht gelang.

Bei der Synode in Berlin-Spandau im Herbst 1968 war die Empore im Sitzungssaal von einer Gruppe revolutionärer Theologiestudenten besetzt, die mit großen Plakaten wie „Ihr Pharisäer – Ihr Heuchler!" und mit ständiger Unruhe auch meinen mündlichen Bericht zu stören versuchten. Für den darauffolgenden Abend stellte ich mich zu einer Diskussion mit dieser Gruppe zur Verfügung, umgeben von allen Synodalen, die allerdings dem Ratsvorsitzenden wenig Beistand leisteten. Ein damaliger Teilnehmer hat mir Jahre später geschrieben: „Ich sah Sie unter dem Wort: ‚Bei meiner ersten Verantwortung stand mir niemand bei' (2 Tim 4,16)." Doch habe ich bis heute den Eindruck behalten, als sei dieses Gespräch mit den Studenten doch einigermaßen sinnvoll verlaufen, vor allem nachdem sie sich auf meine Bitte mit ihrem Namen einzeln vorgestellt hatten.

Weniger erfreulich lief es ab, als ich in der Adventszeit in einem Saal in Kassel die Aktion „Brot für die Welt" eröffnen sollte. Eine mitten während meiner Rede eingedrungene Gruppe riß mir das Mikrophon aus der Hand und es dauerte lange, bis Präsident Schober, der Versammlungsleiter, wieder einigermaßen Ruhe hergestellt hatte.

Als einen Höhepunkt der Unruhe empfand ich den bereits erwähnten Kirchentag in Stuttgart 1969. Mein Gruß zur Eröffnung versuchte angesichts der Losung „Hunger nach Gerechtigkeit" den durch die Bergpredigt gegebenen Schwerpunkt herauszuarbeiten: „Trachtet am ersten nach dem Reich Gottes und nach seiner Gerechtigkeit..." Er wurde mit dem Zuruf „Geschwätz" unterbrochen. Die Schlußkundgebung, an der ich nur zuhörend beteiligt war, wurde von einer Gruppe von Studenten, auch von Pfarrern, zu einer Proklamation ihrer revolutionären Ideen ohne wesentlichen Einspruch der Kirchentagsleitung „umfunktioniert".

Diese Erlebnisse wollen nicht überbewertet sein. Sie gehörten eine Zeitlang zum üblichen „Umgangsstil". Es muß auch in der Kirche nicht immer ruhig zugehen. Die Unruhe hatte wohl auch nicht nur illegitime Gründe und enthielt ihre hintergründigen Fragen an uns, an die etablierte Kirche, an das mittelmäßige Christentum wie an die

Gesellschaft überhaupt. Ich habe mich damals oft daran erinnert, daß Luther sich das Wort Gottes nicht anders als mit „Tumulten" hat denken können. So deckten diese Unruhen nach meinem Empfinden auch etwas von der inneren Schwäche der Kirche auf. Ich erinnere mich an ein Gespräch mit den Berliner Studentenpfarrern, die ich eingeladen hatte, einfach um ihre Situation kennenzulernen. Sie hätten schon zunächst ihre Arbeit vom Evangelium her tun wollen, sagten sie; aber sie seien damit bei den Studenten nicht angekommen. Und nun hätten sie – das sprachen sie ebenso offen aus – sich mit der Masse der Studenten solidarisiert – als Marxisten. War die von dorther kommende Botschaft stärker, zukunftsvoller?

Aufspaltung der EKD

Mitten in dieser Unruhe trieb die EKD im Zusammenhang mit der politischen Auseinanderentwicklung der beiden Teile Deutschlands auf ihr Auseinanderfallen zu. Eine Verbindung nach der anderen zwischen Ost und West wurde vom Osten her planmäßig unterbunden. Nach der dort herrschenden politischen Sicht mußte auch die EKD als eine der letzten Klammern für Gesamtdeutschland gesprengt werden. Wie ich im Westen beim Bundespräsidenten und beim Bundeskanzler in Bonn einen Antrittsbesuch gemacht hatte, so versuchte ich es im Osten bei dem Staatsratsvorsitzenden und beim Ministerpräsidenten. Auf meine Anmeldung erhielt ich von der einen Stelle überhaupt keine und von der anderen eine abweisende Antwort. So hat der letzte von der gesamten EKD-Synode gewählte Ratsvorsitzende während seiner Amtszeit nie den östlichen Teil Deutschlands betreten dürfen. Als am 31. Oktober 1967 die 450-Jahr-Feier der Reformation in Eisenach und auf der Wartburg gefeiert wurde, konnten zwar die Delegierten aus vielen Teilen der weiten Welt dorthin kommen, ich aber aus München nicht. Ein Grußwort, das ich an die Festteilnehmer aus dem östlichen Teil der EKD geschrieben hatte, war in Eisenach bereits in ihre Teilnehmermappen gelegt worden, es mußte wieder herausgenommen werden.

Im Juli 1968 tagte im schwedischen Uppsala die Vollversammlung des Ökumenischen Rates der Kirchen, an der ich als Leiter der Delegation aus der Bundesrepublik teilnahm. In der Sektion I mit ihrem Thema „Die Katholizität der Kirche" lernte ich nicht wenige imponierende theologische und bischöfliche Gestalten aus den orthodoxen Kirchen kennen, die seit dem Beitritt mehrerer orthodoxer Kirchen in Neu-Delhi 1961 zum erstenmal in so großer Zahl auf einer derartigen Vollversammlung erschienen. Sooft es ging, suchte ich die Delegierten aus Deutschland zu Lagebesprechungen zusammenzurufen. Ich staunte über die illusionäre Hoffnung von Generalsekretär Blake, der mit dem baldigen Beitritt der römisch-katholischen Kirche zum Ökumenischen Rat gerechnet hatte. Mit meiner Frau erlebte ich am 14. Juli im Kreis der meisten Ratsmitglieder und auch in einer festlichen Versammlung, die Präsident Schober in einem Schwesternhaus in Uppsala organisiert hatte, meinen 60. Geburtstag. Auch konnte ich in Stockholm in der deutschen St.-Gertruds-Kirche einen Gottesdienst halten. Und dann lag vor mir eine umfangreiche, schöne, von den Freunden im Landeskirchenrat liebevoll gestaltete Festschrift „Christus praesens" mit Grußworten von Heinrich Riedel – für den Landeskirchenrat –, Franklin C. Fry – für den Weltrat der Kirchen –, Frederic Schiotz – für den Lutherischen Weltbund –, Kurt Scharf – für den Rat der EKD –, Hanns Lilje – für die VELKD – und – wohl ein Novum – von Julius Kardinal Döpfner für die Deutsche Katholische Bischofskonferenz. Das Besondere dieser Festschrift aber war, daß sie nicht Beiträge von Freunden und Mitarbeitern enthielt, sondern Arbeiten von mir selbst aus früheren Jahren gesammelt hatte: es waren vor allem die Themen Gottesdienst und Verkündigung, Dienst des Pfarrers in Gemeindeaufbau und Seelsorge, kirchliche Unterweisung und Diakonie, Kirche und öffentliches Leben, ökumenische Fragen. Der Titel „Christus praesens" – der gegenwärtige Christus – freute mich besonders, weil er die zentrale Aufgabe andeutete, der ich dienen wollte; außerdem leitete die Festschrift mich selber an, mir über meinen bisherigen Weg Rechenschaft zu geben.

Zunächst freilich mußte in Uppsala noch eine andere Aufgabe erfüllt werden. Neben der Teilnahme an der Vollversammlung lag das Schwergewicht meiner Beanspruchung in Uppsala ganz anderswo. Es lag auf dem Nachdenken und dem Gespräch über den weiteren Weg der EKD. In Schweden fanden sich die bereits getrennt tagenden Delegationen aus dem Osten und aus dem Westen Deutschlands auf einem neutralen Boden, wo sie sich noch begegnen konnten. Zwar wagten sie es weniger in der Öffentlichkeit, aber an nicht wenigen Abenden kam eine Abordnung von Beauftragten aus dem Osten und aus dem Westen im Hause des emeritierten Bischofs John Cullberg, eines Freundes aus dem Nordisch-Deutschen Kirchenkonvent, zu vertraulichen Gesprächen über das weitere Schicksal der EKD zusammen. Hier trat offen zutage, daß die Brüder aus dem Osten bis auf einige ganz wenige nicht nur keinen anderen Weg mehr sahen, sondern auch keinen anderen Weg mehr gehen wollten als den der Trennung. Man hätte sie schon früher vollziehen sollen, sagten einige. Auch die starke Erklärung für die Einheit der EKD, die Bischof Krummacher auf der Synode in Fürstenwalde 1967, also erst etwas mehr als ein Jahr vorher, abgegeben hatte, sei längst nicht die Überzeugung aller gewesen, und die scheinbar so einmütige Wahl von Dietzfelbinger zum Ratsvorsitzenden sei eben doch auch wie unter einem Druck erfolgt. So ähnlich finde ich es in einem Gedächtnisprotokoll über die Gespräche an diesen Abenden aufgeschrieben. An einem Abend ging es um die Frage, welches andere, neue Modell einer kirchlichen Organisation den Brüdern nun vorschwebe. Schon damals zeichnete sich der „Bund evangelischer Kirchen in der DDR" ab. Die Brüder baten, daß wir doch auch unter den neuen Formen miteinander Gemeinschaft halten möchten. Von unserer Seite aus, antworteten wir, würden wir gerne an der Gemeinschaft wie bisher festhalten, aber zwingen könnten und wollten wir niemanden. Wir würden die eventuelle organisatorische Trennung hinnehmen und „erleiden".

In der Mitte des Jahres 1969 war die Trennung geschehen. Im Osten gab es nun einen „Bund der evangelischen Kirchen in der Deutschen Demokratischen Republik", im Westen ein Gebilde, das genaugenommen „Evangelische Kirche in der Bundesrepublik Deutschland und in West-Berlin" hätte heißen müssen, dann aber weiter bei dem Namen Evangelische Kirche in Deutschland blieb.

Es war tatsächlich etwas wie eine Stunde der bitteren Wahrheit für die EKD. Nein, die Einheit, die seit 1948 bestanden hatte, war keine Fiktion gewesen. Aber wir hatten uns je länger, desto mehr mit den Ansprüchen, die wir damit verbanden, übernommen, und vor allem was für die Aufrechterhaltung der politischen und volksmäßigen Gemeinsamkeit von der EKD erwartet worden war, trug nicht mehr. Das wurde spürbar, als die Trennung geschehen war. Auf beiden Seiten gab es fast etwas wie ein leichtes Aufatmen, wie wenn eine allzu schwere Last weggenommen wäre. Und beinahe allzu eilfertig wandte man sich, besonders dann in der Vereinigten Evangelisch-Lutherischen Kirche Deutschlands, dem Versuch einer Neuordnung der Dinge auch im Westen zu. Man wollte sicher an der „besonderen Gemeinschaft" der Kirche in beiden Teilen Deutschlands festhalten. Aber nun konnte doch auch jede Seite die sie betreffenden Probleme und Aufgaben, von denen einige lange aufgeschoben schienen, in neuer Freiheit angehen, ohne auf den Partner im anderen Teil Deutschlands Rücksicht, noch dazu politische Rücksicht nehmen zu müssen. So wurde im Westen die „Kirchenreform" zu einem beherrschenden Thema, nachdem schon seit dem Jahre 1962 eine Arbeitsgemeinschaft zur Kirchenreform sich gebildet hatte, allerdings mit einer gründlicheren und weitergreifenden Zielsetzung.

In dieser Lage wurde ich durch eine plötzliche Erkrankung für ein halbes Jahr jäh aus der Arbeit gerissen.

Herzinfarkt

Im Dezember 1969 hatte ich an einer Sitzung des Exekutivkomitees des Lutherischen Weltbundes in Vedbaek in Dänemark teilgenommen. In langer Auseinandersetzung war es gelungen, die juristische Selbständigkeit des Straßburger Instituts und seinen theologischen Kurs gegenüber Bestrebungen zu verteidigen, die es mehr in die unmittelbare Regie der Genfer Zentrale hatten nehmen wollen. Von der Tagung kam ich mit einer schweren Grippe nach München zurück, aus der sich bald eine doppelseitige Lungenentzündung entwickelte. Um die Jahreswende erlitt ich einen Schwächeanfall mit vorübergehender Bewußtlosigkeit. Der Arzt verschrieb weiter Medikamente gegen die Lungenentzündung und verordnete Ruhe. Als die Erkrankung etwas abgeklungen schien und ein Transport gewagt werden konnte, fuhr ich mit meiner Frau nach Neuendettelsau, um im dortigen Krankenhaus unter den Augen des mir seit langem verbundenen Chefarztes Dr. Schick eine Nachkur zu machen. Das Ergebnis seiner Untersuchung aber war eindeutig: Herzinfarkt. Nun war eine völlige Ruhestellung notwendig. Von Anfang an habe ich es dabei als eine große Befreiung empfunden, daß mir Dr. Schick schonend, aber klar die ganze Wahrheit sagte. Herzinfarkt war ein bekanntes Wort geworden, und gerade im Zusammenhang mit der Grippewelle waren nicht wenige Amtsbrüder und Bekannte an dieser Krankheit gestorben. „So der Herr will und wir leben" stand nun über jedem Tag. Die Verantwortung für die Landeskirche und in der EKD mußte ich aus der Hand geben. In der Landeskirche war es mein Stellvertreter, Oberkirchenrat Riedel, im Rat der EKD Bischof Scharf, die für mich einsprangen. Und dann war es paradox: wie schön und erleichternd, wenn man einfach einmal krank sein durfte, sechs Wochen lang, und in Gegenwart der geliebten Frau unter der Fürsorge des Arztes und der tüchtigen Schwester Anna allmählich wieder einen Lebensschritt nach dem anderen machen konnte! Es folgte für uns beide ein weiterer Kuraufenthalt in dem uns bereits bekannten Kurhaus Palmenwald in Freudenstadt mit gemeinsamen Spaziergängen in dem schönen

Tannenwald und auf dem Frank-Buchman-Weg, und mit Besuchen bei dem Freunde Bischof i. R. Haug und seiner Frau, die ihren Ruhesitz in Freudenstadt aufgeschlagen hatten. Anschließend kam die Nacherholung in dem uns schon ans Herz gewachsenen Bärnreuth bei Bayreuth, in einem meiner Schwägerin Irmgard Sitzberger gehörigen Ferienhaus mitten im Wald. Die vielen bekannten und freundlichen Menschen in den Dörfern ringsum von Pfarrer Behringer in Mengersdorf über Baron v. Aufseß bis hin zum Gasthof „Wotan" mit den Wirtsleuten Kellner in Wohnsgehaig halfen auf ihre Weise alle mit zur Wiedergenesung. Gegen Mitte des Jahres 1970 hatte ich mich so weit erholt, daß ich den Dienst wiederaufnehmen konnte. Die Tatsache, daß ich unmittelbar an die Grenze zwischen Leben und Tod geführt worden war und mit dieser Krankheit nun überhaupt anders und in ständiger Bereitschaft auf das Sterben hin leben mußte, ist nicht ohne Wirkung auf die Führung des Amtes geblieben. Nicht wenige Perspektiven in Hinblick auf groß und klein hatten sich verschoben.

Kirchenreform

Als ich im Sommer 1970 zum erstenmal wieder an einer Ratssitzung in Stapelage bei Detmold teilnahm, hatte sich bis in die Zusammensetzung des Rates hinein vieles verändert. An die Stelle des bisherigen Synodal-Präses Puttfarcken, der gestorben war, hatte die Synode im Mai vorher in Stuttgart den Tübinger Professor Ludwig Raiser gewählt. Bischof Wölber, Hamburg, mit dem ich mich im Blick auf den Kurs der EKD besonders gut verstand, hatte den Rat verlassen. Neue Mitglieder wie Landessuperintendent Fritz Viering und die beiden Frauen Gerta Scharffenorth und Grete Schneider waren hinzugekommen. Vor allem aber hatte die Synode neue, weitgreifende Entschlüsse gefaßt. Die alte EKD war tot, eine neue EKD, die freilich auf die Bundesrepublik Deutschland und West-Berlin beschränkt war, sollte Gestalt und Form bekommen. Anscheinend war die Synode von einer starken Euphorie erfaßt und fühlte sich im Aufwind auf einen neuen Weg hin. „Unter uns ist eine Bewegung im Gange, welche die bestehende Gemeinschaft des Zeugnisses und des Dienstes unserer bekenntnisbestimmten Kirchen vertiefen und stärken will", hieß es in der programmatischen Erklärung der Synode. Daraus wurde der Auftrag abgeleitet, an der Stelle der bisherigen Grundordnung von 1948 eine neue zu schaffen, in der das allgemeine Einheitsverlangen, das damals in Eisenach für viele nur teilweise zum Zug gekommen war, nun seine Erfüllung finden sollte. Man nannte es die volle „Kirchwerdung" der EKD wenigstens in der Bundesrepublik und in West-Berlin bis hin zu uneingeschränkter Abendmahlsgemeinschaft, die die Unterschiede der alten Bekenntnisse aus der Reformationszeit hinter sich ließ. Dafür waren sowohl neue Grundsatzartikel notwendig wie auch eine straffere rechtliche Ordnung, die das Ganze effektiver gestalten sollte. Ein zahlenmäßig umfangreicher, mit den besten Leuten besetzter Verfassungsausschuß war bereits an die Arbeit gegangen.

Ich selber war der EKD gerade in ihrer Verlegenheit zugetan, konnte aber die hier aufgebrochene Euphorie von Anfang an nicht teilen. Was waren eigentlich ihre legitimen Motive? Schon an die in Stuttgart tagende Mai-Synode hatte ich von meinem Erholungsort Bärnreuth aus eine Botschaft gesandt, in der ich um Besonnenheit und Geduld bat. Natürlich wußte ich, daß nach dem Auseinanderfallen der EKD einige organisatorische und rechtliche Ordnungen in ihrem Gefüge notwendig waren, die zum Teil schon länger anstanden, also etwas wie eine „kleine Kirchenreform". Grundsätzlich aber schien mir die Grundordnung von 1948 vor allem mit der in ihr festgehaltenen Spannung von Gemeinsamkeit und Unterschiedenheit, wie sie einfach der Wirklichkeit der EKD entsprach, nicht überholt. Nicht selten ist mir das nachdenkliche Schlußwort eine Hilfe gewesen, das im Jahre 1948 am Ende der Eisenacher Kirchenversammlung der sächsische Landesbischof Hugo Hahn gesprochen hat: „Nicht das wurde uns geschenkt, was die Mehrzahl von uns vor allem begehrte: Die Abendmahlsgemeinschaft. Dafür ein anderes, außerordentlich Schlichteres, das unter uns erfüllt worden ist: Das Gesetz Christi: ‚Einer trage des andern Last!' Wenn wir das gegeneinander abwägen, was uns versagt geblieben und was uns geschenkt worden ist, was wir vielleicht so gar nicht begehrt hatten, dann werden wir das Geschenkte vielleicht als mehr erkennen, werden das Versagte demütig Gott bekennen und weder uns noch andere rühmen, sondern bekennen: Allein Gott in der Höh' sei Ehr'."[19] Hier ist besser ausgesprochen, als ich es selber konnte, worin nun auch die „Gemeinschaftsaufgabe" in der EKD liegen müßte. Dabei ist zum Problem der Abendmahlsgemeinschaft anzufügen, daß der Artikel 4,4 der Grundordnung von 1948 keinem Mitglied einer EKD-Gliedkirche den Abendmahlsempfang in einer anderen Gliedkirche verwehrt.

Ich selbst war auch beim Blick auf die theologische Lage nicht überzeugt, daß nun gerade jetzt die Kräfte der Sammlung aufgebrochen seien und zu einer neuen Einheit drängten. Ich sah mindestens

Beim Empfang zum 65. Geburtstag von Bischof Hermann Kunst in Bonn, 1972

ebensosehr kirchenpolitische Aktivitäten am Werk, die sowohl das bekenntnismäßige wie das gliedkirchliche Element zugunsten einer größeren Zentralisation zurückdrängen wollten. So wurde es meine undankbare Aufgabe, gegenüber dem ungeheuren Aufwand an Zeit und Kraft, mit dem der Verfassungsausschuß von einem Grundordnungsentwurf zum anderen schritt (EGO I - II – III – IV) eine, wie mir schien, der Wirklichkeit nähere und nüchternere Sicht zu vertreten, was mir nur in geringem Maße gelang. Auf den nun folgenden Synoden der EKD sah ich mich wenigstens in der Öffentlichkeit einer fast geschlossenen Front gegenüber, die leidenschaftlich auf die „Kirchwerdung" der EKD hinsteuerte. Nur dies geschah ab und zu, daß erfahrene Praktiker mir hinter vorgehaltener Hand, je komplizierter die Entwürfe wurden, um so deutlicher erklärten, diese neue Grundordnung sei von vorneherein impraktikabel, und mit ihren finanziellen Implikationen würde sie gegenüber den bisherigen Anforderungen die doppelten an die Gliedkirchen stellen. Ein persönlicher Briefwechsel mit Präses Raiser, einem der entschlossensten Verfechter der Reform, dem ich meine Bedenken darzulegen suchte, verlief im Sande.

Als die Landessynoden sich mit dem allmählich zum Abschluß kommenden Reformwerk zu befassen hatten, fand ich auch zu Hause kaum Verständnis. Mit einigem Schrecken denke ich an die Arbeitstagung der bayerischen Landessynode in Neuendettelsau im

Mai 1972 zurück. Einige kritische Stimmen meldeten sich hier erst, als herauskam, welche weit höheren finanziellen Anforderungen durch die EKD-Reform auf die Landeskirche zukommen würden; aber das war kein Trost. Eine vereinzelte Stimme, die meine Einstellung vielleicht verstand, erhob sich und wurde in einem Aufsatz von Oberkirchenrat Werner Hofmann, München, laut, der in der Festschrift zu meinem 65. Geburtstag 1973 meinte: „Die Zukunft wird zeigen, ob es nicht doch richtiger gewesen wäre, den wiederholten Vorschlägen von Landesbischof Dietzfelbinger zu folgen, die Grundbestimmungen der Grundordnung von 1948 im wesentlichen zu belassen und nur das Instrumentarium der EKD den Bedürfnissen anzupassen und die Bereiche Diakonie, Mission und Ökumene neu zu ordnen.“[20]

18. KAPITEL

EKD – Gestalt und Gehalt

Was mich während meiner Amtszeit als Ratsvorsitzender innerlich besonders stark bedrängte, war die Einsicht in das Mißverhältnis von Gestalt und Gehalt im Bereich der EKD. Wir konnten in der damaligen Lage doch nicht nur von der größer gewordenen Einheit der EKD sprechen, sondern hatten zum mindesten gleichzeitig die gegenläufigen Bestrebungen und Bewegungen im Auge zu behalten, von der steigenden Zahl der Kirchenaustritte, über die besonders der Hamburger Bischof Wölber erschütternd berichten konnte, bis hin zu der verwirrten Lage in der Theologie. Für den letzteren Bereich hatte der Rat der EKD bereits 1965 einen Ausschuß für „Schrift, Theologie und Verkündigung" eingesetzt, bestehend aus etwa dreißig führenden Theologen. Eben um die Zeit der „Einheitssynode" im Frühjahr 1970 legte dieser Ausschuß sein Ergebnis vor: eine gemeinsame Linie, auf die man sich hätte einigen können, war nicht gewonnen. Es waren nur einige Einzeläußerungen zustande gekommen, die von jedem Verfasser selber verantwortet wurden. Wie die Ungewißheit und die Unruhe in den Gemeinden übergegriffen hatte, dafür legte die in den letzten Jahren entstandene Bekenntnisbewegung „Kein anderes Evangelium" zusammen mit den vielen Gruppen der „Kirchlichen Sammlung um Bibel und Bekenntnis" beredtes Zeugnis ab. Auf die erste Kundgebung in der Dortmunder Westfalenhalle 1966 folgten die innerlich stark bewegten „Gemeindetage unter dem Wort", die geradezu als eine Art von Gegenkirchentagen wirkten. Und noch heute höre ich einen führenden Synodalen in der EKD-Synode davon reden, daß viele dieser Bewegung angehörende Christen und Gruppen „wie mit geschnürtem Ranzen bereitständen aus den Landeskirchen auszuziehen".

Es war das Mißverhältnis zwischen dem Verfassungsanspruch und der Lebenswirklichkeit in der EKD, unter dem ich litt. In der Überzeugung, wir müßten einander die Wahrheit zumuten können, brachte ich in meinem Bericht vor der Synode in Berlin-Spandau am 19. Februar 1971 diese Probleme offen zur Sprache. Ich versuchte den Kampf zwischen Glauben und Unglauben zu beschreiben, in dem wir uns befänden. „Während wir von einem ‚Mehr' an Kirchengemeinschaft sprechen, auf das wir zusteuern, können wir genau besehen vielfach auch ein Weniger an Kirchengemeinschaft vorfinden, das uns bedroht... Es gibt nicht nur Kirchenaustritte aus Unglauben, sondern zunehmend auch aus Glauben, zum mindesten weil man ihn in der Kirche nicht mehr findet. Eltern melden ihre Kinder vom Religionsunterricht ab nicht aus Gleichgültigkeit der Kirche gegenüber, sondern weil sie dem Kind den Christusglauben und die Christusliebe erhalten möchten." Meine Gesamtschau verdichtete sich in dem Satz: „Wenn nicht alles täuscht, so stehen wir heute in einem Glaubenskampf, einem Kirchenkampf, gegenüber dem der Kirchenkampf im ‚Dritten Reich' nur ein Vorhutgefecht war. Das Unheimliche dabei ist, daß dieser heutige Kirchenkampf vielfach kaum erkannt, ja allermeist verharmlost wird und unter Tarnworten wie Pluralismus voranschreitet." Statt unsere Kräfte für eine Kirchenreform mit ihrem naturgemäß juristischen Schwergewicht zu verwenden, schlug ich in Erinnerung an die früheren Bekenntnissynoden vor: „Wir sollten noch einmal das Wagnis unternehmen, eine nüchterne, illusionslose Analyse unserer Situation aus der Kraft des Heiligen Geistes, der nüchtern macht, zu versuchen und von da aus theologisch und geistlich weiterzuschreiten."

Bis heute werde ich auf diese Sätze von 1971 angesprochen. Nicht einen einzigen Brief habe ich damals erhalten, in dem gestanden wäre: Wenn es in der EKD so aussieht, wie Sie es geschildert haben, dann trete ich aus der Kirche aus! Im Gegenteil, immer wieder hieß es: Endlich ist einmal offen ausgesprochen worden, wie es steht. Gerade in einer Kirche, wo die Wahrheit gilt, kann und muß man doch bleiben! Während der Synode freilich ging es wesentlich anders zu. Mein Bericht fand stärkste Beachtung, vor allem aber war die Antwort ein heftiger Widerspruch und zugleich der Versuch der Beschwichtigung – so schlimm stehe es doch nicht. Man warf mir Schwarzmalerei und „Larmoyanz", d. h. Rührseligkeit vor. Nach meiner Erinnerung stimmte nur Bischof Wölber, Hamburg öffentlich der Analyse zu. Daß ich mit dem Wort vom „Kirchenkampf" kein politisches Urteil über die Situation in Deutschland hatte abgeben wollen, mußte ich nicht selten versichern. In meinem Bericht vor der bald darauf stattfindenden bayerischen Landessynode in Schweinfurt versuchte ich meine Diagnose noch genauer zu erläutern. Daß mit ihr ein Wahrheitsmoment in unserer innerern Situation getroffen war, davon bin ich bis heute überzeugt. Eine schwärende Wunde war offengelegt. Ein praktisches Ergebnis brachte die heftige Diskussion doch: In einer mehrtägigen Zusammenkunft in Mauloff (Hessen) wurden tatsächlich die anstehenden theologischen und geistlichen Fragen verhandelt. Auch war es gelungen, eine große Zahl von Universitätstheologen zu alljährlich mehrtägigen Zusammenkünften zu versammeln, die auch zu einer größeren inneren Gemeinsamkeit und damit auch zu einer guten Wirkung für die theologische Ausbildung der Studenten führen sollten. An eine dieser Zusammenkünfte auf dem Schwanberg denke ich besonders gerne zurück; wir besuchten von dort aus den sonntäglichen Gottesdienst in der früheren Gemeinde Rüdenhausen und hatten im Schloß des Fürsten zu Castell-Rüdenhausen einen wohlgelungenen Empfang. So kamen Rat und Theologenkonferenz auch in unmittelbare Verbindung zu einer fränkischen Landgemeinde.

Die Arbeit an der Kirchenreform lief zunächst weiter. Die meisten gliedkirchlichen Synoden stimmten dem Entwurf von 1974 (EGO IV) zu – bis sich im Februar 1976 in der württembergischen Landessynode überraschenderweise keine Mehrheit für ihn fand. Unter den Gründen für diese negative Entscheidung fand sich neben den Bedenken wegen einer zu großen Machtverschiebung auf die großkirchliche Zentrale hin vor allem auch die „gravierenden theologischen Differenzen" innerhalb der EKD. Im Jahre 1977 erklärte darauf die bayerische Landessynode vorläufig, und dann endgültig 1980, sie sehe keinen Grund, eine Zustimmung zur Grundordnung von 1974 zu beschließen, zumal da auch die inhaltlichen Bedenken dagegen gewachsen seien. Damit war zehn Jahre nach Beginn die Kirchenreform sang- und klanglos begraben. Ich habe es besonders bedauert, daß eine mit solchem Aufwand begonnene Arbeit umsonst geschehen war; auch die „kleinere Kirchenreform", die ich befürwortet hatte, war darüber versäumt worden.

Dennoch gemeinsame Arbeit

Im übrigen war es durchaus möglich, im Rahmen der Grundordnung von 1948 zu gemeinsamem Handeln zu kommen. Den Rat und besonders den Ratsvorsitzenden kostete es gewiß mehr Zeit und Kraft, wenn man nicht so sehr mit Verordnungen und Gesetzen, sondern über Verhandlungen, Bitten, Mahnungen, Besprechungen und Besuche gemeinsame Überzeugungen und Entschlüsse in der EKD erreichen mußte. Aber mir schien angesichts des komplexen Gebildes dieser evangelischen Christenheit in Deutschland bei aller

Mühsal doch dies der gebotene und verheißungsvolle Weg zu sein. Dazu kamen die zahlreichen Denkschriften, die in jenen Jahren entstanden. Sie waren als Mittel der Meinungsbildung für alle Schichten der evangelischen Christenheit gedacht, nicht als autoritative Feststellungen, sondern eben als Denkhilfen, die zu größerer Gemeinsamkeit führen wollten. So konnte die Denkschrift über Entwicklungshilfe die große Gemeinschaftsaufgabe des kirchlichen Entwicklungsdienstes innerlich begründen, die nach der Vollversammlung des Ökumenischen Rates in Uppsala 1968 auf der darauffolgenden EKD-Synode beschlossen wurde und eine verstärkte, zugleich sorgsam durchdachte und wirksame Hilfe für die unterentwickelten Länder der Erde in die Wege leitete. Sie wird bis heute nach ähnlichen, selbstverständlich der jeweiligen Situation angepaßten Richtlinien weitergeführt.

Als dann 1970 der Ökumenische Rat, für die Gliedkirchen zu wenig vorbereitet, sein Antirassismusprogramm verkündete und mit dem Antirassismus-Sonderfonds zur Unterstützung von Befreiungsbewegungen eines seiner umstrittensten Projekte begann, gab es wieder keinen anderen Weg als den des mühsamen Gesprächs. Ich geriet zusammen mit dem Rat zuerst in harte Auseinandersetzungen mit dem ÖRK-Generalsekretär Eugen C. Blake, die sich über Monate hinzogen und in einem ganztägigen Gespräch zweier Delegationen am 1. Dezember 1970 in München ihren Höhepunkt fanden. Das Gespräch konnte nicht zu Ende geführt, die beiderseitigen Standpunkte nicht miteinander zur Deckung gebracht werden. Die Verantwortung der Christen gerade für entrechtete, verfolgte Menschen in aller Welt war uns völlig klar und wir haben in dieser Hinsicht eine ganze Reihe groß angelegter Hilfsaktionen unternommen, besonders aufgrund des unseligen Bürgerkrieges in Nigeria/Biafra. Bei den durch den Sonderfonds zu unterstützenden Organisationen war jedoch in mindestens einigen Fällen zu fragen, ob die Zweckbestimmung der für sie ausgeworfenen Gaben auch für die Gemeindeglieder deutlich zu erkennen und verantwortbar waren. Zur Bekämpfung des Rassismus sagten wir ja auf der Grundlage der neutestamentlichen Erkenntnis, daß „in Christus weder Jude noch Grieche" ist (Gal 3,28). Wir wußten auch, daß wir Deutschen aufgrund unserer Vergangenheit eine besondere Lektion zu lernen hatten. Vor allem an dem schweren Apartheidsproblem im südlichen Afrika durften wir aus verschiedenen Gründen nicht vorübergehen. Andererseits glaubten wir auch, anderen Völkern eine schwerwiegende Erfahrung, nämlich die der Schuld, voraus zu haben. Die ließ uns nicht untätig, auch nicht ängstlich vor dem

Schmutzigmachen der Hände sein, trieb uns aber vor allem zur Versöhnung und nicht zur Unterstützung von Gewaltanwendung.

Was das südliche Afrika betrifft, so ließen uns die mannigfaltigen politischen, wirtschaftlichen, aber auch kirchlich-theologischen Verbindungen dorthin überhaupt keine Wahl: Wir mußten uns mit den dortigen Entwicklungen befassen. Wir nahmen mit Beyers Naudé, dem Leiter des „Christlichen Instituts in Südafrika" und Vorkämpfer einer klaren, gerechten Lösung der Probleme, Verbindung auf; ich selbst hatte ein ausführliches Gespräch mit ihm. Einmal führte ich im Auftrag des Rates einen letztlich unbefriedigenden Briefwechsel mit dem damaligen Ministerpräsidenten Vorster über illegitime Gewaltanwendung gegen schwarze Afrikaner, worüber wir Berichte erhalten hatten. Ebenso wurden schon in diesen Jahren die Gespräche mit deutschen Firmen begonnen, die im südlichen Afrika Zweigniederlassungen hatten; damit sollten soziale Einrichtungen für die schwarzen Arbeiter in den dortigen Betrieben erreicht werden. Über die Frage nach der sozialen Gerechtigkeit glaubte ich aber noch stärker den Ruf der Versöhnung zu hören, wie er einmal leidenschaftlich in einem Gespräch herausbrach, an dem schwarze und weiße Südafrikaner beteiligt waren. Einer der weißen Teilnehmer sagte: „Der einzige Weg ist die Versöhnung zwischen uns. Geschieht sie nicht, dann kann eines Tages der gesamte Erdteil brennen."

In dieser Richtung ließ sich dann doch auf Jahre hinaus fast in der gesamten EKD eine gemeinsame Linie finden. Das „Antirassismusprogramm" hatten wir grundsätzlich aufgenommen, für den umstrittenen Sonderfonds jedoch sollten Kirchensteuermittel nicht zur Verfügung gestellt werden; wer freiwillig für diese nicht immer durchsichtige Sache etwas geben wollte, war selbstverständlich daran nicht gehindert. Mir war es zusätzlich eine Erleichterung, daß die VELKD darüber hinaus einen „Fonds für Gerechtigkeit und Versöhnung" gründete, der in besonderen Fällen einsprang, etwa wenn es galt, Gefangene zu unterstützen.

Kirche und Öffentlichkeit

Gleich in den Beginn meiner Amtszeit als Ratsvorsitzender war der Sechstagekrieg zwischen Israel und den arabischen Staaten im Juni 1967 gefallen. Der Blitzsieg Israels bewegte die Gemüter vieler Christen in Deutschland besonders stark und versetzte nicht wenige nicht nur in politische, sondern geradezu in religiöse Begeisterung.

„Ich bin zwar Pazifist, aber in diesem Krieg wäre ich am liebsten in einem israelischen Panzer mitgefahren!“ erklärte enthusiastisch ein Pfarrer. Das Nachdenken über unser so belastetes Verhältnis zu Israel, auch zu seinem neuen Staatswesen, empfing mächtige, auch verwirrende Anstöße. In einem Gottesdienst in der Berliner Kaiser-Wilhelm-Gedächtnis-Kirche – wir hatten eben eine Ratssitzung in Berlin – versuchte ich unter biblischem Aspekt die Stellung der Gemeinde des Neuen Bundes zu der des Alten Bundes auch mit ihren politischen Implikationen in der augenblicklichen Situation darzulegen. Meinen bayerischen Amtsbrüdern schrieb ich einen Rundbrief, in dem ich erklärte, daß wir die Betroffenen in beiden Lagern sehen müßten. Es ging mir auch in diesem Fall um die Priorität des Dienstes der Versöhnung. Am Schluß des Briefes erinnerte ich an das Wort aus dem jüdischen Midrasch zur Geschichte vom Durchzug Israels durch das Rote Meer (2 Mose 14): „In der Stunde, in der die Ägypter ins Meer versanken, wollten die hohen Engel, die um den Thron Gottes versammelt sind, ein Freudenlied anstimmen. Gott aber sprach zu ihnen: Meine Kinder ertrinken im Meer, und ihr wollt jubeln?“

Verständlicherweise führten mich meine Verpflichtungen in diesen Jahren besonders häufig nach Bonn. Zusammen mit Bischof Kunst, dem Bevollmächtigten des Rates bei der Bundesregierung, suchte ich, wenn nötig, auch den Bundespräsidenten und den Bundeskanzler zu Gesprächen auf. Solange Gustav Heinemann, früher selber Mitglied des Rates, Bundespräsident war, lud er uns bei Gelegenheiten von Ratssitzungen einige Male zu anregenden und auch kontroversen Gesprächen in seinen Amtssitz ein. In Abständen führte der Rat ausführliche Aussprachen mit den Vorständen der im Bundestag vertretenen Parteien, auch mit Vertretern der in der Wirtschaft relevanten Gruppen sowie mit den Flüchtlingsverbänden und den Vertretern der Medien in Presse, Rundfunk und Fernsehen. Dazu lernte ich nicht wenige Bundesminister durch die Beratungen kennen, die ihre Ressorts betrafen, wenn zugleich ethische Fragen berührt waren. Dies war der Fall, als die Reform des § 218 des Strafgesetzbuches anstand, oder als die Zusammenarbeit zwischen Kirche und Staat in Fragen der Entwicklungshilfe zu diskutieren war. Zweimal während meiner Amtszeit hatte ich in Bonn den Gottesdienst für die evangelischen Abgeordneten anläßlich der Eröffnung eines neuen Bundestags zu halten. Als Hermann Kunst sein Amt als Militärbischof aufgab, mußte ich lange suchen und auch zahlreiche Gespräche, u. a. mit dem damaligen Verteidigungsminister Helmut Schmidt führen, bis sich endlich der Pinneberger Propst

Sigo Lehming für diesen Dienst, der ja im Nebenamt auszuüben ist, zur Verfügung stellte. Im Oktober 1972 habe ich ihn in dieses wichtige, schwierige Amt in einer Kirche in Bad Godesberg eingeführt.

Auf keiner unserer beinahe allmonatlichen Ratssitzungen fehlte das Thema „Kirche und Öffentlichkeit", „Kirche und gesellschaftliche Probleme", „Kirche und politisches Leben". Unsere Erwägungen haben in den erwähnten Denkschriften und in vielen Erklärungen ihren Niederschlag gefunden, wobei die Mitarbeit von Kommissionen und Kammern, für die sich oft hervorragende Fachleute zur Verfügung stellten, besonders zu erwähnen ist; hier begegnete mir ein anschauliches, wichtiges Beispiel für den kompetenten Dienst von Laien in der Kirche. Bei zahlreichen Gelegenheiten hatte der Ratsvorsitzende die Stellung der EKD zu einzelnen Fragen wie Ost-West-Verhältnis, Entwicklungshilfe, Weltwirtschaftskonferenz in Santiago 1972 auch vor Presse, Rundfunk und Fernsehen zu erläutern. Nach jeder Ratssitzung erbat das Fernsehen ein kurzes Statement über die hauptsächlichen, die Öffentlichkeit interessierenden Themen unserer Beratungen. Ich habe mich dieser Aufgabe der öffentlichen Bekanntgabe und Vertretung kirchlichen Handelns in der Öffentlichkeit nie verweigert, wenn auch die wenigen Sekunden, die man dafür zur Verfügung gestellt bekam – nicht selten weniger als für Sportnachrichten –, den Aufwand oft nicht zu lohnen schienen. Für jeden sachlichen Bericht, den die Medien geben, war ich dankbar. Allerdings konnte man dabei auch das Gegenteil erleben, vielleicht gar nicht aus bösem Willen der Fernsehleute. Während des Vietnamkrieges setzte ich mich in einer Karfreitagspredigt in der Münchener St.-Matthäus-Kirche mit der Meinung auseinander, die man damals öfter hören konnte: „Unser Golgatha ist Vietnam." Ich rückte diese falsche Meinung zurecht, indem ich die Einzigartigkeit des Opfers Christi herausstellte. In den Fernsehnachrichten am Abend hörte ich dann: Der Ratsvorsitzende kam in seiner Predigt auch auf den Vietnamkrieg zu sprechen und erklärte – hier erst kam ich selber zu Wort –: „Unser Golgatha ist Vietnam!" Ende! Mich riß es beinahe vom Stuhl. Eine nachträgliche Berichtigung war nicht mehr zu erreichen.

Der Rang des Politischen

Dem Nachdenken über diese Frage habe ich in Berichten vor der EKD-Synode und auch vor der bayerischen Landessynode häufig Raum gegeben. Hat nicht gerade eine Kirche lutherischen Bekenntnisses, wenn sie einer recht verstandenen Zwei-Regimente-Lehre folgt, auch dem Staat und den anderen Verantwortlichen den wichtigen Dienst zu tun, daß sie ihnen aufzeigt, wie ihr Mandat in Gottes Ordnung begründet, damit aber auch begrenzt ist? Nein, nicht um den Nimbus einer Vergötzung des Staates konnte es gehen, wie wir das in früheren Jahren erlebt hatten, aber ebensowenig um ein Herabsetzen oder gar ein Zersetzen dieser Notordnung Gottes, deren Schutz wir uns alle gefallen lassen, selbst wenn wir in kritischer Opposition zur jeweils geltenden Staatsordnung oder Regierungspartei stehen. Die 5. These der Barmer Theologischen Erklärung von 1934 über Recht und Grenzen der staatlichen Ordnung hatte dafür, wie ich glaube, gute Maßstäbe gesetzt, die keineswegs obrigkeitshörig, aber ebensowenig im falschen Sinne revolutionär machen mußten. Da heißt es u. a.: „Die Schrift sagt uns, daß der Staat nach göttlicher Anordnung die Aufgabe hat, in der noch nicht erlösten Welt, in der auch die Kirche steht, nach dem Maß menschlicher Einsicht und menschlichen Vermögens unter Androhung und Ausübung von Gewalt für Recht und Frieden zu sorgen. Die Kirche erkennt in Dank und Ehrfurcht gegen Gott die Wohltat dieser seiner Anordnungen an. Sie erinnert an Gottes Reich, an Gottes Gebot und Gerechtigkeit und damit an die Verantwortung der Regierenden und Regierten." Im übrigen stimmte ich, je mehr es auf konkrete, ins einzelne gehende politische Stellungnahmen hinausging, desto mehr dem früheren württembergischen Landesbischof und EKD-Ratsmitglied Martin Haug zu, der in seiner plastischen Redeweise der Kirche „das Tiefbauamt auf dem Bauplatz unseres Landes übertragen" sah, „den Dienst an den Fundamenten, an den von Gott gelegten Grundlagen alles Menschseins". Mit solcher Einsicht schien mir insbesondere auch dem Pfarrer für seine Verkündigung eine wesentliche Leitlinie gegeben zu sein, die ihm gewiß nicht die Überlegung und Entscheidung im einzelnen abnahm. Wie schwer vielmehr diese Aufgabe im konkreten Fall zu lösen war, darüber gab ich mich keinen Illusionen hin, zumal in einem Zeitalter, in dem – nach Bischof Dibelius – weithin eine „politische Monomanie" die Gemüter und vor allem auch die Medien zu bestimmen scheint. Es war ja auch klar: ließ man sich weithin durch Ludwig Feuerbachs unheimlich tief greifenden Satz beeinflussen: „Der Mensch schuf Gott nach seinem Bilde", so mußte in das damit entstehende Vakuum sein anderer Satz eindringen: „Die Politik muß unsere Religion werden!" Befanden wir uns nicht auf diesem Wege? Ja, das Wort Gottes des Schöpfers der Welt und der Völker hat eine politische Dimension. Aber ich versuchte dem

Verkünder des Evangeliums wie der Gemeinde ebenso klarzumachen, daß die vorletzten Dinge einen falschen Rang erhalten, wenn sie den Anspruch erheben, die letzten Dinge zu sein.

Das dreifache Amt Christi

Nicht selten hat mir beim Nachdenken über diese Fragen die Erinnerung an das alte, gewiß auch umstrittene, christologische Schema von dem prophetischen, priesterlichen und königlichen Amt Christi geholfen. Konnte man nicht auch von einem prophetischen, priesterlichen und königlichen Dienst der Gemeinde reden, ohne in das katholische Mißverständnis zu verfallen, das für die Kirche reklamieren wollte, was Christus allein vorbehalten ist? „Ecclesia est *regina* in orbe terrarum" – die Kirche ist die Königin auf dem Erdkreis, konnte auch Luther sagen. Aber er sah auch darüber erst recht das Zeichen des Kreuzes, des Leidens und Sterbens und fuhr deshalb fort: „Allerdings ist nichts weniger am Tage. Aber wenn nicht durch ihr Gebet und ihre Lehre die Kirche die Welt erhielte, würde alles in einem Augenblick vergehen" (WA 43,655). Um ein Verständnis dieses so gearteten, mit Kreuz und Leiden gezeichneten königlichen Dienstes der Kirche in der Welt habe ich mich in vielen Predigten und Vorträgen bemüht. Welche Würde und Verantwortung gewinnt allein dadurch das Allgemeine Kirchengebet im Gottesdienst mit dem Heiligen Vaterunser als der priesterliche, königliche Dienst der Kirche für die Welt. Die Gemeinde Christi steht schon damit an einer wichtigen Schaltstelle der Weltgeschichte! Läßt sie diese außer acht, so darf sie sich nicht wundern, wenn ihre anderen Dienste und Angebote an Kraft und Glaubwürdigkeit verlieren.

In solchem Zusammenhang läßt sich, wie mir scheint, auch das *prophetische* Amt der Kirche in der Welt recht verstehen und ausrichten. Die Rede vom prophetischen Auftrag der Kirche wird heute nicht selten laut, im Ökumenischen Rat der Kirchen besonders, aber auch in vielen Kirchen der Dritten Welt: „Die Stimme der Stummen muß sie sein, für die Unterdrückten laut und deutlich eintreten, Partei ergreifen für die Armen, die Menschenrechte verfechten, für Gerechtigkeit und Frieden kämpfen." Dies alles ist notwendig, übrigens noch gar nicht „prophetisch", sondern schon im Gefolge des Gebots der Nächstenliebe. Vieles in diesem Sinne haben wir auch im Rat der EKD versucht, wobei ich freilich dieses auch unter vielen Kompromissen gewählte Gremium nicht unbedingt in „prophetischem" Lichte sehen konnte. Mir schien wichtiger, daß es einer Kirche hilft, nicht durch weltliche Machtmittel zu wirken, sondern „allein durch das demütige, aber ehern unbeugsame und dadurch mächtige Wort Gottes und durch das unscheinbare, aber weltüberwindende Sakrament" (A. Vilmar). Die biblischen Propheten wollte ich hören. Aber ein selbsterwählter prophetischer Auftrag, der nicht in dieses demütige Wort Gottes und in das unscheinbare Sakrament sich einbinden ließ, wollte mir unheimlich erscheinen. Zudem glaube ich zu bemerken, daß die alttestamentlichen Propheten gar nicht so sehr kühn auf diesen Weg der Prophetie gegangen sind, wie es heute viele Propheten tun wollen, sondern oft gegen ihren Willen von Gott zu dem Wort gedrängt werden mußten, das nicht selten unter Lebensgefahr zu sagen ihnen aufgetragen war.

Weil das einseitige Herausstellen des prophetischen Auftrags allzu leicht in die Nähe falscher Propheten führen kann, darum versuchte ich die dritte Seite dieses Amtes, die man die *priesterliche* nennen könnte, mindestens ebenso sehr zu berücksichtigen. Damit wird eine Gemeinde auf ihre Verantwortung angesprochen, die gewiß auch für das Recht der Schwachen eintritt, aber zugleich fürbittend die Lasten der Bedrängten trägt und die Zerstreuten zu sammeln sucht. So steht sie mit ihrem Dienst vor Gott für die Welt und für Gott vor der Welt. Anlässe, um im Kleinen wie im Großen dafür die Sinne zu schärfen, gab es auch für den Ratsvorsitzenden genug. Als im Mai 1973 der UdSSR-Parteisekretär L. Breschnew die Bundesrepublik Deutschland besuchte, machten ihn Kardinal Döpfner und ich in einem Brief, den ihm Bundespräsident Heinemann auf unsere Bitte vermittelte, auf die Bedrängnis der Christen in der Sowjetunion aufmerksam. Einigemale rief der Rat die Gliedkirchen dazu auf, in der Treue der Fürbitte für verfolgte Christen in aller Welt nicht nachzulassen. Gerade wir Christen in Deutschland, die Bedrängnis und Freiheit des Glaubens unmittelbar nacheinander kennengelernt haben, dürfen die „Gebundenen", die „Trübsal" leiden (Hebr. 13,3), am wenigsten vergessen.

19. KAPITEL

Spannungen, Niederlagen, Konflikte

Für mein regelmäßiges Nachdenken und die tägliche Rechenschaft vor Gott hat ein biblischer Abschnitt aus dem Alten Testament, den man als persönliche Meditation eines Knechtes Gottes verstehen kann, großes Gewicht:

„Gott, der Herr, hat mir eine Zunge gegeben, wie sie Jünger haben, daß ich wisse mit den Müden zu rechter Zeit zu reden. Alle Morgen weckt er mir das Ohr, daß ich höre, wie Jünger hören. Gott der Herr hat mir das Ohr geöffnet. Und ich bin nicht ungehorsam und weiche nicht zurück. Ich bot meinen Rücken dar denen, die mich schlugen, und meine Wangen denen, die mich rauften. Mein Angesicht verbarg ich nicht vor Schmach und Speichel. Aber Gott der Herr hilft mir, darum werde ich nicht zuschanden. Darum habe ich mein Angesicht hart gemacht wie einen Kieselstein; denn ich weiß, daß ich nicht zuschanden werde. Er ist nahe, der mich gerecht spricht; wer will mit mir rechten? Laßt uns zusammen vortreten! Wer will mein Recht anfechten? Der komme her zu mir! Siehe, Gott der Herr hilft mir; wer will mich verdammen? Siehe, sie alle werden wie Kleider zerfallen, die die Motten fressen" (Jesaja 50,4–9).

Viele Jahre hindurch stand von dem ganzen Stück mehr der erste Abschnitt (Vers 4.5) im Mittelpunkt, also das Bekenntnis des Knechtes, der sich täglich das Ohr wecken läßt, um zu hören wie ein Jünger, der mit geöffnetem Ohr lernt mit den Müden zu rechter Zeit zu reden. Dieser Satz bedeutete mir so viel wie ein ganzes Kompendium der Lehre von der Seelsorge; er hat mir in unzähligen seelsorgerlichen Gesprächen Hilfe gegeben.

Im Laufe der Jahre rückten aber auch die anderen Teile, nämlich der zweite und dritte Abschnitt dieser Meditation, mir sehr nahe. Ohne das Leiden, ohne Leidensbereitschaft, ja ohne die Bejahung des Leidens (Vers 6) ist das Leben und Wirken eines Knechtes Gottes, gleich an welcher Stelle, nicht zu denken. Ein Bischof, das erfuhr ich sehr leibhaftig etwa in dem Briefwechsel, der zu führen war, gilt zwar im allgemeinen als eine würdige Respektsperson, aber auch er darf sein Angesicht nicht verbergen vor Schmach und Speichel. Er muß imstande sein, seinen Rücken denen darzubieten, die ihn schlagen wollen. In einem Gespräch über kirchliche Fragen, in dem Meinung gegen Meinung stand, sagte mir mein Gegenüber, dem ich nicht zustimmen konnte: „Und ich hatte gedacht, ein Bischof sei dazu da, daß alles in der Kirche möglichst glatt läuft!" Gewiß ist oft genug die gütliche Vermittlung und der tragbare Kompromiß die Aufgabe, aber wenn der Bischof nicht ein Spielball der wechselnden Interessen und Machtgruppierungen sein will, die es auch in der Kirche gibt, und wenn er von der Notwendigkeit gesunder Lehre überzeugt ist, dann muß er in aller Liebe und Offenheit auch sein Angesicht hart machen können wie einen Kieselstein.

In Augenblicken schwieriger Überlegungen und scheinbar unzeitgemäßer, unpopulärer Entscheidungen erinnerte mich ein Freund an ein Wort von Hermann Bezzel: „In großen, entscheidenden Stunden nicht die nötige Hilfe bei Menschen zu finden, im Ernst der Entscheidung nicht so gestützt werden, wie man es braucht, das ist bitteres, hartes Weh. Aber wenn Du mir ein starker Hort bist, dann kann ich's leichter tragen; denn Du führst mich in die Gemeinschaft Deiner Leiden. Durch solche Entsagung komme ich Dir näher, und dieser Verzicht macht mich Dir zum Freund."[21] Die hier ausgesprochene Erfahrung ist mir nicht fremd, wobei die eigene Unzulänglichkeit und Schuld mit eingeschlossen ist. Es gab in den Bereich der Kirchenleitung gehörende Entscheidungen, die auch angesichts der in der Verfassung postulierten vertrauensvollen Zusammenarbeit der kirchenleitenden Organe doch mehr oder weniger einsam gesucht und gefällt werden mußten. Und nicht immer war ich dabei sicher, ob ich nicht auch mit dem gewissenhaft bedachten Schritt zugleich Schuld auf mich geladen habe. Es mußten Niederlagen hingenommen werden, weil der Blick auf den Erfolg in der Kirche viel weniger als bei einem Politiker als Maßstab für das Ziel, aber auch nicht einfach für die Taktik des Vorgehens gelten durfte. Frucht, um die es in der Kirche zuletzt gehen muß, wächst oft nicht auf dem leichtesten Wege. Wie sollte es anders sein, wenn wir einen Herrn Christus haben, der bis zu seiner Wiederkunft das Leiden nicht scheut?

Damit aber tritt auch der dritte Gedankenkreis dieses Gottesknechtsliedes (Vers 8.9) ins Blickfeld, die Frage nach der inneren Rechtfertigung alles Handelns in der Kirche. Sie war für mich meist nicht so eindeutig zu beantworten wie dort bei Jesaja: „Siehe, Gott der Herr hilft mir, darum werde ich nicht zuschanden... wer will mich verdammen?" In der Einsamkeit des Fragens nach dem richtigen Weg und in den Niederlagen, die ich erlitten habe, rührt sich auch das eigene Versagen, die fehlende Vollmacht und die Begrenztheit der Kräfte. Und Rechtfertigung war und ist nicht nur im Sinne des Alten, sondern allein im Sinne des Neuen Testaments zu verstehen als die Rechtfertigung des Sünders aus Gnaden allein durch den Glauben an Jesus Christus.

Arbeitsgemeinschaft

Ich darf Gott für viele treue, freundschaftliche, zugleich selbständige und wahrhaftige Mitarbeiter danken. So ging es mir schon mit den standhaften Kirchenvorstehern in Rüdenhausen; es war nicht anders bei den Inspektoren im Predigerseminar Erlangen/Nürnberg und ebenso im Kreis der Pfarrer und der Schwestern in Neuendettelsau. Im Landeskirchenrat in München traf ich 1955 ein Kollegium an, das den Neuling, der zugleich das jüngste Mitglied des ganzen Kreises war, mit großer, brüderlicher Geduld trug. Mit den Mitgliedern des Rates der EKD und den Mitarbeitern in den verschiedenen Dienststellen verband mich nicht nur der gleiche Auftrag, sondern vielfach auch eine lange gemeinsame Erfahrung bis in die Zeit des Kirchenkampfes zurück. Dabei brauchten die unterschiedlichen Meinungen auch in grundsätzlichen Fragen die innere Gemeinschaft nicht zu stören. Als dann die Unruhe unter der studentischen Jugend einsetzte und auch die Stellung der Kirche in verschiedenen politischen Fragen sorgfältigste Überlegungen verlangte und nicht immer einfach zu formulieren war, griffen freilich diese Meinungsunterschiede auch bei uns selbst tiefer. Sie brachten Risse in die Gemeinschaft des Rates und verwickelten den Vorsitzenden einige Male in heftige Auseinandersetzungen. Dabei habe ich sicher meinen Brüdern auch Probleme aufgegeben. Und als seit dem Jahre 1970 die EKD-Reform im Rat und in der Synode zu einem der wichtigsten Themen wurde, hat es mich nicht selten bedrückt, wenn ich meine zurückhaltende Stellung in dieser Sache gegenüber einer großen, anders votierenden Mehrheit verteidigen mußte, während ich zugleich wußte, daß nicht wenige meiner Meinung viel näher standen, als es schien.

Auch in der Landeskirche selber konnten ähnliche spannungsvolle Erfahrungen nicht ausbleiben. Es waren schöne Jahre gewesen, in denen der Landesbischof sich beinahe mit der Landeskirche identifizieren konnte und sowohl mit dem Landeskirchenrat wie mit der Landessynode in beglückender Arbeitsgemeinschaft stand. Es mußten aber auch Zeiten kommen, wo sich aus verschiedenen Gründen Abstände zwischen uns bemerkbar machten. In der ersten Zeit, als ich unter den Kollegialmitgliedern der Jüngste war, schien es mir beinahe leichter zu sein als später, wo ich allmählich der Älteste in unserem Kreis wurde und die Jüngeren mit den bei mir zunehmenden Jahren und in ihrem begreiflichen Verlangen, die einzelnen Referate zu möglichst selbständigen Ressorts auszubauen, das Gewicht des Bischofsamts als drückend zu empfinden schienen. Dazu kam wohl auch die Tatsache, daß ich während der sechs Jahre im Ratsvorsitz der EKD viel außerhalb der Landeskirche beansprucht war. So konnte der regelmäßige persönliche Austausch nicht mehr so intensiv gepflegt werden, wie es notwendig gewesen wäre.

Es war mit den Pfarrern in der Landeskirche nicht viel anders. Bis zum Jahre 1967 glaubte ich fast alle Amtsbrüder, auch die jüngeren, persönlich zu kennen; als ich 1973, befreit von der EKD-Verantwortung, mich wieder mehr der Landeskirche selber widmen konnte, war der in der Zwischenzeit entstandene persönliche und theologische Abstand von vielen jüngeren Amtsbrüdern kaum mehr einzuholen. Der Bruch der Generationen – dort die aus der Zeit des Kirchenkampfes, hier eine theologische Jugend, die vom Wohlstand umgeben, doch mit der Zerrissenheit der Zeit zu kämpfen hatte – machte sich stark bemerkbar.

Eine Erfahrung im Landeskirchenrat, die mir im Zusammenhang damit zu stehen schien, hat sich mir stark eingeprägt. Es war die Zeit, wo nach mehreren guten Jahren die Zahl der Theologiestudenten und Anwärter zum geistlichen Amt auf einem Tiefpunkt angelangt war. Durch viele Jahre hindurch hatte ich bei jeder Gelegenheit die Gemeinden und die Amtsbrüder gebeten, die Bitte um junge Pfarrer in den Gottesdiensten regelmäßig zu üben. Nun, im Augenblick des Mangels, schlug ich in der Kirchenleitung eine tapfere Werbungsaktion in den oberen Klassen der Gymnasien durch Gruppen von überzeugten und überzeugenden jungen Pfarrern vor. Die jungen Pfarrer ließen sich verhältnismäßig rasch gewinnen. In der Kirchenleitung aber fand ich dafür zunächst kaum Unterstützung. Man meinte, damit würde doch nichts mehr erreicht. Die Resignation war groß. Heute, wo die Theologenzahlen in die Höhe gegangen sind, zwingt mich die Erinnerung daran nicht selten dazu, umgekehrte Parallelen zu ziehen: Wie damals die Angst vor den zu kleinen, so scheint heute die Angst vor den zu großen Zahlen in manchen Kirchenleitungen für das Was und Wie des Umgangs mit diesem Problem weithin bestimmend zu sein.

Eines der Gebiete, auf das die Bezeichnung „Spannungen, Niederlagen, Konflikte" besonders zutrifft, war wohl die Theologinnenfrage. Seit dem Beginn der vierziger Jahre hatten mich die bayerischen Theologiestudentinnen und Vikarinnen regelmäßig zur Beratung über ihren Weg beigezogen. Warum sollten nicht auch Frauen Theologie studieren? Aufgaben für sie winkten in der Kirche genug. Allerdings wollte der Weg sorgsam bedacht werden. So hatten die Theologinnen unter ihrer langjährigen tüchtigen Konventsleiterin, Frau D. Maria Weigle, auch Georg Merz gebeten, der als einer der wenigen Männer gleichzeitig enge Verbindung mit dem Mütterdienst in Stein hatte. Der gütige und weitblickende Berater Georg Merz konnte freilich den Frauen, die sich auf den Weg der Emanzipation machten, sehr bald prophezeien, wie er es mir gegenüber einmal ausgedrückt hat: „Ihr werdet alles erreichen, was ihr wollt – nur anders, als ihr denkt."

Als ich 1955 in das Amt des Landesbischofs kam, waren wir uns im Landeskirchenrat weithin darin einig, daß das Vikarinnengesetz von 1944 nicht mehr lange so bleiben könne, wie es war. Wir waren aber ebenso darin einer Meinung, daß eine Ordination der theologisch gebildeten Frau und eine den Männern angeglichene Ordnung ihres Dienstes aus vielen Gründen nicht der rechte, verheißungsvolle Weg sei. Ich versuchte, den Theologinnen zu einer Gestaltung ihres Aufgabenbereiches zu verhelfen, der ihrer Vorbildung, aber ebenso ihren spezifischen Gaben und Möglichkeiten entsprach. Das Stichwort „Dienst eigener Art" war damals besonders in der Vereinigten Evangelisch-Lutherischen Kirche Deutschlands weithin aufgenommen, gerade weil viele Unzulänglichkeiten des Ein-Mann-Pfarramtes und die Lücken des parochialen Pfarrerdienstes sich deutlich bemerkbar machten. Schien sich mit dem Wort „Dienst eigener Art" nicht eine Möglichkeit der Ergänzung und der Korrektur aufzutun, und zwar nicht nur auf der Ebene des Religionsunterrichts, sondern auch im Bereich der Gemeindeseelsorge? Ich versuchte den Theologinnen auch aufgrund einer Umfrage im Bereich der Diakonie Arbeitsgebiete und Dienste anzubieten, wo Theologie und Diakonie sich verbinden konnten. Ich dachte, Theologinnen, die sich in die Diakonie rufen ließen, könnten etwa den in mancher Hinsicht ratlosen und der neuen theologischen Durchdringung ihres Dienstes bedürftigen Diakonissen in den Mutterhäusern zu einem neuen, zukunftsoffenen Schritt helfen. Auch eine Kirchenbeamtenlaufbahn für die Theologin bis hin zur „Kirchenrätin" wurde erarbeitet. Je stärker jedoch die Emanzipationsbestrebungen in der gesamten Gesellschaft wurden, desto eindeutiger wurde der Ruf der Theologinnen nach dem Pfarramt und nach der Ordination gleich den Männern.

Hier freilich war mir ein Mitgehen und Einschwenken nicht so leicht möglich. Ich habe viel darüber nachgedacht, was im Neuen Testament das Gegenüber der Gemeinde, der Braut Christi, zu Jesus Christus, dem Herrn, bedeutet, wie es in der römisch-katholischen Kirche, vor allem aber in der orthodoxen Kirche aufgenommen ist. So habe ich je länger, desto mehr die Verantwortung gerade der evangelisch-lutherischen Kirche in der gesamten Ökumene bedacht. Ich habe mein Verständnis des geistlichen Amtes als eines Hirtenamtes an der Heiligen Schrift und den lutherischen Bekenntnisschriften geprüft. Auch habe ich die Heilige Schrift daraufhin durchgegangen, was sie über das Verhältnis der Geschlechter nicht bloß „zeitgebunden", sondern zentral und bis in die letzten Gründe menschlichen Daseins sagt: ich habe auch die wichtige Stelle Eph 5,22–32 nicht ausgelassen, wo das bei der Beschreibung der Ehe gebrauchte, auf das Verhältnis zwischen Christus und der Gemeinde bezogene Wort vom „großen Geheimnis" gerade von der Ratio der aufgeklärten protestantischen Theologie am wenigsten übersehen werden sollte. Endlich habe ich – als letztes – auch auf die speziellen biblischen Stellen zu dieser Frage wie Gal 3,28, 1 Kor 11, 1 Kor 14,34–38 und 1 Tim 2,11–14 sorgfältig gehört. Ich vermochte nicht so leicht, etwa bloß Gal 3,28 („hier ist nicht Mann noch Weib") gelten zu lassen und alle anderen Äußerungen des Paulus, in denen er sich einmal sogar auf ein „Gebot des Herrn" (1 Kor 14,37) beruft, als zeitgebunden zu erklären. Von dem allen her vermochte und vermag ich bei aller Aufgeschlossenheit für die Anliegen der Theologinnen nicht zu erkennen, daß der in der kirchlichen Gesetzgebung bei uns beschrittene Weg der völligen Angleichung des Dienstes der theologisch gebildeten Frau an den des Mannes auf die Dauer der wirklich verheißungsvolle Weg sei. Die Alternativen, die ich dazu bot – das war nun meine Verlegenheit – schienen allerdings nicht überzeugend zu wirken. Der Trend zur Gleichberechtigung der Geschlechter war zu groß und ließ das Nachdenken darüber, daß gerade die Gleichbegnadung in der Unterschiedenheit der Geschlechter eine Grundbedingung des menschlichen Daseins sei, kaum aufkommen. Aber auch das Scheitern kann zum Weg des Gehorsams gehören. Dabei machte ich weniger den Theologie studierenden Frauen Vorwürfe, sondern mußte eher meine Fragen an die verantwortlichen Kirchenleitungen und Synoden richten.

Auch in der gesamten VELKD hatte sich das Problem bemerkbar gemacht. Auf einer Bischofskonferenz im Jahre 1959 hielt Professor Peter Brunner ein gewichtiges Referat über „Das Hirtenamt und die Frau“.[22] Die Aussprache, an der sich auch der Theologische Ausschuß beteiligte, brachte kein Ergebnis. Daß das Problem, an dem immerhin alle Jahrhunderte der bisherigen Kirchengeschichte und nicht geringe ökumenische Probleme hingen, irgendwie gelöst oder zu einem Konsensus geführt sei, ließ sich beim besten Willen nicht sagen. Trotzdem begannen die einzelnen Landeskirchen seit 1962 eigene Pastorinnengesetze auszuarbeiten und in Kraft zu setzen, als wäre nicht gerade die lutherische Kirche an dieser Stelle zur Wahrnehmung ihrer ökumenischen Verantwortung berufen gewesen. Nach meiner Überzeugung hat die Tatsache, daß wir in dieser nur scheinbar nicht erstrangigen, in Wirklichkeit aber fast alle Grundprobleme der Gemeinde Christi berührenden Sache nicht mit der nötigen Geduld einen gemeinsamen Weg beschritten haben, die Konsolidierung und die innere Kraft der VELKD wesentlich behindert. „Geeint in dem gleichen Bekenntnis und gerufen zum gemeinsamen Bekennen und Handeln“ sollte die VELKD nach ihrer Verfassung zu einer Kirche zusammenwachsen. Dieses Wachstum scheint mir seitdem gebrochen und gehemmt zu sein.

In Bayern änderten unter dem Druck der Entwicklung einige Mitglieder des Landeskirchenrats ihre Meinung. So wurde wohl ich die Hauptursache dafür, daß der Weg hin zur Frauenordination bei uns mit Verzögerung beschritten wurde. Der genaue Verlauf der Diskussion läßt sich aus meinen Rundbriefen an die Pfarrerschaft sowie aus den Verhandlungen der Landessynode ersehen. In meiner zurückhaltenden Einstellung haben mich die ökumenischen Gesichtspunkte stark bestimmt; bis heute ist die Frauenordination eines der großen Streitthemen im Gespräch mit der römisch-katholischen und der orthodoxen Kirche, und in einigen lutherischen Kirchen wie in Schweden wirkt die Frauenordination wie ein Sprengsatz bis hin zur Gefahr der Kirchenspaltung. Mir scheint, der Schritt zur Frauenordination, den viele – nicht alle – lutherische Kirchen vollzogen haben, sei ein Zeichen dafür, daß die lutherische Kirche, nach W. Löhe die Mitte der Konfessionen, diese ökumenische Mitte verlassen hat und sich an den Rand hat drängen lassen.

Im Jahre 1970 stimmte ich einem Kirchengesetz zu, das die rechtliche Stellung der Theologin wesentlich verbessern sollte. Sehr bald darauf aber wurde aus der Mitte der Synode selbst, wie es nach der neuen Kirchenverfassung möglich ist, ein neuer Gesetzentwurf erarbeitet, der neben dem Pfarrer die Pfarrerin vorsah. Er wurde mir erst kurz vor der betreffenden Synode zur Kenntnis gebracht; unter der Hand hatte ich längst davon erfahren. Ich habe dem Entwurf meine Zustimmung nicht zu geben vermocht.

Nachdem ich in den Ruhestand getreten war, hat die Synode auf ihrer darauffolgenden Tagung einige Monate später das Kirchengesetz zur Gleichstellung der Pfarrerin mit dem Pfarrer beschlossen. Ich bin seitdem nicht mehr auf eine Tagung der bayerischen Landessynode gekommen. Selbstverständlich weiß ich, daß ich Gott in der Kirchengeschichte selber das Regiment überlassen muß. Ich weiß auch, daß in der Kirchengeschichte neue Schritte möglich und nötig sein können; dies freilich – und da sah ich die mir aufgelegte Verantwortung einsetzen – schien mir ein Schritt in die falsche Richtung zu sein. Das innere und äußere Gefüge des Pfarrerstandes selbst, so glaubte ich zu spüren, will sich seitdem sehr stark wandeln – wohin? Und es beschlich mich der bedrängende Gedanke, diese geliebte Kirche könnte sich nun so verändern, daß ich in ihr nicht mehr hätte zum Bischof gewählt werden können.

Was die zukünftige Entwicklung betrifft, so stimme ich – bei allen Unterschieden der Beurteilung im einzelnen – dem Satz von Peter Brunner in dem oben erwähnten Vortrag zu: „Sehr wahrscheinlich wird die Kombination von Frau und Hirtenamt, wie sie heute da und dort versucht wird, in der Regel und auf lange Zeit im Bereich des Feststellbaren von den besten Erfolgen und den schönsten Früchten begleitet sein. Allerdings wird einmal der Tag kommen, an dem dieser in der verborgenen Tiefe des Kreatürlichseins sich vollziehende Konflikt seine große Gewalt auch im Bereich feststellbarer Symptome manifestieren wird. Das würde sich gewiß auf die Dauer der Zeit auch auf die kulturelle Gesamtstruktur eines Zeitalters auswirken."

Leuenberger Konkordie

Schon seit längerer Zeit haben lutherische und reformierte Theologen Europas darüber nachgedacht, ob nicht im ökumenischen Zeitalter das Verhältnis zwischen den beiden großen reformatorischen Kirchenfamilien, der lutherischen und der reformierten, neu reflektiert werden müsse und auf eine Basis größerer Gemeinsamkeit gestellt werden könne. Im Zuge dieser Erwägungen wurde den Kirchenleitungen im Jahre 1971 der Entwurf einer in dem schweizerischen Ort Leuenberg erarbeiteten Konkordie zur Prüfung und zur späteren Unterzeichnung zugeleitet. Das Stichwort für das neue Verhältnis der beiden Kirchenfamilien war „Kirchengemeinschaft", ein vor allem in der EKD allerdings äußerst unklarer, vieldeutbarer Begriff. Man konnte dem Gedanken als solchem gegenüber zunächst offen sein; nur bedurfte der Vorschlag einer sehr sorgfältigen Prüfung gerade in Deutschland, wo im Zug der verschiedenen Unionen des vergangenen Jahrhunderts die konfessionellen Verhältnisse nicht übersichtlicher, sondern noch verwickelter geworden waren. Für die Unionskirchen war diese Leuenberger Konkordie kein Problem; sie sahen darin zunächst mehr oder weniger eine nachträgliche theologische Bestätigung des im 19. Jahrhundert beschrittenen Weges. Andererseits schien eine derartige Konkordie, die die Dinge auch theologisch begrifflich, zunächst sogar kirchenrechtlich, zu klären versprach, besonders in Kreisen der VELKD, wo man angesichts der in der EKD-Reform betriebenen „Kirchwerdung" der EKD in Verlegenheit war, als ein rettender Ausweg, ja für einige sogar als die Aussicht auf eine allmähliche „Lutheranisierung" der gesamten EKD.

Ich selbst konnte die Intention, die hinter der Konkordie stand, zunächst auch positiv sehen. Warum sollte man sich nicht um die Überwindung von kirchentrennenden Lehren bemühen, wenn es nur redlich, in Geduld und ohne Pression geschah? Im Blick auf die bayerische Landeskirche war ich dabei mit anderen kirchenleitenden Organen darin einig, daß eine Zustimmung zur Konkordie, die mir das Bekenntnis der Kirche zumindest zu tangieren schien, nicht nur von den kirchenleitenden Organen zu verantworten sei, sondern auch von den Gemeindevertretungen und von den Pfarrern zur Kenntnis genommen werden sollte. So wurde der Entwurf der Konkordie allen Pfarrkonferenzen und Kirchenvorständen zum Studium und zur Begutachtung vorgelegt. Meine Hoffnung, es könne dabei eine Klärung und Erneuerung des Bekenntnisbewußtseins in der Landeskirche erfolgen, griff allerdings wohl zu hoch; nur einige Gruppen haben sich intensiver damit befaßt. Es gab mit Ausnahme einiger kritischer Anmerkungen eine breite Zustimmung zu dem Konkordienentwurf. Meine Bedenken aber wurden nun doch eher verstärkt, als die Leuenberger Kommission in ihrer Sitzung am 16. März 1973 die klare Bitte der Synode, nach Prüfung und Berücksichtigung aller Fragen und Einwände von seiten der beteiligten Kirchen den neuerarbeiteten Entwurf ihnen nochmals zur freien Stellungnahme zu übergeben, nicht erfüllte, sondern einen endgültigen Entwurf festlegte und ihn den Kirchen mit der Bitte um Zustimmung bis zum 30. September 1974 übersandte. Sie nahm damit eine Autorität wie kaum eine andere ökumenische Kommission in Anspruch. In meinen Überlegungen spielte deshalb je länger, um so mehr wieder der ökumenische Horizont eine Rolle. Ich hielt, abgesehen von weiteren inhaltlichen Fragen, auch dem neuen Entwurf gegenüber ein isoliertes Vorgehen der Kirchen in Europa sowie die allzu geringe Berücksichtigung des Verhältnisses zur römisch-katholischen Kirche für einen „provinziellen" Zug dieser Konkordie. Landessuperintendent Kurt Schmidt-Clausen in Osnabrück, früher Generalsekretär des Lutherischen Weltbundes, teilte meine Bedenken. Wir brachten sie in einem gemeinsamen Brief an den damaligen Generalsekretär André Appel vom 12. Oktober 1973 zum Ausdruck und erbaten u. a. eine Konsultation der verantwortlichen lutherischen Bischöfe und Kirchenpräsidenten im europäischen Raum.

Trotz allem versuchte ich mir durch das ganze Jahr 1974 eine positive Stellungnahme zur Konkordie abzuringen, zumal da Landessynode und Landessynodalausschuß ihre Zustimmung nicht mehr länger aufschieben wollten. Als ich jedoch an der von Schmidt-Clausen und mir erbetenen europäischen Konsultation in Nyborg im November 1974 teilnahm, ging mir deutlich auf, daß nicht nur theologische Fragen redlich verhandelt wurden, sondern auch ein kirchenpolitisches Spiel nebenher lief. Ich sah zudem die Reserviertheit der skandinavischen Kirchen, die von diesen Fragen überhaupt wenig betroffen waren und in der Konkordie, eben im Blick auf die deutschen Unionen des 19. Jahrhunderts, eine „typisch deutsche Angelegenheit" erblickten. Im Januar 1975 gab ich eine offizielle Erklärung ab, deren Hauptsatz lautete: „Bei grundsätzlicher Bejahung der Intention der Leuenberger Konkordie vermag ich als der derzeitige Landesbischof der Evangelisch-Lutherischen Kirche in Bayern im gegenwärtigen Zeitpunkt dem Wortlaut der Konkordie der reformatorischen Kirchen in Europa in der Fassung vom 16. März 1973 meine schriftliche Zustimmung nicht zu geben." Vieles von dem Positiven, was die Konkordie geben wollte, schien mir bereits vorhanden zu sein. Was sie darüber hinaus erstrebte, war in meinen Augen der Bekenntnisklarheit und Bekenntniswahrheit der lutherischen Kirche nicht förderlich. Einige Mitverfasser der Konkordie selber hatten mir das übrigens auch bestätigt. Der eine sprach davon, daß der Artikel über das Heilige Abendmahl in seiner letzten Fassung „verunklart" sei, ein anderer bezeichnete die Konkordie, vielleicht ungewollt, als eine „Chimäre"; in der griechischen Sage ist dies ein Fabeltier mit einem dreigeteilten Leib: vorne Löwe, in der Mitte Ziege, hinten Schlange.

Das Nachdenken über die Konkordie hat mich viel innere Kraft gekostet und hat mir große Schmerzen verursacht. Aber die Gewißheit, daß meine Entscheidung, sie nicht zu unterzeichnen, gewissensmäßig richtig war, hat mich nie verlassen. Als im Jahre 1977 die finnische lutherische Kirche in einer außerordentlich klaren Verlautbarung feststellte, daß bei der jetzigen Situation in Finnland und aufgrund von Interpretationsunklarheiten im jetzigen Text die Voraussetzung für eine Zustimmung zur Konkordie fehle, war ich erleichtert. Der Zustimmungsprozeß war an eine Grenze gekommen. Daß die bayerische Landeskirche später in ihren vier kirchenleitenden Organen der Leuenberger Konkordie zugestimmt hat, ist nicht mehr meine Sorge. Das kritische Nachdenken über sie ist wohl auch noch nicht zu Ende, so wenig wie die Ungenauigkeit und Wandelbarkeit ihrer Inanspruchnahme.

20. KAPITEL

Rücktritt, Abschied, Ruhestand

In Bruce Marshalls Priesterbuch „Keiner kommt zu kurz" hält der alte Abbé Gaston in Paris vor jungen Priestern bei ihrer Ordination eine Rede und sagt zum Schluß, „die Kirche Gottes sei ein rasch fließender Strom, und selbst wenn sie Bischöfe würden, wären sie bald vergessen; denn auch Bischöfe zögen recht rasch stromabwärts".[23] Als ich im Jahre 1973 vom Amt des Ratsvorsitzenden Abschied nahm und gleichzeitig das 65. Lebensjahr vollendete, glaubte ich, das rasche Fließen des Stromes deutlich zu spüren.

Ein Abend während der Tagung der Landessynode in Rummelsberg von 10. bis 14. März 1974 bedeutete für mich einen tiefen Einschnitt. Er zeigte mir deutlich, daß ich mich in absehbarer Zeit auf den Abschied vom Amt einrichten sollte. Fremd war mir dieser Gedanke keineswegs; der Haushalter mußte seinen Auftrag treu erfüllen, aber jederzeit – ich hatte damit gerechnet, daß es viel früher sein könnte – auch bereit sein, diesen Auftrag an seinen Herrn zurückzugeben. Auch habe ich nie ein Gespräch mit meinem Vater vergessen; er wollte ein wenig vor der Zeit in den Ruhestand gehen.

Für die Rummelsberger Synodaltagung hatte der Präsident im Blick auf einige schwebende Grundsatzfragen wie das Theologinnenproblem und die Leuenberger Konkordie, aber auch auf aktuelle Einzelfragen wie den kurz vorher erfolgten Übertritt von drei Pfarrern der Landeskirche in die römisch-katholische Kirche, auf meine Bitte einen persönlich-informativen Ausspracheabend angesetzt. Dabei wollte ich die Synodalen unmittelbar unterrichten und auf ihre Fragen antworten. Es kam anders. Schon einige Tage vorher hatte sich bei mir das seit dem Herzinfarkt von 1970 angeschlagene Herz unter starken Atembeschwerden gemeldet. An jenem Abend erreichten diese Beschwerden einen Höhepunkt, so daß ich meine Absicht, einen Bericht zu geben, nicht verwirklichen, sondern fast nur hörend teilnehmen konnte.

Statt dessen wurde der Abend in meinen Augen zum typischen Beispiel eines psychodynamischen Prozesses, in dem einer den anderen mit einer ganz eigenen Stimmung anzustecken schien.

Synodale wie Mitglieder des Landeskirchenrats äußerten wie unter einem Offenbarungsdruck ihre kritische Meinung zur kirchlichen Situation. Dabei prallten auch Mitglieder des Landeskirchenrats mit gegensätzlichen Stellungnahmen heftig aufeinander. In der Art, wie Rede und Gegenrede erfolgte, erkannte ich viele Freunde und Mitarbeiter kaum mehr. Kritische Fragen wurden auch an mich gestellt. Infolge der Herzbeschwerden war es mir am Schluß kaum möglich, auch nur einige Worte herauszubringen. Es war wie eine Niederlage, aber in der Niederlage sah ich ein Wegzeichen für mich, an das Ende zu denken. Zwei Tage darauf, als ich wieder zu Hause war, erlitt ich einen akuten Herzanfall mit ähnlichen Erscheinungen wie vier Jahre zuvor und mußte die Intensivstation des Schwabinger Krankenhauses aufsuchen, wo mir Professor Herbert Begemann, der Lehrer eines unserer Medizinersöhne, zum hilfreichen Arzt und Freund wurde. Ein an die Krankheitszeit sich anschließender Urlaub in Freudenstadt und Bärnreuth brachte weitere wesentliche Besserung.

Rücktritt

Die Warnzeichen aber hörten nicht auf. Beim Kirchentag auf dem Hesselberg am Pfingstmontag 1974 bekam ich sie zu spüren, besonders aber am Reformationsfest 1974 in Nürnberg. Abends um 19 Uhr hielt ich dort anläßlich der herkömmlichen Reformationsfeier in der St.-Sebaldus-Kirche einen Vortrag über das Thema „Volkskirche heute“. Als ich den Vortrag um 20 Uhr in St. Lorenz wiederholte, überfiel mich eine schwere Kreislaufstörung. Ich weiß nicht mehr, wie ich auf die hohe Kanzel hinauf- und wie ich herunterkam. Unter Aufbietung aller Willenskraft konnte ich den Vortrag zu Ende halten. Aber ich hatte die Blätter des Manuskripts durcheinandergebracht und vermochte sie nicht mehr recht zu ordnen; so habe ich eine oder zwei Seiten zwei- oder dreimal gelesen.

Nach einer Konsultation mit dem Arzt stand aufgrund solcher Erfahrungen mein Entschluß bald fest. Ich hatte ihn unter Schmerzen, aber in Ruhe fassen können. Auch in Beratungen mit einigen Freunden wie Wilhelm Grießbach wurde er bestätigt. Auf der Tagung der Landessynode in Bayreuth im November 1974 erklärte ich dem Präsidenten meinen Rücktritt zum 1. Mai 1975: „Der Rat des Arztes und die eigenen Erfahrungen sind eindeutig. Es gibt auch andere Tatbestände und Erwägungen, die diesen Termin nahelegen“, fügte ich hinzu. „Was mich im Blick auf die Landeskirche, in der ich seit 1931 Dienst tue, gestern bei der Vorbereitung auf diesen Tag lange beschäftigte, war das Wort aus Jesaja 27 – die Losung des gestrigen Tages: ,Ich, der Herr, hüte den Weinberg und begieße ihn immer wieder, damit man ihn nicht verderbe, und ich will ihn Tag und Nacht behüten.' Ist es vermessen, in den Weinberg Gottes auch eine evangelisch-lutherische Kirche in Bayern einzubeziehen? Wir wollen sie mit unseren Gebeten und unserer Verantwortung, mit unserem Blick auf das, was uns selber aufgetragen ist, von der Heiligen Schrift und vom lutherischen Bekenntnis her weiter begleiten und ihr dienen."

Abschied

Die Zeit bis zum 1. Mai 1975 war noch dicht gefüllt. Abgesehen vom normalen Dienstbetrieb nützte ich sie zu möglichst vielen Gottesdiensten und Vorträgen, in denen ich mich zugleich verabschiedete, etwa in Regensburg, Nürnberg, Sulzbach-Rosenberg, München und an anderen Orten. Bei der Eröffnung der Synodaltagung in Augsburg vom 20. bis 24. April 1975 hielt ich die Predigt in der St.-Anna-Kirche über die ersten drei Bitten des Heiligen Vaterunsers. Als Thema für meinen letzten Bericht wählte ich das biblische Wort „Gott holt wieder hervor, was vergangen ist" (Pred 3,15). Unter den vier Kandidaten, die für meine Nachfolge aufgestellt waren, wählte die Synode den bisherigen Kreisdekan von Bayreuth, Dr. Johannes Hanselmann. Ich hatte ihn erst zwei Jahre vorher aus Berlin, wo er das Haus der Kirche leitete, nach Bayern zurückgebeten. Die Synode gab der Abschiedssitzung eine besondere Gestalt dadurch, daß sie den von mir geschätzten Professor Peter Stuhlmacher aus Tübingen, der einige Jahre in Erlangen gewirkt und von da aus gute Verbindung mit mir gehalten hatte, zu einem schönen, gehaltvollen Vortrag über „Evangelische Schriftauslegung heute" gebeten hatte. Es war ein Thema, in dem ich die wichtigste Aufgabe meines Amtes finden konnte.

Dann kam der 30. April. Im Kollegium gab es eine kleine Abschiedssitzung, mit meinem mir freundschaftlich verbundenen persönlichen Referenten Dr. Brons hatte ich noch einmal ein Gespräch, der treuen Sekretärin Elfriede Krick diktierte ich den letzten amtlichen Brief, ich unterschrieb die letzte Ernennungsurkunde und der Fahrer Alfred Krüger, der mich zwanzig Jahre hindurch kreuz und quer durch die Bundesrepublik und ganz Mitteleuropa ohne größeren Unfall gebracht hatte, fuhr mich zum

Bei der Abschiedssynode 1975 in Augsburg mit Synodalpräsident Karl Burkhardt und dem Oberbürgermeister der Stadt Augsburg

letztenmal nach Hause. Den Umzug aus der schönen Wohnung in der Meiserstraße 13 in die kleineren, freundlichen Räume der Himmelreichstraße 4, unmittelbar am Englischen Garten, hatten wir bereits Ende 1972 durchgeführt.

Die offizielle Abschiedsfeier für die Öffentlichkeit fand am 2. Mai im Herkulessaal der Münchner Residenz statt. Neben den Repräsentanten aus allen Bereichen des öffentlichen Lebens waren zur Vertretung der Pfarrerschaft die Dekane und Senioren aus allen bayerischen Dekanatsbezirken eingeladen. Nach Grußworten von Oberkirchenrat Maser, meinem bisherigen Stellvertreter, von Kardinal Döpfner, Ministerpräsident Goppel, Landesbischof Claß – Stuttgart, meinem Nachfolger im Vorsitz des Rates der EKD, Bischof Wölber – Hamburg, für die VELKD, Landesbischof Braecklein – Thüringen, für die Vereinigte Lutherische Kirche in der DDR und Präsident Burkhardt für die Landessynode hielt der Präsident des Lutherischen Weltbundes, Professor Mikko Juva – Helsinki, einen Vortrag über die volkskirchliche Situation der skandinavischen lutherischen Kirchen heute. Leider waren Vortrag und Abschiedsworte wegen der nicht ganz funktionierenden Übertragung nur in der vorderen Hälfte des großen Raumes zu verstehen.

In meinem Dankeswort am Schluß kam ich auf den ungeheuren Wandel zu sprechen, der sich gerade in den zwanzig Jahren meiner Amtszeit vollzogen hatte, und auf den Dienst eines Bischofs, wie ich ihn sehen und üben wollte: „Politisch, wirtschaftlich, geistig, religiös ist alles anders geworden. Das Fernsehen, das uns inzwischen bis in unsere Lebensgewohnheiten hinein bestimmt, ist bei uns ungefähr zwanzig Jahre alt, und das Düsenflugzeug, das den Himmel beherrscht, auch. Das Verhältnis der Geschlechter hat sich gewandelt bis in die Intimsphäre hinein, und die ersten Menschen sind auf dem Mond gelandet. Die Spannung zwischen den Generationen hat zugenommen, so daß die Jüngeren nicht mehr Erben sein können und wollen. Krieg und Aufruhr gibt es – wir danken Gott dafür – bei uns nicht, aber anderswo. Und die Verschiebung der weltgeschichtlichen Kräfte, die sich gegenwärtig vollzieht, wird sich erst noch bemerkbar machen. Die getrennten Kirchen aber in dieser Welt, von allem auch bewegt und verwirrt, sind unter den gemeinsamen Fragen und Anfechtungen zusammengerückt, herausgefordert, nicht mehr zu einem Kampf wie früher, sondern zum Wetteifer im Wahrheitszeugnis des Glaubens, der Liebe und der Hoffnung.

Was hatte in solchem Bruch der Zeiten ein Bischof zu tun? Sein Amt führte ihn mitten hinein in diesen bewegten Wandel, dazu in einer Volkskirche, wie sie die Evangelisch-Lutherische Kirche in Bayern ist. Aber es ist doch zugleich das eine Amt in dieser Vielfalt mit einer großen Aufgabe: den Menschen auf dem Wege mit dem Worte nahe zu sein, das anderswoher kommt. Begegnet mir doch in dieser sich ständig wandelnden Landschaft und ihren Strukturen immer wieder der Mensch, im Grunde genommen das eine Gegenüber, das auf das Wort des Lebens angewiesen ist, das Herz des Menschen: „Es muß des Menschen Herz doch etwas Großes sein", heißt es einmal, „Gott, Teufel, Welt und Fleisch, ja alles will hinein." Hier habe ich meine Aufgabe gesehen, dem Menschen in seinem Herzen, mit dieser Seele, die heute so durchforscht und durchleuchtet wird, daß sie nicht mehr weiß, wo sie hingehört, dem Menschen in seinem Herzen zur Erkenntnis des rechtmäßigen Herrn zu helfen und hier den reformatorischen Akzent des Evangeliums inmitten der ganzen Christenheit wie in der Gesellschaft deutlich zu machen. Mit diesem Wort wollen und können doch auch die Wandlungen durchgestanden werden, die Verunsicherungen der Wertmaßstäbe überwunden, die Sinne geschärft werden, zu unterscheiden Gutes und Böses. Und hier will das Leben gewonnen, das Sterben vorausgelernt werden. So war und ist darum der Bischof gefordert, wie es schon der Kirchenvater Augustin als Aufgabe beschrieben hat:

„Unruhestifter zurechtweisen, Kleinmütige trösten, sich der Schwachen annehmen, Streitende besänftigen, Armen helfen, Unterdrückte befreien, Gute ermutigen, Böse ertragen und – ach – alle lieben!"

Ruhe ...

Damit schließt sich der weite Kreis. Es war mir auch nach dem 1. Mai 1975 noch manches zu tun vergönnt. Nicht alle dienstlichen Verpflichtungen, vor allem die über die Landeskirche hinausgreifenden endeten mit diesem Termin. Am 28. September durfte ich meinen Nachfolger Johannes Hanselmann in Nürnberg-St. Lorenz einführen, mir selbst Amtskreuz und Amtskette abnehmen und ihm umlegen. An der Vollversammlung des Ökumenischen Rates in Nairobi im Herbst 1975 nahm ich noch als Delegierter der EKD teil, und zur Vollversammlung des Lutherischen Weltbundes in Dar-es-Salaam 1977 mußte ich als Mitglied des Exekutivkomitees fliegen, das besonders für die theologische Arbeit des Instituts in Straßburg Verantwortung trug. Den Vorsitz im Kuratorium der Lutherischen Stiftung für ökumenische Forschung gab ich 1978 mit meinem Ausscheiden aus dem Exekutivkomitee ab. An den katholisch/lutherischen Gesprächen bin ich bis heute beteiligt, vor allem in der römisch-katholisch/lutherischen Kommission, aus deren Arbeit die Dokumente über das Herrenmahl, über das geistliche Amt sowie über die Wege zur Gemeinschaft hervorgegangen sind. In zahlreichen weiteren ökumenischen Begegnungen meine ich über das Verhältnis zwischen der römisch-katholischen und der Kirche der lutherischen Reformation noch manches hinzugelernt zu haben. Der Auftrag der Reformation gilt weiter, so wie Luther heute als „gemeinsamer Lehrer" in der Christenheit entdeckt wird. Er geht weiter – sofern er nur ökumenisch-katholisch verstanden und ausgerichtet wird.

Romano-Guardini-Preis

Eine Überraschung von ganz besonderer Art auf dem ökumenischen Gebiet brachte mir im Jahre 1980 die ehrenvolle Verleihung des Romano-Guardini-Preises der Katholischen Akademie München durch ihren Leiter, Prälat Dr. Franz Henrich. Romano Guardini, den zu seiner Zeit überaus einflußreichen katholischen Theologen an der Universität München, hatte ich selber noch kennengelernt. Es war erstaunlich gewesen, wie er für viele Menschen auch über die römisch-katholische Kirche hinaus das Wort zu sagen gewußt hatte. So wird der Romano-Guardini-Preis durch die Katholische Akademie jeweils an Persönlichkeiten verliehen, die sich „die Interpretation von Zeit und Welt im Sinne Romano Guardinis" angelegen sein lassen. Ich empfand es als ein beachtliches Zeichen von ökumenischer Kühnheit und Weite, daß die Katholische Akademie sich für 1980 als Träger des Preises den früheren Bischof einer evangelisch-lutherischen Kirche erkoren hatte. Sicher schwang dabei auch die Erinnerung an meine Verbindung mit Kardinal Döpfner mit. Nun hängt mein Bild in der Katholischen Akademie nicht weit unter dem Bild Romano Guardinis, zusammen mit anderen Preisträgern wie Werner Heisenberg, Alfons Goppel, Karl Rahner, Josef Pieper.

Zu der großen Feier in der Akademie am 25. März 1980, zu der zahlreiche Vertreter von Kirche und Öffentlichkeit, aber ebenso alle meine Familienangehörigen eingeladen waren, fanden sich fast alle katholischen Bischöfe Bayerns ein, an ihrer Spitze Kardinal Joseph Ratzinger; die evangelischen Teilnehmer wurden durch meinen Nachfolger Landesbischof Johannes Hanselmann angeführt. Die warme Laudatio hielt Bischof Paul Werner Scheele, Würzburg, mein Partner in vielen ökumenisch-theologischen Gesprächen. Nachdem mir Dr. Henrich die schöne Plakette mit dem Porträt Guardinis und den wertvollen Preis – ich habe ihn für eine ökumenische Bibelübersetzung in eine indianische Sprache Lateinamerikas zur Verfügung gestellt – überreicht hatte, hielt ich den Festvortrag über „Dimensionen der Wahrheit" und schloß mit einigen Sätzen aus Romano Guardinis Werk „Der Herr", das uns mit seiner christozentrischen Einstellung in der Münchener Studentengemeinde schon während des Krieges manche Klarheit gegeben hatte: „Wer so zu einem Menschen sprechen will, daß er dorthin gelangt, wo die eigentlichen Entscheidungen fallen, muß durch Christus kommen. Er muß sein Denken läutern lassen, indem er es in die Gedanken Christi einfügt. Er muß sein Reden wahrmachen lassen, indem er es in sein Reden hineingibt... Einer nur redet aus der einen Wahrheit, aus der wirklichen Liebe, aus der lauteren Zuwendung: Christus. Er ist die Tür, durch die es zum Menschen geht. Nur Er."

Unternehmungen

In den letzten Jahren ist es mir leichter als vorher möglich geworden, manche Gedanken in Aufsätzen und Büchern niederzulegen. Dabei dachte ich weniger an theologische Wissenschaft als an Angebote für

Nach der Verleihung des Romano-Guardini-Preises in der Katholischen Akademie München

nachdenkliche Gemeindeglieder überhaupt. „Oberstdorfer Gespräche“, „Jesus Christus und die Weisen aus dem Abendland“, „Zukunft mit dem Vaterunser“, „Christen sind gefragt“ sind die wichtigsten Ergebnisse dieser Arbeit. So sind diese Jahre bisher zu einem eigenen Lebensabschnitt geworden, der zudem für uns beide mit einem verhältnismäßig guten Gesundheitszustand gesegnet war. Aber das Ja zum Ruhestand und zum Abnehmen der Kräfte will von einem Jahr zum andern bewußter gesagt werden. Ein ernsthafter Witzbold hat gemeint: „Ich verstehe nicht, was man gegen den Abstieg hat, Abstieg ist doch etwas ganz Natürliches im Leben. Wenn es den Abstieg nicht gäbe, wären die Gipfel übersät von erfrorenen Bergsteigern.“ In der letzten Zeit mehren sich deutlich die Zeichen, die den Abstieg signalisieren, und „die Jahre, da du wirst sagen: Sie gefallen mir nicht“ (Pred 12,1), haben wir inzwischen auch kennengelernt.

Ein eigenes Ding ist der Ruhestand eines Pfarrers in der modernen Welt! In scherzhaft-ironischer Paradoxie habe ich nicht selten an Karl Marx und seine Vorstellungen von der kommunistischen paradiesischen Gesellschaft der Zukunft gedacht, in der es möglich sein wird, „heute dies, morgen jenes zu tun, morgens zu jagen, nachmittags fischen, abends Viehzucht zu treiben, nach dem Essen zu kritisieren, wie ich gerade Lust habe, ohne je Jäger, Fischer, Hirt oder Kritiker zu werden." Allerdings hat sich dieser Zustand, wenn man so sagen will, entgegen Karl Marx nun auf kapitalistischer Grundlage entwikkelt, mit Ruhegehalt und eingebettet in ein eng geknüpftes soziales Netz und – bei mir – mit der Möglichkeit, jeden Tag im Englischen Garten zwar nicht zu jagen und zu fischen, aber spazierenzugehen und den Enten am Eisbach zuzusehen. Ein ähnliches Vergnügen ist es, wenn man, selber des Autofahrens unkundig, von der lieben Ehefrau als umsichtiger Fahrerin im grünen Volkswagen sicher durch die Lande gefahren wird, auf den Hesselberg, nach Bärnreuth, nach dem schweizerischen Kurheim St. Chrischona in Kastanienbaum am Vierwaldstättersee, um einen Dienst als Kurprediger zu tun, und an die italienische Adria nach Lignano. Darüber hinaus kann man als Pfarrer weiter gebeten werden, Gottesdienste und Bibelstunden zu übernehmen, in dem schönen Kneippkurhaus von Herrn Schüle in Oberstdorf einige Wochen lang Andachten zu halten, oder – 1978 – eine Schiffsreise auf den Spuren des Apostels Paulus und des Johannes mitzumachen. Nicht nur die antiken Stätten Griechenlands haben wir dabei betreten, von denen wir in der Schule so viel gehört hatten, wir konnten vielmehr in der Stadt Philippi den Apostel Paulus begleiten und mit ihm hinausgehen vor die Ruinen an die Stätte, „wo man pflegte zu beten" (Apg 16,13), an den Fluß, wo die Purpurkrämerin Lydia als eine der ersten Christen in Europa getauft worden ist. Und vor allem wurde ein anderer meiner Jugendträume erfüllt: wir konnten die Insel Patmos besuchen, den Verbannungsort des anderen Apostels, wo die Offenbarung des Johannes entstanden ist, und hatten einen ergreifenden Gottesdienst im ehrwürdigen Johanneskloster auf der höchsten Erhebung der Insel mit seinen berühmten Glocken: „A und O, A und O läuten die Glocken von Patimo!" Und als wir einige Jahre später mit einer kleineren Reisegruppe noch an einer Studienfahrt nach Israel teilnehmen konnten, war es ebenfalls die Erfüllung eines lang gehegten Verlangens für den, der sich sein Leben lang mit der einzigartigen Geschichte befaßt hatte, die in diesem Lande spielte. Einige Male schon hatte ich zwar in Jerusalem und Umgebung zu tun gehabt; ich hatte als Ratsvorsitzender der EKD die Erlöserkirche in Jerusalem, das im Sechstagekrieg 1967 beschädigte Auguste-Viktoria-Hospital auf dem Ölberg und die meisten anderen Einrichtungen besucht, die von Deutschland aus unterhalten werden; ein anderes Mal hatte ich nach einer umfassenden Renovierung die Wiedereinweihung der Erlöserkirche vorgenommen. Bei diesen Gelegenheiten hatten wir die Qumran-Höhlen, Bethlehem und die Bergfestung Herodion aufsuchen können. Nun aber sahen wir zum ersten Mal den See Genezareth mit Kapernaum und Tiberias; eine wunderbare, stille Feier konnten wir in der sonst überlaufenen Geburtskirche in Bethlehem halten und in der Erlöserkirche in Jerusalem habe ich noch einmal gepredigt.

Spiegel

War das nun Kirche, womit du da ein Leben lang befaßt warst und was du alles gemacht hast? War das eigentlich Kirche Jesu Christi? oder nur religiöse Dekoration, Kommunikation und Sozialisation? Diese Frage taucht zuletzt auf. Sie ist nicht leicht zu beantworten. Als ich 1939 in den Landeskirchenrat nach München kam, war ich ihr gegenüber besonders ratlos. Ich kam mir zeitweise vor wie an einer sehr dürren Stelle in der Landeskirche. Auch in meinem Amt hat sie mich nicht losgelassen. War ich Bischof oder Manager in einem Betrieb? Nein doch, es war Kirche! In Rüdenhausen im Hauptgottesdienst war sie und in den Nächten, wo ich an Sterbebetten saß. Kirche war da in den Münchner Kliniken, auch in der berüchtigten Schillerstraße im Bahnhofsviertel und während des Krieges in der Geschlechtskrankenabteilung im Lazarett, wo es möglich war, gelegentlich den Soldaten biblische Geschichten zu erzählen wie die von der Ehebrecherin (Joh 8,1 ff). Bis in die Fingerspitzen hinein konnte ich da die Freude empfinden: „Ich, meines Herrn Christus unwürdiger Evangelist!" Kirche war doch auch das Leben aus der Bibel, das wir in der Studentengemeinde empfingen, und Kirche war es, wenn wir im Predigerseminar Nürnberg einen biblischen Text erarbeiteten, über den wir am Sonntag predigen sollten. Kirche war in Neuendettelsau, im Gottesdienst und bei den Gesprächen mit den Schwestern über der Bibel am Montagmorgen. Und Kirche meine ich doch auch in mancher Religionsunterrichtsstunde in Schulen und bei den vielen Besuchen erfahren zu haben, die ich in Kindergärten machte. Dann aber könnte Kirche doch auch wenigstens beispielhaft in dem Verborgenen liegen und geschehen, was einem Landesbischof zwanzig Jahre lang aufgetragen war. „Gold,

Silber, edle Steine, aber auch Holz, Heu und Stroh" kann man auf den Grund bauen, der Jesus Christus ist, und eines jüngsten Tages wird wie in einer Feuerprobe herauskommen, was Bestand hat: genau darüber (1 Kor 3,10–17) hatte ich im Kreis der Bischöfe einmal eine Bibelarbeit zu halten. Es ist schon ein Trost, daß auch für den, dessen Werk total verbrennt, „wie durchs Feuer hindurch", noch eine Rettung möglich ist. So lebt die Kirche, und so lebt ein Bischof, dieser „Bauinspektor", gegen alles menschliche Konsequenzdenken, er lebt von der Rechtfertigung des Sünders aus Gnaden allein durch den Glauben. Und so gesehen ist die Kirche Jesu Christi mit all ihren Flecken doch – nach Wilhelm Löhe – „der schönste Liebesgedanke des Herrn, in welchem sich Seine eigene Menschenliebe und die Liebe zu Seinem Sohne mit verhülltem Antlitz zeigt."

In diesem Lichte aber könnte sich auch die Wegstrecke spiegeln, die auf den letzten Abschied hinführt. Wenn ich die Hoffnung der Christen zu beschreiben habe, denke ich gerne an das mir selbst nicht fremde, bange Gefühl, dem man ausgesetzt ist, wenn man in eine ferne große Stadt zu reisen hat, in der man niemand kennt, wie New York oder Sydney. Alles dort ist fremd, die Sprache, die Geldwährung, die Verkehrsverhältnisse, und mir wird Angst. Wenn ich aber in dieser großen fremden Stadt einen einzigen Freund habe, einen Menschen, der mich kennt, dann ist alles anders! Er wird mich am Flughafen erwarten, er weiß, wie man ein Taxi bestellt und Geld wechselt, und steht für die kleinen und großen Schwierigkeiten ein. Durch diesen einen Menschen ist mir die ganze Stadt nicht mehr fremd! Auch die Ewigkeit ist mir fremd, und ich habe Angst vor ihr. Aber wenn ich dort einen Herrn, Jesus Christus, habe, den ich kenne und der mich kennt, wie ich bin, und wenn er mir entgegenkommt und mich an der Hand nimmt und vor den Thron Gottes führt und für mich eintritt und sagt: Den kenne ich!, dann brauche ich mich nicht mehr zu fürchten! Ich darf mich vielmehr erwartungsvoll freuen: denn „ich werde erkennen, gleichwie ich erkannt bin!"

Der alte und der neue Bischof, Hesselberg 1975

Anmerkungen:

1 G. Huber, Ottensoos. Kulturgeschichtliche Entwicklung einer mittelfränkischen Gemeinde. 1968. Manuskript, Seite 129.
2 F. v. d. Meer, Augustin der Seelsorger. 1951. S. 24 f.
3 Theologiestudenten 1969. Dokumente einer revolutionären Generation. 1969. S. 9.
4 H. Stephan, Luther in den Wandlungen seiner Kirche. 1907. S. 3.
5 S. Schöffel, Das deutsche Luthertum in der Wende der Zeit. „Luthertum" 1934. S. 1 ff.
6 H. Sasse, In Statu Confessionis I (Hsg. v. Fr. W. Hopf), 1966, 251 ff.
7 G. Stadtmüller, Sozialismus – Nationalsozialismus – Faschismus. 1980. S. 5 ff.
8 nach G. Prater, Kämpfer wider Willen (H. Hahn). 1969. S. 279. Anm. 29.
9 Joseph Chambon, Geschichte des Protestantismus in Frankreich. 1938.
10 W. Rings, Entzauberung der Politik. S. 7 f. – nach C. Calwell, Wilson. Band II. 188.179.
11 Fr. W. Hopf, Des Glaubens Trost und Trutz. 1930. S. 51.
12 A. F. C. Vilmar, Theologie der Tatsachen wider die Theologie der Rhetorik, 3. Aufl. 1857. S. 7 f. 104.
13 K. Holl, Gesammelte Aufsätze I, 544 ff.
14 in H. Lilje, Begegnungen. 1949. S. 10.
15 G. Prater, Kämpfer wider Willen. 1969. S. 95.
16 Fr. Pawelzik, Ich singe dein Lob durch den Tag. 1965. S. 56.
17 H. Reich (Hsg.) Minneapolis 1957. S. 70.
18 Kirchliches Jahrbuch 1967. S. 25.
19 P. Brunner, Eisenach 48 – in: Pro Ecclesia II. S. 224.
20 Werner Hofmann, 50 Jahre Verfassungsarbeit im Raum des deutschen Protestantismus – in: Festschrift „Dem Wort gehorsam" München 1973. S. 164 f.
21 H. Bezzel, Auf ewigem Grunde, S. 194 f.
22 P. Brunner, Pro Ecclesia. 1962. S. 300 ff.
23 Bruce Marshall, Keiner kommt zu kurz – oder Der Stundenlohn Gottes. 1978. S. 390.

WICHTIGSTE LEBENSDATEN:

Geboren 14. 7. 1908
in Ermershausen/Unterfranken als Sohn eines Pfarrers
Am 29. 7. 1908 getauft in der Evang.-Luth. Kirche in Ermershausen
1908 bis 1924 Kirchfarrnbach, Besuch der Volksschule und des Progymnasiums in Windsbach
1924 bis 1927 Altes Gymnasium in Nürnberg (jetzt Melanchthon-Gymnasium)
1927 bis 1931 Theologiestudium in Erlangen, Tübingen, Greifswald, Erlangen
1931 erste theologie Prüfung
1. 11. 1931 Ordination in München-St. Matthäus
1931 bis 1933 Predigerseminar München
1933 bis 1934 Stadtvikar in München-St. Matthäus
1934 zweite theologische Prüfung
1935 bis 1939 Pfarrer in Rüdenhausen/Unterfranken
2. März 1935 verheiratet mit Hedwig, geb. Stählin
ab 1. Mai 1939 in München als theologischer Hilfsarbeiter im Landeskirchenrat, dazu seit 1940 Studentenpfarrer und Lazarettseelsorger, dazwischen Einberufung zur Sanitätsersatzabteilung in Bad Kissingen
1. Juni 1945 Rektor des Predigerseminars in Erlangen, dann Nürnberg
1. Mai 1953 Rektor der Evang.-Luth. Diakonissenanstalt Neuendettelsau
1. Mai 1955 Landesbischof der Evangelisch-Lutherischen Kirche in Bayern
1956 Ehrendoktor der Theologischen Fakultät der Universität Erlangen-Nürnberg
1957 Ehrendoktor des Wartburg-College der Universität Waverly/Iowa – USA
1958 Bayerischer Verdienstorden
1967 Ehrendoktor der Protestantischen Theologischen Fakultät der Universität Paris
1967 bis 1973 Vorsitzender des Rates der Evangelischen Kirche in Deutschland
1. Mai 1975 Ruhestand
31. August 1976 Großes Verdienstkreuz mit Stern und Schulterband des Verdienstordens der Bundesrepublik Deutschland
25. März 1980 Romano-Guardini-Preis der Katholischen Akademie München

NAMENSVERZEICHNIS

ORTSVERZEICHNIS

VERZEICHNIS DER BIBELSTELLEN

Fotonachweis:
Heinz-Leo Waack (165 o.), Martin Lagois (165 u., 335), Fritz Thudichum (180, 189), Foto Fritz Kuhn (205), Lutheran World Federation (231), Centre d'etudes Oecuméniques (241), G. Seiler (267 u.), The Associated Press (282), KNA-Bild (283), Hans Lachmann (291), Paul Engert (327), Gerd Pfeiffer Photo (331), Privat (19, 27, 29, 37, 45, 55, 66, 73, 87, 101, 117, 137, 149, 155, 171, 227, 237, 254, 267 o., 301.

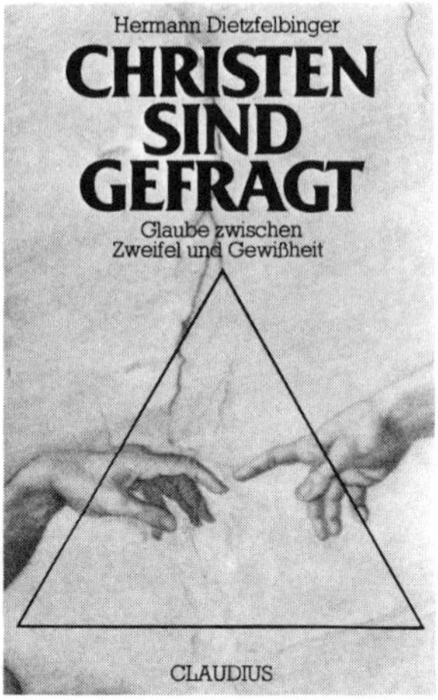

Hermann Dietzfelbinger

Christen sind gefragt

Glaube zwischen Zweifel und Gewißheit

160 Seiten, Pbck.
Format 14 x 22 cm
DM 19.80
Bestell-Nr. 62004

Viele Christen, besonders in Europa, hat eine tiefe Unsicherheit erfaßt. Es scheint, als hätten sie ihre Identität und ihr »Christenbewußtsein« verloren. Der Autor versucht, den Ursachen für diese Krise des Selbstbewußtseins – besser: des Christusbewußtseins auf die Spur zu kommen.
Wie ein neues Christusbewußtsein den Glauben der Christen, ihre Liebe und ihre Hoffnung durchdringt, wird auf verschiedenen Gebieten ohne Anspruch auf Vollständigkeit gezeigt. Der Auseinandersetzung mit heutigen Meinungen in der Kirche und in der Gesellschaft wird viel Raum gegeben. Praktische Fragen werden nicht ausgeklammert: Kirchenaustritt und -eintritt, Rundfunkansprache und Gemeindegottesdienst, Wissenschaft und Glaube, Sicherheit und Glaube, Jesus und der Friede, der Friede und die Macht, Beruf und Glaube, Ehe und Familie usw. Das Buch macht Mut, in Gemeindegruppen aller Art, in Vorträgen des Evangelischen Bildungswerkes, aber auch in Pfarrkonferenzen die Gesamtthematik durchzuarbeiten.

CLAUDIUS VERLAG · BIRKERSTR. 22 · 8000 MÜNCHEN 19